Classroom Assessment for Student Learning

Doing It Right—Using It Well

Second Edition

促进学习的
课堂评价

做得对　用得好　　第二版

［美］简·查普伊斯（Jan Chappuis）
　　　瑞克·斯蒂金斯（Rick Stiggins）
　　　史蒂夫·查普伊斯（Steve Chappuis）　著
　　　朱迪·阿特（Judith Arter）

赵士果　译

华东师范大学出版社
·上海·

图书在版编目(CIP)数据

促进学习的课堂评价:做得对 用得好:第二版/(美)简·查普伊斯等著;赵士果译. —上海:华东师范大学出版社,2020
 ISBN 978-7-5760-0418-2

Ⅰ.①促… Ⅱ.①简…②赵… Ⅲ.①课堂教学-教学评估 Ⅳ.①G424.21

中国版本图书馆 CIP 数据核字(2020)第 130939 号

本书为2018年度上海市教育科学研究一般项目"中小学教师课堂评价素养指标体系的建构和应用研究"成果(立项编号:C18070)

促进学习的课堂评价
做得对 用得好(第二版)

著　　者　简·查普伊斯等
译　　者　赵士果
责任编辑　王冰如　彭呈军
特约审读　王冰如
责任校对　邱红穗　时东明
装帧设计　高　山

出版发行　华东师范大学出版社
社　　址　上海市中山北路3663号　邮编200062
网　　址　www.ecnupress.com.cn
电　　话　021-60821666　行政传真　021-62572105
客服电话　021-62865537　门市(邮购)电话　021-62869887
地　　址　上海市中山北路3663号华东师范大学校内先锋路口
网　　店　http://ecnup.taobao.com/

印　刷　者　上海市崇明县裕安印刷厂
开　　本　787毫米×1092毫米　1/16
印　　张　21.75
字　　数　503千字
版　　次　2021年4月第1版
印　　次　2024年4月第7次
书　　号　ISBN 978-7-5760-0418-2
定　　价　68.00元

出版人　王　焰

(如发现本版图书有印订质量问题,请寄回本社客服中心调换或电话021-62865537联系)

Authorized translation from the English language edition, entitled CLASSROOM ASSESSMENT FOR STUDENT LEARNING: DOING IT RIGHT-USING IT WELL, 2nd Edition by CHAPPUIS, JAN; STIGGINS, RICK J.; CHAPPUIS, STEVE; ARTER, JUDITH A., published by Pearson Education, Inc., Copyright © 2012, 2007 Pearson Education, Inc.

All rights reserved. No part of this book may be reproduced or transmitted in any form or by any means, electronic or mechanical, including photocopying, recording or by any information storage retrieval system, without permission from Pearson Education, Inc.

CHINESE SIMPLIFIED language edition published by EAST CHINA NORMAL UNIVERSITY PRESS LTD., Copyright © 2021.

本书译自 Pearson Education, Inc. 2012 年出版的 CLASSROOM ASSESSMENT FOR STUDENT LEARNING: DOING IT RIGHT-USING IT WELL, 2nd Edition by CHAPPUIS, JAN; STIGGINS, RICK J.; CHAPPUIS, STEVE; ARTER, JUDITH A.。

版权所有。未经 Pearson Education, Inc. 许可,不得通过任何途径以任何形式复制、传播本书的任何部分。

简体中文版©华东师范大学出版社有限公司,2021。

上海市版权局著作权合同登记　图字:09-2017-261 号

译者序

最初与本书结缘，还是在博士求学时代。忆往昔，在我着手写开题报告，正苦于缺少参考资料之时，机缘巧合地在导师的工作室中遇见此书，如获至宝，便索来复印。此后，在博士论文的写作阶段，反复阅读此书，萃取其中的精神义理，汲取其中的精华要义，作为论文的理论基石。虽然事过多年，但本书曾给予的影响和帮助仍让我记忆犹新。工作后不久，面对当时国内中小学教师课堂评价素养普遍缺乏，甚至存在困难的现实处境，我萌发了把此书的第一版引介过来，以便让国内广大的教师同行从中受益的念头。为此，我曾和导师讨论过翻译此书的相关事宜，但由于版权问题，翻译的计划一再搁置，时至今日竟过去了 5 年之久，翻译此书也成为了埋在我心底的一颗种子，等待萌发生长的一天。

2016 年夏，原华东师范大学出版社的王冰如编辑找到我，邀请我来翻译此书的第二版。由于在漫长的等待中我已经陆续完成了此书第一版的译稿，所以毫无犹豫地答应下来，心想梦想的种子终于到了开花的时刻。但当我拿到第二版之后才发现，相较于第一版，第二版已经有了翻天覆地的变化，翻译工作基本要推倒重来。然而即便如此，我也愿意为了心中的夙愿付出努力！

《促进学习的课堂评价：做得对，用得好（第二版）》这本书，是课堂评价研究理论和实践领域最经典的著作之一。从第一版问世直至今天，可以毫不夸张地说，鲜有研究者超越它提出的分析课堂评价的理论框架。在实践层面，它更是对教师的课堂评价起到了重要的指导作用，成为教师课堂评价实践的行动指南。事实证明，在全世界范围内，许许多多的教师以本书的课堂评价理论和方法为指导，不仅提升了自己教学和评价的能力，而且提高了学生的学业表现和学校的教学效能。

概括起来，这本课堂评价的典范之作，具有四大特点：

第一，实践取向。

本书在介绍了课堂评价理论和方法的同时，还提供了大量的示例、指南、量表、工具、任务以及教师需要练习的相关活动,从而给教师提供了便于实施、易于操作的行动指南。

第二,故事贯穿。

本书每一章都提供了教师实施课堂评价过程中发生的小故事。这些小故事讲述了他们在实施本书策略之前的情形、现在发生的变化,以及他们为何要改变。从这些教师身上,我们可以看到自己的影子,并反思自己,从而更好地理解课堂评价可以给教师和学生带来的积极影响。

第三,通俗易懂。

这本书的四位作者简·查普伊斯、瑞克·斯蒂金斯、史蒂夫·查普伊斯以及朱迪·阿特等,不仅有多年的学校从教经验,而且还是经验丰富的教师培训者。因此,无论是书中关于课堂评价的理论阐释、课堂评价方法的介绍,还是课堂评价工具和案例的开发,都取材于教师日常鲜活的课堂实践,都是用最贴近教师的话语来表述,因此通俗易懂,毫不晦涩。

第四,逻辑严密。

本书结构清晰,逻辑严密。它以促进学习为灵魂,以优质课堂评价的五个核心要素为骨架和血肉。第1章在总体上提出了构成优质课堂评价框架的五个核心要素,从第2章至12章,分别对这五个核心要素进行了详细地阐释。具体而言,第2、10章介绍了第一个核心要素"明确的目的";第3章介绍了第二个核心要素"清晰的目标";第4、5、6、7、8章介绍了第三个核心要素"合理的设计";第9、11、12章介绍了第四个核心要素"有效的交流"和第五个核心要素"学生的参与"。这些章节之间环环相扣,既有内在的独立性,又相互联系,为我们勾勒了一幅优质课堂评价的完整图景。

本书对于教师进行课堂评价实践的价值和意义毋庸置疑,但要原汁原味地表达出作者字里行间所蕴含的意味,并不是一件易事。甚至可以说非常艰难。此书的翻译可谓是一项"非常浩大的工程",需要花费巨大的精力。历时三载,从第一版的前期铺垫,再到第二版的翻译,寒来暑往,三校其稿,挑灯夜译。在翻译的过程中,我不断在两种不同的语言之间转换,在两种不同的文化语境中游走,时常会"山重水复疑无路",也常常为找一个更为精确的词语表达,而体验"柳暗花明又一村"的惊喜。就在这亦喜亦悲,亦苦亦甜之中,翻译工作逐渐完成。其中的况味,五味杂陈,而今沉淀下来的唯有苦尽之后的喜悦和充实。

这个浩大工程的完成,也并非仅凭一己之力。此书的翻译,凝聚了许多人的智慧,得到了很多人的帮助和鼓励。首先,感谢王冰如编辑。她是一位非常出色和专业的编辑,在离开出版社后仍以极为认真和负责的态度持续工作,逐字逐句地校对和修改全稿。她的工作已经远远超过了编辑工作的范畴,而这正是因为她与我相似的课程专业背景和对课堂评价的情结使然。同时,也感谢王中男、谢忠平、宋一婷、秦一鸣、孙韵劼、程得、白淑佳、尹凡、顾犇等教师给予的帮助,让翻译工作得以更加顺利的推进。还要感谢浦东教发院李军副院长及部门同事的支持和鼓励。最后还要感谢爱人王萍同志,她在繁忙的教学工作之余,利用她深厚的语言学功底,润色修改,精心雕琢。她的点睛之笔,让书稿更加行云流水,清晰顺畅。

翻译工作是永无止境的,"如切如磋,如琢如磨",需要不断地淬炼,抽丝剥茧,才能达到最理想的境界。另外,翻译也本无完美之事,虽然,我在翻译中一直追寻"信"、"达"、"雅"的最高境界,但在这个过程中,由于自己的水平和精力有限,书中难免会存在一些牵强附会、词不达意之处,敬请各位读者批评指正。

最后,希望本书能给那些正在尝试课堂评价的教师带来一丝振奋,给正处于懵懂状态的教师带来一线光亮!

是为序!

赵士果
2020 年仲夏　傅雷图书馆

致 谢

本书和光盘是团队共同努力的成果*，而该团队的成员远不止我们四位作者。首先，要感谢我们的同事，来自美国威斯康星州奥科诺莫沃克市的卡罗尔·卡门多尔(Carol Commodore)、加拿大英属哥伦比亚省的安妮·戴维斯(Anne Davies)、美国明尼苏达州拉斯威利市的卡桑德拉·埃尔肯斯(Cassandra Erkens)、美国加利福尼亚州恩西尼塔斯市的珍妮特·马龙(Janet Malone)、加拿大安大略省多伦多市的肯·奥康纳(Ken O'Connor)、美国俄亥俄州克利夫兰州立大学的唐娜·斯诺德格拉斯(Donna Snodgrass)、美国俄勒冈州姐妹城的维其·思潘德尔(Vicki Spandel)、英国曼彻斯特市的露丝·萨顿(Ruth Sutton)，这些年来我们从他们身上学到了许多东西。对于我们所共同理解的合理的课堂评价实践，他们每个人都做出了独特而重要的贡献。同样，我们也希望对英国评价改革小组，特别是对保尔·布莱克(Paul Black)教授和迪伦·威廉(Dylan Wiliam)教授的工作表示感谢，他们将促进学习的评价中，令人振奋的一些理念带到了世界最前沿。

许多教师和管理人员热情地回应了我们的请求，并解释了课堂实践如何因他们对本书第一版的学习而发生改变的。此外，在分享反思的过程中，他们每个人对本书第二版的明确性和实用性，还做出了很大贡献。在此，我们感谢他们的故事，因为这些故事说明了评价实践的变化，可以改变课堂环境和学生的学习方法。

我们还要感谢美国肯塔基州教育部，特别是凯伦·基德威尔(Karen Kidwell)和整个教育工作者团队。在过去的一年中，他们使用了我们的学习目标框架来分解州共同核心标准。并且，我们共同进行的许多长时间的讨论丰富了第3章的内容。同时，我们还要感谢美国肯塔基大学P-12数学和PIMSER科学拓展部门主任金·蔡德勒-沃特斯(Kim Zeidler-Watters)和美国肯塔基州刘易斯学校的戴安娜·约翰逊(Diane Johnson)对实施课堂评价的深入了解，以及提供的案例和宝贵的反馈建议。

---

* 中文版不包含光盘。——编辑注

在成果产出方面，特别感谢我们的活动协调员詹妮弗·卡瓦纳（Jennifer Cavanagh），她不仅能够在互联网上找到任何东西，而且还对它的一些细节和质量独具慧眼。此外，我们也对自由撰稿人罗伯特·马库姆（Robert L. Marcum）表示深深的感谢，他为我们提供了出色的编辑工作、真知灼见以及幽默感。（注：这是他的最后一个项目，他在工作超过 25 年后即将退休。他将一生奉献给了他所热爱的语言，以及丰富各地学生的人生和成就潜力的崇高事业。衷心祝福他！）

最后，多年来我们与全美的数千名教师分享了我们的想法。他们构建了适用于各自所教班级的概念，并向我们分享了运用它们的情形，这使我们受益匪浅。我们从他们身上了解了很多关于改进评价实践的知识，感谢大家！

简·查普伊斯（Jan Chappuis）
瑞克·斯蒂金斯（Rick Stiggins）
史蒂夫·查普伊斯（Steve Chappuis）
朱迪·阿特（Judy Arter）
美国俄勒冈州波特兰市
2011 年 5 月

第二版简介

自2004年第一版《促进学习的课堂评价》出版以来,虽然教育领域发生了翻天覆地的变化,但评价质量的这些原则始终保持不变。本书的第二版仍然深深植根于这些原则中,但你会在本版中发现一些重大的变化,包括:

- 我们更新了背景和示例,以解决你当前所面临的挑战,并完善我们对以下两方面的解释:(1)设计准确的评价要考虑的因素;(2)这些课堂应用示例代表了当前,对最有效使用评价的一些思考。
- 修订本书是为了能够给教师提供更多的帮助。每一章都以学习目标开始——本章旨在教给你什么,并设计了一系列活动,帮助你掌握本章节的学习目标。这些活动是为了加深你对章节内容的理解,并为学习小组会议提供讨论的话题,以及指导你实施本章中所教的这些做法。本书附带的光盘中,包含完成每项活动所需的所有表格。
- 自2004年使用第一版《促进学习的课堂评价》进行教学以来,我们遇到了许多重大问题。我们在修订后的文本中对它们进行了解决,但其中有些问题显得非常重要,并值得特别关注,尤其是那些代表着常见误解的问题。你会在相关章节的"FAQ"(常见问题解答)中发现这些问题和答案,以及避免典型问题的建议。
- 本书中穿插着一些来自教师课堂中的趣闻轶事,他们使用我们的材料来实施合理的课堂评价实践。这些趣闻轶事遵循"我过去……现在……结果……"的框架,描述了教师评价方式的关键变化以及后续对学生的影响。这些故事说明了本书中所教授的评价实践,如何显著地改变了学生的学习态度和学习方法。
- 我们增加了一系列的拓展性示例来说明每章中提出的概念。并且,所有数学和英语语言艺术示例均基于州共同核心标准,而所有其他特定学科的示例,则源自该学科中的常见内容标准。

- 新的示例还提供了在应用的初级水平和中级水平之间一种更好的平衡。
- 你可能会以个人、同伴或团队的形式正在进行课堂评价研究。而我们在本书中所提供的所有材料,均适用于这三种不同的学习情境。并且,对于那些与团队一起工作的人,我们在光盘中不仅提供了一些信息,解释了如何建立一个学习团队,而且还提供了计划和安排工作进度,以及促进小组会议的建议。此外,我们还提供了成功小贴士,以及学区和学校领导可以采取的行动建议,以支持你的学习。

目 录

第 1 章　课堂评价：每位学生都是学习者 ……………………………… 1
- 课堂评价素养 ………………………………………………………………… 2
- 优质课堂评价的关键要素 …………………………………………………… 3
  - 关键要素 1：明确的目的 ………………………………………………… 4
  - 关键要素 2：清晰的目标 ………………………………………………… 5
  - 关键要素 3：合理的设计 ………………………………………………… 6
  - 关键要素 4：有效的交流 ………………………………………………… 7
  - 关键要素 5：学生的参与 ………………………………………………… 7
- 课堂评价能力 ………………………………………………………………… 9
- 总结 …………………………………………………………………………… 10
- 活动 …………………………………………………………………………… 12

第 2 章　明确的目的：促进学习和关于学习的评价 ………………… 16
- 平衡的评价系统 ……………………………………………………………… 17
- 形成性评价对学业成就的影响 ……………………………………………… 18
  - 形成性评价和总结性评价的区别 ………………………………………… 20
  - 为何两者的区别是重要的 ………………………………………………… 21
  - 这与明确的目的有何关系 ………………………………………………… 22
- 促进学习的评价：7 条策略 ………………………………………………… 22
  - 我要去哪里 ………………………………………………………………… 23
  - 我现在在哪里 ……………………………………………………………… 25
  - 我如何缩小差距 …………………………………………………………… 27
  - 作为进程的 7 条策略 ……………………………………………………… 29
- 总结 …………………………………………………………………………… 29
- 活动 …………………………………………………………………………… 30

第 3 章　清晰的目标 ·········· 35

学习目标的类型 ·········· 36
 知识性目标 ·········· 37
 推理性目标 ·········· 39
 技能性目标 ·········· 45
 成果性目标 ·········· 45
 情感性目标 ·········· 48

我们需要好的课程纲要 ·········· 49

分解复杂的内容标准 ·········· 50
 1. 确定目标类型 ·········· 50
 2. 确认先决条件或隐含的知识、推理和技能 ·········· 50
 3. 检查分解标准的一致性和合理性 ·········· 55

与学生交流学习目标 ·········· 56
 将知识性和推理性学习目标转化为有利于学生理解的语言 ·········· 57

当书面课程不是教学课程时 ·········· 59
 使用教科书替代课程 ·········· 59
 使用单元、活动或项目替代课程 ·········· 60

清晰的学习目标的好处 ·········· 61
 对教师的好处 ·········· 62
 对学生的好处 ·········· 64
 对家长的好处 ·········· 65

总结性思考 ·········· 66

总结 ·········· 67

活动 ·········· 68

第 4 章　合理的设计 ·········· 72

评价方法：4 种选择 ·········· 73
 选择性反应评价 ·········· 74
 书面论述式评价 ·········· 74
 表现性评价 ·········· 75
 个别交流式评价 ·········· 76

学习目标和评价方法的匹配 ·········· 77
 评价知识性目标 ·········· 78
 评价推理性目标 ·········· 80
 评价技能性目标 ·········· 82
 评价成果性目标 ·········· 82

评价的开发周期 ·· 84
　　计划阶段 ·· 85
　　　　步骤1：确定使用者和使用目的 ························ 85
　　　　步骤2：明确预期的学习目标 ··························· 87
　　　　步骤3：选择恰当的评价方法 ··························· 88
　　　　步骤4：确定合适的样本容量 ··························· 88
　　开发阶段 ·· 90
　　使用阶段 ·· 92
　　使用评价蓝本开展促进学习的评价 ······················· 94
　　总结 ·· 94
　　活动 ·· 95

第5章　选择性反应评价 ·· 100
　　何时使用选择性反应评价 ···································· 101
　　选择性反应评价的开发周期 ································· 102
　　选择性反应评价的计划阶段 ································· 103
　　　　步骤1：确定使用者和使用目的 ························ 103
　　　　步骤2：明确学习目标 ···································· 103
　　　　步骤3：选择评价方法 ···································· 103
　　　　步骤4：确定样本容量 ···································· 103
　　选择性反应评价的开发和使用阶段 ······················· 105
　　　　步骤5：开发或选择题目、练习、任务和评分程序 ··· 105
　　　　步骤6：在使用之前回顾和评估整个评价的质量 ···· 119
　　　　步骤7：实施并为评价打分 ····························· 120
　　　　步骤8：必要时进行修改以备将来使用 ··············· 120
　　促进学习的选择性反应评价 ································· 122
　　　　我要去哪里 ·· 123
　　　　我现在在哪里 ··· 124
　　　　我如何缩小差距 ·· 127
　　总结 ·· 131
　　注释 ·· 131
　　活动 ·· 132

第6章　书面论述式评价 ·· 138
　　何时使用书面论述式评价 ···································· 139
　　书面论述式评价的计划阶段 ································· 140

确定使用者和使用目的 ··· 140
　　明确学习目标 ··· 140
　　选择评价方法 ··· 140
　　确定样本容量 ··· 141
书面论述式评价的开发阶段 ··· 142
设计题目 ··· 142
　　设计简答题还是论述题 ··· 143
　　设计简答题 ··· 143
　　设计论述题 ··· 144
　　提供选择 ··· 148
创建评分指南 ··· 148
　　评分指南的可选项 ··· 149
　　创建特定任务型量规 ··· 152
　　创建通用型量规 ··· 155
评估书面论述式评价的质量 ··· 156
书面论述式评价的使用阶段 ··· 157
　　实施并为评价打分 ··· 158
　　必要时进行修改以备将来使用 ······································· 158
促进学习的书面论述式评价 ··· 159
总结 ··· 161
活动 ··· 162

第7章　表现性评价 ··· 166

何时使用表现性评价 ··· 167
表现性评价的开发周期 ··· 167
表现性评价的计划阶段 ··· 168
　　确定使用者和使用目的 ··· 168
　　明确学习目标 ··· 169
　　选择评价方法 ··· 169
　　确定样本容量 ··· 169
选择、修改或开发任务 ··· 171
　　任务的内容 ··· 172
　　任务的结构 ··· 173
　　抽样 ··· 176
　　创建任务以产生好的写作 ··· 177
　　评估任务的质量 ··· 180

选择、修改或开发量规 ················· 182
 量规术语 ··················· 183
 量规的内容 ·················· 184
 量规的结构 ·················· 187
 量规中的描述项 ················ 188
 开发量规的过程 ················ 190
 评估量规的质量 ················ 194
表现性评价的使用阶段 ··············· 196
使用量规作为教学工具的7条策略 ·········· 197
 我要去哪里 ·················· 197
 我现在在哪里 ················· 198
 我如何缩小差距 ················ 198
使用表现性任务作为促进学习的评价 ········· 201
总结 ······················· 202
注释 ······················· 203
活动 ······················· 204

第8章 个别交流式评价 ················ 210

何时使用个别交流式评价 ·············· 212
 抽样 ····················· 212
 等待时间 ··················· 214
教学问答 ····················· 214
 设计问题以评价知识和理解水平 ········· 215
 设计问题以评价推理能力 ············ 215
 有效形成性使用教学提问的建议 ········· 215
 总结性使用教学提问 ·············· 219
课堂讨论 ····················· 219
 设计课堂讨论的主题和问题 ··········· 220
 有效使用课堂讨论的建议 ············ 220
会议和访谈 ···················· 222
 设计会议和访谈的主题和问题 ·········· 222
 有效使用会议和访谈的建议 ··········· 222
口试 ······················· 223
 设计口试的题目 ················ 223
 有效使用口试的建议 ·············· 223
日记和日志 ···················· 224

回应日记 ··· 224
　　　对话日记 ··· 225
　　　个人日记 ··· 225
　　　学习日志 ··· 226
　可能扭曲结果的偏差来源 ··· 226
　　　提醒问题和解决方案 ··· 227
　总结 ··· 228
　活动 ··· 229

第9章　保存记录：追踪学生的学习 ··· 236

　初步决定 ··· 238
　　　区分信息是用于形成性评价还是总结性评价 ······························· 238
　决定将在何处保存记录 ··· 243
　保存记录的指导原则 ··· 248
　　　指导原则1：根据学习目标组织条目 ·· 249
　　　指导原则2：分别追踪关于学习习惯和社会技能的信息 ···················· 250
　　　指导原则3：用原始得分记录成就信息 ····································· 252
　学生保存记录的可选项 ··· 254
　总结 ··· 258
　活动 ··· 260

第10章　将总结性评价信息转换为成绩 ··· 265

　成绩单评分的挑战 ·· 266
　三条评分指南 ·· 268
　　　评分指南1：将成绩用于交流而不是激励 ···································· 268
　　　评分指南2：将学业成就和其他因素分开报告 ······························ 272
　　　评分指南3：在学术成绩中仅反映当前的学业成就水平 ···················· 272
　总结信息 ··· 273
　　　检验数据的准确性 ·· 273
　　　将条目转换为通用量表 ·· 273
　　　根据需要分配权重 ·· 274
　　　深思熟虑地整合信息 ··· 274
　将量规得分转换为等第 ··· 275
　　　平均分 ·· 277
　　　得分形式 ·· 277
　　　整合量规得分和其他评价信息以获得最终成绩 ···························· 279

报告最终成绩 ·· 280
　　　　与学习目标保持关联 ·· 280
　　　　慎重为特殊需要的学生做出调整 ··· 281
　　　　用其他证据决定临界分 ··· 281
　　　　让学生参与 ·· 282
　　形成准确、公正和可靠的成绩单：6个步骤 ·· 283
　　评估评分实践的量规 ·· 283
　　总结 ·· 285
　　活动 ·· 287

第11章　档案袋评价 ·· 291

　　档案袋的类型：关注目的 ·· 293
　　　　成长档案袋 ·· 293
　　　　项目档案袋 ·· 293
　　　　成就档案袋 ·· 293
　　　　能力档案袋 ·· 294
　　　　成果档案袋 ·· 294
　　　　工作文件夹 ·· 294
　　档案袋内容：聚焦学习目标 ··· 295
　　　　作品的选择 ·· 295
　　　　作品样例的注解 ·· 297
　　　　学生的自我反思 ·· 297
　　　　设定目标 ··· 299
　　分享的对象 ··· 300
　　成功使用档案袋评价的关键因素 ·· 300
　　　　确保证据的准确性 ··· 300
　　　　持续地追踪证据 ·· 301
　　　　预先投入时间 ··· 301
　　　　确保经历更安全 ·· 301
　　总结 ·· 302
　　活动 ·· 303

第12章　关于学生和学生参与的讨论会 ·· 308

　　反馈型讨论会 ·· 309
　　　　成功的关键 ·· 311
　　目标设定型讨论会 ·· 312

          成功的关键 ·················· 312
      进步型讨论会 ·················· 315
          关注一段时间内的进步 ·················· 315
          关注学业成就水平 ·················· 315
          确定参与者 ·················· 316
          帮助学生做好准备 ·················· 316
          帮助家长和其他参与者做好准备 ·················· 317
          举行一次双方讨论会 ·················· 317
          举行一次三方讨论会 ·················· 317
          后续工作 ·················· 317
      展示型讨论会 ·················· 318
          帮助学生做好准备 ·················· 318
          举行展示型讨论会 ·················· 318
          后续工作 ·················· 318
      干预型讨论会 ·················· 319
      总结 ·················· 319
      活动 ·················· 320

参考文献 ·················· 325

第 1 章

课堂评价
每位学生都是学习者

> "拥有评价能力可以激发学生的学习动机,让失去信心的学生重燃热情,从而提高而不仅仅是测量学生的学业成就。"

对我们大多数人而言,当我们在考虑要花时间学点什么时,评价或许并不是我们的首选项。但是,我们能猜到:在过去的几年中,你或许已经被呼吁去做一件或更多件下面的事情。并且其中的每件事,都让你希望更深刻地了解,为什么做它是重要的,或怎样才能把它做得更好。

- 和你同一学科或年级的其他教师一起开发通用的评价方法。
- 和一个团队共同努力去分解新的州共同核心标准,以便能确定每天教学和评价的内容。
- 参加"反应—干预法"*(Response to Intervention,简称 RTI)培训,然后向其他的教师进行展示,以让学生受益。
- 在课堂中更多地使用形成性评价,因为研究表明它更有效。
- 评价系统更多地聚焦于交流学生知道什么和能获得什么,并从成绩中移除那些非学术性的变量,如出勤率、努力程度和行为表现。

以上所有行动和许多其他当前流行的学校评价改进的举措,在压力巨大的问责性测试的时代背景下,一同致力于提高学生的学业成就。并且,每个行动都需要课堂中的教师具备课堂评价的专长,才能有效地实施它们。然而,你或许还没有通过职前培训,或在职进修来获得发展这种专长的机会。

如果缺失课堂评价素养的基础,这些举措很少能在学生身上,发生我们所期望的改进。拥有评价素养的教育者,能够理解评价可以满足不同重要用户的需求,并能实现支持学习和检验学习的双重目的。他们知道优质的评价源自清晰的学习目标,并且能设计符合具体的评价质量(控制)标准。同时,那些一心沉浸于合理的评价原则的教育者,知道评价结果必须以及时和易于理解的方式,传达到既定用户那里。最后,他们能敏锐地注意到一个事实,即评价不再仅被看作教师对学生做的事情。相反,学生也

---

* 也译为干预反应模型。——译者注

可以不断地评价他们自己的学业成就，并利用他们自己得出的结论。因此，有评价素养的教育者，还知道如何让学生参与富有成效的自我评价，从而为他们的成功提供支持。

根据优质课堂评价的五个关键要素，我们从测量共同体（measurement community）的专长中，获取并制定了评价素养的这些组成部分。并且，每一章我们将聚焦于一个，或更多这些优质课堂评价的关键要素。此外，为了能在课堂中把这些评价素养付诸实践，每章中都包含了一些你可以独立完成，或是与一名同伴或一个团队一起完成的活动。在学习结束后，你将能具备这些素养，以应对任何课堂评价挑战所需的专长。

第 1 章学习目标

学完本章后，你将了解到以下内容：
- 优质课堂评价的五个关键要素是什么？
- 为什么它们对评价的准确性和评价信息的有效使用而言是重要的？

课堂评价素养

我们将课堂评价素养界定为做以下两件事所需的知识和技能：（1）准确地收集有关学生学业成就的信息；（2）有效地利用这个评价过程和结果来提高学生的学业成就。

图表 1.1

课堂评价素养的定义

所需的知识和技能：
1. 准确地收集有关学生学业成就的信息；
2. 有效地利用这个评价过程和结果来提高学生的学业成就。

当人们思考评价质量时，他们经常关注评价工具本身的准确性，即评价题目（assessment items）、评价任务（assessment tasks）和评分量规（scoring rubrics）产生准确信息的程度。这的确是评价质量的关键特征，但它远远不能完整地描述，我们在课堂上很好地使用评价所必须了解的全貌。

你或许感到惊讶，在课堂教学中，教师有 30% 或更多的时间，都在从事与评价相关的事情。不过，如果考虑到下面所有纳入，并组成课堂评价过程的事件，这便就不足为奇了。

- 在课堂中计划和管理形成性评价和总结性评价；
- 辨别、澄清并教授有价值的学习目标；
- 设计或选择高质量的评价题目和评价任务；
- 设计高质量的评分要点、评分指南和评价量规；
- 利用评价结果计划下一步的教学；

- 在学习过程中提供描述性的反馈；
- 设计评价，并能够让学生自我评价和设定目标；
- 和其他相关数据一并使用以追踪学生的学业成就；
- 建立一个系统，并让学生能追踪和分享他们的学习进度；
- 在给学生评分时，计算的成绩要能准确地表示学生的学业成就。

当从更大的图景来看评价，我们会看到评价题目、评价任务和评分量规的准确性，仅仅是很微不足道的一小部分。必不可少的条件是首先确保结果的正确性。课堂评价质量要求我们有效地使用评价过程及其结果。如果我们的评价实践，没有带来更高的学业成就，我们或许会认为，关系评价质量的某个部分缺失了。而且，由于熟练地利用准确的评价有利于促进学习，因此，对课堂评价素养的这种扩展性定义，必须成为我们理解什么是有效教学的一部分。图表1.2表明了评价素养扩大的内涵。

优质课堂评价的关键要素

致力于合理的课堂评价工具和实践的每个部分，都建立在以下优质课堂评价的五个关键要素的基础上：

1. 服务于特定使用者的具体信息需求；
2. 基于清晰、恰当的学业成就目标；
3. 能准确地测量学生的学业成就；
4. 能够和他们预期的使用者有效地交流产生的评价结果；
5. 能使学生参与自我评价、设定目标、追踪、反思和分享他们的学习。

图表1.2

课堂评价素养的组成部分

图表1.3呈现了优质课堂评价的5个关键要素,并且在整本书中,我们将使用这个图作为我们的"商场导购图",以表明每章所强调的某个或某些关键要素。

图表 1.3

优质课堂评价的关键要素

- **关键要素1:明确的目的**
  - 谁将使用这些信息?
  - 他们将如何使用这些信息?
  - 他们需要什么样的信息?
  - 并且需要详细到什么程度?

- **关键要素2:清晰的目标**
  - 学习目标对教师而言清晰吗?
  - 哪种学业成就将被评价?
  - 这些学习目标是教学的重点吗?

- **关键要素3:合理的设计**
  - 评价方法和学习目标匹配吗?
  - 选取的样本能恰当地代表学习吗?
  - 题目、任务和评分量规质量很高吗?
  - 评价能够控制偏差吗?

- **关键要素4:有效的交流**
  - 评价的结果能够被用来指导教学吗?
  - 形成性评价能被用作有效的反馈吗?
  - 学业成就能追踪到学习目标并根据标准报告结果吗?
  - 成绩能准确地交流学业成就吗?

- **关键要素5:学生的参与**
  - 评价能满足学生的信息需求吗?
  - 学生清楚学习目标吗?
  - 学生会利用评价得来的信息进行自我评价以及设定目标吗?
  - 学生能追踪和交流他们的学习进度吗?

关键要素 1:明确的目的

我们实施评价的部分原因在于收集学生学习的信息,并以此来做出一些教学决定。其实,教师和学生每天都要做一些促进学习的决定——他们需要了解一些常规的信息,即已经学会了什么,还有哪些没有学会。我们经常做出一些决定,例如当我们决定接下来学生要学习什么,或当我们试图发现,是什么阻碍了学生的学习时。特别是,这些每天都会在课堂上发生、以课堂活动与评价的证据为基础的决定,其目的都是支持学生学习,即帮助学生学得更多。

我们还需要定期地做一些其他决定,例如什么时候评定学生的成绩单,或是发现一些需要特别帮助的学生。对于这种情况,我们需要依赖长期积累的课堂评价的相关证据,以确定学生学会了多少东西。

此外,还有其他的一些频率较低的教学决定,例如学区进行评估是为了告知学校项目的有效性,或决定是否继续或终止一个特定的项目时。通常,这些决定是根据每年一次的标准化测试的结果,并且这些测试结果反映了广泛的学习内容。不过,这些都是总结性评价的例子,即提供学生学业成就的证据,从而对学生的能力或项目的有效性进行判断。

"形成性评价"和"总结性评价",可以分别被看作"促进学习的评价"和"关于学习的评价"(如图表1.4所示)。前者的目的是提高学业成就和促进学习;后者的目的是测量和检验学习。

图表1.4

形成性评价和总结性评价

形成性评价
一个正式或非正式的过程,教师和学生用来收集证据以改进学习。
总结性评价
评价信息被用来提供学生学业成就的证据,以对学生的能力和项目的有效性进行判断。

正如你所见,评价信息可以满足不同的用户需求(诸如学生、教师、行政管理者、父母)和不同的用途——包括形成性和总结性两种。并且在任何评价情境中,无论是在学习的过程中告知教学决定(促进学习的评价),还是在学习结束后测量学业成就(关于学习的评价),我们必须先从理解既定用户的信息需求开始。因为这些需求将决定着评价的形式和频率,以及评价结果所需要的详细程度和类型。

第2章介绍了课堂评价信息的主要使用者和他们的信息需求,也解释了形成性评价和总结性评价(促进学习的评价和关于学习的评价)之间的区别、让学生参与"促进学习的评价"的原因,以及何时使用它们等内容。

关键要素2:清晰的目标

除了一开始要记住预期的目的之外,我们也必须在进行评价伊始,就要对被评价的学习内容有清晰的感知——我们期望学生掌握的学业成就目标和作为教学重点的学科内容标准,我们将其称之为学习目标。并且,当我们的学习目标对教师自身而言足够清晰时,下一步是确保它们对学生而言也是清晰的。因为我们知道,当学生对自己将要去的地方有清楚的认识时,他们成功的机会就会提高。

第3章界定了不同类型的学习目标,并解释了如何将州层面的内容标准转化成课堂层面的学习目标，同时也介绍了使学习目标对学生而言，更清晰的一些方法。

> **来自现场1.1**
>
> **吉姆·劳埃德(Jim Lloyd)**
>
> 俗话说："可以衡量的工作才能完成得更好。"虽然我认为这是有道理的，但我觉得定义这项工作的一个更好的说法是："有价值的、实用的和有效的事物才能持久永存。""促进学习的评价"恰好传递了这种有价值的、实用的和有效的测试。
>
> 在我们学区，我们认为所有管理者在推动促进学习的课堂评价中，都扮演了十分重要的角色。如果我们的工作仅仅是培养所有学生达到高标准（一项与其最初目的截然不同的全国性的教育使命），那么，所有在那个系统下工作的教育工作者，必须清楚地关注，甚至要更清楚地理解，对孩子的学业成就产生重大影响的那些方面。准确恰当地交流清晰的课堂评价，是我们最重要的使命之一。
>
> 我们学区的领导小组设定了两个目标——清晰的学习目标和高质量的反馈，并希望我们能够达到很高的水平。通过和克里夫兰州立大学的合作，我们非常幸运地在这些领域提高了我们教师的能力，并产生了显著的发展势头，这反过来又影响了教师的课堂实践和学生的学习。此外，我们已建立了当地的跨年级学习小组，并把我们自己的教师作为一种媒介，以进一步提高我们对课堂评价的能力和理解。
>
> 促进学习的课堂评价并不是教学的小把戏，而是一种存在的方式。它是一种教育学，能对教师创设学习环境及学生怎样学习产生深远的影响。并且，我们已亲眼见证，随着促进学习的课堂评价越来越深入课堂和学生，我们学区的学习环境是如何日益变得越来越好的。
>
> 我们相信，为了使系统性的变化发生并持续下去，它必须被那些受其影响最大的人，即教师和学生所接受。从事优质的促进学习的课堂评价，并将其作为日常的教学实践的教师，需要有更清晰的学习目标，提供更多经常性和描述性的反馈，创建更加准确的评价，更加有效地交流评价结果，以及让学生参与评价过程中。所有这些都是提高学生参与度和学习水平的基本要素。并且，根据我们的经验，促进学习的课堂评价对所有学习者，无论是高水平、中等水平还是低水平的学习者，都会产生影响。
>
> 俄亥俄州奥尔姆斯特德福尔斯城市学校督学助理，教育学博士
吉姆·劳埃德
2011年1月

关键要素3：合理的设计

评价可以准确或错误地反映学生当前的学习水平。但很显然，在任何情况下我们的目标，都是产生准确的评价信息。上述"明确的目的"和"清晰的目标"，这两个关键

要素都建立在优质评价的基础上,并且这种优质的评价告诉我们评什么,以及需要哪种评价结果。接下来的挑战是,创建一项能传达这些结果的评价。这要求评价方法要能够反映预期的学习目标。可是,这种评价方法会是选择性反应评价、书面论述式评价、表现性评价,还是个别交流式评价呢?其实,这四种评价方法并不能互相替换——每种评价方法都有自己的优势和局限,并且每种评价方法都只能在某些情境中,才能被更好地运用,反之却不然。我们的任务总是针对预期的目的和学习目标,选择一种我们评价质量所倚仗的恰当的评价方法。

第4章介绍了这四种评价方法,并提供了匹配评价方法和学习目标的做法。同时,本章还为评价计划提供了指导,并使评价计划符合预期的目的。

在选择了一种评价方法之后,我们在对其进行开发的同时,还必须对其他三个质量标准保持关注。我们必须通过足够的习题,产生关于学生学业成就的可靠结论,以保证抽样的准确性。并且,我们必须编制高质量的评价题目、评价任务或包含恰当评价方法的习题。最后,每个评价情境都会带来自身的一系列事情,这些事情不但可能会出错,而且可能会扭曲这些结果或造成这些结果不准确。因此,为了避免出现这些问题,我们必须辨别并知道,如何消除或控制偏差的来源。

第5章至第8章,我们将对每一种评价方法的这些准确性要求进行拓展。这四种方法分别是选择性反应评价(第5章)、书面论述式评价(第6章)、表现性评价(第7章)、个别交流式评价(第8章)。

关键要素 4:有效的交流

一旦有了明确的信息需求、清晰的学习目标、准确收集的评价信息,那么,评价结果也必须以及时和可被理解的方式,与预期的使用者进行交流。如果我们在这一方面做得很成功,就能追踪形成性评价和总结性评价产生的结果,并能设计出共享的方法,以满足根据这些结果来采取行动的那些人的需求。不过,形成性评价信息的交流,为学生的成长提供了这种必需的描述性反馈。而在总结性评价的情境下,交流结果能够使所有的接受者,理解学生学习的有效性,例如当我们将总结性评价信息转化成等第时,它及时地反映了在某个时候学生的学业成就。

第9章至第12章,介绍了形成性评价和总结性评价的记录保存程序、合理的评价方法,以及使用档案袋和学生参与的会议来扩大我们交流的办法。

关键要素 5:学生的参与

在教学中,我们传统评价的角色需要转变,其重点就是让学生参与评价。因为让学生的学习获得成功的最有效的教学决定,并不是由这个系统中的教师做出的,而是由学生自己做出的。学生可以决定,这个学习目标是否值得努力去实现它。学生可以决定,他们是否有能力去实现学习目标。学生可以决定是否继续学习,还是放弃。总之,只有当学生做出确切的决定,我们的教学才能促进他们的学习。因此,我们课堂评价工作的一个重要部分是,让学生了解他们作为学习者的进步情况,让他们相信自己是学习者,这样他们就会不断尝试。

让学生参与课堂评价的技巧贯穿在这些章节中。第 2 章介绍了对学生的参与、学习动机和学业成就产生积极影响的一些研究。第 3 章提供了让学习目标对学生而言更清晰的一些方法。第 5 章至第 8 章包括了让学生参与自我评价和设定目标的一些具体方法和建议。第 9、11、12 章提供了一些让学生对自己的学习进行追踪和交流的技巧。

来自现场 1.2

珍娜·史密斯(Janna Smith)

我过去往往将评价看作学习活动的结束。并且在准备教一个单元时,我的教学计划主要包括确定教学目标和精心设计能让所有学生参与的教学活动。在这里,"评价"是一个名词,指的不过是一项任务,它通常在教学结束时被用来判断等级。并且作为结束点上评价任务的一部分,学生被要求去做的事情可能和关键目标相一致,也可能相反。此外,单元结束时的测验题目通常是选择题或简答题,但绝大部分的原因仅仅是出于对多样化的考虑。

如今,评价并不仅仅是一个单一的名词,即指向个体的测试或任务,而是指一个和教学相互交织的、持续不断的过程。这个过程不再单单发生在教学的结束,实际上在评价之前就已开始。例如对于目前我教授数学的 7 年级学生而言,在每个单元一开始我就介绍一些网格,其中列出了这个单元的学习目标,并提供了一些空格让学生根据目标逐条地记录他们对前测结果的分析。

针对每条目标还会增加一些空格,以便让学生从每天日常的学习、测验中列出证据的来源。在整个单元中,我们会不时地停下,挑选有证据表明他们已经做得很好的学习目标,以及那些他们还需要进一步获得帮助的学习目标。并且,我会将他们的自我评价和自己对他们表现的观察记录放在一起,共同决定一些微课、小组教学的话题,以及那些我们或许应该加快进度的地方。

首次接触促进学习的评价原则时,我还是一位学区的管理者。我的职责包括提供专业发展、支持性的原则,以及能实施优质课堂评价实践的教师。我认为促进学习的评价原则的确能奏效,并能点燃将这些评价策略和教学相结合的热情。我上过示范课,展示学习目标如何转化成学生可以理解的语言。并且,我甚至在一个学期利用课堂评价教过一个毕业班的课。但实际上,过去我从未在自己的课堂中使用过"促进学习的评价"。我决定和一群正在努力学习数学的 7 年级学生一道,按照自己的方式来实施它。我想要和我的学生一起在"黑箱"中看到我们自己,并希望"促进学习的评价"能提高他们的学业成就,增强学习动机。

让"促进学习的评价"在我的课堂中焕发生命活力,已经重新燃起了我的教学热情。我更加关注那些必要的学习目标,我的学生也总是知道他们要学什么、如何去做,以及一起做什么来缩小所有的差距。并且,他们已经成为非常优秀的自评者,可以利用自己的"证据文件"判断自身的优势和不足。最重要的是,他们逐渐成为更有自信的问题解决者,不再逃避和抱怨数学。通过重返课堂,我亲身体会到了使用这些策略,能够对学生的学习产生重大和积极的影响。

新泽西州远山乡村学校任课教师

珍娜·史密斯

2011 年 1 月

课堂评价能力

这本书的目的是,改进有志于此的所有教师的课堂评价实践。如果取得了成功,我们将一起把课堂中的评价实践从一系列低效的实践,转向一个基于研究如何使用课堂评价来提高学生学习的模式。图表 1.5 表明了这些在思想和做法上需要进行的关键转变,它们是课堂评价能力的标志。

教师的能力列在图表 1.6 中,它代表了在更大的版图中,一个具有评价素养的教师,在每一个关系到评价质量的五个关键要素中,应该知道和能够做的事情。

图表 1.5

课堂评价的转变

从……	到……
课堂检测脱离教学的重点	课堂检测能反映书面和教授的课程
评价仅使用选择题的形式	选择的评价方法能针对性地反映特定类型的学习目标
"神秘"的评价,学生无法提前知道他们应该承担什么学习责任	透明的评价,学生能预先知道他们应该承担哪些学习责任
所有的评价和任务,包括练习,都被计算成成绩	一些评价和任务被计算成成绩;另一些仅是为了练习或形成性使用
学生在评价过程中被看作消极的参与者	学生是"作为学习经验的评价"的积极使用者
直至得到这些成绩,学生才能发现他们擅长的和需要改进的地方	在学习过程中学生能够分辨出他们自己的优势和需要改进的地方

图表 1.6

课堂评价能力

1. 明确的目的 评价过程和结果服务于明确、恰当的目的	a. 能辨别课堂评价的主要使用者，并且了解他们的信息需求； b. 能理解形成性评价和总结性评价的用处，并且知道何时使用它们。
2. 清晰的目标 评价能反映出清晰的学习目标	a. 能知道如何辨别五种不同类型的学习目标； b. 能知道如何将宽泛的内容标准转换成课堂中的学习目标； c. 能以清晰的学习目标开始实施教学计划； d. 能将学习目标转换成学生可理解的语言。
3. 合理的设计 学习目标被转换成能产生准确结果的评价方式	a. 设计评价能满足预期的形成性目的和总结性目的； b. 选择的评价方法能和预期的学习目标相匹配； c. 理解并能恰当地应用对学习进行抽样的原则； d. 编写和选择的评价项目、评价任务、评分指南和评分量规能达到质量标准的要求； e. 知道和避免会扭曲结果的各种偏差来源。
4. 有效的交流 评价结果的作用是提高学生的学业成就。并且评价结果得到良好的管理、恰当的整合与有效的交流	a. 能使用评价信息来计划教学； b. 能在学习过程中给学生提供有效的反馈； c. 能准确地记录形成性评价和总结性评价产生的信息； d. 能恰当地整合和总结信息以正确地反映学生当前的学习水平； e. 能正确地解释和利用标准化考试的结果。
5. 学生的参与 学生积极地参与到评价过程中	a. 能把学生看作评价信息的重要使用者； b. 能和学生共享学习目标与质量标准； c. 能设计评价以便学生能根据评价结果来自我评价和设定目标； d. 能让学生参与追踪、反思和分享他们自己的学习进度。

这些课堂评价能力可以被看作是这个学习计划的内容标准，并且这些能力中的每一个都有具体的阐述和操作，我们将在下面的各章中进行教授。

不过，我们知道这些课堂评价能力并非全部都是新的。有效的教师早已知道了相当多有关评价的做法，并且这些做法也已成为有效教学的一部分。我们提供了自己关于优质评价的标准，为定义这个领域提供一个认知的结构，并允许你判断需要在哪些地方加深自己的评价专长。

总结

优质的课堂评价能产生有效地促进学生学习的准确信息。这就是这本书题名中的"做得对"、"用得好"。

"准确的信息"来自明确地收集学生学习信息的目的，定义清晰的学习目标，利用恰当的评价方法，并选择一个能准确地代表达成预期的学习目标的样本，以及能避免可能导致扭曲结果的环境因素。

"有效地使用"包括利用准确的评价结果制定教学计划,并利用描述性反馈和自我评价策略,帮助学生理解他们自己的进度,即他们的成功以及需要进一步学习的地方,以适合使用者的方式追踪和清晰地交流学业成就方面的信息等。

关系质量的这两个首要方面——"准确性"和"有效使用",构成了这本书每个章节的重点内容。通过学习和应用每章中所包含的思想,你将学会选择、创造和利用高质量的评价以带来学生的成功。

活动

本章末提供的活动是为了帮助你掌握本章节的学习目标。它们的设计是为了加深你对本章内容的理解,并为合作学习提供讨论的话题,以及指导你实施本章所教的练习活动。

完成每个活动所需的表格和材料可参见光盘中的可编辑文档。光盘中的对应文档以这个符号为标志。*

第 1 章的学习目标

1. 优质课堂评价的五个关键要素是什么?
2. 为什么它们对评价的准确性和评价信息的有效使用而言是重要的?

活动 1.1　坚持写反思日记
活动 1.2　将自己的经验和评价质量的五个关键要素相联系
活动 1.3　完成评价实践调查问卷
活动 1.4　调查学生
活动 1.5　收集学生学习活动的样本
活动 1.6　反思你自己的学习
活动 1.7　建立成长档案袋

活动 1.1

坚持写反思日记

在阅读第 1 章时,坚持记录你的想法、问题和尝试实施的任何活动。

反思日记表

---

* 中文版不包含光盘。——编辑注

活动 1.2

将自己的经验和评价质量的五个关键要素相联系

阅读完第 1 章后,独立工作,或是与一名同伴或一个团队合作完成这些活动,并理解合理或不合理的课堂评价对学生产生的影响。

1. 思考你自己曾经历的一次消极的被评价经历?是什么使它变得消极?
2. 思考你自己曾经历的一次积极的被评价经历?是什么使它变得积极?
3. 在关于评价质量的五个关键要素中,哪一个要素和你的消极经历有关?
4. 在关于评价质量的五个关键要素中,哪一个要素和你的积极经历有关?
5. 每种经历对你产生了怎样的影响?

◉ 将自己的经历和评价质量的关键要素相联系

活动 1.3

完成评价实践调查问卷

在这个独立完成的活动中,你需要对自己关于课堂评价的理解做一个持续性的自我评价。

1. 从光盘第 1 章的文件中打印"评价实践调查问卷"。
2. 在你学习《促进学习的课堂评价:做得对 用得好》之初就回答这些问题。将 0—4 分填写在标有"等级 1"的栏目,并在等级一栏中标明日期,然后在表格末尾完成对"等级 1"的反思。
3. 在你完成本书一半内容的学习时,再做一次这个调查,完成填空并在标有"等级 2"的一栏中标明日期,然后在表格末尾完成对"等级 2"的反思。
4. 在你结束对本书的学习时,再做第三遍调查,完成填空并在标有"等级 3"的一栏中标明日期,然后在表格末尾完成对"等级 3"的反思。

这将为你提供一个机会,让你回顾和反思你在学习过程的理解和课堂实践中所发生的变化。并且,你也可以考虑将此作为第一个纳入你的专业成长档案袋的内容之一。

◉ 评价实践调查问卷

活动 1.4

调查学生

在光盘的第 1 章中，你会发现有两套调查问卷——小学版和中学版，其目的是引出学生对要评价的重要方面的认识。并且，每套问卷都包括前测和后测。不过，前测和后测唯一的不同是教学，否则他们使用的就是同一工具。这项调查是匿名的——相关的信息将作为一套课堂中的数据被检验并进行对比。

1. 选择小学版或中学版的问卷并打印前测表格。并且，在你开始学习《促进学习的课堂评价：做得对 用得好》之初就让学生完成它。
2. 打印后测问卷，然后在学年结束或学期结束时让学生完成。
3. 整合课堂数据并比较前测和后测的结果。并且，使用这些信息作为你的实践对学生关于评价的态度和理解产生影响的一个指标。

◎ 小学做前测　　◎ 中学做前测

◎ 小学做后测　　◎ 中学做后测

活动 1.5

收集学生学习活动的样本

1. 在你的学习过程中，为了能记录学生在学业成就上的变化，需要从一开始就收集一些他们的作业样本。如果你教的班级学生人数过多或同时执教几门学科，你可以仅关注一两个典型的优等生、中等生和学困生。
2. 在整个学年中定期收集学生的样本。
3. 寻找那些不同于你通常希望看到的变化。
4. 保留这些样本并将它们放进你自己的个人成长档案袋中。这些作品可以成为你学习的一个强有力的证明，因为促进学生的成长是你工作的一个重要目标。

◎ 无

活动 1.6

反思你自己的学习

回顾第 1 章的学习目标,选择一个或更多能代表你新的学习或最让你印象深刻的目标。如果你正独立工作,写一段能够反映你当前理解的简短反思。如果你正与一名同伴或一个团队合作,可以和他们讨论你写下的内容,或以此引发小组会议中的讨论。

◎ 反思第 1 章的学习

活动 1.7

建立成长档案袋

A 部分:选择成长档案袋的内容

我们鼓励你在整个学习过程中收集自己进步的证据,并且建议你将这些证据放进关注课堂评价素养的成长档案袋,即展示自己一段时间以来成长的作品集中。

你可能不想将你学习的所有证据都放入其中,为此你可以缩小范围,仅关注某些方面。本书的每一章都列出了该章的学习目标。如果这些学习目标中的一个或多个正是你的改进之处,你或许希望能完成相应章节的一个或更多的活动,并将它们和在此过程中你开发的任何其他的作品一起作为档案袋的条目。

许多人发现,当他们在阅读每章并尝试这些活动时,记录下他们的想法和问题是很有帮助的,不仅有利于自己学习,还可以为学习小组的讨论做准备。因此每章都有的一个活动是写反思日记,记录你的思考、困惑和活动。这也可以成为成长档案袋的一部分。

B 部分:第 1 章中的档案袋作品

第 1 章中的任何活动都可以作为你自己的成长档案袋的条目。请选择任何你完成的活动或创造的作品,以展示你在第 1 章学习目标上的能力:

1. 知道课堂评价质量的五个关键要素是什么。
2. 知道为什么它们对评价的准确性和评价信息的有效使用而言是重要的。

如果你正坚持写反思日记,可能想将第 1 章的条目纳入你的档案袋中。

光盘中的档案袋条目页能帮助你思考,你选择的每一个条目,将怎样反映出你的学习和这些学习目标中的一个或多个密切相关。

◎ 第 1 章档案袋条目封面页

第 2 章

明确的目的
促进学习和关于学习的评价

> 如果对评价信息的利用可以超越其计算成绩的功能,那么我们就可以促进学习。

在 21 世纪的前十年,出现了很多关于形成性评价的文章。这些文章涉及形成性评价对学业成就的影响、什么是形成性评价、如何设计形成性评价、怎样使用形成性评价,以及在课堂上怎样使用形成性评价的教学策略等。简而言之,形成性评价在学界获得了极大的关注,并为自己建立起了良好的口碑。

然而,现实是学校里的大部分评价仍停留在总结性评价,即大多数是"计算"成绩。并且,尽管它们是周期性出现的,但大规模的问责性评价,仍主导着我们对什么是"最重要"的思考。

这一章我们将关注高质量评价的五个关键要素之一:明确的目的(如图表 2.1)。如何平衡形成性评价和总结性评价?什么时候使用?为什么形成性评价对于学生的学习如此重要?对于这些问题的回答,都要回归到评价的目的——谁将使用评价信息和打算怎样使用。这就是要素 1 的关键内容。

第 2 章学习目标

学完本章后,你将了解到以下内容:
- 形成性评价和总结性评价如何融入平衡的评价系统。
- 形成性评价对学生学业成就的影响。
- 形成性评价和总结性评价之间的主要区别。
- 形成性评价和总结性评价如何与评价质量相联系。
- 促进学习的评价的 7 条策略,以及它们如何与形成性评价的研究相联系。

| 图表 2.1

优质课堂评价的关键要素

- **关键要素1：明确的目的**
  谁将使用这些信息？
  他们将如何使用这些信息？
  他们需要什么样的信息？
  并且需要详细到什么程度？

- **关键要素2：清晰的目标**
  学习目标对教师而言清晰吗？
  哪种学业成就将被评价？
  这些学习目标是教学的重点吗？

- **关键要素3：合理的设计**
  评价方法和学习目标匹配吗？
  选取的样本能恰当地代表学习吗？
  题目、任务和评分量规质量很高吗？
  评价能控制偏差吗？

- **关键要素4：有效的交流**
  评价结果能被用来指导教学吗？
  形成性评价能被用作有效的反馈吗？
  学业成就能追踪到学习目标并根据标准报告结果吗？
  成绩能准确地交流学业成就吗？

- **关键要素5：学生的参与**
  评价能满足学生的信息需求吗？
  学生清楚学习目标吗？
  学生会利用评价得来的信息进行自我评价和设定目标吗？
  学生能追踪和交流他们的学习进度吗？

平衡的评价系统

谁使用评价信息？我们脑海里出现的第一个答案就是"教师"，接下来可能是家长、学生、管理者和公众。他们都需要依靠评价信息做出决定，但是他们所做的决定，却不尽相同。没有一种评价可以满足所有人的需求，因此我们需要有不同的评价。一个平衡的评价系统能辨别各方面（教师、学生、家长、管理者、大众等），对于形成性以及总结性信息的需求，并且有计划地给予他们需要的评价。同时，为促进学生的成长，当地的评价系统，在实施形成性评价和总结性评价时，要满足三个层面的评价需要，即课堂评价、阶段性/检测性评价和学年评价（Chappuis, Commodore, & Striggins, 2010）。图表 2.2 向我们总结了平衡的评价系统的作用。请注意，这个图表中不同层面的使用者,需要面临不同的决定。因此,他们的评价需要不同种类的信息去支持和证明学生的学习。

图表 2.2

一个平衡的评价系统

层面:课堂评价		
关键问题	形成性评价	总结性评价
关键决定	学生下一步要学习什么?	每一个学生掌握了哪些标准?每一个学生获得了什么样的成绩?
决定者	学生和教师;家长	教师
信息需求	根据每一个标准了解学生当前学习进度的证据	每一个学生掌握相关标准的证据
层面:阶段性/检测性评价		
关键问题	形成性评价	总结性评价
关键决定	哪些标准是我们的学生一直没有掌握的,即我们能在哪里马上改进教学?哪些学生需要额外的帮助?	教学计划是否按照预期的目的来实施?我们是否要继续使用?
决定者	教学领导者和教师	教学领导者
信息需求	我们的学生正在努力掌握的标准;确定正在努力的学生	每个学生熟练掌握相关标准的证据
层面:年度评价		
关键问题	形成性评价	总结性评价
关键决定	哪些标准是我们的学生一直没有掌握的?哪里是我们在下个学期的教学中需要改进的,以及如何改进?	大部分的学生是不是满足了标准?
决定者	课程与教学领导者	学校和社区领导者
信息需求	我们的学生正在努力掌握的标准	学生达到相关标准的比例

Source: Adapted with permission from Chappuis, S., C. Commodore, & R. Stiggins, *Assessment Balance and Quality: An Action Guide for School Leaders*, 3rd ed. (Portland, OR: Pearson Assessment Training Institute, 2010), pp. 14-15.

形成性评价对学业成就的影响

尽管图表 2.2 介绍了各个层面对于信息的需求,但是如何使用评价信息,才是尤为重要的。在课堂层面和阶段性/检测性评价层面,均衡地使用形成性和总结性评价,是提升学生学业成就非常有效的方法。在传统的课堂实践中,如果不是全部的话,至少大部分评价都是用于总结性目的的。在阶段性/检测性评价的层面,即使有些评价被贴上了形成性评价的标签,但往往还是只用作总结性评价,这就把我们带到了形成性评价专家迪伦·威廉提出的问题:"什么是形成性评价?"

我们现在知道,有证据表明形成性评价,可以促进学生学业成就的进步,但是我们必须更深入地挖掘不同的形成性评价,以及它的具体做法能带来怎样的进步。为了印证这个信息,我们可以参考下面的研究。

最权威的证据是由两位英国学者保罗·布莱克和迪伦·威廉概括,并总结出来的。他们对有关形成性评价的研究进行了全面回顾,涵盖幼儿园到大学阶段的学生,涉及不同的学科领域,包括阅读、写作、社会、数学、科学,以及目前世界上包括美国在内的很多国家,都在实施的形成性评价(Black & William,1998a)。

他们发现的成就被大书特书,成为所有教育干预的有力证据。典型的效应值在0.4和0.7之间(Black & William,1998b)。在他们论及的一些研究中,某些形成性评价的实际做法,让原本学习落后的学生,成绩进步到堪比优等生的水平。如果从标准差的角度来看,按照常用的标准化考试成绩尺度,一个0.4到0.7的学业成就,意味着可以转化为15至25个百分位数。例如,一个学生在ITBS之类的标准化测试中,得分在第45百分位,如果他的标准差增加0.7,那么得分将在第70百分位。这些都是惊人的成就——不是单凭考前晚上睡个好觉、考试当天吃点好吃的,或是说些加油鼓劲的话就能做到的。正如人们所猜测的,这些形成性的评价方法与巧妙的应试技巧是两回事。

这些研究中发现的成就,带动了成百上千的"形成性评价"产品。但是,这些成就的大小仅仅是故事的一半,另一半则是产生这些成就的原因。在回顾那些影响最大的研究中的干预措施时,布莱克和威廉(Black & William,1998b)注意到:

- "教学设计要给予学生机会来表达他们是怎么想的,因为这可以引发互动,而通过互动,形成性评价可以促进学习。"(p. 143)
- "学生与教师之间的对话应该是深思熟虑和有反思性的,聚焦于唤起和探索学生的理解水平,并且能引导学生有机会去思考和表达他们的想法。"(p. 144)
- "对任何学生的反馈都应该针对他们的作业质量,提供的建议要包含改进的具体内容,并且还应当避免与其他学生进行对比。"(p. 143)
- "如果想让形成性评价富有成效,应当训练学生进行自我评价,这样他们才能明白学习的主要目的,以及为达到这些目的自己需要做的事情。"(p. 143)

因此他们建议,为了取得形成性评价所承诺的进步,下面的做法是非常必要的:

- 利用课堂讨论、课堂学习任务和家庭作业等,确定学生当前的学习或理解的状态,并采取一定的措施来促进学生的学习,以及纠正他们理解上的错误;
- 在学习过程中提供描述性的反馈,并对如何改进提供指导;
- 发展学生自我评价和同伴评价的技巧。

不幸的是,这些都无法作为形成性评价的题目或测验。因为它们都是实践,而不是手段。并且,也不存在任何具有魔力的测验或工具——我们无法用钱买到"评价推动学业成就"的理想。所幸的是,这些实践的做法是可以学会的,而且它们也并非新的概念。良好的教学也一直包括了这些部分。不过,在我们渗透着问责的大环境下,我们可能不仅落下了学生,还把一些好的教学和评价实践都遗忘了。

我的班级的过去和现在 2.1

克里斯汀·吉莱斯皮(Kristen Gillespie)

我过去……

在一堂课的最后我会问学生是否还有什么问题。我让学生自己来决定,是不是要举手来表示他们的理解水平,或是否要提问教师。

我现在……

每个学生会拿到一个有他或她名字的便利贴。当我给出要求时,学生会将他们的名字贴到三块黑板上。第一块黑板代表学生跟得上,并且能舒服地从这个课堂上获取信息。第二块黑板是提醒我有些学生仍然有一些疑问,并且需要更多的练习。第三块黑板让我知道,某个孩子需要个别指导来理解学习材料。每周我大概会要求学生移动便利贴 3—5 次。

我为什么改变……

我发现对于学生来说,相比举起他的手去告知别人他需要区别对待,这样会更加简单、轻松,少一点尴尬。我意识到每一个学生,都必须为他自己的学习承担更多的责任。不论是对学生还是对教师而言,学生的自我评价都是非常珍贵的。我希望能够创造一种氛围去激发学生自我监控,对他们的理解水平做出慎重的决定。

结果我注意到……

学生都期待着移动他们的便利贴。那些贴在第一块黑板上的学生,对自己感到满意和自豪。而在另一方面,那些贴在其他两块黑板上的学生,获得了他们需要的额外帮助,并最终感受到了成功。

经过一整个学年,学生发现了将自己的便利贴,放在准确位置上的好处。我的学生能够进行自我评价,并获得了额外的帮助,也避免了糟糕的考试成绩。

Source:Used with permission from 6th-grade mathematics, reading, and English teacher Kristen Gillespie, Olmsted Falls City Schools, Olmsted Falls, OH, January 2011.

形成性评价和总结性评价的区别

为了更加深入地理解形成性评价和总结性评价的区别,让我们回到这两个概念的定义:

形成性评价:教师和学生以提高学习为目的,通过正式和非正式的过程收集证据。

总结性评价:为了对学生的能力或学习成果进行判断,使用评价信息为学生的成就提供证据。

在进行形成性评价时，教师要使用评价信息诊断学生的需求、计划下一步的教学、为学生提供有目标的练习，并且提供有效的反馈。学生利用评价信息来获得有效的反馈，进行自我评价，并设定改进目标。并且，他们也可以用它来追踪、反思和分享自己的学习进度。在进行总结性评价时，教师一般在学习发生之后使用评价信息，例如通过章节或单元测试、期末考试、学期课题等，决定一个学生成绩报告单的等级。一种是评价用来支持学习，另一种则是检验学习结果。

我们通常也用另一种称呼介绍形成性评价——促进学习的评价（assessment for learning）。尽管形成性评价有很多不同的定义，但是，我们这样称呼它的部分原因在于，它通常被解释为频繁地评价，并使用其结果计划下一步的教学。然而，如同我们所看到的，关于形成性评价的研究包含的实践远不止这些。因此，我们更加倾向于用"促进学习的评价"这一说法，来表示那些为实现显著的学业进步，而采取的所有必要的措施。

出于同样的原因，我们称总结性评价为"关于学习的评价"（assessment of learning）。不过，如果你更喜欢用"总结性"、"形成性"这样的词语，那也无妨，在这本书中它们和"促进学习的评价"、"关于学习的评价"是等同使用的。你只要记住，"给学生的描述性反馈"和"评价过程中学生的参与度"，属于"形成性评价"。具体的区别请参见图表2.3的总结。

图表2.3

促进学习的评价和关于学习的评价：关键性区别

	促进学习的评价	关于学习的评价
评价理由	提升学业成就以帮助学生达到更多标准；持续地支持学生的发展和进步	记录个体或小组的成就以及掌握标准的情况；出于报告结果的目的在某一时间段测量成就水平；问责
受众	学生自己	其他与学生相关的人
评价重点	由教师选择具体的学业成就目标，这些目标能促进学生达成标准	学校、教师和学生要为之负责的成就标准
发生时间	学习过程中	学习之后
主要使用者	学生、教师、家长	政策制定者、项目设计者、教育督导、教师、学生、家长
主要用途	为学生提供改进学业成就的建议；帮助教师诊断并回应学生的需求；帮助家长了解学生的学业进展；帮助家长支持学生的学习	检验学生的能力；根据成就标准对学生进行分等、晋级、毕业认定或评分

Source: Adapted from *Understanding School Assessment* (pp. 17–18), by J. Chappuis & S. Chappuis, 2002, Upper Saddle River, NJ: Pearson Education. Copyright © 2006, 2002 Pearson Education, Adapted by permission.

为何两者的区别是重要的

理解促进学习的评价（形成性评价）和关于学习的评价（总结性评价）之间的区别，对

于实现学生学业成就非常重要。要在形成性评价实践中取得更大的成果,需要满足必要的条件:

1. 评价工具或活动的设计要直接与需要学习的内容标准相联系。
2. 所有的工具或活动和任务要与已经教的和即将教的内容相匹配。
3. 工具或活动要提供丰富的内容信息,以查明具体的问题,例如一些错误性的理解,这样教师就可以明确对谁以及采取怎样的行动。
4. 要及时地使用评价结果,并对需要提高的学生采取行动。
5. 教师和学生要根据准确的评价结果采取行动。(Chappuis,2009,p. 6)

如果忽略了其中一个或多个条件,无论它的称呼是什么,这样的评价都无法促进学习。

这与明确的目的有何关系

优质评价的第一个关键就是明确评价目的。为了确保我们的评价和评价的实践是高质量的,我们在计划阶段需要提出三个问题:

1. 谁将使用这些信息?
2. 他们将如何使用这些信息?
3. 他们需要什么样的信息,并且需要详细到什么程度?

第一个问题的答案,正如我们在图表 2.2 中所见,在班级层面上,通常是学生、教师或家长将使用这些信息。第二个问题的答案有两个思路:形成性或总结性。决定如何做出?形成性评价——旨在学习过程中指导教学,或是总结性评价——用来报告已经发生的学习?

第三个问题直接取决于第一个和第二个问题的答案——谁需要这些信息,以及他们用这些信息做什么?事实上,所有评价设计的决定都源于那两个最初的问题,因此在这本书中,我们会不停地回到这两个问题。一旦我们了解了谁将使用信息,并做出怎样的决定,我们就知道了该走哪条路,即形成性评价还是总结性评价。

明确的目的和学业成就之间的关系。暂时想象一下自己是一名学生。如果从学生的角度来看,绝大多数的作业实际上就是一个评价。学生通过完成作业来满足教师、学区、州乃至国家的需要。

他们多久才会经历一次满足他们自己需求的评价——不是他人间接地替他们做出的决定,而是直接地由自己做出决定?仅仅改变教师的行为,我们还要多久才能提高学生的学业成就?直到我们意识到学生的重要角色——如果他们愿意出现、尝试或采取行动——我们只是继续改来改去,唯独没有改变学生。形成性评价的实践之所以会提高学业成就,是因为它们改变了评价和学生之间的互动关系。

促进学习的评价:7 条策略

所有有效的形成性评价实践,都可以促进教师和学生采取行动来提高学习。正如查普伊斯(Chappuis,2009,p. 4)所说的,"当他们描述什么是形成性评价的核心时,知名的教育研究者都会强调这一点"。

因此，形成性评价本质上是反馈(Ramaprasad，1983)，它把当前的理解水平以及技能发展程度反馈给教师和学生，以确定前进的方向。(Harlen & James，1997，p. 369)

［形成性评价］这种评价旨在专门提供反馈意见，以改善和加速学习。(Sadler，1998，p. 77)

形成性评价被认为是一种能促进学习或教学，在教学过程中实施的评价……

形成性评价之所以具有形成性，是因为它能立刻用于调整（学习），从而产生新的学习。(Shepard，2008，p. 281)［所有的材料引自 Chappuis，2009，p. 4］

在一篇著名的描述形成性评价如何提高学业成就的文章中，澳大利亚研究者罗伊斯·萨德勒(Royce Sadler，1989)，将其概括为培养学生在过程中监控和调整自己学习质量的能力：

改进学习不可或缺的条件是，学生和教师对于质量的概念定义是类似的，能够持续监控学习行为整个过程的质量，并且有许多学习策略可供他们在任何时间点上选用。(p. 121，原书强调)

研究表明，许多教师定期向学生提供反馈，并让学生参与自我评价和设定目标。这些都是好主意，一直以来都是有效教学的一部分。然而有时候这些做法有效，有时候则无效。有些学生比其他学生更加乐于，也更加善于利用这些做法。成功的一个决定性因素在于，我们怎样建立学习和评价的情境。另一个则是，我们怎样为学生做好准备。通过仔细阅读形成性评价和目标取向(goal orientation)的相关研究(Ames，1992；Butler & Newman，1995；Schunk，1996；Shepard，2008)，我们将这些基于研究而来的建议，提炼成一个指导框架，即促进学习的评价的 7 条策略，它们构成了成功的前提。

这 7 条策略见图表 2.4，源于查普伊斯和其他学者的研究，主要围绕关于形成性评价的三个问题：
- 我要去哪里？
- 我现在在哪里？
- 我如何缩小差距？

我要去哪里

策略 1：提供清晰易懂的学习目标。在教学一开始或学生独立学习之前，与你的学生分享学习目标。使用学生可以理解的语言，并检查以确保他们能真正明白。你可以问："为什么我们要做这个活动？我们在学什么？"

图表2.4

促进学习的评价的7条策略

我要去哪里？
策略1：提供清晰易懂的学习目标
策略2：使用好作业或差作业作为样例或示范
我现在在哪里？
策略3：提供经常性的描述性反馈
策略4：教学生自我评价，并为下一步学习设定目标
我如何缩小差距？
策略5：设计课程以每次聚焦于一个学习目标或质量的一个方面
策略6：教学生注意修改
策略7：鼓励学生进行自我反思，追踪并分享他们的学习。

Source：Reprinted from *Seven Strategies of Assessment for Learning*（p.12），by J. Chappuis，2009，Upper Saddle River，NJ：Pearson Education. Reprinted by permission.

用学生可以理解的语言来界定关键词，会使学习目标更易被接受。询问学生对于成果性和表现性学习目标质量的构成有何想法，接着向学生展示怎样将他们的想法与评分指南或量规相联系。并且，提供给学生的评分指南，应以他们可以理解的语言来编写。同时，对于有些学习目标，你可以和学生一起制定评分标准。

策略2：使用好作业或差作业作为样例或示范。使用好作业或差作业——匿名的学生作业作为样例，这些作业可以是来自学校以外的生活，也可以是你自己的作业。接着，展示作业中的优势与不足，并将其与学生遇到的共性问题相联系，尤其是那些你最关心的共性问题。然后，让学生分析这些样例的质量，并证明自己的判断。在这一过程中，你必须且只能使用匿名的作业。并且，如果你一直在让学生参与到分析样例或示范中，那么他们将对什么是好的成果、什么是好的表现形成自己的看法。

教师也可以自己来示范创造一个表现或成果，并且在这一过程中，向学生展示真正的开始，你所遇到的问题和思考的决策过程。但请不要隐藏这个过程和修改的部分，否则学生在最初的混乱阶段，就会认为自己做得不对，也就不知道怎么克服过程中遇到的困难。

我的班级的过去和现在2.2

杰西卡·巴里尔斯基(Jessica Barylsik)、奥德丽·埃克(Audrey Eckert)和罗宾·艾达姆(Robyn Eidam)

我们过去……

在结束一堂写作课时，我们过去会让学生和一名同伴做一个互评。我们将提供给他们一个检查清单，然后告知他们使用这些检查清单，并且假设他们已经知道了要做的事情。当学生之间互相提供反馈时，我们也将指导他们的对话。我们发现学生仅仅是

阅读他人的作文,但是对于促进他们的写作所提供的建议非常少,因为他们以为互评就是这样的。

我们现在……

在我们的很多课堂中,我们已经开始提供正面和反面的样例。现在为了介绍同伴互评,我们列出了高质量的同伴反馈的标准。接着我们向学生展示了一些视频,介绍了好的和差的同伴反馈。这个部分给学生提供了视觉上的示范,能帮助他们积极参与互评。学生在观看视频的时候,也在寻找帮助他们判定样例优劣的标准。并且在彻底讨论过每一个视频之后,学生可以将这些同伴反馈的原则融入他们自己的作品中。

我们为什么改变……

同伴反馈通常是最困难的部分,因为它需要很高水平的思考。除了仅仅阅读段落,学生从来不知道如何真正地进行同伴互评。因此作为教师,我们需要找到更好的方式去教导他们。当我们在自己的课堂中开始使用形成性评价时,我们变得更加注意,怎样使用正面和反面的样例去影响学生的学习。

结果我们注意到……

首先,学生从这个活动中获得的技能超过了我们期望。不但是视频,在他们的同伴反馈会议中,学生也很受激励并集中注意力。并且对他们来说,看到他们的教师参与到超出日常生活之外的视频更有意义。他们积极地参与到同伴评价中,遵照着同伴反馈的样例和标准,他们愿意花费时间,并允许他人进行纠正。并且,他们开始使用建设性的批评建议,他们的对话也比过去更加有意义。同时,在学生的期末作文中,我们看到了他们的成长和改进。

Source: Used with permission from 4th-grade language arts team teachers Jassica Barylski, Audrey Eckert, and Robyn Eidam, Olmsted Falls Intermediate School, Olmsted Falls, OH, January 2011.

我现在在哪里

策略3:提供经常性的描述性反馈。有效的反馈是指为学生提供一种可以改进学习的信息。在我们当前的系统中,学生做的大多数作业经常被划分等第。并且这些等第通常是他们接收到的唯一的正式反馈。然而,等第并不能发挥有效的反馈作用。它们只提供了一种编码式的反馈,并没有提供给学生哪些做得好,以及下一步可以做什么的具体信息。

研究人员仔细分析了什么样的评价信息,对于学生是有效的反馈——什么样的反馈,可以最大程度地促进学生的进步。(Ames, 1992; Bulter, 1988; Hattie & Timperley, 2007; Shepard, 2001)他们的主要研究包括:

- 仅仅描述是不够的——最有效的是描述什么。
- 指向学习的反馈比指向学习者特点的反馈更加有效。
- 当反馈指向作业的优点以及需要改进的地方时,这样的反馈是最为有效的。

我们将研究中的发现转化为五个有效反馈的重要特点(详见图表2.5)。

图表 2.5

有效反馈的特点

有效反馈
1. 能将注意力导向预期的学习，指出优点并提供详细的信息以指导学习的改进。
2. 发生在学习过程中，并仍有时间采取行动。
3. 能解决学生的"一知半解"问题。
4. 不会代替学生思考。
5. 能限制纠正信息的数量，以便学生可以根据建议付诸行动。

Source：Reprinted from *Seven Strategies of Assessment for Learning* (p.57), by J. Chappuis, 2009, Upper Saddle River, NJ：Pearson Education, Reprinted by permission.

考虑到这一点，应为用于练习的作业提供描述性反馈，而不是等第。并且描述性反馈应该反映的是：学生在给定的任务中，与要实现的具体学习目标相关的优点和不足。因为当反馈指出学生的正确之处，以及下一步的努力方向时，它才是最有效的。同时，对于所有的学习者，尤其是那些学业比较困难的，他们都需要知道，他们做对的地方，我们作为教师的主要工作就是，找到这些做对的地方，并为他们标记清楚哪些地方需要改进。

记住，学习者不需要一次性了解所有需要修改的地方。缩小你的评价范围，关注当前任务下，需要强调和注意的特定知识和技能。关注学习者可以一次性执行的反馈的数量。只要不是指出他们所有的问题，不用担心学生会受到伤害。确定学生可以成功地一次性独立完成的问题，然后就可以估计基于他们作业中的其他问题，下一步可采用哪些教学措施。

为学生提供描述性反馈，是提升学生学业成就至关重要的一部分。反馈有助于学生回答"我现在在哪里"，而这个问题与"我需要到达哪里"有关。同时，你也在示范一种希望学生在自我评价时，能够采用的思维方式。

策略 4：教学生自我评价，并为下一步学习设定目标。促进学生回答"我现在在哪里"这个问题的另一半，就是教学生自我评价并设定学习目标。如果我们有足够的时间，或有"合适"的学生的话，自我评价并不是一项额外的工作，而是学习非常重要的一部分。学业困难的学生正是"合适的学生"。前面描述的研究告诉我们，他们是受益最多的（参见 White & Frederiksen, 1998）。自我评价包含了使学生完成以下几个方面：

- 确定优势以及有待改进之处。你可以让学生在交作业前先做这件事情，这样你的反馈就可以"有的放矢"——这种反馈是更加有意义的。
- 在一堂课结束后写下反馈日志，记录下他们所学内容的关键点和仍然存在的问题。
- 使用已经建立的标准，为他们的档案袋选择一个，表明某种能力熟练程度的作品样例，并解释为什么要选择这个作品样例。
- 向同伴提供描述性反馈。
- 使用教师评价、同伴评价以及自我评价，使他们清楚需要做什么，并为下一步的学习设定目标。

我如何缩小差距
策略 5：设计课程且每次聚焦于一个学习目标或质量的一个方面。评价信息需要了解学生的需要，并以此为目标调整教学。这些策略可以提供脚手架，通过缩小课程的重点来帮助学生掌握某一个特定的学习目标，或解决某个特定的错误观念或问题。如果你设定的学习目标不仅仅专注于质量的一个方面，我们建议你每次只设置一种学生可以胜任的能力。

例如，解决数学问题的一种能力是选择可行的方法；一份科学实验课的报告需要的一种能力是陈述假设；写作需要包含一种书写开头（引入）的能力。看看这些能力的价值，然后每次只教会他们一部分，并确保学生明白这些能力最终是要综合应用的。

我的班级的过去和现在 2.3

杰夫·欧维贝（Jeff Overbay）

我过去……

我过去常常用光盘生成一个内容主题的前测。并且，这个测试大多数是选择题，还有少量的问答题。这些评价在学期初和单元前进行实施。

我现在……

我使用同意—不同意的形式，设计了一个10—12题的前测。

主题的例子	同意	不同意	视情况而定	不知道
1. 运用物理属性不能分离**混合物**。				
2. **化合物**是由两个或多个元素组成的**纯物质**。				

我为什么改变……

过去的前测价值甚微。我无法及时地给他们所有人评分，因此得到的数据也少之又少，更加无法有效利用。新的"同意—不同意"的表格，为我提供了一种快速检查学生，在特定主题中的先备知识基础的方式。

结果我注意到……

这种方法给予了任课教师许多帮助。首先，它帮助我们在特定单元的教学之前缩小关注点。其次，我可以及时地对学生进行评分，使用数据指导我的教学。它们给予了我一个开始的起点。第三，这帮助我根据学生的回答决定哪些要快速地复习，哪些要慢慢地讲解。最后，在新单元的学习开始之前，使用这种形成性评价非常有价值。

> 这种评价不一定要给予一个分数。但是这种评价允许学生对自己进行自我评价，从而消除了他们对于"得到一个成绩"的忧虑。并且，一旦他们意识到自己不再有失败的恐惧，就会变得十分诚实，这样收集到的信息也会更加准确。因此，数据可以被有效地使用，并为学生个体搭建了学习的平台。
>
> Source：Used with permission from 7th & 8th grade science teacher Jeff Overbay, Bell County School District, Pineville, KY, 2011.

策略6：教学生注意修改。这个策略是伴随着策略5的。在关注到某个领域的需求之后，取代原先重新测试和打分数的方法，让学生对某个小部分进行训练，并且提供针对那个部分的反馈。这将会减小需一次性采取行动的反馈的数量，从而增加了他们的成功机会。特别是对于学习有困难的学习者——这还可以为你节约时间，并为学生提供更有力的指导。

还有一些方法可以帮助学生练习修改，包括：

- 让学生（以小组的形式）对一个匿名的样例进行评论，并让他们根据大家的建议对作业进行修改。
- 让学生给匿名作业的创作者写一封信，并建议他如何在讨论的质量方面有更好的表现。
- 让学生分析自己作业的质量，然后利用别人的建议修改自己的作业。最后，要求他们再次检查自己作业的质量。

这些练习使学生做好准备，创造他们自己的表现或成果，并在质量方面进行修改。你可以针对这些方面给予他们反馈。

策略7：鼓励学生进行自我反思，追踪并分享他们的学习。鼓励学生追踪、反思并交流他们自己的学习进度。可以说，任何要求学生反思他们正在学习的东西，并分享他们进步的活动，都会帮助他们强化学习，也会让他们对自己作为学习者，有更深的认识。并且，这些活动也让学生有机会注意到自己的长处，看到自己已经取得了多大的进步，并能控制自己的成功条件。此外，通过反思自己的学习，他们不仅加深了理解，而且记得更持久。不过要注意的是，做这件事情的是学习者，而不是教师。

关于策略7的活动还有以下这些情况：

- 写一篇过程性的论文，详细地阐述他们是怎样解决问题、创造一个成果或表现的。这个分析的过程将鼓励他们，在你所教的学科上像专家一样思考。
- 布置一项作业，让他们给自己的父母写一封信，以解释他们现在的水平以及下一步想要做的事情。
- 让学生根据所要掌握的学习目标，追踪他们的学习进度。
- 让学生反思他们的成长，如"我今年成为一个更好的阅读者。我过去……，但是现在我……"
- 让学生协助父母或教师一起策划并参加一场会议，以分享他们的学习。

作为进程的 7 条策略

这 7 条策略反映了随着时间的推移在课堂中发生的一个进程。如果学生没有在早期的步骤(理解学习目标和可靠的评价设计)中获得经验,那么,他们会在进行下一个步骤(例如自我评价)的时候遇到困难。同样的,如果学习目标不够清晰,如果他们不适应评价自己的学习,如果他们不知道要怎样才能获得提升,让学生互相交流他们的学习进度也会变得更加困难。

促进学习的评价如果能得到有效的实施,将对学生的学业成就产生重要的影响。它通过给学生提供一个清晰的、可以达到的学习目标,使学生可以掌控他们自己的学习。教会他们评价自己当前处于学习目标的哪个层次,并提供给他们可以缩小当前水平和需要达到的水平之间的差距的策略。目标定向、反馈和自我评价的研究,结合起来支持促进学习的评价,并认为促进学习的评价,是服务学生学习和幸福感的最佳方式。

所有关于促进学习的评价的建议,在本书剩下的几个部分中,会分成 7 条策略进行详细地阐述。如果想要了解更深层次的内容,你可以参见 2009 年查普伊斯的著作《学习评价 7 策略》。

总结

在这一章,我们详细阐述了平衡的评价系统的特点,即为了满足所有关键的教学决策者的信息需求,而设计的一种评价系统。系统中的所有层次——社区、学校和班级——都扮演着各自的角色;然而,真正有效的评价系统的是建立在班级课堂中——业已证明可以提升学业成就水平。此外,通过观察学业成就的进步,以及与其相关的高效做法,我们也回顾了研究人员注意到的形成性评价的影响。

我们将形成性评价等同于促进学习的评价,将总结性评价等同于关于学习的评价。促进学习的评价通常发生于教学过程中,让师生知晓学习的进度。它的目的是,在还有时间采取行动的时候促进学习——在用于评分的事件发生之前。而关于学习的评价,发生于特定的时间段,用来总结学业成就,它发生在学习发生之后。

我们清晰地描绘了促进学习的评价和关于学习的评价的区别,借此说明:如果我们想要通过形成性评价获得学业成就的重大进步,必须满足某些特定的条件。最后我们提供了促进学习的评价的 7 条策略。它们构成了一个可以在日复一日的课堂中,实施促进学习的评价的操作框架。

活动

本章末提供的活动是为了帮助你掌握本章的学习目标。它们的设计是为了加深你对本章内容的理解，并为合作学习提供讨论的话题，以及指导你实施本章所教的练习活动。

完成每个活动所需的表格和材料可参见光盘中的可编辑文档。光盘中的对应文档以这个符号 🔘 为标志。

第 2 章的学习目标

1. 了解形成性评价和总结性评价如何融入平衡的评价系统。
2. 理解形成性评价对学生学业成就的影响。
3. 描述形成性评价和总结性评价之间的主要区别。
4. 理解形成性评价和总结性评价如何与评价质量的 5 个关键要素相联系。
5. 了解促进学习的评价的 7 条策略，以及它们如何与形成性评价的研究相联系。

活动 2.1　坚持写反思日记
活动 2.2　审查你的评价的平衡性
活动 2.3　实施小组的自我评价
活动 2.4　评价你自己的反馈实践
活动 2.5　评估自我评价和设定目标的先决条件
活动 2.6　反思你自己的学习
活动 2.7　选择档案袋作品

活动 2.1

坚持写反思日记

在阅读第 2 章时，坚持记录你的想法、问题和尝试实施的任何活动。

🔘 反思日记表

活动 2.2

审查你的评价的平衡性

利用你的成绩簿——一份逐一打印出学生评价数据的资料,或你在完成这些活动时保留的关于评价的一些其他记录。

1. 查看过去几个月里你的评价记录。选择一个为期数周的教学单元或模块。如果你没用长期的数据,选择一些至少持续覆盖三周的数据。
2. 将你选择的教学单元或模块的评价记录进行复印。
3. 在复印件上做标记,哪些评价是总结性的,哪些是形成性的。
4. 反思以下问题:
   - 在这个教学单元或模块的学习中,使用形成性评价和总结性评价的比例是多少?
   - 在阅读第 2 章之后,你认为在这个教学单元或模块的学习中,使用形成性评价和总结性评价的理想比例是多少?
   - 如果可以,你会将这一比例变成多少?
   - 为了达到这些改变,你将如何做?
5. 如果你正与一名同伴或一个团队合作,请与他们讨论你的结果、结论和问题。

◎ 审查你的评价的平衡性

活动 2.3

实施小组的自我评价

这项小组活动为你和你的团队或学校同事提供一个机会,可以根据促进学习的评价的关键要素来评估自己现在的水平。为了这个活动,你需要完成以下几项工作:

- 每位成员人手一份自我评价调查表的复印件
- 一个开阔的空间,并将数字 1 到 5 贴到墙上,离地 6 英尺,数字之间相隔几英尺
- 海报大小的图表复印件
- 一支记号笔

1. 让每一个人都用 6 个步骤对自己的课堂实践进行评价,使用 1—5 的等级进行描述。并且,不要在表格上写自己的名字。
2. 在所有人都已经完成后,移动到一个开放的区域,围成一个圈;将调查表揉成雪球大小,并把它们扔向对方。反复扔几次直到你确定你手上拿到的是一个匿名的纸团。
3. 打开你手上拿着的纸团,现在想象你就是这个人。并且按照第一次描述的等级,站在墙上对应的数字的前面。(例如,如果你的纸上第一次描述的等级是"4",请站在数字是 4 的墙前面)。
4. 请每一行站在第一位的人数一数人数。请一个人用记号笔在图表上记下每一行的人数。接着请他大声地阅读出相对应的阐述。剩下的也是这样操作。

5. 向同伴汇报、评论你看到的表格中的结果和下一步学习的提示问题。然后，接着在大组中讨论你观察到的内容。

Source: Adapted with permission from *Assessment Balance and Quality: An Action Guide for School Leaders*, 3d ed. (pp. 138 - 139), by S. Chappuis, C. Commodore, and R. Stiggins, 2010, Portland, OR: Pearson Assessment Training Institute, 2010. Adapted by permission.

◎ 自我评价调查表　　◎ 调查数据表

活动 2.4

评价你自己的反馈实践

在阅读了促进学习的评价的 7 条策略之后，思考在你日常教学实践中有效评价的内容和特点，并完成个人的调查。并且如果你正与一名同伴或一个团队合作，请与他们一起讨论你的结果。

特　点	完全符合	有时符合	不符合
1. 我对学生的反馈是直接指向特定的学习目标的。 评价：			
2. 我的反馈是指向优点/或提供与预期的学习目标相关的信息以指导改进的。 评价：			
3. 我的反馈是在学习过程中发生的。 评价：			
4. 我已经预留好学生收到反馈后采取行动的时间。 评价：			
5. 我不使用书面反馈作为指令，除非学生的作业显示出一知半解。 评价：			
6. 我的反馈鼓励学生采取行动，并引导他们进一步的学习。同时，我的干预性反馈不会代替学生进行所有的思考。 评价：			
7. 我的干预性反馈限制了修改的数量，以便学生可以及时采取行动。 评价：			

对于继续学习，你认为哪个特点是最重要的？
哪种资源是你需要使用的？

◎ 我的反馈实践

活动 2.5

评估自我评价和设定目标的先决条件

在阅读了促进学习的评价的 7 条策略之后,请思考在你现在的班级中使用策略 1 到策略 3 的情况,并完成个人调查。如果你正与一名同伴或一个团队合作,请与他们一起讨论你的结果。

先 决 条 件	完全符合	有时符合	不符合
1. 学生对学习目标有清晰的认识。学习目标是用他们可以理解的语言来表述(包括量规)的。 评价:			
2. 教学以学习目标为中心。 评价:			
3. 任务和评价直接按照既定的学习和教学顺序来排列。 评价:			
4. 任务和评价的设计要让学生可以解释其结果,并指向预期的学习。并且这些结果发挥有效反馈功能。 评价:			

对于继续学习,你认为哪个特点是最重要的?
哪种资源是你需要的?

◎ 自我评价和制定目标的先决条件

活动 2.6

反思你自己的学习

回顾第 2 章的学习目标,选择一个或更多能代表你新的学习或最让你印象深刻的目标。如果你正独立工作,写一段能够反映你当前理解的简短反思。如果你正与一名同伴或一个团队合作,可以和他们讨论你写下的内容,或以此引发小组会议中的讨论。

◎ 反思第 2 章的学习

活动 2.7

选择档案袋作品

本章中的任何活动都可以作为档案袋的条目。请选择任何你已经完成的活动或创造的作品,以展示你在第 2 章中学习目标上的能力:
1. 了解形成性评价和总结性评价如何融入平衡的评价系统。
2. 理解形成性评价对学生学业成就的影响。
3. 描述形成性评价和总结性评价的主要区别。
4. 理解形成性评价和总结性评价如何与评价质量相联系。
5. 理解促进学习的评价的 7 条策略,以及它们如何与形成性评价的研究相联系。

如果你正坚持写反思日记,可能想将第 2 章的条目纳入你的档案袋中。

◎ 第 2 章档案袋条目封面页

第3章

清晰的目标

> "学生能够实现他们可以理解的任何目标,并长期坚持它。"

我们想要学生知道什么,以及想让他们做什么?在标准化的学校中,学生准备学习的内容驱动着整个计划、教学和评价。课程大纲是我们使用的"路线图",评价是指引我们方向的全球定位系统。就像我们在汽车中使用的全球定位系统,想要完成任务依赖于一张精准的地图一样,有效的形成性和总结性评价,也依靠清楚的路线图来学习一个好的课程提供的内容。

课程大纲包括对预期的学习目标的说明,以及大家熟知的几个称呼,如"州共同核心标准"、"内容标准"、"基准"、"年级指标"、"年级目标"、"必要的学习能力"、"学习结果"、"学习目标"、"课程目标"、"学习进程"以及"学习意图"等。在这本书中,我们仅使用一个名称来指代这些说法,即"学习目标"。

学习目标涉及复杂性、清晰性和特殊性三个方面。一些学习目标代表的是准备实现的最终学习结果,而一些学习目标则是用来反映,为了达到最终的学习结果而从事的日常学习。当内容标准在我们的课程中呈现得不是很清晰时,它们就不会起到有效的路线图的指示作用,从而评价也无法帮助我们实现想要的目标。同样,如果课堂中课程是杂乱无序的,那么评价也将会变得毫无章法。因此,任何评价的精准度都取决于清晰的目标,这一点我们将在下面的章节中看到。

在这一章,我们将解释学习目标的不同类型,怎样使每个人的学习目标清晰明确,教与学的过程中清晰的学习目标的重要性,以及清晰的目标怎样作为课堂评价质量的必要前提。它集中体现在图表3.1的阴影部分。

学习目标是对预期的学习结果的一种描述。

第3章学习目标

学完本章后,你将了解到以下内容:
- 解释清晰的目标和评价质量之间的联系。
- 按照类型对学习目标进行分类。
- 确定你的学习目标对你和学生来说是否清晰易懂。
- 根据需要澄清和分解学习目标。
- 根据需要制定学生容易理解的学习目标。

图表 3.1

优质课堂评价的关键要素

- **关键要素1：明确的目的**
  谁将使用这些信息？
  他们将如何使用这些信息？
  他们需要什么样的信息？
  并且需要详细到什么程度？

- **关键要素2：清晰的目标**
  学习目标对教师而言清晰吗？
  哪种学业成就将被评价？
  这些学习目标是教学的重点吗？

- **关键要素3：合理的设计**
  评价方法和学习目标匹配吗？
  选取的样本能恰当地代表学习吗？
  题目、任务和评分量规质量很高吗？
  评价能控制偏差吗？

- **关键要素4：有效的交流**
  评价结果能被用来指导教学吗？
  形成性评价能被用作有效的反馈吗？
  学业成就能追踪到学习目标并根据标准报告结果吗？
  成绩能准确地交流学业成就吗？

- **关键要素5：学生的参与**
  评价能满足学生的信息需求吗？
  学生清楚学习目标吗？
  学生会利用评价得来的信息进行自我评价和设定目标吗？
  学生能追踪和交流他们的学习进度吗？

学习目标的类型

对学习目标进行分类是计划评价的一个必要步骤。它有助于确定与每条目标相匹配的评价方法。

有一种方法能让你知道，你的学习目标是否清晰和有用，那就是确定你究竟需要什么样的学习。你设计的评价的准确性，将部分取决于你在任何书面课程中，对学习目标进行分类的能力，这种分类方式有助于确保评价的可靠性。为此，我们提供了一种包含五种学习目标的分类框架，即知识、推理、技能、成果以及情感，并总结在图表 3.2。

图表 3.2

学习目标的类型

> **知识性目标（knowledge targets）**
> 知识性目标代表了支撑每个学科的事实性信息、程序性知识和对概念的理解。
> **推理性目标（reasoning targets）**
> 推理性目标详细说明了学生在不同学科中，学习有效应用所学知识（做得好）的思考过程。
> **技能性目标（skill targets）**
> 技能性目标是指将那些以展示或身体技能为基础的表现作为学习的核心。
> **成果性目标（product targets）**
> 成果性目标用手工制品来描述学习，其中成果的创造是学习目标的焦点。并且在成果性目标下，成果本身的质量指标是教学和评价的重点。
> **情感性目标（disposition targets）**
> 情感性目标是指影响学生学习方法的态度、动机和兴趣。它们代表着我们为学生设定的重要情感目标（affective goals），这是他们教育经验的副产品。

我们对学习目标分类的目的包括三个方面：第一，当你在自己的课程中检查目标，并确认它们是否足够清晰的时候，这个过程会很有用；第二，如果你需要将一个内容标准，分解成更小的可教学的部分，了解目标类型将有助于确认可行的学习目标；第三，它是选择恰当的评价方法的必要知识，这一点将在第 4 章中进行具体的解释。

知识性目标

知识性目标包括了支撑每个学科的事实性信息、程序性知识和对概念的理解。它们之所以重要，是因为它们构成了其他类型的学习目标的基础——现实中并不存在无知识（knowledge-free）的推理、无知识的熟练表现和无知识的产品开发。

事实性信息。目标需要事实性信息，通常使用动词来陈述，例如知道、列举、命名、识别以及回忆。如"找出和了解大多数派生词共同的前缀和后缀"（CCSSI，2010a，p. 17），"理解有理数的绝对值就是在数轴上一个数到原点的距离"（CCSSI，2010c，p43），以及"知道不同食物的营养价值"（Kendall & Marzano，1997，p. 552）。

一些学习目标要求掌握程序性知识，即知道怎样做某事。它们通常以短语"知道怎样做"或词语"使用"来开头，例如学习目标"使用科学的符号来代表非常大和非常小的数字"。程序性知识通常涉及知道一个程序，或记住一系列的步骤。

对概念的理解。当对概念的理解被看作学习目标的核心时，这个目标通常以"理解"这个词开始。并且一个包含对概念的理解的学习目标，在知识层面意味着学生可以解释这个概念。不过，我们不要认为对概念的理解是"低层次"的知识，恰恰相反，正如《州共同核心标准提案》（Common Core State Standards Initiative，CCSSI）中，关于数学练习标准所表述的，"对于某一主题缺乏理解的学生，可能会过于依赖一些方法。

如果没有一个灵活的基本形式,他们可能不太考虑类似的问题,连贯地展示问题,证明结论,把数学应用在实际情景中,谨慎地使用技术完成数学问题,向其他同学精准地解释数学问题,回顾以前的学习内容,或脱离一个已知的步骤去发现捷径。总而言之,缺少有效的理解会阻碍学生参与数学的学习。"(CCSSI,2010c,p. 8)

通过参考资源了解信息。除了直接获取信息以外,这里还有另一种了解的方式——通过参考资源了解信息。不是所有我们需要知道的东西,都需要"用心"学习。学生需要什么信息?我们会要求他们记住什么信息?我们将教给他们什么,以便在需要的时候找到这些信息?当我们的学生逐渐适应使用技术来搜寻信息的时候,我们必须仔细地辨认,那些需要重点记住的信息。他们会记住一系列的介词(在……上面、在……之外、关于……)吗?元素周期表吗?美国50个州的首府呢?也许能,也许不能。众所周知,我们并没有足够多的时间,教给学生每件重要的事情——我们可以轻而易举地填满一年的教学内容,从而失去了其他学习目标的教学时间。因此,教学内容和教学时间两者的平衡点在哪里?解决这个问题的一种方法是,决定哪种知识性学习目标,对学生而言是重要的,并且是需要立刻了解的,哪种学习目标,是需要经过一些参考资源来学习的。

把目标按照知识进行分类。给学习目标分类,并不是一个百分之百万无一失的过程。在目标分类中,通过动词分类大多数时候是非常有效的,但有时候未必。因为一个以"知道"开始的目标,通常是知识性目标,但也可能并不是。举例来说,如"知道健康训练如何提高跳舞的能力",以及"知道起源于各种文化的民族舞"(Kendall & Marzano,1997,pp. 387,386)。它们都是知识性目标吗?在根据动词将每一个目标归为知识性目标之前,我们需要确保知识就是它的真正目的。"知道健康训练如何提高跳舞的能力",有可能会成为一个知识性目标,但是"知道来自多种文化的民间舞蹈"的目的,可能是学生能表演出各种各样的民间舞蹈。如果是那样,这个目标应该根据这个目的被重写,并将它反映出来。

有时,一个看起来像程序性知识的目标,可能并非如此。如"知道如何在适当的时候,怎样缩小或扩大探究的主题"这个目标,它涉及程序性知识,但是要弄清楚某个主题何时过于宽泛或过于狭窄,则需要推理。此外,如果这条目标的目的是,让学生扩大或缩小一个话题,那其实也是一种推理。因此,当第一眼看上去像是一个知识性目标的时候,它事实上也有可能是推理性目标。

<aside>虽然查看动词通常会得到对知识性目标的准确分类,但重要的是要验证知识就是其意图。</aside>

当一个学习目标以"理解"这个词开始时,它可能是一个知识性目标,也可能是一个推理性目标。这个目标的意图是不是让学生解释,诸如对一个概念的理解?如果是,那它就是一个知识性目标。(记住,称它为一个知识性目标,并不会使它成为一个简单的目标——为了能够清晰地解释一个概念,你需要先非常了解它。)在需要推理的情境中,这个目标中的"理解"是不是在某些方面,超越了解释的范畴?如果是,那它就是一个推理性目标。

图表 3.3

知识性目标的样例

科 目	学 习 目 标
数学	1. 认识锐角、钝角和直角。 2. 知道多项式除法的余式定理。
英语语言艺术	3. 辨别名词和动词。 4. 知道怎样正确地使用主语和宾语的名词。
社会学	5. 解释权力和权威之间的不同。 6. 知道 7—8 世纪之间伊斯兰教迅速扩张的主要原因。
科学	7. 描述在生态系统中有机体怎样相互作用来转换能量以及发生关系。 8. 描述线粒体和叶绿体的来源。
健康/生理教育	9. 找出判断健康信息可靠性的因素。 10. 知道促进酒精、烟草和其他药品使用的影响因素。
艺术	11. 辨别和描述艺术作品的设计成分。（视觉艺术） 12. 辨别和写出一个高音谱上的音符。（音乐）

Sources：Item 1 is from Common Core State Standards Initiative. 2010c. *Common Core State Standards for Mathematics*. Washington, DC：Council of Chief State School Officers & National Governors Association, Retrieved January 2011 from http://www.corestandards.org/assets/CCSSI_Math%20Standards.pdf, p. 32(hercafter cited as CCSSI, 2010c).

Item 2 is from http://www.education.ky.gov/users/otl/KLN/Math/Arith%20with%20Poly%20and%20Ration%20St2%20Algebra.doc.

Item 5 is from http://www.civiced.org/index.php? page=k4erica.

Item 6 is from http://apcentral.collegeboard.com/apc/public/repository/ap-world-history-course-description.pdf.

Items 11 and 12 are from North Thurston Public Schools K-12 Arts Curriculum.

推理性目标

推理性目标详细说明了学生在不同学科中，学习有效应用所学知识（做得好）的思考过程，如解决问题、做出判断、得出结论、形成假设和辩护观点。掌握学科内容知识虽然必要，但却不能被视为当今唯一的教育目标。更重要的是，我们想要我们的学生在真实情境——也就是从学校到社会和家庭的情境中发展应用知识的能力。这要求学生运用他们的知识进行推理。

所有学科领域的课程都包括推理过程，例如预测、推断、分类、假定、比较、得出结论、总结、估计、解决问题、分析、评价、证明以及归纳。推理过程可以被分成六种推理形式：推断、分析、比较、分类、评价以及综合。总的来说，六种推理形式代表了在不同的分类学、内容标准，以及评价中那些最为共同的发现。并且，它们也代表了通常发生在学科领域课程，以及学校之外的生活中的各种推理。

图表 3.4

推理形式

推断：做出基于信息或线索的合理猜测
分析：检测某物的成分或结构
比较：描述两种或多种事物之间的相似性和差异性
分类：基于某些特征把事物分成不同的种类
评价：表达和维护一种意见、观点、判断或决定
综合：将分开的各部分形成一个整体以创造新事物

归纳和演绎推理。推理是指基于信息或线索，而得出一个合理的猜测或结论。推理有两种方式，即归纳和演绎。当我们做出一个归纳推理时，我们使用特定的事实或证据，得出一个普遍的规则或原理。有时它也被称为从"字里行间"体会言外之意。良好的归纳推理，需要我们选择相关的事实或证据，并准确地解释它们，然后据以得出可靠的结论。归纳推理的样例可以概括如下（Klauer & Phye，2008，pp. 86 – 89）：

- 发现共同的特征
- 检验信息以得出结论
- 做出分析
- 总结
- 辨认关系
- 建立及检验假设

演绎推理也涉及基于信息得出结论。我们可以通过两种方式做出演绎推理。第一种方式是，从一个普遍的规则或原理出发，推理出一个具体的结论或解决方案。要想做得好，我们需要将基本规则应用于具体案例，然后总结出有关具体案例的合理的结论。

普遍的规则：所有人有时会发疯。

具体案例的应用：妈妈是一个人。

结论：妈妈有时会发疯。

第二种得出演绎推理的方法是，从我们知道的一套正确的假设出发，然后推理出一个具体的结论或解决方案。

前提1：波士顿在芝加哥的东边。

前提2：芝加哥在盐湖城的东边。

结论：波士顿在盐湖城的东边。

分析。当我们进行分析推理时，我们是在探讨某物的成分或结构。我们着手分析以更深地理解某事或进行解释。并且，分析通常要求我们研究各部分之间，是怎样相互联系的，或他们怎样组合起来形成一个整体。学生想要获得成功，他们必须能认出事物的各部分，然后练习描述部分之间，或部分和整体之间的关系。

分析的例子包括：

- 分析一个有争议的决定,并辨别出一个支持和反对特定行为的论据。
- 进行一项实验去分析一种混合物以判断其化学成分。
- 通过分解前缀、后缀以及词根来确定不认识的单词的意思。

比较。描述两个或多个事物之间的相似性和差异性是比较推理的核心。在这个定义下,比较推理同时包含比较的两个方面——发现相似和找到差异。韦恩图和直方图是两种普遍的图形组织者,通常被用来帮助学生理解比较推理的结构。

在最简单的比较中,学生能说出事物是相似或不同的。并且,在其更复杂的形式中,学生首先选择合适的方面来比较,然后选择显著的特征进行对比,最后再进行实际的比较(Marzano, Pickering & McTighe, 1993)。

对比也能采取并列的形式。我们提出两种完全不同的事物,例如目标、情感、思想、记忆、颜色、质地、论点或人,并排放在一起,以清晰地确定每一个概念,或使它们之间的差异清楚地突显出来。因此,对比在这个层面上的使用,可以被视为我们追求写作、音乐、艺术和戏剧效果的一种策略。

分类。分类可以被认为是基于某一特征将事物分门别类。它最简单的形式是,将客体分成预先确定的、清楚定义的种类。为了做好这种基础程度的分类,学生需要练习辨别相关的特征,这能帮助他们确定客体属于哪个种类。

一个更完整的分类练习要求学生选择或创建类别,然后再做分类。如"二十个问题(Twenty Questions)"游戏,就是创建类别的一种练习。第一个问题可能是:"它是动物吗?"根据一般类型对事物进行分类。第二个问题可能是:"它比一个面包盒大吗?"根据尺寸大小对事物进行分类。第三个问题是:"它住在这附近吗?"根据栖息地缩小可能性,等等。"二十个问题"这个游戏的窍门,正如所有的分类练习一样,是为了确定相关的类别。这些类别将能最大限度地提供,关于正在考虑中的目标或概念的信息。

评价。评价推理涉及表达和维护一种主张、意见、判断或决定。它可以看作三个方面——断言、建立在断言上的标准,以及支持断言的证据。学生通常能做出一种断言或判断,但是通常不会遵循标准或证据。相反,他们表达一种意见,然后以更深层次的观点论证它。但这不能被认为是评价的思维,除非学生也能确定做出其断言或评价的标准,并能提供和标准相一致的令人信服的证据。

有关特定内容"断言、标准和证据"的样例包括:

- 在数学问题解决上,学生通过检测选项和判断每个选项,在问题情境中的有用性来选择解决策略,然后评估他们选择的策略在使用时的效果。
- 在科学学科中,学生基于他们对实验设计的了解评价其结论的正确性。
- 在社会学科中,学生根据一套标准来评价政治家的论点质量。

同样,当我们要求学生评价他们自己作业的质量时,他们也需要使用标准来描述质量的水平,然后将他们观察到的与评价标准相匹配。

综合。综合是将分离的部分进行整合以创造新事物的过程。曲奇就是一个综合的案例,因为最终产品不只是其各部分的总和——将这些原料(鸡蛋、牛奶、面粉、糖、盐和香草)混合,我们会得到新事物曲奇生面团,而在食用前还需进行烘焙。在此定义下,用砖块堆垒起一座宝塔,并不属于"综合"。因为综合包含选择相关的成分进行合并,并用这样的方式组装起来以创造新的事物。

写一篇报道是一种综合的行为,因为我们希望学生通过一个特定的过程,将各自独立的部分整合起来,创造出新的东西(例如,用他们自己的语言或用他们自己的思考等)。要做到这一点,他们必须找到和理解各种各样的相关信息,对它们进行分类,思考它们如何组合在一起,并以一种不复制原始资料的方式组合和呈现它们。并且,有时候我们也要求他们增加自己的一些想法。总之,综合过程因情境而有所不同,但是所有的综合体现出的共同之处是,它在某方面的结果不同于原来的部分。

推理形式之间的关系。与当前对推理的思考相一致,请注意我们没有指出推理形式上的难度等级。然而,一些推理模式依赖于要进行的其他模式。举例来说,在评价一个议题之前,你可能需要分析这个议题以确认主要的问题,描述议题中的不同观点,发现隐藏在各种观点背后的假设,以及确定能够说明该议题立场所需要的信息。你也可能需要比较各种观点来确定,反对和赞同这两种观点最明显的特征。

图表3.5

推理性目标的样例

学　　科	学 习 目 标
数学	1. 识别二维或三维图形。 2. 使用随机抽样所得的数据对具有未知的兴趣特征的人群做出推断。
英语语言艺术	3. 通过激励和支持,描述插图和故事所展现的关系。 4. 描写和评价课文中的观点和明确主张,评价推理是否有效、证据是否相关和充分。
社会研究	5. 比较和对比一个历史事件中的观点。 6. 根据一个特定的领导职位所需的资质来评价候选人的长处和不足。
科学	7. 使用液体特有的性质将一种物质与另一种物质区分开来。 8. 从实验结果中得出结论。
健康/体育教育	9. 使用标准设定改善健康和身体训练的目标。 10. 评价健康和体型信息。
艺术	11. 比较所选音乐案例的目的。(音乐) 12. 评价自己的作品质量并完善它。(视觉艺术)

Sources: Item 1 is from CCSSI, 2010c, p. 12.
Item 2 is from CCSSI, 2010c, p. 50.
Item 3 is from Common Core State Standards Initiative, 2010a, *Common Core State Standards for English Language Arts & Literacy in History/Social Studies, Science, and Technical Subjects*. Washington, DC: Council of Chief State School Officers & National Governors Association. Retrieved January 2011 from http://www.corestandards.org/assets/CCSSI-ELA%20Standards.pdf, p. 11 (hereafter cited as CCSSI, 2010a).
Item 4 is from CCSSI, 2010a, p. 40.
Item 6 is from http://www.civiced.org/index.php?page=k4erica#4.
Item 9 is from Central Kitsap Grade 5 Essential Learnings.
Items 11 and 12 are from North Thurston Public Schools K-12 Arts Curriculum.

同样，各种形式之间并不是相互排斥的。举例来说，一些作者(如 Klauer & Phye,
2008)将分类和比较作为归纳或演绎推理的类型，因为他们涉及观察要比较的对象以
发现共同点，或使用分类来确定示例(演绎)。我们在这里提出推断、比较、分类和评价
作为推理的不同形式，因为它们通常在标准文件中各自独立，并且能被单独教授和
评价。

将目标分类为推理。尽管推理性目标很多时候可以通过它所包含的动词来确定，
但是很多推理性目标并不包含推理动词。举例来说，"画出属于和不属于任何子范畴
的四边形的例子"，初看上去可能像一个成果性目标，因为动词是"画出"，但是其意图
却是给四边形清晰地分类。又如，目标"根据一组数据或一道文字题，创造一个等式
或不等式来解决问题"，可能第一眼也看起来像一个成果性目标，因为主要动词是
"创造"，但是实际上它是一个推理性目标，其意图在于学生能使用等式和不等式解
决问题。

那么，什么是"理解"呢？许多课程标准都以它开始。当理解的含义超出"对概念
的理解"，并缺乏更深层的解释时，它就可能出现各种各样的解释。因此，要成为一个
清晰的目标，一个以"理解"开头的内容标准，必须附有关于如何证明这种理解的信息。
通常来说，这种解释应包括应用一种或更多的推理形式。并且，应该明确将被使用的
一种或多种特定的推理形式——这一目标的教学应当包括如何实施它们的指导建议。

有时，一个书面的推理性目标会成为实际操作中的知识性目标。举例来说，"比
较和对比小说中的主要人物"，是一种书面上的推理性目标。如果教师比较和对比
了小说中的主要人物，然后检测学生能否复述她对同一个人物的推理，实际上她不
是在检测他们的推理，而是在检测学生复述她所分享的信息的能力。其也许是作为
一个推理性目标开始的，但是正如测量所示，推理性目标已经转化为一个知识性目
标。在你自己的评价中，一定要尽量避免这种情况的出现。为了测试一种推理能
力，我们必须提供给学生特定推理形式的一种新的应用。此处做出决定的关键在于
询问："谁在做这个推理？"学生是否正在做超越了记忆教师所示答案的其他一些
事情？

当遇到一个关于目标类型的问题时，我们推荐使用这份指南。该指南是由卡罗
尔·卡门多尔，在她的分解标准的著作里开发出来的(私人交流，2011)：

> 让我们来看一下州是怎样检测目标的。举例来说，目标"理解科学的方法"是
> 一种知识性目标，还是推理性目标？要回答这个问题，首先需要看一下州是如何
> 检测它的。如果这些信息无法获取，需要去找更高级的目标，在这种情况下就是
> 推理。我们正为学生的未来生活和工作做准备，而不是为了参加一个全州的测
> 试。应用即这些学生在现实生活中的需要，所以可能的时候，将其做为更高级的
> 应用方法来教授。

常见问题解答 3.1

确定目标类型

问题

下列语言艺术标准中哪种目标是针对三年级学生的？
展示标准英语在写作时大小写、标点以及拼写的原则。

A. 将标题中恰当的单词大写。

B. 在地址中使用逗号。

C. 在对话中使用逗号和引号。

D. 构成并使用所有格形式。

E. 使用高频词和其他学过的单词的惯用拼写法，并给基础词加上后缀（例如，sitting，smiled，cries，happiness）。

F. 在书写单词时，使用拼写模式和概括（例如，词族、基于位置的拼写、音节模式、结束规则、有意义的单词部分）。

G. 必要时查阅相关材料，包括初级词典来检查和校正拼写。（CCSSI，2010a，p. 29）。

回答

这个标准是一系列的知识性目标。为了复查我们的答案，让我们检验一下其他的可能性。

这个标准包含推理性目标吗？

不包含。有时，"程序性知识"的概念会出现混淆，换句话说，如果这个标准规定的是，"学生知道如何做某事"。如果这里有规则可循，并且学习目标代表了对或错的学习，这也许就是知识性目标。但是，知道何时以及如何进行推理的模式，仍是一个知识性目标。这是一个很好的例子，说明知识性目标并不总是简单的，纠正了对知识性目标的偏见。

另一方面，如果你必须依据规则做出一个判断，要是存在可从中选择的合理选项，以至于几种选项都可以被认为是"对"的话，这种判断可能代表了一种推理形式。举例来说，当我们教学生为达到修辞效果，选择标点符号或惯例，我们正在教授一种推理性目标。学生必须决定他们想要达到的效果，然后试着用惯例去创造它。如果内容标准不需要那种水平的思考，那么这就不是推理。这不意味你不能教授它，或它不适合被教授，仅仅意味着写作的内容标准没有对此提出要求而已。

学生能在写作中运用知识形成技能吗？

不能。所陈述的目标没有明确说明一种实时的示范或表现。

它难道不是一种成果性目标吗？

即使标准中有"写作时"这个词，我们也不能将这个标准划分为成果性目标，因为它的目的不是创造某种特定的成果本身，而是让学生在写作时应用，或者正如标准所说，

> **展示**潜在的知识。本标准的一些组成部分，可以通过选择性反应评价进行评估，有些可以通过学生提供写作样例进行评估。在最后一个案例中，在这种情况下，他们的写作成为我们评价其**知识**的**情境**。所以，即使我们使用成果作为学习的证据，学习本身仍是处于知识层面的。

技能性目标

当我们讨论技能性目标时，我们指的是那些学习目标：它把实时的展示或肢体表现，作为学习的核心内容。正如定义的那样，这是一个有点狭隘的分类。例如，体育课、美术、表演艺术以及世界语言等科目，会把发展技能作为它们学科的核心，因此在它们的课程中，会出现很多的技能性目标，而其他科目可能只有一些或完全没有。技能性目标的例子，包括流利朗读、排球发球、用第二语言对话、做口头演讲、导演短片与作品、展示舞蹈动作技巧以及演奏乐器等。

将目标分类为技能。理解技能性目标这个概念的难点是，由于广泛地使用单词"技能"造成的：理解技能、研究技能、写作技能、阅读技能、推理技能、数学技能、科学过程技能等等。但我们这样称呼那些"技能"时，并没有什么问题，大多数潜在学习目标的最终目的是思考的一些形式：如果将其逐一拆分，你可能会发现知识和推理的结合。在其他情况下，你可能发现技能性目标，因为我们在此给它们下了定义：所陈述的目标明确规定了一个实时的展示或表现。推理（认知性"技能"）性目标和技能性目标的差异，成为教学和学习评价上最重要的不同。这一特征将在第 4 章中说明。

此外，当讨论中的目标是，需要一定程度的灵巧手工和精细动作控制的时候，程序性知识和技能性目标之间的界限变得模糊不清，例如经常在科学和数学中遇到的那样。为了解释如何将目标分类并为评价做准备，我们将其划分为技能性目标，即使它们大部分都涉及了程序性知识，即了解怎样正确地使用工具。

成果性目标

一些内容标准明确规定了创造成果。并且对于成果性目标而言，一个优秀成果的质量规格，是教学和评价的重点。

成果的例子包括"制作目录、图表、散点图和箱形图，以有效地展示数据"和"制作一个个人健康质量计划"。在这些情况下，教学和评价聚焦在"有效性"和"质量"的意义方面。课程一般包括远远少于知识性和推理性目标的成果性目标。

当课程指南特别要求学生撰写学期报告、研究报告和实验报告的时候，它们都是成果性目标。这些成果性目标不仅是我们判断知识和推理能力的工具，创造成果本身，也代表着有价值的学习目标，同时也是教学的核心。当这些成果被评价的时候，它们能产生所预期的学习的证据，因为创造成果就是所谓的学习。

图表 3.6

技能性目标的样例

科　　目	学　习　目　标
数学	1. 测量一个物体的长度两次,分别使用不同的长度单位。 2. 正确使用量角器。
英语语言艺术	3. 在口头语言中的发音、混音和分割音节。 4. 通过提问和回答的方式促进对话,将现在的讨论同更宽泛的主题或更大的想法相结合。
社会学	5. 学习问候来自不同国家的人。 6. 参加公民讨论。
科学	7. 使用天平和温度计测量物体的属性。 8. 安全地使用实验室设备。
健康/体育教育	9. 正确演示心肺复苏术。 10. 运球让对手远离球;在移动的过程中掠过对手和传球。
艺术	11. 使用合适的方式演奏曲目来表现音乐。(乐队) 12. 把声音融入到角色塑造中。(戏剧)

Sources：Items 1 and 2 are from CCSSI, 2010c, p. 32.
　　Item 3 is from CCSSI, 2010a, p. 15.
　　Item 4 is from CCSSI, 2010a, p. 50.
　　Item 5 is from http://www.nationalgeographic.com/xpeditions/lessons/01/gk2/friends.html.
　　Item 7 is from Ohio Science Academic Content Standards, p. 84, http://ode.state.oh.us/GD/Templates/Pages/ODE/ODEDetail.aspx? Page=3&TopicRelationID=1705&Content=88581.
　　Items 11 and 12 are from North Thurston Public Schools K-12 Arts Curriculum.

常见问题解答 3.2

程序性知识还是技能?

问题

我怎样知道一个学习目标是要求程序性知识还是展示技能呢?

回答

如果一个目标是"学生使用测量工具",那么它就是一个技能性目标。如果这个目标是"学生知道怎样使用测量工具",那就需要讨论一下了。这意味着仅仅拥有程序性知识,比如知道这些步骤吗?如果是的话,它就是知识性目标。如果它意味着学生不仅拥有程序性知识,而且能够使用那些工具,那么它就是技能性目标。

有一个例子,让我深深了解了"学生将知道怎样运用心肺复苏术"这个目标。这个目标的意图是能清晰演示心肺复苏术。我非常了解这些步骤,因为我曾接受过几次心肺复苏术的培训,因此我获得了程序性知识。当我必须运用那个知识,并真正实施心肺复苏术的时候,它就是一个全新的事情。我并不觉得我做得很好。我可能拯救了一个生命,但是我并不觉得我已经完全掌握了相关技能。因此,我仍然需要进行心肺复苏术的技能性目标的学习。

Source：Used with permission from Jessica Cynkar, 6th-grade language arts teacher, Olentangy Local School District, Lewis Center, OH, 2011.

将目标分类为成果。 有时,当确定成果性目标时,学习目标与用于教学或评价学习的活动之间的差异,会变得模糊不清。举例来说,"制作一张书桌"是一个成果性目标,还是一个活动?它可以是其中的任意一个。内容标准要求什么?它要求制作一张书桌吗?如果是的话,它就是一个成果性目标。如果制作一张书桌是评价,它能表明学生学习目标上的成就,但是书桌本身在内容标准中并没有详细说明,那么它就是一个活动。"制作一张书桌"从一般意义上而言,并不能作为技术原理课的成果性目标。熟练地使用机械,懂得怎样拼合木块,以及怎样完成书桌的外观,可能成为该课程的一部分。虽然制作书桌的任务可能是,我们引出学生完成相关目标证据的一种方式,但是学习目标本身不可能是制作书桌。

> 区分任务或活动与学习目标的关键问题是"预期的学习结果是什么?"

正如书面课程中的规定,教学是为了学习,而不是为了活动,这有时候很难转变过来。在对成果性目标进行分类时,将学习目标和活动相混淆可能会造成一些困难。因为如果学习目标不要求创造成果,但是想要将它归类为成果性目标,你很有可能使用任务或活动去完成这个目标。因此,区分任务(学生将从事的任务或活动)和学习目标(学生通过完成任务将要学习的内容)的能力,对于目标分类和设计准确的评价而言,是至关重要的。目标分类的关键问题在于"预期的学习是什么",而不是"学生将怎样去表现它?"

图表 3.7

成果性目标的样例

科 目	学 习 目 标
数学	1. 画出柱状图以表示一个包含四个类别的数据集。 2. 画出一个三角形的内切和外切圆。
英语语言艺术	3. 在展示中创造一个可视化显示以增强对信息的描述性。 4. 写出话题或文本的观点,并用推理和信息来支持该观点。
社会学	5. 制作显示早期探索和殖民地顺序的时间轴。 6. 制作比例图。
科学	7. 制作统计图表以描述观察结果并得出结论。 8. 通过科学调查,创造一个精准的、完整的和有组织的数据显示。
健康/体育教育	9. 制定一个家庭火灾避难计划。 10. 制定一个与个人健康相关的计划。
艺术	11. 绘制一点或两点透视图。(视觉艺术) 12. 制作一个建立在即兴表演上的脚本化场景。(剧院)

Sources: Item 1 is from CCSSI, 2010c, p. 20.
Item 2 is from CCSSI, 2010c, p. 77.
Item 3 is from CCSSI, 2010a, p. 24.
Item 4 is from CCSSI, 2010a, p. 20.
Item 9 is from http://www.ode.state.or.us/teachlearn/subjects/health/standards/gradek-3contstan.rtf/.
Items 11 and 12 are from North Thurston Public Schools K-12 Arts Curriculum.

情感性目标

我们为学生划分的最后一类目标,可能并不会出现在你的书面课程中。情感性目标反映了态度和情感状态,例如"我每天都期待去上学"、"音乐值得学习"或"我喜欢阅读"。它们代表着重要的情感目标,我们希望其成为学生教育经历的副产品。正因如此,它们的评价不能用于划分等第。有时它们是学校教育的首要目标,通常出现在学校办学愿景中。《州共同核心标准》在数学课程标准的摘要中,包括了"丰富的情感",并将其定义为"把数学看作明智的、有用的以及值得做的,伴随勤奋和个人自我效能的习惯性倾向"(CCSSI,2010c, p. 6)。

在任何科目中,情感都受到经验的影响,我们力图通过学生在课堂中掌握经验的方式发展丰富的情感。因为它们是非学术性的,我们通常并不会要求学生,如同掌握知识、推理、技能以及成果性目标一样,对其承担起相同的责任。但是,这并不意味着它们不重要,或我们不必评价它们。了解学生的情感,能为我们提供一些他们作为学习者的信息,以及帮助我们更有效地与学生、个人和群体一起工作。例如,如果我们发现在一项调查中,大多数学生明确表示不喜欢阅读,那么这些信息可能会促进我们,重新审视我们目前的阅读计划。

我们可以从三个特点定义情感性目标(Stiggins & Chappuis,2011):(1)聚焦一个明确的目标;(2)有积极或消极的两个方面;(3)有从强到弱的多种强度水平。当评价这些特点时,我们需要寻找与特定焦点的方向和情感强度水平相关的信息。举例来说,我们可能提供一系列的说法,例如"我擅长阅读"、"我喜欢阅读",以及"我空闲时享受阅读"。在每一种陈述后,学生从"完全同意"、"部分同意"、"中立或没有意见"、"有点不同意"或"强烈反对"等选项中,选出一个答案。在这种情况下,学生对于阅读的态度就是焦点;他们被询问对每种陈述持肯定,还是否定态度,以及强烈的程度。情感性学习目标的例子体现在图表3.8。

常见问题解答3.3

目标类型之间的平衡

问题

每门科目的课程都应该包含四种目标类型吗?

回答

不应该。目标类型完全是学科本质的一个功能。学术性学科一般拥有更多的知识性和推理性目标,而不是技能性或成果性目标。举例来说,阅读没有成果性目标。表演性的学科,如音乐课、体育课以及其他表演艺术课,都有相当多的技能性目标。成果性学科(例如美术课)有相当多的技能性和成果性目标。同时,它们也都有知识和推理性目标,但是在某些学科中,这种平衡更多地转向技能和成果层面上。

图表3.8

情感性目标的样例

科　　目	学　习　目　标
英语语言艺术	1. 选择阅读来学习更多的内容。 2. 期待小组讨论。
数学	3. 认为自己很有数学能力。 4. 把数学作为学习的重点。
社会学	5. 尊重个人价值和人格尊严。 6. 经常质疑各种观点的正确性,甚至包括自己的。
科学	7. 寻找机会去理解事物是如何运作的。 8. 对自然世界保持好奇心。
健康/体育课	9. 享受做运动。 10. 选择远离毒品和酒精。
艺术	11. 出于自身原因重视练习的价值。 12. 想要参加社区剧院。

Source：Items 5 and 6 are from http：//www.civiced.org/index.php？ page＝912erica♯15.

我们需要好的课程纲要

我们认为,每位教师都应该有机会获得一份实用的课程纲要,该纲要可以为预期的学习提供清晰的愿景,并为教学和评价指明方向。一个好的课程将每年的学习目标,同去年的和明年的年度学习目标联系起来,并在年级间保持了连续性。这样做对学生和教师的好处是显而易见的：如果我们知道每个学生在幼儿园至2年级期间,已经充分接触到,怎样在句子的开头书写大写字母,以及在句子末尾书写标点符号,那么我们可以期望他们,能够在3年级将所学的这些知识展示出来。如果我们并不清楚先前的教师教过哪些知识,我们可能会花费不必要的时间,不断重复学生已经学过的知识。或我们可能期望他们已经习得了某些重要概念,但最后却发现,他们并没有参与到前任教师的年度计划中。

除此以外,一个好的课程会明确地和课程标准相联系,并为问责性考试(州共同核心标准或各州或地方标准)奠定基础。它将帮助你回答以下问题："有什么特殊的方法能让我的学生对所学的内容负责?"一门和州立或地方标准相一致的课程,以及与其相配套的测验,可以让你使用问责性的测验数据,查明你的学生擅长与不擅长哪一部分的课程,从而相应地调整教学和资源。

在年级水平和问责测验之间保持一致性,仅仅是事实的一个方面。另一个重要的方面是,你的年级水平或课程的学习目标所代表的学习量。你的课程考虑到"180天规则"吗？也就是,是否认识到你教学所需的时间？教授每一个重要知识的可能性。然而，很多课程依旧包括太多的内容标准，以致无法在规定时间内教完，因而忽视了学习的进度。当教师尝试整合形成性评价策略的时候，没有时间重新教授就是个大问题。一个好的课程大纲将决定你的教学内容，并允许你根据学生的需求安排教学的进度。

最后，我们建议课程中的学习目标应该明确地表述出来，并且让教授同一门科目的人，能以同样的方式对它们进行解释。每个人都能从你的课程描述中，明白将要教授什么吗？

分解复杂的内容标准

即使你的课程由明确的内容标准组成，但其中的一些标准也可能会很复杂。因而为了能更准确地知道要教学和评价的内容，其他人可能需要更进一步的提炼或分解。因此，当你遇到一个复杂的或不清晰的标准时，我们向你推荐"分解标准"这一过程。通常，在理想的情况下，这是由州或学区层面的课程专家来完成的工作。但是，即使是在这种情况下，在学校层面上与同事一起参与到这一过程中，能够建立我们期待的所有学生共同拥有的期望，并且帮助他们对预期的学习达成一致，以便每个负责教授标准的人，以同样的方式解释它们。

> 分解标准是指将宽泛的标准、目的或是基准分解成更小的、更为具体的学习目标的过程，以便它可以被用来指导日常的课堂教学。

在分解过程中，我们要区分学习目标——关于我们想要学生知道什么，并能做什么，以及我们评价他们的方式——我们给予学生的任务和作业之间的不同，这一点是非常重要的。要记住，你正在检视内容标准要求学生知道，以及能够做什么，而不是你将怎样评价它。

一旦你发现一个标准需要分解，请遵循以下这三个步骤：

1. 确定目标类型

一个书面的内容标准是知识性目标、推理性目标、技能性目标，还是成果性目标呢？为了明确这一点，首先要思考内容标准的最终目标是，获得知识、发展推理能力、展示肢体技能，还是创造一个成果。示例3.2和示例3.3展示了按照这个过程分解的内容标准。

当标准包括几种相互独立的学习目标的时候，要单独把它们列出来，并确认每一种目标的类型。然后，继续用步骤2和步骤3分解每一个单独的学习目标。示例3.4显示你如何采用步骤1，分解一种由几个独立的学习目标组成的写作标准。（示例中的步骤2和步骤3并不是全部。）

2. 确认先决条件或隐含的知识、推理和技能

在这一步，需回答以下四个问题：
- 要达到这条标准学生需要知道和理解什么？
- 如果有的话，需要哪种推理模式才能掌握这个标准？
- 如果有的话，需要什么技能才能掌握这个标准？
- 如果有的话，学生需要创造什么成果才能表明他们已经掌握这个标准？

3.1 肯塔基州的标准分解流程图　示例

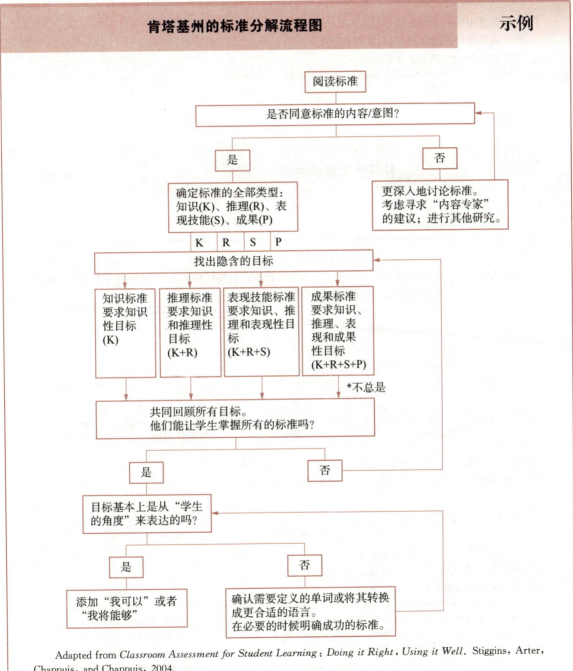

Adapted from *Classroom Assessment for Student Learning*: *Doing it Right*, *Using it Well*. Stiggins, Arter, Chappuis, and Chappuis, 2004.

Source: Reprinted with permission from Kentucky Department of Education, Frankfort, KY, Downloaded May 20, 2011 from: http://www.education.ky.gov/users/otl/KLN/DeconstructingStandards.pdf.

图表 3.9

分解标准的过程

1. 确定标准中所代表的最终目标类型。
2. 确认先决条件或隐含的知识、推理和技能。
3. 检查你分解标准的一致性和合理性。

3.2 分解一个数学标准 —— 示例

年级水平/课程：代数 I 第 4 单元

标准代码：	A. REI. 4a 解一元二次方程。 a. 使用配平法将任意二次方程转化为具有相同解的 $(x-p)2 = q$ 形式。通过对二次方程的配平导出二次公式。
领域：	用等式和不等式推理
类群：	解一元方程等式和不等式

类型：_____ 知识   __X__ 推理   _____ 表现技能   _____ 成果

知识性目标	推理性目标	技能性目标	成果性目标
使用配平法将任意二次方程转化为具有相同解的 $(x-p)2 = q$ 形式。	通过对二次方程的配平导出二次公式		
解一元方程和不等式			
附录 A 的说明：学生应该学习复杂的数字系统，但是在代数 II 阶段之前，他们无法解决复杂的二次方程。			

Source：Reprinted from Kentucky Department of Education，Frankfort，KY. Reprinted by permission. Downloaded May 20，2011 from http://www.education.ky.gov/NR/rdonlyres/C5603F9A-57F3-437E-AE0B-74A0CB5FDC07/0/HighSchoolAlgebra1.pdf.

3.3

| 分解一个阅读标准 | 示例 |

CCR：分析个人、事件和观点在文本过程中是如何发展和相互作用的。

范围：文学阅读	聚焦点：关键思想和细节	年级：5	标准#：3

标准：比较和对比一个故事或戏剧中两个或更多的人物、环境或事件，并在课文中画出具体的细节（例如，人物怎样相互影响）。

类型：_____知识　__X__推理　_____表现技能　_____成果

学习目标
什么是支撑这些标准的知识、推理、表现性技能和成果呢？

知识性目标	推理性目标	表现技能性目标	成果性目标
定义术语：比较和对比 在一个故事或戏剧中，找出描述： ● 人物 ● 环境 ● 事件 的具体细节。 在一个故事或戏剧中，找出两个或更多： ● 人物 ● 环境 ● 事件 的相似点。 在一个故事或戏剧中，找出两个或更多人物的不同点。	运用文本中的具体细节，比较课文中的两个或更多： ● 人物 ● 环境 ● 事件 运用文本中的具体细节，对比课本中的两个或更多： ● 人物 ● 环境 ● 事件		

Source：Reprinted with permission from Kentucky Department of Education，Downloaded May 20，2011 from http://www.education.ky.gov/NR/rdonlyres/F1E712E1-9083-4947-9493-F813B1830690/0/FifthGradeELA.pdf.

3.4

分解一个由几个单独学习目标组成的写作标准 示例

写作标准 8，6 年级（CCSSI，2010a，p.44）

"从多种文本和数字资源中收集相关信息；评价每种资源的可信度；引用或解释其他的数据和结论时避免剽窃，并提供资源的基本文献目录信息。"

这个标准已经说明了大量的学习目标，所以第一步是划分它们并对每个部分进行分类。

学习目标	目标类型 & 论据
从多种文本和数字资源中收集相关信息	评价推理：收集相关信息需要根据相关性标准判断信息。
评价每种资源的可信度	评价推理：评价可信度需要应用可信度标准来判断每种资源的可信度。
引用或解释其他的数据和结论时避免剽窃	评价推理和综合推理：学生将做出的首要决定是引用还是意译；这涉及判断哪一种方式在情境中更有效。当学生意译时，他们也会参与到综合推理中。
提供资源的基本文献目录信息	程序性知识：正确遵循引用资源的步骤。学生将遵守一个已知的协议。

第二步是分解每一个目标

目标：从多种文本和数字资源中收集相关信息
    知识：
    推理：

目标：评价每种资源的可信度
    知识：
    推理：

目标：引用或解释其他的数据和结论时避免剽窃
    知识：
    推理：

目标：提供资源基本的文献目录信息
    知识：
    推理：

在进行这个步骤时，需要注意以下几点：

- 如果一个目标是知识性的，那么所有隐含的目标都会是知识性的，而不会有任何推理性、技能性或成果性的成分。
- 推理性目标会包括知识性目标，但它们不需要再包括技能性或成果性目标。
- 技能性目标总是将知识作为基础，并且它们通常也需要推理。
- 成果性目标要求知识和推理，在某些情况下可能也需要技能性目标的支撑。

3. 检查分解标准的一致性和合理性

检查一致性意味着，通过检查确保你列出的所有能够完成的学习目标，对于完成最终的目标而言，确实是必要的。同时，还要检查以确保没有包括你，可能如何评价它的信息。举例来说，"比较和对比民主与其他政体形式"，它是一个推理性目标。这个推理性目标有其知识基础：民主的知识和其他政体的知识。它也有其推理基础：熟练掌握比较和对比。所以，在内容标准中有两种，也只有两种目标类型——知识性和推理性目标。比如说，你想要通过让学生创造成果的方式来评价这个标准。当你分解标准的时候，你可能倾向于将学习目标与成果相联系。但是，这样是不行的。这个标准仅仅需要知识和推理。正如所写的那样，你可以使用几种不同的评价方法。如果你确实决定让学生创造成果，你需要确保你的评价，能够反映出内容标准的知识性和推理性学习目标，以及创造的成果并不阻碍学生，展现他们对内容标准的掌握程度。

常见问题解答3.4

分解成果性目标

问题

如果整个标准是一个成果性学习目标，你需要有全部四种类型的目标来实现它吗？

答案

这是一个常见的问题。简短回答："有时候，但并不总是。"

当答案是肯定的时候：

让我们从一个视觉艺术的成果性目标开始："创造能展示一点透视/两点透视的绘画。"这个目标背后有三种潜在的目标类型。学生需要知道一点透视/两点透视是什么（知识），然后他们需要计划设计一幅绘画（推理），最后他们需要运用绘画技巧，创造出这个成果。

现在我们来思考一个几何学的成果性目标："创建正多面体的正式模型"。这个目标依赖于学生的知识和推理能力：知道正多面体看起来像什么，以及能分析找出制作的方法。这也涉及技能问题。学生可以通过在纸上画出图形，然后剪切、折叠和黏合制作模型。然而，他们也可以通过在电脑上做出或选择合适的形状，然后使用将它们拖曳到模板上的方法做出模型。所以，这里虽然包括了技能，但在这种情况下，它们也涉及具体的情境。

当答案是否定的时候：

让我们来看一个交叉学科的成果性目标："针对特定的学科内容写出论点。"这个目标隐含着知识和推理，比如知道怎样写一个声明，辨认出可以备选的或反对的观点，评估用于支持声明准确性和可信度的来源，等等。成功完成它并不需要任何技能性目标（除了手写或键盘输入，我们将假设手写或键盘输入是必备的先决条件，并且已经被教授过）。

检查合理性意味着，要关注你已经列举出了多少种可以完成的目标。分解的过程总是冒着风险，把最终的学习目标带回到几年前学过的东西上。当学生遇到困难的时候，这有助于诊断具体的问题，但如果你分解标准过于细致，包括了所有的可能性，这就会导致课程变得极其复杂。那么，你分解后的内容标准，就会成为一个需要花费几年时间，才能学完的课程。因此当进行分解的时候，请仔细检查以确保你没有列出更多的学习目标，而这些学习目标对于这个年级水平的学生来说，是不必要的。如果你的 K-12 阶段课程是深思熟虑的，前几年的基础性必备知识，也将会在那些年的内容标准中体现出来。

我的课堂的过去和现在 3.1

杰西卡·辛卡尔（Jessica Cynkar）

我们做过……

为了推广形成性评价，我们做过最重要的事情之一是，分解州课程标准和指标。我们 6 年级英语组，要求开展为期两天的专业发展，以学习共同的定义以及理解内容标准和指标。我们觉得自己需要就正在教授的内容方面达成共识，但是怎么达成这个共识，取决于作为专业人士的我们自己。

我们希望这次的焦点有目的性并且明确具体，所以我们在开头就设立了规范。我们想要确保一次只有一个话题，并且不分享"这是我在教室做的内容"，而是更关注我们需要教授什么和我们如何到达那里。这次我们检查了几种信息资源：我们年级水平（6 年级）的标准和指标、5 年级和 7 年级的标准和指标、标准化的测验信息，以及大量的课堂资源。我们一起把指标分解成它们内在的学习目标。我们创建了共同的定义和"我可以"的表达，增加了资源，并设计了评价问题。在教授每个目标方面，我们也开始留意到课时和每个人的想法。

我们如何受益……

当我开始计划教授一个单元或概念时，这些小建议就非常重要。并且，它们已经变成很多可引用的技巧，特别是当学生需要额外的支持，或一种拓展学习的方法时。另一个好处是，哪些课程不恰当或并不适合我们需要教授的内容，也是非常明显的。

Source: Used with permission from Jessica Cynkar, 6th-grade language arts teacher, Olentangy Local School District, Lewis Center, OH, 2011.

与学生交流学习目标

一旦我们清晰地知道了我们的学习目标，就需要确保学生也能清楚了解它们（图表 3.10）。如果回顾有关促进学习的评价对学生学业成就的影响研究，你会回想起学生获得成功的一个关键特征是：学生知道他们将要去哪里——也就是，明白他们要学习什么。

没有清晰的目标,学生将缺少他们进行自我评价、设定目标,以及按照收到的描述性反馈行动所必需的信息。模糊的学习成就期望会造成类似的模糊的行为期待问题,即学生逐渐走向失败的困惑和冲突。

和学生分享学习目标可以有几种实现方式,这取决于目标的类型及其复杂性。一些学习目标可能足够清晰明了,以最初的形式陈述出来即可,如"今天,我们学习怎么准备显微镜切片"。其他的目标,尽管对你来说是清楚的,但是对学生来说并非如此,所以你可能需要把它们转化成有利于学生理解的形式(Chappuis,2009)。这对推理性目标来说非常有效:"我们将要学习如何总结课文。这意味着我们正学习对我们所阅读内容的中心思想,做一个简短的陈述。"为了用一个量规对推理、技能和成果性目标进行评价,你需要找到或创建一个易于学生理解的量规版本,这个方法我们将在第6章和第7章中讨论。

> 向学生澄清学习目标有助于帮助他们理解任务只是手段,学习才是目的。

图表 3.10

使学生明确学习目标

以原本的方式陈述
或
建立一个学生容易理解的定义,然后分享它
或
制定一个学生容易理解的量规

将知识性和推理性学习目标转化为有利于学生理解的语言

把学习目标转化成学生容易理解的语言的过程,对推理的形式而言是非常有用的。比如说,我们想要学生学会如何总结课文。我们怎么给4年级学生解释课文的含义呢?这里有一个过程可资借鉴(Chappuis, 2009):

1. 给表示推理形式的单词下定义。使用字典、自己的教科书、国家的内容标准文件或其他你的学科特定的参考材料。如果你正和同事合作,要对定义达成一致。
2. 把定义转化为你的学生容易理解的语言。
3. 用"我"或"我们"重新书写定义:"我将学习_____";"我能_____";"我们将学习_____";或"我们能_____"。
4. 和学生一起提炼定义。必要时留意他们的回答和提炼。
5. 让学生偶尔尝试这个过程,并使用你认为他们能成功定义和释义的学习目标。同时,还要确保他们的定义同你的目标定义相一致。

3.5

易于学生理解的推理性学习目标的定义   示例

推理
我能推理。这意味我能根据信息做出一个合理的猜测。

概括
我能概括。这意味我能比较每个证据,并找出它们之间的共同点。然后我能对其做出一个伞型(涵盖性)陈述,并且这个陈述不仅对它们适用,而且也适用于更多的情况。

预测
我能预测。这意味着我能使用自己已经知道的信息(或证据)来猜测接下来会发生什么。

找出原因和影响
我能找出原因和影响。这意味着我能通过回答两个问题来描述事件之间的关系:"发生了什么?"以及"它为什么会发生?"

得出结论
我能得出结论。这意味着我可以以一个普遍("伞型")的观点或陈述为开端,并确定它在哪些具体情况下是正确的。

比较
我能比较和对比。这意味着我能说出事情之间的相似点和不同。

评价
我能评价。这意味着我能根据发现的标准做出判断,将其应用到具体情境,并基于这个标准表达一个观点。同时,我也能使用这个标准证明自己的观点。

总结
我能总结。这意味着我能对自己所读到(听到、看到、观察到)的主要信息和重要思想进行简短的陈述。

确定中心思想和支持性的细节
我能确定中心思想和找到支持性的细节。这意味着我能找出课文中的重要思想,并能指出哪些事实和信息有助于形成中心思想。

我的课堂的过去和现在 3.2

伊丽莎白·斯霍(Elizabeth Schoo)

我过去……
我过去常常按照从州立标准中得出的学区目标来教授我的物理课。这些目标对我来说很容易理解,并且我的课程以此为根据。但是,在我的教学过程中,我并没有告诉我的学生他们当时的学习目标是什么,我只是假定它们对学生而言是显而易见的。

我现在……
现在,我的单元教学和每堂课都建立在学生容易理解的、以"我能"的形式进行陈述的语句基础上。并且,我以几种不同的方式将这些语句提供给我的学生。同时,在每一章节开头的科学活页夹里,我还提供了一张单子,上面不仅标明了这一章新的"我能"式的陈述,而且标明了以前有待再强化的"我能"式这样的陈述。此外,我们科学组为学生开发了一个前测评价,以确认他们将把自己放在哪种程度的"我能"目标式的知识水平上。因此,学生在这章节的末尾重新审视他们的知识水平,并使用信息帮助他们计划自己的学习,以应对最终的评价。

为了更便于学生理解,我开始在提供给学生的每一套笔记、强化工作表、实验室以及小测验等中,涵括了本章中的"我能"式陈述。并且在每个章节的最后,评价学生的时候,我的复习指南包括了重新回顾这些陈述。总之,我已经教会我的学生,基于他们能充分回答"我能"式的陈述的程度来计划他们的学习。

我为什么改变……

我总是告诉我的学生,我当时教授的内容是被大家众所周知的,但是经过反思后发现,我并没有以学生容易理解的方式制定章节的目标,并且和他们共同使用它。实际上,我一直让他们蒙在鼓里。

结果我注意到……

在日常教学中,通过给学生提供容易理解的目标,可以让他们能关注自己的学习,以及消化那天的学习结果。并且,他们也不会再去猜测,他们应该已经学会了哪些内容。当调查学生是否喜欢这种新形式时,大多数学生回答说,他们现在的学习时间更富有成效。并且,他们也知道去学什么——能更明智地分配时间去学习回答问题所缺少的细节部分,而不是随意地复习章节中的每一项内容。

现在我的评价更加精准,因为我设计的问题和"我能"的陈述相匹配。反过来,我的学生也更容易成功。秘密已经泄露,光明已经显现。简单来说,制定学生容易理解的目标并提供给他们,让我创造出了促进学生自主学习的课堂环境。

Source:Used with permission from Elizabeth Schoo, 8th-grade science teacher, Community Unit School District 95, Lake Zurich, IL, 2011.

当书面课程不是教学课程时

你的课程是你的首个评价指南。当书面课程被束之高阁时,问题就会出现。因为缺少容易理解的课程大纲,教师通常会依赖教科书、单元或活动清单,以及一系列能充当这个角色的项目计划。接下来,让我们看看这些情况下都会发生什么。

使用教科书替代课程

如果我们依赖教科书来替代我们的课程,我们可能认为,我们已经解决了年级水平与州或地区标准之间的一致性问题。然而,把教科书当作课程时,我们会面临以下几个问题。

首先,这在一定程度上因为课本编写的方式,很多教科书包含了太多的内容,以至于无法在一年之内教授完毕。如果你是一个地方教科书审查委员会的成员（搜索购买一套新的丛书），一般你会去寻找课文覆盖范围和你已采用的内容标准之间的最佳匹配。教材公司深知这一点；为了能和所有潜在顾客的课程目标保持一致，他们在自己的产品中囊括了尽可能多的本年级该科目的教学内容。（甚至当课文同特定的一套内容标准相一致的时候，并不意味着它们同单独的标准相一致。）因此，通过设计，大多数教科书强调更多的学习内容，而不关注任何一个课堂在一年中，可以完成的教学内容。为了涵盖更多的内容，教科书可能缺乏很多概念的深度讨论。除此以外，教科书很少在使用指导方面提供或多或少的信息。在教授学习内容时，我们教学的速度远远超过大多数学生，可以接受的学习速度。当我们选择与我们的同事不同的讲授内容时，我们否定了学生体验清晰系统的课程的好处。

在《为什么教科书不是一个课程的七个理由》一文中，舒特和彼得森（Shutes & Peterson, 1994）声称：

> 我们是时候要接受这样一个事实了：在课程的真空地带，教科书专注于覆盖所有的教学内容，并让学习者对于他们可能要处理的信息应接不暇。最令人讽刺的是，教师应对过多的学习内容的策略，可能使他们的许多学生不仅脱离了教学内容，而且也疏远了学校本身。（p. 12）

请注意，他们把教科书当作课程使用，归因于课程的真空地带。今天十分讽刺的是，我们中只有极少数是在课程真空地带教学，然而教科书仍然作为很多课堂中的学习大纲而发挥作用。请细思施莫克和马尔扎诺（Schmoker & Marzano, 1999）报告的这些事实如下：

> 虽然美国数学课本试图解决超过德国教科书175%的和超过日本教科书370%的主题，但是在数学上，德国和日本学生很显著地胜过美国学生。同样，虽然美国科学课本，试图涵盖超过德国教科书930%和超过日本教科书433%的主题，但是德国和日本学生在科学成就上，也远胜过美国学生（Schmidt, McKnight, & Raizen, 1996）。

使用单元、活动或项目替代课程

当一系列的单元、活动或项目被我们作为课程使用的时候，它们可能很好地让学生处在忙碌之中，并且保持学习的热情。然而，如果活动没被有意识地设计，或没有用心去选择学习目标，如果没有事先清楚地了解预期的学习目标，我们可能教授不了那些最重要的学习内容。如果是这样的话，我们也没有为学生做好充分准备，以应对他们会遇到的外部高风险问责性测试，而这些测试题目是和我们的书面课程保持一致的。此外，如果我们不能从清晰的课堂学习目标开始，也不能指望评价可以提供准确的学习信息。

除此以外，如果潜在的学习目标没有统一的主线，我们就不能有目的地以早先的学习为基础，我们要么从自己的授课中，要么从上一年级的授课中选择内容。之后的授课教师，也将无法有目的地以我们的教学过程为基础。实际上，我们每个人都有自己的教学方式，无法预测学生会带来什么，也不知道我们会给他们带来什么，让他们进入下一个年级。随着教师从一栋教学楼转换到另一栋教学楼，教学计划也在改变着课程。我们在问责性考试中的分数上下波动，我们可能必须依赖于外部计划，以帮助我们理顺思路，并增加一个"逐步深入的"补救性小课程。虽然当我们都是学生的时候，这样的操作很常见，但是今天这再也引不起学生和教师的兴趣了。

清晰的学习目标的好处

一些教育者可能会提出反对，针对学生的行为定义成就期望或提前指导，将会在一段时间后引起学科问题。当我们清楚定义了学生需要负责的学习内容时，我们就可以期待会产生同样的学习结果，因为在问题显露之前就解决了很多问题。随着州共同核心标准的出现，清晰、可教学、可评价的课程，已经成为在州和学区层面新的关注点。并且，这也引起了一个新话题：什么构成了清晰的学习目标。可以肯定地是，教师需要理解课程文件才能够使用它们。但是，确定我们的目标清晰这一点对于教师、学生和家长的好处远超于此（图表3.11）。

图表3.11

清晰的目标的好处

对于教师
1. 知道教什么
2. 知道评价什么
3. 知道计划怎样的教学活动
4. 避免以牺牲学习为代价的"面面俱到"
5. 解释和使用评价结果的能力
6. 追踪和报道信息的系统
7. 同其他教师共同合作的基础

对于学生
1. 理解他们需要承担哪些学习责任
2. 理解反馈并根据它采取行动
3. 为自我评价和设定目标做准备
4. 追踪、反思和分享他们的进度

对于家长
1. 帮助孩子在家学习
2. 理解成绩单
3. 关注家长会上的讨论

对教师的好处

1. 知道教什么。 首先，从清晰地陈述预期的学习目标开始有助于教学。请思考一门包括以下内容标准的阅读课程："学生将理解虚构的、信息化的以及任务取向的课文。"虽然这是非常清楚的，即最终的目标是在不同情境中的阅读理解，但是，如果课程没定义"理解"和确定学生应该在那年级学习，哪些虚构的、信息化的以及任务取向的文本，那么个别教师在负责解读时，他们可能就需要凭猜测工作。另一方面，如果年级课程把"理解"分解成一套学习目标，例如"确定中心思想和支持性的细节"、"总结课文"、"做出推断和预测"、"使用上下文线索来确定生词的含义"，那么个别教师会更加明白教授什么内容。

2. 知道评价什么。 评价信息的准确性的最重要贡献之一就是，同过去所教的以及未来将要教的内容相匹配。如果我们不清楚在教学重点中的具体的学习目标，那么我们就不能设计，或选择能精准测量成就的评价。在计划教学活动之前，理解你将要评价的内容和方式，是个很好的想法。

3. 知道计划怎样的教学活动。 一旦知道了我们的学习目标是什么，并明确了评价它们的方式，我们就能清楚地认识到，教学和学习经验的哪种结合方式，能让学生为需要知道的内容和展示他们的学习做好准备。

我的课堂的过去和现在 3.3

杰夫·欧维贝(Jeff Overbay)

我过去……

多年来我建立了一种教授新单元的常规做法。所有的评价都是基于电脑光盘中的内容进行的。学生将使用教科书来定义章节末的词汇。所有的活动将被作为话题，并与教学的内容相匹配。这些活动来自教科书材料，或那些我多年来教学积累的材料。我过去使用州立标准和教科书来制定一个单元的目标。教科书是我用来驱动教学的工具。

我现在……

我现在已经发明了一种新的方法来教授新单元。首先，分解州课程标准。其次，使用形成性评价和总结性评价。前测是以赞成—否定形式设计的 10-12 个问题。词汇和活动与分解的标准保持一致。学生将得到一个自我评价指南，其中包含了他们容易理解的学习目标。这个指南它也产生于这个被分解后的课程标准。这些方面共同作用，以帮助学生更多地参与到学习和评价过程中。

日常的教学过程也发生了改变。在上课伊始，我会在黑板上提出一个引导性问题。这个问题是以学生容易理解的学习目标中的一个为基础的。根据这个问题，我提出"我能"式的陈述,这是学生当天或接下来几天必须掌握的内容。在合适的时候,我将在课堂末尾给学生一个小测验,以检测学生对概念的掌握程度。本单元结束以后,我会进行一个小测验。最后,在教完全部内容后,我会进行总结性评价。

我为什么改变……

使我改变教学方法的原因有很多。首先,一个单元从头至尾不存在一致性。虽然我有教学目标,但是,过去所教授的内容与州立标准之间并没有真正的联系。前测评价也需要得到改变。在驱动教学方面,现在的信息收集也是有用的。其次,现在的词汇也是关键的词汇。学生不会浪费时间寻找定义。最后,评价的过程需要改变。学习目标的自我评价是,让学生参与自己学习过程的有价值的方式。引导性问题和"我能"式陈述,帮助学生每天都保持关注。小测验匹配目标,因此学生在过程中就知道自己是否成功,而不是等到单元末。总结性评价现在能准确地测量学生的学业成就了。

结果我注意到……

这种新的形式对学生和我自己都是有帮助的。现在我有了一个精心设计,且匹配的"路线图"可遵循,学生也更好地理解了他们将要去哪里,以及如何到达那里。结果是,在课堂和州的考试评价中,我已经看到了学生学业成就方面的进步。

Source:Used with permission from Jeff Overbay, 7th-/8th-grade science teacher, Bell County School District, Pineville, KY, 2011.

4. **避免以牺牲学习为代价的"面面俱到"**。这是五月初,你开始检查还有哪些内容没来得及教,还剩下多少时间,担心怎样才能完成所有内容。如果是世界历史,20世纪世界历史的学习可能被归结为三次速决战。如果是数学、几何学,可能被简化为一些方程、数据,以及一些机会游戏的概率。如果是语言艺术,诗歌可能会被排除。然而,一个精心设计的课程,可以帮助我们避免短时间内的填鸭式教学,或威金斯和麦克泰提出的"死记硬背"(Wiggins & McTighe, 1998, p. 21)。当你的地方课程是由清晰的学习目标组成的时候,很容易确定它在一学期或一年的既定时间内,是否是"可做的",也就是,"可学习的"(作为"面面俱到"的对立面)。在地方课程被完成之前,本应该保留什么,或舍弃什么是很难做出选择的。仅在那时,你才能可靠地使用它去提前筹备整年的教学,最大化地提供机会,让学生在学年末能够掌握他们需要掌握的学习目标。

5. **解释和使用评价结果**。一旦从明确的学习目标开始时,你就能够计划评价,以准确地反映你的教学内容和你期望学生应该学习的内容。然后,评价结果可以被用来加深学习,因为你能根据学习目标逐条地区分这些信息,以此确定进步的地方和需要改进的领域。并且,你也可以使用这种信息给学生提供有效的反馈——在学习期间,那时学生仍有时间根据反馈采取行动。因此,基于数据做出决策的有效性,取决于你以这些方式使用评价结果的能力,而这些全部都建立在清晰的目标的基础上。

6. **追踪和报告信息**。当你知道每一种评价反映的是哪种学习目标时,就可以通过学习目标或内容标准,而不是通过任务的题目或评价类型来追踪学业成就。这种方法允许你使用自己的记录,更准确地确定学生已经和尚未掌握的内容,并坚持记录和追踪学业成就。同时,这也有助于完成基于标准的成绩报告单。(关于形成性和总结性评价的信息追踪和坚持记录方法的深度讨论可参见第9章。)

7. 与其他教师合作。教师们具有一致认同的清晰的目标并教给学生,最大的好处就是教师之间有了共同合作的基础。在州共同核心标准出现之前,施莫克给出如下(Schmoker,2002,p.2)建议:

> 共同标准最大且潜在的好处是,共同标准为专注的、富有成效的教师协作提供了共同情境,这是改进的必要条件(Fullan,2000;Sparks,1998)。简单来讲,如果我们想要学校得到改善,必须提高教学质量,即教学本身(Stigler & Hiebert,1999)。但是,我们也必须有一套共同的标准。同时,必须有一个达到所要测量的成就目标的承诺,该承诺需要通过真正调整,我们教授这些共同标准的方式来实现。除此之外,别无他法(Glickman,2002,pp.4-5)。

对学生的好处

1. 理解他们需要承担哪些学习责任。向学生解释预期的学习,是帮助他们知道将要去哪里的至关重要的第一步。正如斯蒂金斯(Stiggins,2008,p.1,原文强调)说:"学生能实现他们理解的任何一个目标,只要他们认为自己有能力掌控它。"然而,如果学生对于他们应该学习的内容毫无想法,如果他们所知道的唯一信息是,我们正在学习"科学"、"第121页"或"奇数的问题",那么他们中鲜有人会去推测预期的学习。他们更可能相信自己努力的最终目的是完成任务,而作业不过是达到终点,即预期的学习的手段。

2. 理解反馈并根据它采取行动。有效的反馈直接与学习相关,并能指出优势和为改进学习提供具体的指导建议。如果学生并不理解学习目标是什么,他们就不可能理解反馈或根据反馈采取行动,进而改进学习。

3. 为自我评价和设定目标做准备。如果学生并不清楚他们的目标,那么他们就不能准确地进行自我评价。然而,当让学生清楚了目标后,他们就有了一个可以比较当前学习状况的标准,从而做出更客观的自我评价(Sadler,1989),并且也拥有了设立下一步学习目标时使用的信息。

4. 追踪、反思和分享他们的学习。如果学习目标在学习伊始就是清晰的,学生则可以通过目标或标准,追踪自己对预期学习的掌握程度。如果缺少一个同特定的学习目标直接、显而易见的联系,分数只能告诉他们学得多"好"。为了将他们的工作和学业成就与学习相联系,学生需要知道他们同学习目标相关的分数,在每个作业和评价上是如何体现出来的。这能帮助他们更清楚地知道,自己已掌握了哪些,还有哪些方面有待改进。并且,通过那些信息,他们也能反思自己的进度,以及在会议中分享他们的想法。

对家长的好处

1. **在家帮助孩子学习**。了解预期的学习是什么,有助于父母集中精力帮助他们的孩子。它可以帮助他们明白作业的目的,从而指导他们提供的帮助。举例来说,如果你正教学生如何编辑他们的论文,并且也与父母就那种学习形式进行过交流,那么你可以要求他们不要给自己的孩子做编辑。如果你要提高学生的读图技巧,家庭的帮助将更有用,你可以建议父母在一次驾车旅行中,让孩子练习使用地图指明方向。然而,如果你正要求学生完成一个项目,而父母只有项目说明书供学生参考,他们不太可能知道如果他们的孩子需要帮助,他们可以做什么,不应该做什么,来支持预期的学习。

2. **理解成绩单**。另外,清楚地了解预期的学习,能够帮助父母了解,分数意味着他们的孩子,学会了什么和还有什么没有学会。将父母版的学习目标送到家中,或张贴在你的网站上,有助于传达他们孩子所从事的学习活动的深度和广度。当成绩单送到家的时候,父母可以专门和孩子讨论他们的学习,支持他们的优势和需要改进的地方。这也可以帮助父母和学生理解成绩背后的原因,并帮助他们避免形成不好的一般性结论,例如"我的孩子不擅长阅读"。

我的课堂的过去和现在 3.4

苏智和亚伦·向井(Sue Cho & Aaron Mukai)

我们过去……

我们过去常认为,自己正根据每日的学习目标做很了不起的事情。在每一章节开始之前,我们用孩子容易理解的语言给每一节课都制定了学习目标。然后每天将这些学习目标张贴在我们的教室里。除此以外,我们把这些学习目标写在前测、课后任务和其他形成性评价中。在每一章节期间(形成性评价)和章节之后(总结性评价),我们甚至可以让我们的学生在一开始(前测)、学习过程中(形成性评价)和学习结束后(总结性评价),就这些学习目标进行自我评价。

我们现在……

尽管我们仍在做上述的事情,但我们想要使这些目标对学生来说变得更加有意义。对于初学者来说,我们根据质量指标修订我们的学习目标,以便让学生明白他们应该能够做什么,以及需要做什么才能达到目标。为了这样做,在每节课的开始,我们让学生在空白处填上学习目标:"我能通过_____发现等值分数。"在我们完成该节课,并在学生开始做练习题之前,我们回顾这条学习目标,并让学生在空白处填上:"我可以通过用相同的数字增加,或减少分子和分母找到等值分数。"学生现在能把学习目标和正在解决的问题联系起来了。

我们已开始让我们的学生使用学习目标来为每个章节设置目标。并且,每一个前测都根据与州标准一致的学习目标被分解成各部分。同时,在学生收到他们前测的分数之后,学生能基于学习目标找到需要提高的地方。

最后,我们开始使用一份章节的形成性追踪表。我们让每个学生记录他们在整个章节中,利用不同的形成性评价所获得的进步。在他们的追踪表上学生需要记录三项内容:哪种形成性评价、与此形成性评价相联系的学习目标,以及在此形成性评价上获得的分数。这不仅可以使学生能够更好地理解,在整章中他们该怎样学习,而且也给学生提供一个清晰的前景,知道他们可能仍需要致力于哪些学习目标。

我们为什么改变……

我们之所以改变,是因为学习目标似乎同学生正学习的内容之间毫不相关。回首过去,我们认为如果学生能看到学习目标,他们就会理解学习目标。这就是为什么我们尝试把它贴在每个地方,从教室的墙壁到我们的形成性和总结性评价。并且过去的问题是学习目标缺少主人。我们的学生似乎不愿意对学习目标做任何事情。然而,我们想在学习目标、学生学习和学生之间建立联系。我们也希望让我们的学生,能够更好地监控自己朝着目标前进的过程,并在学习中投入更多的精力。

结果我注意到……

学习目标已经超出了学生在黑板或纸张上读到的文字所描述的范畴。对于初学者来说,利用这些好的指标,我们的学生能在自己正解决的数学题和匹配的学习目标之间建立一种联系。并且,现在当学生阅读他们的学习目标时,他们不仅理解了目标是什么,也知道了他们为了达到目标还需要做什么。

此外,学生似乎在整个章节中对自己的学习进度有了更好的认识。使用本章开头的学习目标设定目标,可以让学生直接关注于他们需要改进的地方,以便能达到或超越这些学习目标。而形成性追踪表则可以帮助学生,养成反思他们自己学习的习惯,并让学生积极地参与监控自己实现学习目标的进程,从而帮助他们理解学习目标的重要性。

Source: Used with permission from Sue Cho & Aaron Mukai, 6th-grade mathematics teachers, Mukilteo School District, Mukilteo, WA, 2011.

3. **关注家长会上的讨论**。同样,有一套清晰、可理解的学习目标,能让学生在会议中聚焦于讨论他们正在学的内容,以及怎样才能将它学得更好。清晰的目标使你明确知道自己的优势和需要额外关注的地方,并给出关于父母如何最好地帮助孩子的具体建议。

总结性思考

本章中很大一部分篇幅专门讨论了评估优质课程的好处。但在这本书中,我们的目的不是指向课程开发,而是提出尽可能充分的例子,因为我们有必要在教学之前定义清晰、具体的学习目标,这对于合理的教学和评价是极其重要的(图表 3.12)。我们强调每个教师清楚地理解每个学习目标的现实必要性,以及与其他教授相同科目的教师保持一致意见的需要。我们也重视形成性评价所带来的学习收益,这种形成性评价首先要求我们的学习目标对学生而言是清晰的。因为从长久来看,没有人可以从晦涩或隐蔽的预期的学习目标中受益。

图表 3.12

没有清晰的目标

我们不能
- 知道是否评价充分涵盖和代表了我们所教的内容
- 正确地发现学生知道和不知道的内容以及他们的学业水平
- 计划下一步的教学
- 给学生详细的、描述性的反馈
- 让学生进行自我评价或设定目标,以帮助他们学得更多
- 通过逐条目标或标准追踪学生的学习目标
- 完成一份基于标准的成绩报告单

总结

清晰明了的学习目标对于合理的评价来说是必不可少的。我们不能准确评价什么是不清晰的。我们通过确定五种学习目标的类型,并提供每种目标类型的案例,以此开始探讨清晰的目标。并且在那些分类中,我们还介绍了一种代表六种推理形式的框架。这六种推理形式通常存在于各种分类学、内容标准文献和评价之中,而且它们也代表了最常见的学科领域范围和学校之外的生活中的各种推理。

我们介绍了如何分解复杂的内容标准,以便让学生明白必备的知识、推理、技能以及成果性目标,从而为每个学生学业的成功搭建了一个脚手架。此外,我们还提出了与学生分享学习目标的建议,包括把学习目标转化为学生容易理解的语言,以便让他们可以看见自己通往成功的道路。

我们举例说明了你的课程或内容标准尚不明确时出现的问题。

除此之外,清晰的目标有利于教师、学生和父母,可以通过以下几种方式明确应该评价什么,以及应该计划什么样的教学活动:
- 有助于避免教学内容过多和时间不足的问题。
- 为教师共同制定教学计划提供基础。
- 推动促进学习的评价——当学生理解了预期的学习,他们就为富有成效的自我评价和设定目标做好了准备。
- 促进与父母之间的交流。

活动

本章末提供的活动是为了帮助你掌握本章的学习目标。它们的设计是为了加深你对本章内容的理解,并为合作学习提供讨论的话题,以及指导你实施本章节中所教的练习活动。

完成每个活动所需的表格和材料可参见光盘中的可编辑文档。光盘中的对应文档以这个符号 ⊚ 为标志。

第3章的学习目标

1. 解释清晰的目标和评价质量之间的联系。
2. 按照类型对学习目标进行分类。
3. 确定你的学习目标对你和学生来说是否清晰易懂。
4. 根据需要澄清和分解学习目标。
5. 根据需要制定学生容易理解的学习目标。

活动 3.1　坚持写反思日志
活动 3.2　将清晰的目标与评价质量相联系
活动 3.3　将学习目标分类
活动 3.4　确定清晰的学习目标
活动 3.5　分解一个内容标准
活动 3.6　制定学生容易理解的学习目标
活动 3.7　反思你自己的学习
活动 3.8　选择档案袋作品

活动 3.1

坚持写反思日志

在阅读第3章时,坚持记录你的想法、问题和尝试实施的任何活动。

⊚ 反思日记表

第3章 清晰的目标

活动 3.2

将清晰的目标与评价质量相联系

阅读第3章后,解释清晰的目标作为评价质量必要条件的三种方式。从你自己的经验中,提供案例来阐述清晰的目标与评价质量之间的联系。

◎ 没有

活动 3.3

将学习目标分类

独立工作,或是与一名同伴或一个团队合作完成这个活动。如果所有参加者对这个单元都很熟悉的话,活动将发挥最大的作用。

1. 选择一个你最近教过的或今年将要教授的一个短小的单元。(或者,你可以借助一份你的课程指南上列出来的内容标准来完成这个活动。)
2. 列举将作为单元重点的学习目标。
3. 将每个目标按照知识(K)、推理(R)、技能(S)或成果(KRSP)进行分类。
4. 如果你不能给一些书面形式的目标分类,先打上问号。

◎ 学习目标的分类模版

活动 3.4

确定清晰的学习目标

独立工作,或是与一名同伴或一个团队合作完成这个活动。如果所有参加者对这个单元熟悉的话,活动将发挥最大的作用。

1. 选择一个你最近正在教学的或今年将要教学的单元,并列出每个学习目标。你可能想要使用在活动3.3中已分类的学习目标。
2. 决定所写的学习目标中哪个是清晰的。并且,对于这些目标,你知道该教什么和如何计划教学,而无需进一步的说明。
3. 找出任何需要被澄清的学习目标。这些学习目标可能太过含糊,使用了你不理解的术语或根本就没有什么意义。你必须从其他来源中进一步去澄清它们的意义。
4. 找出任何需要被分解的学习目标。在一个内容标准中可能存在几个明确描述的学习目标。或其中可能存在一些隐含知识、推理和/或技能性目标,你必须找出这些目标,然后教给学生以达到预期的学习效果。

◎ 确定清晰的学习目标的模板

活动 3.5

分解一个内容标准

与一名同伴或一个团队合作完成这个活动。
1. 选择一个需要分解的内容目标。
2. 通过回答这些问题确定学习目标的组成部分：

要想取得成功,学生需要知道什么知识?

要想取得成功,学生需要掌握哪种形式的推理?

要想取得成功,学生需要掌握哪些技能?

要想取得成功,学生需要创造什么样的成果?

◎ 分解一个内容标准的模板

活动 3.6

制定学生容易理解的学习目标

独立工作,或是与一名同伴或一个团队合作完成这个活动。
1. 选择一个因重新表述而对学生友好的学习目标。
2. 遵循"把知识性和推理性学习目标转化成学生容易理解的语言"一节中描述的过程。
3. 如果你正与一名同伴或一个团队合作,请使用学生容易理解的定义并同你的学生分享你所注意到的影响。

◎ 学生容易理解的学习目标的模板

活动 3.7

反思你自己的学习

回顾第 3 章的学习目标,选择一个或更多能代表你新的学习或最让你印象深刻的目标。如果你正独立工作,写一段能够反映你当前理解的简短反思。如果你正与一名同伴或一个团队合作,可以和他们讨论你写下的内容,或以此引发小组会议中的讨论。

◎ 反思第 3 章的学习

活动 3.8

选择档案袋作品

本章中的任何活动都可以作为档案袋的条目。请选择任何你已经完成的活动或创造的作品,以展示你在第 3 章中学习目标上的能力:

1. 解释清楚的目标和评价质量之间的联系。
2. 按照类型对学习目标进行分类。
3. 确定你的学习标准对自己和学生来说是否清晰易懂。
4. 根据需要澄清和分解学习目标。
5. 根据需要制定学生容易理解的学习目标。

如果你正坚持写反思日记,可能想将第 3 章的条目纳入你的档案袋中。

◎ 第 3 章档案袋条目封面页

… 第 4 章

合理的设计

变换评价方法以给学生创造实践的机会或适应学生的学习风格，是需要经过深思熟虑的一件事。然而，评价方法并不能相互替换，为了确保评价结果的准确性，选择评价方法的首要标准是考虑所要评价的学习目标的类型。

目前为止，我们已经探讨了关于评价质量的两个关键要素：明确的目的和清晰的目标。第一个关键要素是明确的目的，让我们一开始就知道，谁将使用评价结果，以及他们将怎样使用评价结果。第二个关键要素是清晰的目标，让我们确认在教学中，需要集中关注的知识性、推理性、技能性和成果性学习目标。现在，我们要考虑优质课堂评价的第三个关键要素——如何设计评价方法，使其与我们的学习目标相匹配，并服务于我们的目的。

在这一章中，我们介绍了四种评价方法，阐述了如何根据学习目标选择适当的评价方法，并列出了计划和发展评价的步骤。在第 5 章至第 8 章，我们将深入地解释这四种评价方法；在这一章中，我们将提供关于如何选择正确的评价方法和编制合理的评价计划的一个总概述。

> **第 4 章学习目标**
>
> 学完本章后，你将了解到以下内容：
> - 选择恰当的方法去评价特定的学习目标。
> - 根据评价开发周期的步骤进行评价。
> - 编制一个评价蓝本。
> - 使用评价蓝本对学生开展促进学习的评价。

图表 4.1

优质课堂评价的关键要素

关键要素1：明确的目的
谁将使用这些信息？
他们将如何使用这些信息？
他们需要什么样的信息？
并且需要详细到什么程度？

关键要素2：清晰的目标
学习目标对教师而言清晰吗？
哪种学业成就将被评价？
这些学习目标是教学的重点吗？

关键要素3：合理的设计
评价方法和学习目标匹配吗？
选取的样本能恰当地代表学习吗？
题目、任务和评分量规质量很高吗？
评价能够控制偏差吗？

关键要素4：有效的交流
评价结果能被用来指导教学吗？
形成性评价能被用作有效的反馈吗？
学业成就能追踪到学习目标并根据标准报告结果吗？
成绩能准确地交流学业成就吗？

关键要素5：学生的参与
评价能满足学生的信息需求吗？
学生清楚学习目标吗？
学生会利用评价得来的信息进行自我评价和设定目标吗？
学生能追踪和交流他们的学习进度吗？

评价方法：4 种选择

回顾你的学校生涯，不管是作为教师还是学生，你都曾经历过成千上万种不同的评价。尽管评价的变化是永无止境的，但所有你曾经历过的评价和今天所给的评价，都可以归纳为以下 4 种类型：

1. 选择性反应评价
2. 书面论述式评价
3. 表现性评价
4. 个别交流式评价

这 4 种方法都是合理的选择，但前提是它们的使用与被评价的学习目标，以及信息的预期用途要高度匹配才行。

选择性反应评价

选择性反应评价是让学生从所提供的选项中,选择正确的或最佳的答案。它的形式包括:

- 选择题
- 判断题
- 匹配题
- 填空题

选择性反应评价中,学生的分数通常会用数字或百分比的形式反映其回答的正确性。

怎样开发和使用选择性反应评价的题目,是第 5 章"选择性反应评价"的核心内容。

图表 4.2

评价方法

选择性反应评价
- 选择题
- 判断题
- 匹配题
- 填空题

书面论述式评价
- 简答题
- 论述题

表现性评价
- 表现性任务
- 表现性标准

个别交流式评价
- 在教学过程中提问
- 访谈和会议
- 参与分享
- 口试
- 学生日志

书面论述式评价

书面论述式评价要求学生写出一个问题,或一项任务的书面答案,而不是从一列选项中选出答案。书面论述式评价包括简答题和论述题两种形式。简答题要求非常简洁地回答,并且可能只有一个或范围十分有限的正确答案,而论述题的长度至少包含 7 个句子,它们通常有更多可能的正确或可接受的答案。

简答题的例子包括：
- 描述水果和蔬菜之间的两个差别。
- 列出三次美西战争的原因。
- 如果化合物加热会发生什么？为什么会发生？

论述题的例子包括：
- 评估解决环境问题的两种方法，然后选出其中一种更好的方法，并解释你选择的原因。
- 文学作品里主角的动机是什么？
- 解释调查数据并为你的结论进行辩护。
- 描述一个给定的科学、数学或经济学的发展过程或原理。

我们通过两种预设评分标准中的一种去判断论述式评价的正确性。一种是给当前具体的信息评分。另一种是利用量规的形式，描述预期答案的质量水平。

"评分"法的例子如下：当一位学生在生物课上被问到克雷布斯循环时，分数的评定主要包括以下几个方面的信息：
- 这个循环描述的是细胞产生能量的周期序列反应。
- 它发生在线粒体中。
- 它会消耗氧气。
- 它会产生作为代谢垃圾的二氧化碳和水。
- 它会将 ADP 转换为能量丰富的 ATP。

而"量规"法的例子如下：当学生在环境科学课上，被问到评估解决环境问题的两种方法时，他们的回答可以用以下三个标准进行判断，即用于对比的标准、支撑证据的准确性，以及一种论点强于另一种的优势。

如何开发和使用简答题、论述题以及具体的评分程序，是第 6 章"书面论述式评价"的主要内容。

表现性评价

表现性评价是一种基于观察和判断的评价。即使它被称为"表现"性评价，但这种方法也可用来判断实时性的表现（也被称为展示），以及学生创造的成果或作品。这种评价通常包括两个部分：任务和判断学生反应质量的评价标准。学生完成一个任务——进行一次展示或创造一个成果，而我们需要使用量规判断其质量水平来进行评价。

展示（反映技能性目标）的例子包括：
- 弹奏某种乐器
- 按步骤实施某项科学实验
- 用第二语言交流
- 大声流利地朗读
- 修理发动机

- 在团队中富有成效地工作

成果(反映成果性目标)的例子包括：
- 学期论文
- 实验报告
- 艺术作品
- 木工创作
- 几何体

用于判断展示或成果的这个标准,可以对呈现的具体特征进行评分,或描述质量的不同水平。例如,要评价实施过程的能力,诸如可以使用缝纫机、做乘除法,或安全地操作一个带锯机,可以根据每一个步骤的完成情况和正确的顺序来评分。成就的表现水平还可以用数字或百分比来进行表示。

针对更加复杂的过程或作品,你可能需要一个包含了几个指标的量规去判断其质量水平。例如,评价一个口头报告,你的量规可能需要涉及四个标准：内容、组织、表现和语言使用。对于一个需要解决数学问题的任务,量规可能需要包括这四个部分：分析问题、推理过程与使用策略、交流和准确性。在此,成就的表现水平将根据量规的水平(通常是数字)进行报告。

如何开发和使用表现性评价任务和量规可参见第 7 章"表现性评价"。

个别交流式评价

通过个别交流收集关于学生的信息,听起来就像我们通过结构化和非结构化的交流,了解学生所学到的东西。例子包括：
- 在教学过程中提问
- 在班会中访谈学生
- 在学生课堂参与或表演时仔细倾听
- 进行口试
- 让学生写日记和日志

因为这些类型的课堂评价能立即洞察学生的学习,揭示一些错误的认识,并及时采取行动纠正。这就是为什么,我们通常将其视作形成性评价,而非总结性评价。然而,只有我们的学习目标和判断学生表现的标准足够清晰时,通过交流的方式获得的信息,才能奏效。它可以作为教学计划的基础,也可以作为指导学生下一步学习的反馈,以及学生自我评价和设计目标的依据。此外,如果个别交流得到了精心计划,并被系统地记录,那么,来自个别交流的信息还可以被计入最后的总成绩。

在个别交流式评价中,学生的反应可以用两种方式中的一种来进行评价。有时候,我们的问题需要学生提供一个简单的、简短的回答,而我们所要做的事情是,判断他们的回答是否正确。这种情况就和选择性反应评价相似。有时候,我们的问题会引出更长、更复杂的回答,对此我们需要使用量规进行评价。这就和书面论述式评价相似。

常见问题解答 4.1

评价方法

问题：
档案袋是什么呢？我发现它没有被列为一种方法，那么我们可以将其归于哪一类呢？

回答：
档案袋是一种非常有效的促进学习的工具，在第 11 章我们会向大家介绍它的使用方法。然而，档案袋并不是一种评价方法，而是教师和学生用来追踪、反思和交流学业成就的工具。一个典型的档案袋是包含了所评价作品的一个集合，其中的每一个部分，都是一个任务或项目的结果。个人的作品代表了对某种评价形式的反应——选择性反应、书面论述式反应、表现或个别交流——但是档案袋自身是一个证据的仓库，而不是产生其组成部分的一种刺激。因此，尽管档案袋包含了一系列评价，并在促进学习的评价中扮演了重要的角色，但是它本身不是一种评价方法。

问题：
那么能力展示、小组项目、练习题、海报、宣传册和幻灯片展示，以及其他学生用来展示其成就的其他方法又如何呢？这些方法难道不属于评价方法吗？

回答：
所有的这些表现和作品，都可以被归类为四种基本的评价方法之一。掌握程度的展示和小组项目通常根据其实施的方式，可以呈现为选择性反应评价、书面论述式评价、表现性评价和个别交流式评价等形式。练习题包含了不同类型的项目，最常用的是选择性反应评价和书面论述式评价。海报和宣传册通常是表现性评价中指定的任务。如果一个内容标准，要求学生设计和使用幻灯片进行展示，那么在这项作业中有两个单独的学习目标——设计幻灯片和巧妙地运用它们。这两条目标都需要使用表现性评价。

学习目标和评价方法的匹配

任何课堂评价的准确性，都取决于我们所选择的评价方法和要评价的学习目标的匹配程度。恰当的匹配能尽可能有效地搜集到准确的信息，而错误的匹配会导致评价方法，并不能产生关于学习目标的准确信息。图表 4.3 总结了何时使用哪种评价方法。（情感学习目标在这本书中并不是重点，我们主要关注学业成就目标）。

在你阅读图表 4.3 时，注意一下对匹配的描述，如用"非常、很、部分和很不"等词语，这里有对每个匹配的解释。

非常匹配： 这种方法适用于这种类型的所有学习目标。

很匹配： 这种方法适用于这种类型的大部分学习目标。

部分匹配：这种方法适用于这种类型的部分学习目标。
很不匹配：这种方法对于这种学习目标一点也不适用。

评价知识性目标

知识性目标代表了支撑每一个学科的事实性信息、程序性知识和对概念的理解。

选择性反应评价。在图表 4.3 被标记为**很匹配**，因为选择性反应题目，对评价一些具体知识的掌握程度很有效果，例如一些重要的历史事实、拼写单词、外语词汇和植物部位。这些评价之所以有效，是因为我们可以在有限的测试时间内给予大量的问题，并能够较迅速地覆盖大量的知识内容。同时，我们很容易从选择性反应评价中，获得足够的学生知识样本，并从中得出关于他们总体的知识掌握水平的可靠结论。

图表 4.3

目标和方法的匹配

评价目标	评价方法			
	选择性反应评价	书面论述式评价	表现性评价	个别交流式评价
知识性目标	很匹配 能够评价单独的知识要素和它们之间的联系	非常匹配 能够评价知识要素和它们之间的关系	部分匹配 能够在某种情境中评价特定内容的知识要素和它们之间的关系	非常匹配 能够评价知识要素和它们之间的关系
推理性目标	很匹配 可以评价大部分但不是全部的推理性目标	非常匹配 可以评价所有的推理性目标	部分匹配 可以评价特定情境中的特定任务的推理性目标	非常匹配 可以评价所有的推理性目标
技能性目标	部分匹配 与一些可测量的技能性目标比较匹配；但是与其他的不一定匹配	不匹配 不能评价技能水平；只能评价先备知识和推理	非常匹配 可以观察并评价表现出的技能	部分匹配 当技能是关于口语交流的熟练程度时，非常匹配；但是与其他的不太匹配
成果性目标	不匹配 不能评价作品的质量；只能评价先备知识和推理	不匹配 不能评价作品的质量；只能评价先备知识和推理	非常匹配 可以直接评价作品本身的特性	不匹配 不能评价作品的质量；只能评价先备知识和推理

Source：Adapted from *An Introduction to Student-involved Assessment FOR learning*, 6th ed. (p.78), by R. J. Stiggins & J. Chappuis, 2011, Upper Saddle River, NJ：Pearson Education. Adapted by permission.

书面论述式评价。书面论述式评价与知识性目标非常匹配，尤其是在评价相关知识模块和对概念的理解时。例如，引起自然灾害的原因，大气中碳循环的原理，如何根据一个数学公式推导出另一个,政府内的制约与平衡等。我们不仅可以确定学生是否知道了正确的答案,而且还可以查明学生是如何知道的,从而减少学生出错的概率。相比于选择性反应评价,书面论述式评价抽样的内容领域更宽泛,因为它耗时更长并显得没有那么高效,因此如果时间有限或时间固定的话,这种评价几乎容纳不了多少练习。但是,这种评价能够考察学生对知识的理解深度,并促进学生对概念的理解。

表现性评价。表现性评价与评价知识性目标部分匹配。首先,我们要考虑何时它才能算是一个良好的匹配。接着我们要探索使其最多只能是部分匹配的一些潜在问题。

对于小学生或那些不会读写的学生而言,表现性评价是一种良好的匹配。要评价他们对知识性目标的掌握情况,我们非常依赖于观察和判断——表现性评价——以及个别交流式评价。如果一个学生不会读写,要考察知识性学习目标的完成情况,选择性反应评价和书面论述式评价,明显不是一个好的选择,而表现性评价可以展示他们获得的知识。

在其他所有例子里,只有当学生擅长表演时,这才是一种很好的匹配。如果我们提出了一个表现性任务,要求学生依赖于自己的知识和推理去展示一种技能,或创造一个成果。如果它达到了某种质量标准,并且学生也做得不错,那么我们就可以得出一个强有力的结论,即事实上学生已经掌握了成功所需的先备知识。然而,因为我们预先不太确定这些结果,所以如果仅仅是评价知识的掌握时,我们不推荐你使用表现性评价。这里出于三个方面因素的考虑:准确性、有效性和实用性。

准确性。一个不好的表现或许不是缺少知识的结果。关键的问题是,为什么学生表现得不好?是因为缺乏先备知识吗?没有表现好是因为没有使用好先备知识吗?如果它是基于展示的表现性评价,是因为缺乏技巧吗?如果它是基于成果的表现性评价,失败的表现是因为所创造的成果的问题吗?举个例子,假设让我们布置一项复杂的表现性任务,比如编写和执行一项电脑程序,当一个学生编写的程序运行良好时,我们可以断定她已经掌握了先备知识。而当这个程序没有成功运行时,问题就会随之出现。因为先备知识之外的其他因素,也可能导致这个程序不能成功运行,所以我们不能确定缺乏先备知识,是否是其失败的原因。接下来,我们将不得不做一些后续的探讨,以弄清楚这些先备知识,是否是这个程序成功运行的前提条件。此外,如果我们的目标是,评价对特定知识的掌握情况,并且要节约时间和提升准确性,我们最好使用选择性反应评价或书面论述式评价。

有效性。依赖表现性评价去评估所有的内容性知识,是一件特别浪费时间的事情。一个单独的表现性任务确实需要一些知识子集,你可以通过特定的表现性任务,评价其呈现状态。但是,你得创造、实施和评估多少个评价任务,才能覆盖你想要学生获得的所有知识呢?

实用性。在评价知识时,使用特定的表现性评价并不都是实用的,并且在某种情况下也不安全。例如,如果你希望知道学生是否能阅读时刻表(如公交时刻表),让学生去城镇里坐公交,可能是最真实的方式,但也是十分低效和危险的。让学生回答需要他们理解,公交时刻表的选择题或简答题,也不失为一种获取想要的信息的折衷途径。

基于这些原因,我们向你推荐一个普遍的经验法则,如果可能的话,请你用一个比较简单的方法来评价知识,并尽可能将表现性评价,留给那些真正需要的学习目标。

个别交流式评价。对于各个年级的大部分学生来说,个别交流式评价与知识性目标非常匹配。但是,如果需要评价、记录和报告许多学生,对于大量知识的掌握情况,它就显得很低效。个别交流式评价在形成性应用中效果很好,例如在教学过程中实时抽样学生的理解情况。同时对于一些有特殊需求的学生,如英语学习者或是更年幼的学生来说,这也是收集准确信息的最好方式。

评价推理性目标

推理性目标明确了在一系列学科领域内,学生将要出色完成的思维过程——解决问题、做出推断、得出结论和形成判断。

选择性反应评价。选择性反应评价与推理性目标很匹配。这里存在一个普遍的误解,有人认为选择题只能评价知识性目标,不能评估推理能力。尽管对于评估某些推理能力来说,这并不是一个合适的选择,但是其他的一些推理能力,可以用选择性反应评价来评估。例如:

- 以下哪种陈述最能描述现实生活中的狗与故事中的狗的区别?(比较推理)
- 从植物引诱猎物的选择中,你能归纳出什么?(推断—归纳)
- 哪个回答更好地阐释了作者写这个故事的意图?(推断—明确作者意图)
- 选出最能概括这篇文章的一句话。(推断—确定中心思想)
- 哪一种问题解决策略最适合这个问题?(评价)

不过,这种评价方式在评估推理能力时还是有限制的。解决一个问题需要很多步骤,如果你想评价学生是如何选择一种策略,并完成一个需要几个步骤才能解决的问题,或是他们能多好地解释他们的选择或推理过程,又或是他们能多么出色地捍卫一个观点,你就必须换一种评价方法。比如,你可以让学生用数学解决以下问题:"估算全美五年级学生,一年内观看电视广告的时间,并描述你确定答案的过程。"这是一道论述题。如果你想要评价的学习目标,是学生的推理能力,那么评价的核心并不是一个正确的回答,而是推理过程的能力。因此,在这种情况下,你需要书面论述所揭示的更深层次的证据来证明。

书面论述式评价。书面论述式评价是非常匹配推理性目标的评价方法。它的诀窍在于提出一个好问题,要求学生去进行分析、比较、对比、综合、得出结论,以及做出价值性判断。决定学生分数的标准,必须包含每一个学生在问题中应用推理形式的质量,同时也要包含准确和恰当地使用信息或证据。这个标准在第 3 章也有提到,在第 6 章中将作详细地解释。

当然,从第 3 章可知,要很好地评价学生的推理能力,必须提出一些比较新颖的问题(对于学生是新颖的)。如果学生在教学中找到了某个问题的答案,而该问题出现在了随后的评价中,那么他们的答案可能只代表了部分被记忆,而无需推理的知识。

个别交流式评价。就收集准确的信息来说,个别交流式评价与推理性目标非常匹配。教师可以对学生提问,以便更深入地探究学生的回答。或学生可以展示他们解决问题的方法,一边进行一边解释他们的推理。使用个别交流式评价来评估推理能力的缺点,是需要大量的时间以及保持记录的难度。

表现性评价。 与表现性评价和知识性目标的原因相似,它与推理性目标部分匹配。例如,我们可以观察学生进行科学实验的过程,如果他们在表现性评价中完成得很好,通过我们的观察可以对他们的推理形成可靠的结论。但是,如果他们完成得不好,这可能是由于缺乏先备知识,缺少技能(或技巧)或推理不准确所致。在这样的情况下,如果不进行其他的评价,我们就不可能对推理性目标的成就水平进行判断。

还有一个例子,学生有时候被要求在一个鞋盒中,制作一个立体图形作为阅读作业。我们布置的这个任务,是希望它能引出特定阅读学习目标的证据。我们在因其趣味性,而使用鞋盒子去评价阅读理解时,必须十分小心。如果制作立体图形这项作业,能够提供可靠的证据,确定中心思想和支持性的细节,并能总结、确定因果关系,或者无论什么阅读理解的目标,这都是教学的重点,那么它可能就是匹配的。否则,它就不是一个好的评价。

常见问题解答 4.2

目标—方法的匹配

问题:

为适应学生的学习风格,和/或响应"多种方法"的呼吁,我是不是不应该尽可能多地使用各种评价方法?

回答:

在所有的情境和案例中,选择评价方法背后的驱动力必须与学习目标相匹配。如果不止一种方法是有效的,你还可以考虑一些其他的因素,例如学生的喜好或学习风格,那也是正确的。但是我们的目的是产生准确的结果,从而使我们和我们的学生,可以做出促进学习的明智决定。

问题:

我们仅能使用"真实性"的评价——表现性评价——来判断学生的进步吗?

回答:

将评价方法定义为"真实的",这个标签多少有点用词不当。这暗示了其他的评价方法是"不真实的",因此是不可取的。没有哪种方法在本质上是优于其他方法的,一切只在于它是否使用得当。好的评价意味着能够清晰地了解你想要评价什么,然后选择最好的评价方法达到你的目标,不过,这首先取决于需要评价的学习目标的类型。这是目标—方法矩阵(target-method matrix)的关键点,它植根于合理的测量原则之中。我们绝不主张为了获得真实性而放弃准确性。如果发生了这种情况时,表现性评价是唯一可以接受的方法。然而,在表现性评价的方法论中,真实性也是我们所期望的目标。我们将在第7章继续讨论表现性任务的真实性特点。

评价技能性目标

技能性目标就是将基于身体技能的表现或展示作为学习的核心内容。

选择性反应评价。选择性反应评价与技能性目标**部分匹配**。并且，它只有在极少数情况下，才能很好地匹配。当学习目标要求使用工具进行测量时，会涉及一定程度的手动灵活性，尽管从技术上讲，这是技能性目标，但是我们可以通过选择性反应评价的方法进行评估。例如，我们可以设计一个多项选择题去测验学生，是否可以正确地使用尺子或量角器。此外，我们还可以呈现一幅画，画着一个盛满液体的量杯，显示弯液面，并让学生决定正确的计量。

除了这些特定的例子，选择性反应评价与技能性目标不太匹配。我们可以使用它来决定，学生是否获得了熟练地进行表现所需的先备知识，但是它却不能被用作判断表现的水平。例如，判断学生是否能清楚地吹短号，使用多项选择测验来评价是无效的。当然，在方法的例子中，我们无法轻易地诊断出问题，因此如果我们的目的是形成性的，我们可能需要观察学生，是否可以在必要时衡量或调整自己的步骤，这就是表现性评价。

书面论述式评价。同样的原因，书面论述式评价与技能性目标也不匹配。判断学生是否可以正确地用日本语发音，使用书面论述式评价不会产生学生是否掌握的准确信息。并且没有人会想到这样做。如果我们的课程中包含了技能性目标，如果我们仅仅使用选择性反应，或书面论述式评价的方法，我们就不能捕捉学生学习的所有画面。

表现性评价。唯一一个与技能性目标非常匹配的方法，就是表现性评价。例如，我们可以使用其他的评价方法，判断学生是否知道如何在工作面试中表现自己，但是，评价他们表现程度水平的唯一方法是，在一个模拟的工作面试中观察和倾听他们，然后再判断他们的能力水平。

个别交流式评价。个别交流式评价和技能性目标之间部分相匹配。当考察的技能是属于口语能力时，例如说一门外语或做一个口头汇报，这是一个很好的选择。在这些例子中，个别交流是表现性评价的核心。当某些技能性目标不与口语的熟练程度相关时，例如"运球使篮球远离对手"，这时个别交流式评价是没有用的。

评价成果性目标

成果性目标描述的是学习制作一项成果，创造成果是学习目标关注的焦点。根据成果性目标，教学和评价的核心应该是关注成果本身的质量。

选择性反应评价。选择性反应评价与成果性目标很不匹配。我们仅仅可以使用它来判断学生，是否获得了制作成果所需的先备知识，这与展示创造成果的能力本身是不一样的。如果学习目标明确要求学生写下自己，关于某一主题的建议或想法，或用理由和信息来支持某一观点（CSSCI，2010a6，p. 20），那么没有哪种形式的选择性反应评价，能提供准确的证据。

书面论述式评价。书面论述式评价与成果性目标**很不匹配**。当学习目标强调的是创作一个成果,例如一篇随笔或调研报告,正确的评价方法是表现性评价。请记住,根据定义,书面论述式评价,是用简短的或拓展性的答案来回答一个问题或任务。根据定义,我们将其限制在评价知识性和推理性目标。如果学习目标是让学生为双变量测量数据(bivariant measurement data)绘制散点图,那么提供问题的书面答案,还不足以评价这个学习目标的真实意图。

> 如果目标需要创造一个成果,那么只有创造的成果才能提供关于成就的准确证据。

表现性评价。对判断学生是否可以创作特定的作品而言,表现性评价**非常匹配**:布置一项任务要求大家创作成果,然后利用量规判定它的质量。

个别交流式评价。个别交流式评价与成果性目标**很不匹配**。我们使用它仅仅是为了确定学生,是否已经获得了创作成果所需的先备知识。

4.1

目标—方法匹配的案例——英语语言艺术 示例

学 习 目 标	目标类型	评 价 方 法
了解术语的意义内涵(联系)和外延(定义)。(KY1)	知识	选择性反应评价、书面论述式评价或个别交流式评价
识别和纠正不适当的代词和人称的变化。(CCSSI, 2010a, p. 52)	知识	选择性反应评价、书面论述式评价、表现性评价或个别交流式评价
分析文本以确定修辞格并解释语境中的意义	推理	选择性反应评价、书面论述式评价或个别交流式评价
有策略地利用数字媒体(例如文本、图形、音频、视觉和互动元素),加强对调查结果的理解、推理和证据,并提高兴趣。(CSSCI, 2010a, p. 50)	技能	表现性评价
用适当的事实和有关细节讲一个故事或叙述一个经历,并用连贯的句子清楚地表达。(CSSCI, 2010a, p. 23)	技能	表现性评价或个别交流式评价
通过有效地选择、组织和分析,撰写信息性/说明性文章,清晰准确地检查和表达复杂的思想和信息。(CSSCI, 2010a, p. 45)	成果	表现性评价

Source:CSSCI, 2010a, pp. 23, 25, 50, & 52 KY 1 is from http://www.education.ky.gov/users/otl/KLN/ELA/Language%20At5%20Grade%207.doc KY 2 is from http://www.education.Ky.gov/users/otl/KLN/ELA/Language%20St5%20Grade%208.doc.

4.2

示例

目标—方法匹配的案例——数学		
学 习 目 标	目标类型	评 价 方 法
认识到模拟和数字时钟是测量时间的对象。(KY3)	知识	选择性反应评价、书面论述式评价或个别交流式评价
区分可用线性函数和指数函数建模的情况。(CSSCI, 2010c, p. 70)	知识	选择性反应评价、书面论述式评价或个别交流式评价
使用比例和比率推理去解决现实世界和数学中的问题,例如通过当量比表、带状图、双数线图或方程推理。(CSSCI, 2010c, p. 42)	推理	选择性反应评价、书面论述式评价、表现性评价或个别交流式评价
给定一个两位数,可以在不计算的情况下,找到比10大或比该两位数小的数;解释所用的推理形式。(CSSCI, 2010A, p. 50)	推理	个别交流式评价
使用量角器。(KY 3)	技能	表现性评价
根据已知条件绘制几何图形(徒手画、用直尺、量角器和用技术)。注意当条件决定只有一个三角形、不止一个三角形或没有三角形时,聚焦于用三种角和边的测量来构建三角形。(CSSCI, 2010a, p. 45)	成果	表现性评价
当两种类别与每个被分类的对象相关联时,绘制数据的双向频率表。(CCSSI, 2010c, p. 82)	成果	表现性评价

Source: CSSCI, 2010c, pp. 16, 42, 50, 70, & 82 KY 3 is from http://www.education.ky.gov/KDE/Instructional + Resources/Curriculunm + Documents + and + Resources/Mathematics + DRAFT + D Econstructed + Standards. htm.

评价的开发周期

所有的评价,无论选择什么方法,都需要经历同样的这些步骤才能保证质量。尽管图表4.4中所列内容初看起来令人印象深刻,但它概括的是一个常识性的过程和几个熟悉的步骤。通过一点实践,这个过程就会变得很习以为常。

图表 4.4

评价的开发周期

所有的评价,不管选择什么方法,都需要经历下面的几个步骤才能保证质量。
计划阶段
1. 确定谁将使用评价的结果以及他们将怎样使用它。
2. 明确预期的学习目标。
3. 选择恰当的评价方法。
4. 确定合适的样本容量。
开发阶段
5. 开发或选择题目、练习、任务以及评分程序。
6. 在使用之前回顾和评估整个评价的质量。
使用阶段
7. 实施并为评价打分。
8. 必要时进行修改以备将来使用。

目前为止,从第2章到第4章,我们已经介绍了计划阶段的前三个步骤:确定预期的使用者和使用的评价方法,辨别要评价的学习目标并选择恰当的评价方法。现在我们来看看,在我们真正开发评价时,如何应用这三个步骤。同时,我们也将提出四个步骤,以确定合适的样本容量。

从第5章至第8章,我们将经过选择、设计题目、任务和评分程序等步骤,并检查它们和质量指南的一致性程度。当然,在这些章节中,我们也将提供一些实施评价的建议。并且,当发现一些问题后,我们会根据需要修改评价。

> 所有的评价,不管它的预期目的或所选择的方法是什么,都需要经历下面几个步骤才能确保质量。

评价的开发周期适用于,任何类型的需要在课堂中使用的评价:形成性或总结性评价;实践性评价、小测验、测试、项目;短期的、普通的、临时的或学期末的评价;由教师个人或年级组、内容领域部门或学区的学科领域团队,开发或选择的评价等。所有这些评价都需要坚持质量标准,即所有这些都需要遵循评价开发周期的这些步骤。

计划阶段

步骤1:确定使用者和使用目的

在一个平衡的课堂评价系统中,每一种评价都是整个评价图谱的一部分,并与报告期间的课程图谱相一致。同时,每一种评价都致力于积累每个学生成就水平的证据。不过,有一些评价是形成性的——指导进一步的教学和学习,而其他是总结性的——报告学业成就水平。但无论如何,我们首先要计划的决定,是确定每一种评价的使用目的:

- 谁将使用这些信息?

- 他们将怎样使用它？
- 是形成性还是总结性地使用？

这些问题的答案决定了评价设计的方案。虽然，总结性评价也有形成性的功能，形成性评价也有总结性的功能，但是没有深思熟虑的评价设计，肯定是不行的。

我的课堂的过去和现在 4.1

艾米·琼斯（Amy James）

我过去……

在我刚开始教学时，我会用一到两周的时间来教学生一个概念，并假设通过这样的方式，学生可以"理解它"，然后我将测验学生是否理解了这个概念。但结果发现，这个小测验对于我的教学影响很小，既没有奖励那些"理解它"的学生，也没有惩罚那些没有理解它的人。接着我将教学重点转移到，在单元学习的过程中，那些容易产生误解的地方。在单元的最后，我面临着试图用大量的学习材料，对几个学生进行补救，而其他学生正准备进入学习下一个单元的情形。

我现在……

现在，我通过正式的和非正式的形成性评价持续地查探学生的理解情况。不过，与简单的分数相反，我给予的是口头和书面反馈。因此，学生和我都可以知道他们理解的情况和他们需要努力的地方。我打破了单元学习的模块，或特定的学习目标，并以循序渐进的方式对每一个学习目标进行评价。并且，补救也很及时，这允许学生能够重新审视，他们要努力奋斗的学习目标。此外，这也让我更容易进行分层和分组，关注学生个体所需的帮助，使学生能够获得理解并深入探究这些概念。

我为什么改变……

我发现要满足所有学生的需求非常困难，如果再继续下去，仅靠自己显然是并不足够的。

结果我发现……

我发现通过这种方式组织教学和评价，学生对于他们的学习更有归属感。成绩变得不那么具有惩罚性和恐吓性，反而成为了学习进步的标尺。那些经常努力的学生，可以更容易地看到他们的成功，可以更专注于自己需要集中注意力的领域，这可以提升他们的自信心。此外，我也发现课堂环境也变得更加积极和专注。学生可以互相帮助，一起合作。我也更加能够与学生个人和集体进行协商，满足学生的需求。总的来说，我发现我更加有目的地工作，以确保所有学生熟练地达到每个单元的学习目标。这难道不是每个教师的目标吗？

Source: Used with permission from high school science teacher Amy James, Oldham School District, Crestwood, KY, 2011.

形成性评价的使用条件。正如我们在第 2 章中所看到的，如果你已经决定了形成性地使用这些评价结果，就必须要满足这些特定的条件。因为总结性评价并不能经常满足其中的某些条件。因此，当你出于形成性的目的使用总结性评价时，你需要仔细考虑这些条件：

1. 评价工具或活动的设计要直接和将要学习的内容标准相一致。
2. 所有的工具、活动的项目或任务，都要与已经教过或将要教学的内容相匹配。
3. 教学或活动能提供足够详细的信息以查明具体的问题，例如一些误解，以便教师可以就对谁以及采取什么行动，做出明智的决定。
4. 产生这些结果的学生能及时获取这些结果并采取行动。
5. 教师和学生确实基于这些结果采取了行动。(Chappuis, 2009, p.6)

步骤2：明确预期的学习目标

根据它们的分类（知识、推理、技能或产品），列出要评价的学习目标。如果这个目标是复杂的或不清晰的，请根据第3章列出的步骤，首先要去澄清和分解它。明确预期的学习目标是非常重要的，因为学习目标的深度和广度，会影响它们在评价和教学中要覆盖多少知识内容。同样，划分目标也是非常重要的，因为不同的目标类型需要不同的评价方法。

我的课堂的过去和现在 4.2

克里斯汀·海尔曼（Christine Heilman）

我过去……

我过去不太清楚自己应该教什么、学生应该学什么，以及怎样去解释那些学生不理解的内容。虽然，我仔细地计划我要教的内容，但是没有关注到学生真正要学的内容。我使用课本上的评价，并在我的成绩簿里记录下百分比，但是并没有进行重新教学。测试仅仅是为了实现评定分数的目的。我没有对学生合作或讨论的结果进行组织。我教的是我认为重要的，然后"希望"学生可以在标准化测试中有出色的表现。

我现在……

我现在为每一个学习内容领域都制定了基本的学习内容。我不仅把教学重点放在学生容易理解的学习目标上，而且还非常清晰地把这些目标张贴出来。我根据州的标准制定评价，每个学习目标都包括5到8个问题。我评价学生的理解程度，并为整个班级和个别学生调整我的教学。同时，我还计划进行重新教学、干预和必要的改进，以确保所有的学生都能理解学习目标。此外，我还提供了学生的反思文章、学生反馈的量规和分析错误的机会，且学生的家庭作业也和学习目标相一致。最后，我每个月会及时更新，发送必要的学习内容给家长，并为他们如何在家里帮助孩子学习提供建议。

我们的团队现在计划了六周的教学目标、行动步骤和教学策略，这些将为每一个学习目标提供支持。我们使用不同的书面论述式评价、检查表、多项选择评价和学生的反思,以此来收集学生理解学习目标程度的信息。并且,我们将目标和教学计划与提供支持资源的教师分享,因此我们可以一起工作来支持我们的目标。每六周的目标完成之后,我们的团队会聚在一起分析数据。我们用图表呈现数据,分析学生每一个目标的表现情况,并对干预做出计划。我们在自己的班级里讨论如何做得更好的教学策略,这样我们可以有机会互相学习。

作为一个团队,我们现在对我们要教的内容和我们期待学生学的内容,以及怎样让他们展示自己的学习,都已经非常清晰。同时,我们使用数据为干预制订计划,确保为那些有需要的学生提供补救的机会。"希望"不再是我们准备测试的策略。我们拥有全年的数据,帮助我们持续地衡量学生在学习目标上取得的进展。

Source: Used with permission from 2nd-grade classroom teacher Christine Heilman, ISD 196, Rosemount, MN, 2011.

步骤3:选择恰当的评价方法

这是相当简单明了的。一旦你已经将学习目标划分成不同的类型,就可以根据前文"学习目标和评价方法的匹配"一节,以及图表4.3中总结的指导性原则,决定选择哪一种或几种评价方法。

步骤4:确定合适的样本容量

实际上,如果测试时间不受限制,任何测试都只能包含,我们可能提出的所有问题的一个子集。然而,它从来不是不受限制的,因此我们需要在测试中包含一个可能性的样本,然后从该样本中推论出学生,对它代表的知识领域的掌握程度(Stiggins & Chappuis, 2011)。我们抽样的挑战是回答这两个问题:**这个评价能覆盖到什么范围?评价的标准与所评的学习目标之间的相对重要性如何?**当我们为所列出的每条学习目标的相对重要性做出定义时,就是在规划如何对学生的学习进行抽样。

> 抽样意味着回答这个问题:"需要多少证据才算足够?"

大部分的样本大小是由教师决定的。在所有情况下,评价必须包含足够多的问题或任务,以引导我们得出一个可靠的结论,这个结论表明了学生对每个相关标准或目标的熟练掌握情况。因此,我们必须决定对于这个目标来说,多少样本容量是足够的。我们在每个学习目标上需要多少选择题、书面论述题或表现性任务?抽样的指导性原则包括:

1. 学习目标的范围越广泛,全部涵盖它所需要的样本就越大。
2. 作为后续学习的基础,学习目标越重要——我们越想并越需要更多的信心让学生掌握它——需要的样本也就越多。
3. 基于结果(形成性或总结性)所做的决定越重要,我们就需要越大、越精确的样本。

在这些抽样指导性原则的范围内,每一种评价方法都带来了它特定的证据规则。我们将在第5章至第8章提供更多的信息,深入讨论每一种评价方法的开发问题。

编制一个好的评价蓝本需要从清晰的目标开始。

将计划决定整合进评价蓝本中。在创建或选择一种评价时，如果没有一个蓝本，可能会导致教学和评价的错误匹配。并且没有这样的计划，评价可能无法测量出你想要测量的内容，即这是一个"效度"问题。从评价质量的角度来看，这也是非常糟糕的事情。如果你自己经历过一个考试，并且这与你所理解的课程中的重要内容是不匹配的，你就能体会到学生的感觉。

常见问题解答 4.3

抽样

问题：
需要多少证据才算足够呢？

回答：
每当我们开发一个评价的时候，我们都要面对一个实际的问题，那就是要包含多少个题目。一般来说，如果一个评价是由高质量的题目构成的，评价题目越长，其结果就越可靠。但是在这个规则背后，测试题目的长度问题还取决于该特定评价的情境。因此，你必须依靠自己的专业判断。评价者的挑战是，在不浪费太多时间的前提下，收集足够的证据去得出一个，关于学生学业成就的可靠结论。

在任何课堂情境中，究竟多少证据才是足够的呢？我们需要根据以下几个因素来判断：
1. 评价目的——要根据结果来确定
2. 要评价的学习目标的本质
3. 所用的评价方法
4. 学生参与到评价中

课堂评价中的学生成绩抽样问题，既具有艺术性，也具有科学性。我们针对这四个因素分别提出了指导原则。并且，你要知道这些因素在课堂上，会通过复杂的方式产生一系列的影响，因此这需要你做出慎重的选择。

1. **评价目的** 基于评价结果所做的教学决定越重要，你必须对学生的学业成就水平越有把握，一般而言，你需要的样本也就越大（越可靠）。因此，例如在设计形成性评价时，结果会影响当前的行动，你可能需要限制样本容量。如果结果导致了关于学生当前水平的错误决定，那么需要立即揭露这个事实，并采取补救的行动。另一方面，例如，在总结性评价中，学生成绩报告单的分数尚未确定时，需要一个更大的样本来表明他们的成绩，因为如果评价是不准确的，很难再去转变后续的决定。

2. **学习目标的本质** 目标范围越广泛，它的复杂性就越大，所需样本的数量就越大。例如，如果我们要判断学生，是否掌握了一个关键的事实性或程序性知识，我们不需要问很多次——可能一次就足够了。但是，如果我们想查明学生是否能够胜任写作，为了能够正确地进行评价，我们将需要他们提供不同类型的写作样本。

通过选用明确的内容标准，确定并限制学生需要学习的范围，在一定程度上简化了这种抽样的挑战。过去,教师需要取样广泛而模糊不清的学业成就领域,例如一个学期的历史价值。当根据一组更明确的成就标准来定义内容时,抽样的挑战是,确定每个学生在掌握每个标准方面的表现。

3. **评价方法** 一个评价题目、任务或练习提供的信息越多,覆盖这些领域所需的题目就越少。例如,一个多项选择题通常提供了一个特定的证据,它的关注点和覆盖面都是非常狭小的。因此,我们通常要用不同类型的评价方法去覆盖这些内容的范围。另一方面,一个书面论述式评价或表现性评价的任务,往往能提供更多的证据,从而对学生的回答做更广泛的目标抽样。因此,我们通常需要的数量更少。

4. **学生** 这个因素在形成性评价比总结性评价方面发挥的作用更大,也就是说,在学习过程中。在这种情况下,你的专业判断变得非常重要。关键变量在于,学生在学业成就的连续体上位于何处。如果学生清楚地表明掌握了标准,或是没有掌握它们,那么你可能需要很少的题目。举例来说,如果你问了几个问题,而某个学生得到了完全正确或完全错误的答案,那么情况很明显,你可以根据相对较少的题目做出决定。但是如果学生的答案有一些正确,而有一些错误,这时有必要持续地提问直到答案变得清楚。在这里,慎重的使用原则是:你可能已经搜集了足够的证据,如果基于那些证据,你可以一定程度上猜测到那个学生会怎么做,你是否需要再提供一次机会给他。

总之,使用选择题对那些包含广泛、复杂的学习目标的高利害测试做决定时,你将需要思考使用相对较大的样本数量。但是,当在课堂中学习目标被缩小、更聚焦时,或者所选择的评价方法,能够为每个学习目标提供更多的信息时,较小的样本可能就足够了。

一个评价蓝本只是步骤2、步骤3和步骤4中所作决定的一个记录:评价应该包含哪些学习目标,要使用哪一种或几种评价方法,以及每个学习目标在总分中将被赋予多少权重等。如果你想制定一个评价蓝本,你是否打算从头开始创建评价,还是修改现有的评价,或是使用已经开发好的评价?

1. 列出将作为教学重点的主要学习目标,并对目标进行明确的分类(知识、推理、技能或成果)。
2. 在你选择的评价蓝本中的正确位置处写下学习目标(使用哪种形式取决于测试是否包括多种评价方法)。
3. 如果你不使用一种评价方法,要为每一个评价目标选择恰当的评价方法。
4. 如果评价不包含一种方式,要判断每一个目标的相对重要性(它们的权重)。

图表4.5是使用多种评价方法的一个评价蓝本的样例。在这种情况下,它们包括选择性反应评价、书面论述式评价或表现性评价任务。图表4.6是一个仅仅包括了选择性反应评价的小测验的蓝本。

开发阶段

到目前为止,我们的计划已经理解了预期的目的,列出了学习目标或重要的概念,确定了使用的恰当方法,并指出了每个目标的相对重要性。并且,在开发阶段,我们坚持针对每种评价方法的质量指南。这个阶段包含了评价开发周期的步骤 5 和步骤 6。

图表 4.5

包括多种评价方法的一个单元评价蓝本

4 年级单元:声音物理学(选定的目标)

学习目标	目标类型	评价方法	重要性的比例
获得关于声音物理学的词汇	知识	选择性反应评价	20%
学习声音来源于振动,并能够被诸如人耳等接收器接收	知识	书面论述式评价	10%
理解声音的音高和声音来源的物理特性之间的关系(如振动物体的长度、振动频率、振动弦的拉力)	知识	书面论述式评价	20%
利用声音物理学知识去解决简单的声音问题	推理	书面论述式评价	10%
使用科学思维过程进行调查并建立解释:观察、比较和组织(1)声音如何通过固体、液体和空气传播;(2)从来源和接收器角度扩大声音的方法	推理 & 技能	表现性评价	40%

Source:Reprinted from the FOSS® *Physics of Sound Teacher Guide*,© The Regents of the University of California,2005,developed by Lawrence Hall of Science and published by Delta Education,LLC. Reprinted by permission.

图表 4.6

选择性反应的小评价蓝本

5 年级阅读

学习目标	问题	总分值
使用前缀和关于词根的知识来确定生词的意义	1—6	6
使用上下文来确定生词的意义	7—10	4
总结文本	11—15	5

步骤 5 是根据每种评价方法特定的质量指南来开发,或选择题目、练习、任务和评分工具。这些方法在第 5 章到第 8 章评价方法的相关章节中都有详细的介绍。

步骤 6 是在使用之前检查和评估评价的质量。不管我们计划得多么周密,我们的评价仍然可能会出错,从而导致对学业成就的错误测量。这些又称为扭曲和偏差的来源。所有的评价方法中,都存在着偏差和扭曲的潜在来源问题,详见图表 4.7。需要注意的问题是,如目标不清晰,评价方法不恰当和抽样不合适,这些问题可以通过评价开发周期的这些步骤得到解决。其他的问题是很难预料的。每种方法的偏差和扭曲的来源,将在第 5 章到第 8 章进行充分讨论。

图表 4.7

偏差和扭曲的潜在来源

所有评价方法中共同的潜在偏差
在学生身上可能发生的障碍
- 语言障碍
- 情绪困扰
- 身体不佳
- 生理缺陷
- 误导评价者的同伴压力
- 评价时缺乏动力
- 缺乏考试技巧（理解如何参加考试）
- 缺乏个人自信导致评价时的焦虑

在评价情境中可能发生的障碍
- 分配的时间不够
- 噪声干扰
- 光线昏暗
- 身体不适
- 与评价者关系不融洽
- 评价者或评价的文化不敏感
- 缺乏合适的设备

源于评价本身的障碍
- 缺少方向或方向模糊
- 问题的措辞不当
- 结构不合理
- 试题的重现性差
- 遗漏信息

使用阶段

步骤 7 是实施并为评价打分数。即使你正在使用的是一个开发好的测试，我们也向你推荐，在头脑中回忆先前的 6 个步骤。因为当我们依靠教科书测试编写者来做计划和开发时，我们可能获得高质量的题目。但是，对于我们所教的内容和我们课程中的每条学习目标的相对重要性而言，它们可能仅有部分匹配或并不匹配。此外，这个测试不能根据学生的特长和所需领域给予他们明确的、详细的反馈。

步骤 8，也是最后一步，是要再次检查这个测试是否完成了我们想要达到的目的。我们是否可以使用这个结果去做出，我们想要的所有决定？学生是否可以使用这些结果去理解他们的长处，并找到自己需要改进的领域？它是如何与预期的学习匹配的？如果想让学生来帮忙检查，这个测试的某个部分会给他们带来惊喜吗？它是否与他们认为重要的学习内容不平衡？

是否有偏差或扭曲的来源潜入并影响这些结果？是否有一些比较混乱的问题或

任务——学生了解材料,但是不知道如何反应吗?尽管排除所有偏差和扭曲的来源几乎是不可能的,并且有些甚至只在给学生评价的时候才很明显,但在任何情况下:

- 在实施评价之前尽你的所能做到最好。
- 在评价时和评价后发现可能的错误来源。
- 如果出错了:(1)不要使用有争议的题目或任务的结果;(2)解释这些结果时要时刻注意问题中可能存在的偏差。

请记住我们实施课堂评价的目的是,获得关于学生学业成就的准确信息,如果我们知道这些信息不准确,我们有责任去放弃一些,并且在未使用之前,根据需要改进评价。

我的课堂的过去和现在 4.3

肯·马丁利(Ken Mattingly)

我过去……

我一直认为自己是一位好教师,因为我的教学活动常常吸引学生参与其中,并直面他们的先入之见和误解。此外,每一个单元都聚焦于本章节的大概念,并让学生掌握这些标准。

我定期对学生的整个单元实施评价,以判断他们完成的程度。我使用这些结果去调整我的教学,并且满怀希望地填补学生在理解上出现的任何差距。在单元教学结束后,学生会参加一个包含小作文和选择题组成的评价。

最后的单元评价设计,是了解学生对本单元的大概念的掌握情况。选择题的一些答案能了解学生的一些错误概念,并能找到具体的问题。编制的论文题目能确定学生关键知识点的理解深度。在参加完这个评价后,学生将获得百分比形式的成绩,作为代表他们表现水平的反馈。

我现在……

在我开始一个单元之前,我就会设计自己的教学过程。我会把单元教学的目标,按照标准分解成知识性、推理性、技能性和成果性目标,然后这些目标形成了每一个标准。接着,我会决定在单元教学中和单元结束后,如何对每个目标进行评价。在创建单元结束后的测试计划时,我会注意将目标与正确的评价方法进行匹配,并确定这个适当的问题样本容量。

在形成目标并确定单元计划后,我现在将我的注意力,转向了选择能使我的学生,可以达到这些目标的教学策略上。过去我会将活动与大概念联系在一起,现在我会选择合适的活动,与特定的目标或目标群联系在一起。并且,任何的活动、课程或策略,如果无法促进学生向掌握目标前进,我都会移出自己的教学计划。

在整个单元中,学生会收到关于他们在目标表现上的反馈,并讨论如何缩小差距以达到掌握目标的程度。接着,在单元评价中,学生的表现根据目标被分解,以至于学生可以看见自己在每条目标上的表现。这个诊断可以让我们继续专心致志地让学生掌握目标。

> **我为什么改变……**
> 我之所以改变，是因为不这样做就没有意义。多年来从一群接一群的学生那里，得到大致相同的结果，让我希望能够寻找新的方法，做一些不同的事情。在经历了促进学习的评价实践之后，我理解了课堂责任的转变将出现在它的实施环节中，于是我渐渐开始把它整合到我的教学中。
>
> **结果我发现……**
> 现在我的课堂和过去相比变得更加浅显易懂。学生不再需要猜测自己应学习什么。并且，我也对自己的教学目的更加清晰，我的学生和他们的家长也知道了，哪些是他们预期的学习内容。此外，将学生作为学习中的同伴，通过反馈和自我分析，鼓励他们继续尝试和改进。学生不仅变得更有责任感，而且学科兴趣也有所提升，他们的整体表现也是如此。
>
> Source：Used with permission from 7th-grade science teacher Ken Mattingly, Rockcastle County School District, Mt. Vernon, KY, 2011.

使用评价蓝本开展促进学习的评价

促进学习的评价和学生参与的活动（形成性运用）可以直接来自于评价蓝本。但在蓝本中，你需要按照下述内容呈现信息：

- 在实施了一项小测验或测试后，根据班级学生在完成学习目标时存在的问题，区分随后的教学。
- 在一开始就将这个蓝本与学生分享，以使学习目标更清晰。
- 将这个蓝本与学生分享，并询问他们每一天的教学是否适合。
- 与学生分享蓝本，让他们定期为每个单元编写练习测试题，以作为一种集中复习的形式。

我们将在第 5 章和第 6 章中，提供更多关于使用评价蓝本作为教学工具的想法。

总结

没有一种评价方法可以优于其他所有的评价方法。每一种评价都有它们自己独特的优点和缺点。选择性反应评价、书面论述式评价、表现性评价和个别交流式评价，都是可供选择的评价方式。但是，为了确保评价结果的准确性，我们首先要考虑的是，所要评价的学习类型，接着要考虑的是特定学生的特点，例如年龄、英语熟练程度或一些特殊的学习障碍。

所有的评价开发周期都要经历同样的阶段：计划、开发和使用。在这个周期中有 8 个步骤：(1)确定目的；(2)明确目标；(3)选择恰当的方法；(4)确定目标的相对重要性并正确地抽样；(5)开发或选择题目、测试、任务，并使用质量性指南设计评分工具；(6)回顾并评估评价的质量；(7)实施并为评价打分数；(8)检查结果并在必要时进行修改。完成这些步骤后,你就可以确信,你的形成性评价和总结性评价会产生准确和有用的结果。

活动

本章末提供的活动是为了帮助你掌握本章的学习目标。它们的设计是为了加深你对本章内容的理解,并为合作学习提供讨论的话题,以及指导你实施本章节中所教的练习活动。

完成每个活动所需的表格和材料可参见光盘中的可编辑文档。光盘中的文档以这个符号 ⊙ 为标志。

第 4 章的学习目标

在本章的最后,你会知道如何做以下内容:
1. 选择恰当的方法去评价特定的学习目标。
2. 根据评价开发周期的步骤进行评价。
3. 编制一个评价蓝本。
4. 使用评价蓝本对学生开展促进学习的评价。

活动 4.1　坚持写反思日记
活动 4.2　练习将目标和方法相匹配
活动 4.3　检查评价目的是否明确
活动 4.4　检查学习目标是否清晰
活动 4.5　编制一个评价蓝本
活动 4.6　尝试应用促进学习的评价
活动 4.7　反思你自己的学习
活动 4.8　选择档案袋作品

活动 4.1

坚持写反思日记

在阅读第 4 章时,坚持记录你的想法、问题和尝试实施的任何活动。

⊙ 反思日记表

活动 4.2

练习将目标和方法相匹配

阅读"学习目标和评价方法的匹配"一节后，独立工作，或是与一名同伴或一个团队合作实施这个活动。

1. 选择你当前正在教学或今年将要教学的一个短小的单元。
2. 列出单元所关注的学习目标。
3. 将目标区分为知识性(K)、推理性(R)、技能性(R)或成果性目标(P)。
4. 使用"学习目标和评价方法的匹配"部分的信息，决定每个单元中使用的评价方法。

◎ 目标—方法的匹配模板

活动 4.3

检查评价目的是否明确

阅读"步骤1：确定使用者和使用目的"一节后，独立工作，或是与一名同伴或一个团队合作实施这个活动。

1. 选择一种评价，并检查目标是否清晰。
2. 回答下面问题：
   - 谁将使用评价信息？
   - 他们将怎样使用？
   - 是形成性地使用，还是总结性地使用？
3. 如果有一些回答表明我们需要修正，那么我们就必须找出其中的问题，并根据需要进行调整。

◎ 检查评价目的是否明确

活动 4.4

检查学习目标是否清晰

阅读"步骤 2：明确预期的学习目标"一节后，独立工作，或是与一名同伴或你的团队合作开展这个活动。

首先，选择一种你个人过去没有开发过的评价，然后按照下面这些步骤进行。

1. 逐项地分析评价题目

找出并写下每个题目或任务所要评价的学习内容。并且用你想用的术语来描述学习过程。如果两个或两个以上的题目或任务涉及的都是同一个学习内容，那就使用相同的术语来描述该学习，并注意每个题目的分值。

2. 将学习目标组织成一个评价蓝本

将信息从步骤 1 转换为评价蓝本。

3. 检查这个蓝本

你想要教的内容和你期待学生学习的内容是否匹配？

- 是否有一些学习目标所包含的内容过多？如果是，有哪些？
- 是否有一些学习目标所包含的内容不够？如果是，有哪些？
- 是否有一些重要的学习目标被你遗漏了？如果是，有哪些？
- 所有的测试题目是否与你所教的内容标准有直接的联系？

样本是否恰当地代表了学习？

- 每一个学习目标所占的分数，是否代表了你在相关学习中所花费的时间？如果不是，哪些是不平衡的？
- 每一个学习目标所占的分数，是否代表了它在整个教学内容中的相对重要性？如果不是，哪些是不平衡的？

4. 根据需要调整蓝本

- 增加或删除一些学习目标，以反映你所教的内容，以及你认为最重要的学习和评价内容。
- 调整每一个目标所对应的分数，以反映你在每一个目标教学中所花费的时间，以及每一个目标对整个内容的相对重要性。

检查学习目标是否清晰

活动 4.5

编制一个评价蓝本

在阅读"步骤3：选择恰当的评价方法"和"步骤4：确定合适的样本容量"两节后，独立工作，或是与一名同伴或一个团队合作实施这个活动。

1. 选择你当前正在教学或今年将要教学的一个短小的单元。
2. 列出将作为这个单元重点的主要学习目标，并清晰地将每一个学习目标进行分类（知识性、推理性、技能性和成果性目标）
3. 根据图表4.4和图表4.5选择或调整评价蓝本的形式，并在评价蓝本中写下你的学习目标。
4. 如果学习目标将用多种评价方法进行评价，请确定你将对每个目标使用哪种评价方法。
5. 决定每一个学习目标的相对重要性（所占的比重），并将信息增添到评价蓝本的表格中。
6. 如果已有一个单元测验，请将其内容与评价蓝本的具体内容进行对比。如果有哪里不相符合，请将它们描述出来。
7. 根据需要修改评价蓝本或测试本身，以准确反映关于学习目标的学业成就。

◎ 评价蓝本表格 A   ◎ 评价蓝本表格 B

活动 4.6

尝试应用促进学习的评价

在阅读"使用评价蓝本开展促进学习的评价"一节之后，独立工作，或是与一名同伴或一个团队合作实施这个活动。

1. 选择你当前正在教学或今年将要教学的一个短小的单元。
2. 根据活动4.5的方法，编制一个关于这个单元的评价蓝本。
3. 选择"使用评价蓝本开展促进学习的评价"一节描述的一种或多种想法，尝试与学生进行沟通。
4. 简要描述你做了什么，可以是书面形式，也可以是与一名同伴或你的团队进行讨论的形式。
5. 描述你在活动中关注到对学生和他们的学习产生的影响。

◎ 汇报你尝试过的促进学习的评价活动

活动 4.7

反思你自己的学习

回顾第 4 章的学习目标,选择一个或更多能代表你新的学习或最让你印象深刻的目标。如果你正独立工作,写一段能够反映你当前理解的简短反思。如果你正与一名同伴或一个团队合作,可以和他们讨论你写下的内容,或以此引发小组会议中的讨论。

◎ 反思第 4 章的学习

活动 4.8

选择档案袋作品

本章中的任何活动都可以作为档案袋的条目。请选择任何你已经完成的活动或创造的作品,以展示你在第 4 章中学习目标上的能力。

1. 了解怎样选择恰当的方法去评价特定的学习目标。
2. 了解怎样根据评价开发周期的步骤进行评价。
3. 能够编制一个评价蓝本。
4. 知道怎样使用评价蓝本对学生开展促进学习的评价。

如果你正坚持写反思日记,可能想将第 4 章的条目纳入你的档案袋中。

◎ 第 4 章档案袋条目封面页

第 5 章

选择性反应评价

> 令人感到惊讶的是,我们最强有力的一些形成性评价实践,涉及教师和学生诊断性地使用选择性反应评价题目、小测验和测试。

多年来,选择性反应评价几乎与测试的概念同义。在 20 世纪 20 至 30 年代,它被称为新的、科学的评价方法,受到那些站在教育创新前沿的人们的欢迎,因为它被认为是客观的,即避免了教师的主观判断。虽然已经过去了数年,它的光彩已然暗淡,但是现在以测试和技术交叉作为发展的动力,它又重新成为一种主要的评价方法。计算机适应性测试、其他形式的在线测试以及测试应用程序,几乎完全依赖于选择性反应评价。它拥有主导地位的两个主要原因,特别是在问责性测试方面,是便于管理和批改方便。

然而,正如我们在第 4 章中所看到的,如果我们只使用选择性反应评价,那么我们只能收集到上课时,所教学的重要目标中的一部分数据。并且,要让问责测试能够覆盖我们所教内容的方方面面,就需要我们在使用这种方法时,忽略掉那些不需要评价的目标。由于这些原因,许多人认为在课堂上的选择性反应评价并不可靠,尽管它仍然是我们的评价指南中有价值的工具,值得作为促进学习的评价和关于学习的评价而被经常使用。

选择性反应评价可以包括一种或多达四种不同的形式:选择题、判断题、匹配题和填空题。在本章中,我们将研究选择性反应评价的形成性和终结性用途,如何对选择性反应评价的形式做出选择,如何编制高质量的题目,以及如何作为促进学习的评价,形成性地使用选择性反应评价。

第 5 章学习目标

学完本章后,你将了解到以下内容:

- 为选择性反应评价编制一个评价蓝本。
- 对选择性反应的形式做出选择。
- 编制高质量的题目。
- 审查选择性反应的质量。
- 使用选择性反应评价来计划下一步的教学。
- 使用选择性反应评价为学生提供反馈,并帮助学生进行自我评价和设定目标。

图表5.1

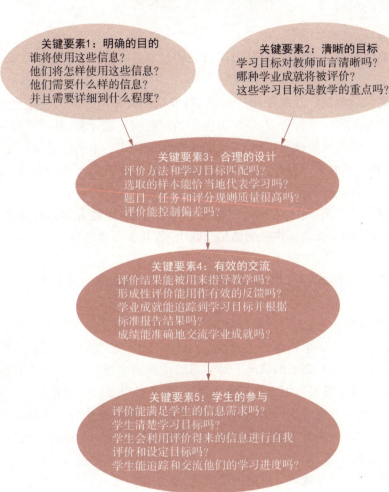

何时使用选择性反应评价

使用选择性反应评价的首要条件是,它必须能够反映出被评价的学习目标的类型。选择性反应评价比较适合评价,知识水平的学习目标、某种推理形式,以及少数的技能性目标,正如第4章所述。

此外,还有其他几个关键条件会影响选择性评价方法的选择。当在以下情况时使用它:

- 评价内容非常宽广,需要广泛的覆盖面。由于一个题目所需的回答时间非常短,我们可以将许多题目放在一个测试时间内,从而获取学生样本的全面情况。
- 你想要诊断学生在推理方面的错误和缺陷。
- 学生的英文要足够好,能够理解每个测试题目的要求。

> **常见问题解答 5.1**
>
> **对选择性反应评价的误解**
>
> 问题：
> 因为所有的高风险测试都使用选择题，所以我们是不是不应该用它呢？
>
> 回答：
> 不是。尽管高风险测试广泛地使用这种题型，但这样做并不是因为它是更好的方法。大规模的测试通常需要进行管理，在尽可能少的时间内完成评分，并且尽可能地减少成本。这些需求导致了选择性反应评价，比如选择题的使用。最明显的问题是，代表重要的推理、技能和成果的学习目标，将可能得不到测评，除非其他类型的题目，也能够成为评价的一部分内容。
>
> 在参加大规模测试方面，对学生进行训练是一回事，但将高利害测验的特点，即它对教学的弊端，以及不能给课堂提供准确结果反映出来，并非明智之举。
>
> 问题：
> 考虑到选择性反应评价的不真实性，难道我们不应该尽量减少使用它吗？
>
> 回答：
> 首先，让我们定义何为"真实"。《新版美国牛津字典》提供了一个定义："指一种做事或行为的方式，忠实于呈现事物原本的情况。"(p. 107) 在一般的评价中，真实性是指评价的情境反映了，在生活中需要的情况下对学习的使用或应用。（我们更喜欢称之为"校外生活"，而不是"现实世界"，因为对于学生而言，学校可以是真实世界的一部分。）
>
> 根据这一定义，选择性反应这一方法并不是"不真实"的。校外的生活经常要求从众多选项中，选出正确的答案和方法。我们相信，将真实性作为一个评估维度，而不将其作为某些评价方法的标签，是有所帮助的。当我们编制任何类型的评价时，只要选择性反应评价不干扰题目、任务或评分指南的准确性，那么我们就可以将之作为一种备选方案。

选择性反应评价的开发周期

我们将按照第 4 章中所描述的评价开发周期来编制选择性反应评价：

计划阶段

1. 确定谁将使用评价结果以及他们将怎样使用它。
2. 明确预期的学习目标。
3. 选择恰当的评价方法。
4. 确定合适的样本容量。

开发阶段

5. 开发或选择题目、练习、任务和评分程序。

6. 在使用之前回顾和评估整个评价的质量。

使用阶段

7. 实施并为评价打分。
8. 必要时进行修改以备将来使用。

选择性反应评价的计划阶段

正如我们在第 4 章中看到的那样，仔细关注计划阶段的每一个步骤，可以保证你能够获得想要的评价结果。

步骤 1：确定使用者和使用目的

我们的计划要从以下几个问题开始：我们如何使用这些信息？还有谁会使用它？他们会做出什么决定？一般而言，我们将出于以下几个目的来使用评价信息：

- 作为前测来计划教学
- 为学生提供反馈，从而让他们能够自我评价和为今后的学习设定目标
- 用作单元中的小测验或期中评价，并根据学生的需要实施差异化教学
- 作为后测测量学生的学业成就水平，并为评分决定提供信息

当我们制定将来的计划和设计决策时，只要在心中牢记预期的使用目的，那么这些目的中的每一个，都可以通过选择性反应评价来实现。

步骤 2：明确学习目标

在这一步骤中，我们只需要列出我们已经确定，并需要进行评价的特定学习目标。如果在列表中的一个或多个目标比较复杂或不清楚，应按照第 3 章所述的程序，首先来澄清或分解这些目标。

步骤 3：选择评价方法

虽然我们已经确定自己将使用选择性反应的方法，但是我们必须确保列出来的目标是清晰的，并且只包括知识性和推理性学习目标。同时，这些学习目标可以使用选择性反应方法进行评价。因此，检查所列出来的这些学习目标，以核实它们是知识性还是推理性目标，选择性反应题可以描绘出一个准确的学业成就的全貌。

步骤 4：确定样本容量

这一步骤需要我们分配给每个学习目标一个相对重要性。在进行选择性反应评价时，一个简单的方法是判断这个测试题目的权重，然后根据每个学习目标的相对重要性分配分值。我们分配给每个学习目标的分值，要能够描述我们的样本情况，它应该代表学习目标的广度和它们的重要性，并且在教学期间的测试也要能够覆盖每个学习目标。在这一步骤中，你可能要回顾第 4 章中所描述的抽样需考虑的事项。

> 当使用一个你没有完善过的测试时,仔细确认它是不是能够和你的学习目标相匹配,并且学习目标中的重点在测试中,是否能够被准确地体现出来。

记住,当确定每个学习目标的相对重要性时,我们要有意识地将焦点放在评价我们课堂的重点内容上。如果说我们花了 50% 的时间学习如何阅读地图,那么大约 50% 的评价应注重阅读地图。要是课堂上只有 5% 阅读地图的时间,那么大多数情况下,在最后的评价中,如果阅读地图占据了 50% 的比重,就会扭曲学习结果。

另一方面,如果我们要评价的是个人学习目标,或如果测试只测量一个单一的目标,样本必须足以为个人的目标掌握程度的推断提供依据。

将决策计划整合进评价蓝本。对于选择性反应评价,我们提供了两种有用的蓝本。其中一个是学习目标列表,另一个是所要评价的知识和推理形式相交叉的内容列表。每种都适合于不同类型的内容,但都是同样有效的测试计划工具。

图表 5.2

3 年级数学和阅读测试的评价蓝本

数学

学习目标	分数
识别千位数的位值	6
能够阅读、书写、排序和比较 4 位数	10
利用位值来理解将整数四舍五入至最近的十或百	4

阅读

学习目标	分数
明确寓言中蕴含的寓意	1
识别关键的支持性细节	2
推断人物的感受	2
区分文字语言与非文字语言	2
识别文本中单词的含义	3

图表 5.2 展示了一个 3 年级数学测试和阅读测试的计划,其中包括一系列学习目标,以及每一个目标的分值。请注意,在阅读测试中,每个学习目标只分配到了 1—3 分。这是因为,针对任何一篇文章,很难编制一个或两个以上的题目,以评价如"推断人物的感受"这类目标。因此,尤其是针对低年级阅读的简短文章,你会想要为各种难度相同的阅读文章编制类似的题目,从中获得一个足够大的样本,从而得出学生整体掌握水平的结论。

图表 5.3 展示的是 5 年级社会学单元中,有关西进运动的一系列学习目标列表。测试计划的左侧是"内容类别"栏,这一栏内包含了学习目标列表,每一个类别代表许多事实和概念,其中一些在测试中有举足轻重的地位。该蓝本还包括了认知行动:彻

底理解和比较推理。这些形式将在学习单元中被强调。每个单元格中的数字，代表了其在教学计划内学习单元中的相对重要性。如果我们要确保，测试涵盖了我们已经教学的重要信息和推理过程，这种测试计划特别有用。（请记住，在同一教学单元内有其他学习目标，此测试计划只代表测试的选择性反应评价部分。）

图表 5.3

5 年级社会学单元的学习目标和计划

1. 解释"天命论"①的概念及其对美国发展的贡献。
2. 比较不同群体离开美国东部向西迁移，参加西进运动的动机。
3. 比较不同美洲土著群体在西进运动前后的生活。
4. 找出参加西进运动的重要人物。
5. 解释向西迁移如何导致美洲土著和移民者之间、墨西哥人和移民者之间的冲突。

内容类别	了解	比较/对比	总计
"天命论"	2		2
向西迁移的原因		6	6
美洲土著群体的生活	4	2	6
重要人物	6		6
对美洲土著和墨西哥人的影响	6	4	10
总计	28	8	36

选择性反应评价的开发和使用阶段

评价开发周期中的剩余四个步骤，聚焦于开发测试题目、评分过程、评估评价质量、管理评价以及根据需要修改评价等。

步骤 5：开发或选择题目、练习、任务和评分程序

开发选择题的过程如下：确定题目应包括什么具体内容、选择题型、编写题目，以及将题目组成试卷。

确定题目应包括什么具体内容。即使人们经常把选择题测试，作为测量学习的客观指标，但选择测试内容本身，仍是一种很主观的做法。测试的开发者——你自己、教科书编写者，或测试出版商——将从大量的可能命题中挑选测试题目。这是一个专业判断的问题，就像首先要决定如何教学这些材料一样。如果我们能清晰、准确地确定，支撑这些内容标准的学习目标，那么这些主观因素并不会影响测试的效度。

---

① 指美国人广泛持有的一种信念：扩张美国在北美洲的领土。——译者注

现在，你手上有标明数字的测试计划，表明每个学习目标或不同内容的相对重要性，下一步是确定你要测试的每个部分的内容。大多数情况下，你不会测试学生所学的全部内容。相反，你将选择或创建问题，在给出的测试时间内，涵盖尽可能多的重要内容，并谨慎地使其适合你学生的年龄。一个学生取得了75%的测试成绩，代表他已经在学习中掌握了大约75%的材料。你必须仔细选择所有可能包含重要知识和推理的样本，以便让你准确地估计学生的学业成就水平。

我的课堂的过去与现在 5.1

迈伦·拜克（Myron Dueck）

我过去……

在我教学生涯的头十年里，我编制测试的主要依据是问题的类型和风格。例如，我的单元测试结构一般如下：

第一部分：判断题（10分）

第二部分：选择题（15分）

第三部分：简答题（10分）

第四部分：论述题/论文（20分）

在前三个部分，我采用了一个类似随机抽样的方式，在整个被测单元中收集概念和事实。然后，从每一个部分中，我获得了一个学生对整个单元掌握程度的基本认识。依据这个单元的学习，最后一个部分可以是一般性的，也可以是具体的问题，这取决于学习的单元。

编制这些测试是相当容易的，打分甚至变得更容易。同时，我觉得这是最好的测试形式，但这可能是成年累月将这种方式视作"标准"形式的结果。

我现在……

我根据想要评价的学习结果或标准对测试进行划分，现在一个有关美国20世纪20年代的测试，它的结构如下：

第一部分：20世纪20年代的美国（11分）

第二部分：大萧条的原因（8分）

第三部分：罗斯福为终止萧条所做的努力（6分）

第四部分：罗斯福计划的结果（7分）

第五部分：罗斯福对美国产生的整体影响（11分）

一旦学生进行了测试，我就可以进行评价，学生将他或她在某个部分的得分，填入一个追踪表里。每个部分都被分配了百分比分值，并且这个分值和学生整张试卷的分数，以及他或她的学术目标进行比较。将这些分数进行计算，学生自己决定某个部分是否需要重新进行测试。此外，学生还有机会自己为将来的评价做不同的计划。

我为什么改变……

1. 学生能够根据每一个学习结果来评价,这明显有很多好处。
    a. 如果整个班级的得分情况不佳或是完成水平比较低,我可以重新教学某些部分(学习成果)。
    b. 根据学生个人的表现,他们可以对一个或多个部分重新进行测试。
    c. 学生可以很容易地确定并关注那些他们认为可以改善的领域。
    d. 作为测试的计划者,我可以快速高效地对学生进行重新测试,因为我只需要针对某一确定的部分重新测试并重新评论。
2. 学困生,通常从他们最了解的部分开始做题,研究显示那些成功往往能够孕育更多的成功。
3. 如果每个部分的分值之间有很强的相关性,并且课堂时间分配允许的话,我能够快速地进行评价。
4. 我设计的重测试题都有相同的部分和分值,但拥有不同的问题或问题形式。并且管理这些重测试题,并确定是否发生了真实的学习也很容易。
5. 这种结构是在同一时间内以相同方式,使用形成性评价和总结性评价的好方法。
6. 学生体会到了常规测试中没有的所有权和控制感。

结果我注意到……

1. 学生对这个系统的反应非常积极。
2. 家长的支持和鼓励令人难以置信。
3. 学生对"再学习"活动的参与增加。
4. 在第一次评价时,学生的紧张和压力更少。

Source: Used with permission from Myron Dueck, high school social studies teacher, SD 67 (Okanagan-Skaha), Penticton, BC, Canada, 2011.

编写命题。命题是学生需要掌握的重要事实、概念或理解。编写命题是一个有效的方法:(1)能够确定测试中应该包含的内容;(2)能够生成任何形式的选择题来反映你要测试的内容。

要编写命题,我们首先需要回顾我们所教的内容。对于我们测试计划中的每一个单元,请写下你认为每一个学生都应该在教学结束时,应该掌握的最重要的事实、概念或理解。如果我们使用清晰的语句表述它们,这些语句就是命题。正如你所见,这些命题为编制优质的测试题目,奠定了快速且简便的基础。许多教师发现,在教学过程中不时地收集命题非常有用,因为这有助于以后的测试开发。我们建议你编写更多的命题,因为多余的命题主要有两个作用:(1)让测试编写者编制能够进行对比的测试;(2)如果你在测试开发过程中发现一个不太好的题目,它们为更换命题或测试题目提供了方便。同时你也会发现,在你授课或是收集材料之后,它是一个节省时间的命题编写方法。

知识性命题。举例来说,我们为图表 5.3 所计划的测试编写命题,我们将需要总共 30 道知识性题目,其中两道将与"天命论"问题相关。当我们通读材料时,我们应确定并记录三句或四句,反映了"天命论"概念中的重要知识的陈述句。这些都是我们的命题。它们可能包括:

- "天命论"代表一种信念,认为把美国领土向西扩张是理所当然的。
- 在 19 世纪,"天命论"代表一种使命,即将美国公民的政府和生活方式,输出给生活在美国西部的人们。
- "天命论"最初被用作将得克萨斯兼并到美国的理由。
- "天命论"所代表的信念,被用来证明对美国土著人土地的占领。

测试计划还需要这个单元中的 6 个题目,涵盖知道西进运动对美洲土著人和墨西哥人的影响,这里有两个命题样本:

- 西进运动对平原印第安人的三个影响是:增加了疾病、搬迁到保留地以及失去了食物来源。
- 墨西哥失去了得克萨斯的领土。

推理性命题。要编写一个推理性命题,需要确定要应用的知识、应用的推理形式,以及用陈述句表述这个结果。在本质上,你需要陈述将推理形式正确地应用到内容中。如果要为图表 5.3 中的单元编写一个推理命题,即通过比较或对比找出移民向西迁移的原因,我们将找出两组移民,然后对比他们向西迁移的原因。

命题的样例中可能会读到这样的句子:
- 摩门教徒到没有宗教迫害的西部去实践他们的信仰,而得克萨斯移民迁居到西部,则是因为土地是廉价或免费的,他们想找个地方重新开始。
- 无论是摩门教徒还是得克萨斯移民,都在寻找更好的生活。
- 移民被鼓励通过墨西哥政府迁往得克萨斯,由宗教领袖领导的摩门教徒则定居在犹他州。

请记住,当我们打算评价学生的能力时,我们必须给他们提供一个与他们生活实践完全不同的情境。如果没有,正如我们在第 3 章中所看到的,我们就无法捕捉到他们推理(或把事情厘清的能力)的真实证据。相反,我们将获得关于他们记忆的信息。如果我们要评价作为推理能力的学习目标,如"比较不同群体离开美国东部向西迁移,参加西进运动的动机",我们不可能在教学过程中推理出来。它必须作为一个新的(对学生是新的)题目出现在测试中。如果我们在课堂中的确能弄清楚,那么我们就一定可以评价学生的掌握程度,但它就会变成一个知识性问题。

简答题。当我们向学生提供信息表,图表或一些其他来源的信息,这是用于这些情况的一个标签。然后,要求他们使用这些信息来得出推理问题的答案时,在阅读测试中出现的简答题是最常见的版本,其方式是测试题目伴随文章片段出现,要求考生基于文章内容进行推理。在这种情况下,你写的命题所提供的信息内容是具体的。例如,图表5.2测试计划中的阅读目标,学生可能会读一篇讲述奥德修斯与独眼巨人的故事。

学习目标"推断人物的感受"的命题可能看起来是这样的:
- 在独眼巨人的洞穴中,奥德修斯感到害怕。
- 波吕斐摩斯对水手们感到很生气。

当你不知道一些(或全部)学生都已经掌握了基本知识时,你可能会考虑在内容领域,而不是在英语语言艺术中使用这种简答题的形式,尽管你想要评价他们的推理能力。在这种情况下,呈现信息并编写推理性命题。或者说,如果你只想评价学生的推理能力,而不需要评价学生对内容知识的掌握,只要给出内容知识并编写命题来组织问题,要求学生应用推理形式即可。

有时候编写命题是不必要的。对于一些知识性目标,如在3年级数学测试计划中确定的那些知识性目标,编写命题是不必要的。

选择题目形式。选择性反应题提供了四种题目形式:选择题、判断题、匹配题和填空题。这些题目形式都有各自的优缺点。当你决定选择哪种形式时,你可以参考图表5.4。

编写题目。这是命题的力量:一旦你已经编写了反映重要学习的命题,你就可以编写,任何你可能想要使用的选择性反应题类型。下面的例子展示了在"天命论"中,如何运用这些命题:

> 在19世纪,"天命论"代表了一种使命,即将美国公民的政府和生活方式,输出给生活在美国西部地区的人们。

选择题。要编制一道选择题,你需要先把命题的基本考查点变成一个问题。然后,将这个命题的另一部分变成正确的答案。再增加一些其他似是而非,但不正确的答案,这样你就设计好了一道选择题。

> 在19世纪的美国,"天命论"的使命是什么?
> A. 让刘易斯和克拉克与他们遇到的美洲土著人交朋友。
> B. 改变美国西部的政治和生活方式。
> C. 在阿拉莫战役中打败圣塔安那。
> D. 为所有生活在西部的人建立宗教自由。

图表 5.4

选择性反应题不同题目类型的比较

题目类型	何时使用	优势	缺点
选择题	只有一个正确答案。有几个似是而非的选项。	可以测量多种目标。容易得分。能有效地覆盖大量的材料。精心设计的干扰项可以提供诊断性信息。	可以猜到答案（33%以上的机会，取决于干扰项的数量）。很难确定似是而非的干扰项。
判断题	可以测试一整个领域的内容，需要设计很多题目。	可以在短时间内问很多问题。容易得分。	可以猜到正确答案（50%的机会）。如果没有精心编写题目，可能过于简单或有歧义。
匹配题	有许多相关的想法或事实；你想要测试信息之间的联系。	能有效地覆盖大量的材料。容易得分。一道匹配题可以转变为许多道选择题（每个匹配项都可以作为其他项的干扰项）。	如果没有精心编写题目，可以通过排除猜到答案。
填空题	需要一个清晰的、简短的回答。你要确定学生是否知道答案，而不是他们是否可以从列表中把答案选出来。	评价的是答题的结果。减少通过猜测获得正确答案的可能性。能有效地覆盖大量的材料。	得分需要更长的时间。

判断题。要创造一个包括测试命题的判断题。在这个例子中，针对 5 年级的学生，你可能需要简化命题，如下所述：

"天命论"代表了 19 世纪美国人的一种使命，即改变美国西部的政治和生活方式。

编写一个错误的判断题，让题目的一部分出错：

"天命论"代表了 19 世纪美国人的一种使命，即保障所有定居者的宗教自由。

匹配题。这是一个很有效率的方法，可以一次性对几个相互关联的命题抽样。可以把每个匹配项目视作一道选择题，其任务是将题项（或"题干"）同合适的匹配项配对。你只需把你的命题分为主语（题干）和谓语（匹配）两部分。将几个命题一同呈现，列出题干然后找出它们的匹配项，那么就设计好了一道匹配题。

设计一道好的匹配题的关键在于要让题目有意义,即要把学习目标认为是一系列密切相关的命题,如州和各州的首府或其他事物如何被分类,且其类别是什么。任何一组匹配项(题干和答案)都是一个单独的命题。匹配题一般用来测试知识命题,但它们也可以用来测试推理命题。

填空题。要从命题中编制出一道填空题,可将定义这个短语的概念和涉及的影响省略掉,然后再提出一个问题。如:

在19世纪的美国,"天命论"的使命是什么?

5.1

将一个社会学科的命题转化为不同的题目类型	示例

命题:
西进运动的三个影响是:19世纪平原印第安人患病的概率提高、被剥夺了保留地,并失去了食物来源。

选择题:
19世纪,西进运动对平原印第安人的三个影响是什么?
A. 获得了医疗保障、被剥夺了保留地、失去了食物来源
B. 获得卫生保障、人口增长、得到好工作的机会
C. 患病的概率提高、被剥夺了保留地、失去了食物来源
D. 失去了他们的学校、被剥夺了保留地、失去了食物来源

判断题:
(正确的)西进运动的三个影响是:19世纪,平原印第安人患病的概率提高、被剥夺了保留地和失去了食物来源。
(错误的)西进运动对平原印第安人的影响之一,是使他们获得更好的医疗保障。

匹配题:
不适用

填空题:
19世纪,西进运动对平原印第安人的三个影响是什么?

> **示例 5.2　把一个阅读命题变成不同的题型**
>
> **命题：**
> 在独眼巨人的洞穴中,奥德修斯感到害怕。
>
> **选择题：**
> 在独眼巨人的洞穴中,奥德修斯感觉如何?
> a. 因为波吕斐摩斯非常强大和凶猛而感到嫉妒。
> b. 因为他欺骗了波吕斐摩斯而感到羞愧。
> c. 担心波吕斐摩斯伤害山羊。
> d. 害怕波吕斐摩斯吃掉自己。
>
> **判断题：**
> (正)在独眼巨人的洞穴中,奥德修斯感到害怕。
> (误)在独眼巨人的洞穴中,奥德修斯感到羞愧。
>
> **匹配题：**
> 不适用
>
> **填空题：**
> 在独眼巨人的洞穴中,奥德修斯为何会感到害怕呢?

这是最后一条有关控制命题质量的建议。在你进行任何题目编写之前,先将所有要在测试中呈现的命题列出来,然后从头至尾读一遍,并问自己一个问题：这些命题真的反映了这个单元学习的基本要点吗?然后,将一些不太好的命题删除或替换,并填补你发现的任何缺口。

编写高质量题目的指南。我们在这里提供一些通用的指南,供测试开发者使用,以确保题目的质量。第一套指南适用于所有的题目类型,而其余的都是仅限于某种特定的类型。

通用指南

1. 措辞要简单且聚焦。以最低的阅读水平为目标。好的题目编写首先是有效书面交流的一种练习。

正确例子：

磁铁的磁极是什么?

  A. 阳和阴

  B. 北和南

  C. 强和弱

  D. 吸引和排斥

错误例子：

当科学家们依靠磁铁来开发电动机时，他们需要知道磁极是什么。以下哪一个是正确的？

2. 在题干中问一个完整的问题。这会迫使你在题干或问题的触发部分中，表达出一个完整的思想，从而促进学生的理解。

正确例子：

在1950—1965年间的利率趋势是什么？
A. 只增加。
B. 只减少。
C. 先增加，然后下降。
D. 保持不变。

错误例子：

在1950—1965年间：
A. 利率增加。
B. 利率下降。
C. 利率波动大。
D. 利率没有改变。

3. 减少题目或测试的其他题目中正确答案的线索。当题目或其他题目的材料中的语法线索给出了正确的答案时，学生会因为错误的原因而做对题目。

错误例子：

以下所有的这些鸟都是会飞的，除了一只(an)：
A. 鸵鸟(Ostrich)
B. 猎鹰(Falcon)
C. 鸬鹚(Cormorant)
D. 知更鸟(Robin)

（题干的叙述中不定冠词使用的是"an"，因此答案必须是元音开头的单词，选项中只有一个元音开头的单词，它必然是正确的。）

这个也是错误例子：

下列哪些是不能飞的鸟？

A. 猎鹰

B. 鸵鸟和企鹅

C. 鸸鹋

D. 知更鸟

（问题需要复数的答案，选项中只有一个是复数，它必然是正确的。）

4. 对那些没有学过这些材料的学生而言，不要将正确答案设计得太明显。

5. 使用容易被忽视的词语来突出关键点（例如，不、大多数、至少、除了）。

6. 请一个有资质的同事，阅读您设计的题目以确保它们的正确性，尤其是比较重要的测试，如大单元测试和期末测试。

7. 在评分前，仔细检查得分点。

选择题设计指南。以下选择题的设计指南能够让学生更快速地回答这些问题，而不必浪费时间试图确定题目在说什么。（题目的"题干"指的是在选择之前的问题部分，"干扰项"指的是错误的选项。）

1. 如果可以的话，在题目的起始部分，问一个完整的问题。这对于澄清问题而言，是非常重要的，有助于将题目的重点，更清晰地聚焦在题干而不是选项上，以便指导学生的选择。

2. 不要在每个选项中重复相同的内容。相反，改写题干从而剔除下方选项中重复的材料。这将使问题更清晰，能够让考生更有效地阅读。

3. 确定只有一个选项是最正确的答案。在这里同事的独立审查会起到帮助。请记住，要求被试者在一组正确的答案中，选择一个"最佳答案"是可以的。只要注意对这种问题的表述足够清晰，让学生能够找到最好的答案，并确保只有一个最佳答案。

4. 仔细选择干扰项。所有的干扰项都必须看起来是貌似合理的——没有对知识或推理能力进行评价的题目，就不能选作干扰项。当精心选择的干扰项代表了推理上典型的误解或错误时，它们就可以作为形成性评价的工具。那时，学生回答的结果就可以作为诊断性评价。例如，当你设计了一个题目来测试学生的概括能力，典型的错误包括一点都不概括（只对手头的证据做出真实的陈述）和过度泛化（陈述过于宽泛）。如果你知道每个干扰项代表的错误，你可以通过学生的选择结果把测试分解（大部分阅卷机器和软件都可以做），诊断学生常犯的误解或特定的推理问题。然后你可以计划教学来解决它们。图表5.5显示了一些题目公式，可创造能够利用所选推理形式揭示难点的干扰项。

如果你发现自己想不出足够多合理的干扰项，可以在第一次测试中设计一个填空题。当你得到学生的答案后，一些常见的错误回答，就可以为你提供大量、可行的干扰项，供未来设计题目使用。

图表5.5

所选推理形式的题目公式

推理性学习目标	题 目 公 式
基于文本的推理	问题：哪句话是你从这部分能够得到的观点？ 正确的回答——基于文中线索的推测。 错误的回答——推测看起来是合理的,但是在文中没有支持该推测的依据。 错误的回答——不是推测,只是原文内容的照搬。
总结文本中的信息	问题：哪句话最能总结此(部分)文本？ 正确的回答——陈述内容为文中的主要观点或看法的简要总结。 错误的回答——陈述包含一个观点,但是此观点在文中找不到。 错误的回答——陈述包含一个观点,但是此观点太狭隘,不足以作为一个结论。
与文本中的要素比较或对比	问题：哪句话正确描述了两者(或两者以上)之间的相同之处？ 正确的回答——陈述描述的相同之处比较恰当。 错误的回答——陈述并没有发现相同的地方。 错误的回答——陈述是正确的,但是只包含了其中一个的特点,而不是两者共同的特点。 或 问题：哪句话正确描述了两者(或两者以上)之间的不同之处？ 正确的回答——陈述描述的差异比较恰当。 错误的回答——陈述描述的差异并不明显。 错误的回答——陈述描述的差异不准确。
基于文本中发现的信息进行概括	问题：你读完这个部分以后,支持以下哪个观点？ 正确的回答——提出的观点是基于真实的证据,并将观点在逻辑上扩展到更广泛的例子。 错误的回答——提出的观点是基于真实的证据,但是包含夸大了事实的例子。 错误的回答——提出的观点是基于真实的证据,但是不包含拓展的例子。 错误的回答——提出的观点不是基于真实的证据。

Source: Adapted from *Washington Assessment of Student Learning 4th-Grade Reading Test and Item Specifications*, 1998, Olympia, WA: Office of the Superintendent of Public Instruction. Adapted with permission.

5. 选项的词汇尽可能简短,并确保语法正确。这使得选项的可读性更强,并消除了对正确答案的提示。

正确例子：

为什么殖民者移民到美国？
A. 逃避税收
B. 宗教自由
C. 为了冒险
D. 以上答案中不止一个是对的

错误例子：

为什么殖民者来美国？
A. 逃避他们本国政府的沉重赋税
B. 宗教
C. 他们试图在新世界，展开同美国土著人共同生活的冒险
D. 在这个新世界里，蕴含着巨大的财富
E. 以上答案中不止一个是对的

6. 让所有选项保持相同的长度。应试能力很强的学生，知道正确的答案可能是最长的一个，因为出题者经常需要给最好的选项添加很多修饰词。因此，如果你需要做修饰，那就给所有的选项都加上。

7. 不要用"上述所有选项"或"上述任何一个选项"来填补空缺。只有在这种类型的选项符合问题背景的情况下，才能够使用它们。在一般情况下，出题者应避免使用"上述所有选项"作为题项，因为如果一个学生可以确定，其中两个选项是正确的，那么答案必然是"上述所有选项"。

8. 在进行选项设计时，要谨慎使用"总是"或"从不"。很少有事情是"总是"或"从不"正确的，绝对的词汇经常是不正确；学生知道这种情况，但不确定正确答案时，会自动排除那些选项。

9. 可以根据你想让学生解决的问题提出不同的选项数量。虽然四个或五个选项是最常见的，但在同一测试中也允许不同的题目，拥有不同的选项数量。不过，干扰项的设计比题项数量更重要。

判断题指南。这个部分只有一个简单的指南：将题目设计成完全真实或虚假的陈述。复杂的"想法沙拉"，半真半假掺杂的问题只会把事情混淆起来。因此，请想清楚你要测试的命题是什么？确定下来以后再进行下一项。

正确例子：

大陆分水岭位于阿巴拉契亚山脉。

错误例子：

大陆分水岭，位于阿巴拉契亚山脉，水流进入太平洋或密西西比河。

匹配题指南。在开发匹配题时，请遵循前面所讲的选择题设计指南。此外，还要遵守以下指南：

1. 为匹配题提供明确的指导语。
2. 把需要匹配的题项尽量缩短。最多设置 10 个选项，且选项越短越好。

3. 把需要匹配的列表对称放置,并且不要把事件的日期或名称混淆。

正确例子:

  提示:新英格兰各州列在左边,首府列在右边。将代表首府的字母填写在其所在州前面的横线上,每个题项只能使用一次。

州	首府
____ 1. 罗得岛州	A. 康科德
____ 2. 缅因州	B. 波士顿
____ 3. 马萨诸塞州	C. 普罗维登斯
____ 4. 新罕布什尔州	D. 奥尔巴尼

错误例子:

____ 1. 得克萨斯州	A. 7,200,000 美元
____ 2. 夏威夷州	B. 芝加哥
____ 3. 纽约州	C. 狂欢节
____ 4. 伊利诺伊州	D. 奥斯汀
____ 5. 阿拉斯加州	E. 第 50 个州

4. 在编写题目的过程中,要保持选项列表的简洁和结构的对称。

5. 设计比题干更多的选项,并且让学生做题目的时候,每个选项可以不止使用一次。这样可以使学生不能通过简单的排除法来获得正确的答案。

填空题指南。下面是三个简单的指南:

1. 向答题者提出一个问题,并提供回答问题的空格。这迫使你在出题时表达一个完整的意思。

2. 尽量使每个空格对应一个题目。直截了当地说,即提出一个问题,得出一个答案,然后再继续下一个问题。

3. 不要让填空的那条"线"成为正确答案的线索,因为这条"线"会反应出正确答案的长度和性质。这可能是最基本的要求,但它确实会发生。并且,这会误导你对学生成就水平的看法。

正确例子:

  定音鼓可以在管弦乐队的哪一部分找到呢?_____

错误例子:

  在管弦乐队中的打击乐位于_____、_____、_____、_____和_____?

4. 把空格放在句子的末尾。

整合试卷。将比较容易的题目放在试卷的起始部分，因为这可以在开始测试的时候，最大限度地提高学生的信心。并且，你可以根据每道题目所代表的学习目标，考虑如何在试卷中分配题目。如果你想设计混合题型，这会是一个挑战，你可以考虑使用其他方式将学习目标和题目相结合。然而，只有对于正确答案而言，这个信息不会给学生造成不公正线索的情况下，才能使用这种方法。并且，还要确保你的学生了解每道题的分值，他们可以通过分值知道如何分配测试时间。除此之外，请把一道题目完整地呈现在一页纸上，不要跨页。

我的课堂的过去与现在 5.2

劳拉·安德森（Laura Anderson）

我过去……

我们4年级教研组经常将数学和写作分别作为评价的对象，并且安排相同的测试时间。此外，我们的测试题目往往是不分组的，而且，要么题目过多，要么题目不够。因此，教师最后只能得到试卷的整体分数，却没有足够的特定数据来证明学生获得了哪种技能。并且，我们也不做这方面的数据收集。尽管问题非常明显地需要改进，我们往往也会很轻易地把测试放到明年再说。不幸的是，到了第二年我们已经不记得需要进行怎样的改进，然后只能再一次给学生举行类似的测试。此外，过去我们教研组的讨论往往是，基于学校教学的日常逻辑问题（例如，课程表、即将举办的重要活动以及使用的教学用具）。

我现在……

现在对于我们而言，试卷格式带来的挑战让我们明确了学习目标，并且能够根据目标将"问题"进行分组。这种根据目标的百分比来进行打分的新试卷格式，确实帮助教师和学生更容易地去明晰目标，并达成它。学生知道自己究竟是犯了小错误，还是需要加倍努力地学习。

我为什么改变……

这些因素真的能够让孩子们对自己的学习负责。我们看到了明显的变化，学生在测试的过程中投入了更多的精力，在学习中也更加努力。此外，当学习目标张贴在我们的教室里后，我们的教学也更加关注目标，学生对平日课堂的学习目标也更清楚了。

结果我注意到……

在开始进行常规性的测试后，我们可以看到最有力的变化是，收集测试数据后的团队讨论部分。现在，我们作为小组成员碰面，审查收集的学生数据和设计的试卷题目。当很多学生都在某个题目上失分时，我们讨论这个问题的产生是题目设计的问题，还是教师教学的问题。如果一个问题需要修订，那么这种修订就要立即开始。我们不再反复使用一套试卷，而是在三年中不断提高试卷的水平。这种聚焦于测试数据的合作式讨论，是我们之前从来没有接触过的。现在，我们更多地将小组时间集中于教学策略、整理思路以及课程/测试的开发之上。但是作为教师，我们获得了很大的成长，并且形成了以提高教学为核心的教师专业共同体。

> 在实施了常规性的形成性评价之后,我们的数学标准化测试分数(无论是州层面还是地方层面)有了飞跃性的提高。我们感受到了这种成功,并且这个学年里,我们开始在阅读课中设计和使用常规性的形成性评价。我们希望阅读的标准化测试分数,也能得到同样的提高。
>
> Source: Used with permission from Laura Anderson, 4th-grade teacher, District 196, Rosemount, MN, 2011.

步骤6:在使用之前回顾和评估整个评价的质量

在这个步骤中,我们决定测试允许多少时间,根据需要调整时间或测试,并对整个评价的质量进行审查。

决定测试时间。我们建议设计和使用"能力"测试——这是和限时测试相对的一种测试方式。我们希望每个学生有时间回答每一个问题。如果学生没有完成试卷,学生的答案会被判定为错误,你也能借此掌握学生的情况。但是,得到的结果可能是不正确的——你或许错误地衡量了学生的学业成就。为了避免这个问题,需要对测试所需时间进行预估,并做成计划。决定这些题目数量是否可以被接受——你所在年级的学生是否能够在预期的时间内,长久地保持注意力集中。如果计划的测试时间不合理,请用下列方法中的一种修改你的测试:

- 将一些比较费时的题目改为判断题。
- 从全部的学习目标中挑选一部分目标进行测试,而其他目标则通过另外的测试来呈现。

审查评价质量。审查评价质量要注意三个方面:它与评价蓝本的匹配程度、题目编写得好不好,以及测试如何避免其他偏差的来源。

匹配评价蓝本。要检查你的测试和它对应的评价蓝本之间的匹配程度,你可以使用下面的步骤:

1. 将学习目标进行编号,看测试对学习目标的覆盖程度。
2. 在每道测试题的旁边,写上它所测量的学习目标的数量,并标注上每道题目的分值。例如,某道题目所对应的是5号学习目标,分值是2,那么你要在题号旁边写上5/2。
3. 在学习目标的列表上,记录与之对应的题目的分数。
4. 将这些数字与评价蓝本进行比较。

确保题目的质量。要评估题目的质量,你必须做到两点:一是检查每道题目是否测试了你想要的内容;二是确认每道题目是否编写得很好。

要检查题目是不是自己想要的,可以将题目还原成刚开始编写测试时的初始命题。方法如下:

- 将选择题和正确答案拼接成完整的一句话。
- 正确的判断题本身就是命题。

- 将错误的判断题转换成正确的，就还原成了命题。
- 将匹配题配好对。
- 把填空题填写完整。

如果结果与你写的命题相匹配，那么这个题目将测量你想要的东西。

使用编写高质量题目的指南，你可以验证每个题目是不是都编写得很好，并按照图表5.6中清单的前五个部分的要求来审核每道题。

避免其他偏差的来源。即使有一个匹配的学习目标、适当的样本容量和高质量的题目，有一些地方仍会出错，影响你的评价结果。如测试的格式可能会混淆或误导学生，题目的要求可能不清楚，或学生可能没有足够的时间来回答所有的问题。样例5.3显示了一道题目的两种格式，版本1中存在的布局问题在版本2中已更正。你可以检查你的测试中的偏差来源，通过对它的最后三个部分中的要求进行审核，如图表5.6所示的"格式"、"指导语"和"时间"。

步骤7：实施并为评价打分

步骤8：必要时进行修改以备将来使用

即使事前做了最好的准备，也不可能仅通过一次测试来覆盖所有的问题。在管理你的测验时，需要注意两点：

- 学生没有足够的时间来完成所有的测试题目。如果学生没有机会尝试做每一道题，他们的成绩就无法反映出他们的实际水平。观察学生在测试最后的时间内拼命做的题目，同时也寻找大量没有完成的题目。
- 如果学生被一个题目弄糊涂了，请把学生明确提出需要澄清的问题记录下来。

在修改这个测试时，请记下引起意外困难的题目。使用优质题目的编写指南，然后对照表5.6中的核查表来解决这些困难，以及那些学生需要澄清的题目，以便下一次使用。

5.3

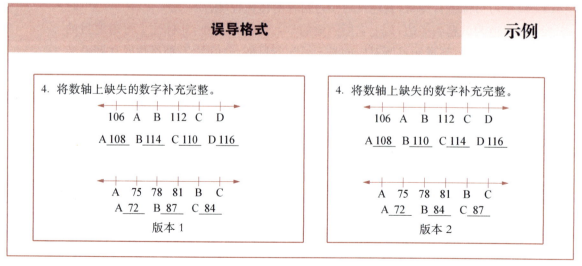

图表 5.6

选择性反应测试质量核查表

1. 所有题目格式的通用指南
   —— 让措辞简单且聚焦,并尽可能降低阅读难度。
   —— 一题一问。
   —— 避免在题目内和题目之间提供答案线索。
   —— 在学生没有掌握所测内容时,正确答案不应该过于明显。
   —— 突出关键词(例如,大多数、至少、除、不是)。

2. 选择题指南
   —— 在题干中呈现完整的问题。
   —— 在选项中消除重复的材料。
   —— 保证只有一个正确或最合适的答案。
   —— 保持选项的简短和对称。
   —— 让所有选项的长度相同。
   —— 限制使用"上述所有选项"或"上述没有一个选项"。
   —— 谨慎使用"总是"和"从不"。

3. 判断题指南
   —— 完全真实或完全虚假的陈述。

4. 匹配题指南
   —— 为配对的题干和题项提供清晰的方向。
   —— 保持选项列表的简短(最大长度为10)。
   —— 保证题目的均匀分配。
   —— 保持题项的简短和结构的对称。
   —— 提供比题干更多的题项。

5. 填空题指南
   —— 一题一问。
   —— 每道题提供一个空格用以书写答案。
   —— 不要使空格的长度成为正确答案的线索。
   —— 把空格放在结尾处。

6. 组合测试题目
   —— 同一种题目类型的呈现保持一致性。
   —— 将测试题目的所有部分放在一页上。
   —— 尽量避免太多测试的题目挤在一页上。
   —— 从易到难安排题目。
   —— 尝试将相似的题目类型组合在一起。
   —— 确保测试时间不要太长。

7. 编写指导语
   —— 把题目要求写清楚,并为每种题目类型提供明确的指导语。
   —— 写清楚每道题的分值。
   —— 将每道题的答题方式提供给学生(例如,应该写汉字"对"或"错",还是写"T"或"F"? 数字应该被保留到十位数吗? 答案中是否要写清楚单位,如"月"、"米"或"克"?

8. 时间
   —— 确保测试不会太长以致无法在规定的时间内完成。

Source:Adapted from *Student-Involved Assessment for Learning*, 5th ed (p. 122), by R. J. Stiggins, 2008, Upper Saddle River, NJ: Pearson Education. Copyright © 2008 by pearson Education, Inc. Adapted by permission of Pearson Education, Inc.

我的课堂的过去与现在 5.3

香农·布劳(Shannon Braun)

我过去……

在我的课堂上,测试一直遵循着传统模式。我会花上几周的时间教学一个单元,在单元中实施小测验,并用一个测试来结束这个单元的学习。我很少分析我的试卷和测试结果。相反,我会批改总结性评价,将它们记入成绩簿,和班上每个孩子分享结果。大部分学生错了哪些问题?学生犯了什么样的错误?通过不太具体的评价分析,对于家长或家庭教师想要知道的,他们应该如何帮助他们的孩子,我并不是总有解决的方法。

我现在……

在做了一些形成性评价的研究,并收集了别人的意见后,我开始在我自己的课堂上,实施一些新的方法。我现在正在从最基本的目标和要求开始,并引导学生为之努力。学生使用应答器评价在某些目标上的进展。在一个章节的学习中,我能很容易地收集到学生的数据,并使用电子表格来分析结果。我还修改了总结性的单元测试论文中所对应的目标。同时,当我们以班级为单位进行测试的时候,我将测试题目和学习目标一一对应,从而让学生能够记录自己,在哪个学习目标上失分最多。此外,我还在网站上张贴了每个目标额外的活页练习,并给学生一个星期的时间去完成这个表格。然后,我允许完成额外练习的孩子们重考。最后,我也会向家长和家庭教师传达有关学生,在哪些方面需要帮助的信息。

我为什么改变……

这些做法有助于学生和我判断哪些领域他们做得很好,以及哪些领域他们需要改善。除了帮助学生更好地理解他们的测试,这也能帮助我改进教学。在使用形成性评价策略之前,家长们问我做什么能够帮助他们的孩子,我会给他们一个非常模糊的回答,但现在我能给父母很详细的建议。

结果我注意到……

以结构化的方式使用形成性评价,改变了我看待教学的方式。我发现几乎在所有情况下,学生的学业成就都提高了。我自己和学生以及家长之间的沟通也有所改善。此外,我的其他同事也使用这些策略,在提升某些特定目标方面,我们现在能够比较结果并分享见解,并且我们都有不同策略要交流。

Source: Used with permission from Shannon Braun, high school mathematics teacher, District 196, Rosemount, MN, 2011.

促进学习的选择性反应评价

正如我们在第 2 章中所见,形成性评价是一种涉及作为决策者的教师与学生的行动。我们也看到了在测试过程中,学生的学习动机和学习成绩都会上升。以下建议代表选择性反应评价可以帮助学生回答，处于促进学习的评价核心的三个基本问题："我要去哪里？""我现在在哪里？""我如何缩小差距？"应用于选择性反应评价的这 7 条策略如图表 5.7 所示。

图表 5.7

用选择性反应题实施促进学习的评价

我要去哪里

1. 向学生提供清晰易懂的学习目标
——使用学生容易理解的语言。
——一开始就分享测试计划。
——让学生把命题与测试计划进行匹配。
——让学生根据每个评价蓝本的单元制定命题。

2. 使用好作业或差作业作为样例或示范
——学生找出错误的多项选择题，填写答案并说明原因。

我现在在哪里

3. 提供经常性的描述性反馈
——使用干扰项有目的地提供纠正性的反馈。
——使用评价蓝本在测验中对逐条目标提供反馈。

4. 教学生自我评价和设定目标
——学生在评价蓝本中使用"红绿灯策略"。
——学生使用评价蓝本作为评价的基础，以评价自己的优势和需要改进的领域。

我如何缩小差距

5. 设计课程且每次聚焦于一个学习目标或质量的一个方面
——使用从策略 4 中学生产生的信息进行差异化教学。
——学生回答问题：你如何知道你的答案是正确的？
——学生将命题转化为题目并练习对这道题进行作答。
——学生为每一个知识重点设计题目并练习回答它们。
——学生为每个部分编制测试题目并进行测试。
——学生利用图形组织者来练习推理形式。

6. 教学生注意修改
——学生回答问题：我如何把这个答案做得更好？

7. 鼓励学生进行自我反思，追踪并分享他们的学习
——学生自我反思：我已经在_____方面做得更好，我曾经_____，但是现在我_____。

我要去哪里

策略 1：提供清晰易懂的学习目标。一旦你有了一个评价蓝本，你不仅可以用它准备测试，还可以用作促进学习的评价。请给学生一个学习目标的列表，在教学的初始阶段，就让学生了解测试将覆盖哪些内容。你还可以用一个测试计划来总结一天或一周的学习，并要求学生找到计划的重点。

命题在促进学习的评价中扮演着很重要的作用。向学生解释一个命题是对一个重要学习内容的陈述，然后请完成以下一个或更多步骤：

- 请学生记录自己所理解的每天学习中的重要命题。然后让他们做一个列表，每天记录主要的命题并填进去。帮助学生看到他们的列表和你的列表之间的匹配程度。
- 把你的测试计划和命题样例分组发给学生，这些测试计划和命题样例，代表了迄今为止学习的内容。让他们将命题与蓝本中的正确单元进行匹配。
- 让学生为评价蓝本中的每个单元编写命题，并根据需要检查是否存在误解，并在必要时重新教学。

策略2：使用好作业或差作业作为样例或示范。给学生一个推理性题目的格式，如图表5.6所示。（对于年级比较小的学生，你需要把这个题目格式转换为学生容易理解的语言），向他们展示一个用格式创建的测试题目。通过辨别每个答案所遵循的作答模式，请他们判断哪些答案是错误的，哪些是正确的。示例5.4展示了这种方法在教学4年级学生进行推理中，是如何起作用的。

5.4

示例：使用题目格式作为好作业和差作业的样例

在《圆梦巨人》的阅读选择题中，这些答案中的哪个是很好的推论？请用一颗星星标记你认为好的推论。正确答案是一个很好的推论，因为这是一个基于故事线索的猜测。

a. 圆梦巨人的听力非常好，因为他的视力不是很好。
b. 作者很喜欢他的父亲。
c. 父亲没有完成高中。
d. 父亲有很好的想象力。
e. 父亲想让人们认为他是个严肃的人。
f. 父亲有很好的听觉。
g. 父亲是个有趣的人。

有些答案是错误的，因为它们根本不是推论！而是它们只是这个故事告诉你的事实。请在下面的横线上写出这种类型的错误答案：
_____

有些答案是错误的，因为即使它们是猜测，也没有文章中的线索能够支持他们。请把这种类型的错误答案写在这里：
_____

小心——你可能认为存在关于它们的证据，所以要仔细看！！！

我现在在哪里

策略3：提供经常性的描述性反馈。如果要通过选择性反应题提供描述性反馈，你必须知道学习目标对应的题目。并且，你的学生也必须明白他们要承担的学习目标。如果你正在使用选择题,学生选择的干扰项可以表明需要强调的问题。参加完测试之后,学生可以使用评价蓝本去估计,他们已经掌握了哪些学习目标,以及还有哪些学习目标仍然需要改善。

策略 4:教学生自我评价和设定目标。在教学开始时将评价计划分发给学生。并且,让学生运用"红绿灯"图标,针对你教给他们的学习目标或概念进行自我评价。学生用一个大的点,标记学习目标或概念,绿色表示自己已经很自信地掌握了它("我已经学会了");黄色表示自己已经理解了其中一部分("我明白它的一部分,但不是全部");红色表示没有理解或只理解了很小的一部分("我没有学会")。然后,在你帮助"红色"的同学时,让"绿色"和"黄色"的同伴完善他们理解(Black,Harrison,Lee,Marshall,& William,2002)。

你还可以创建一个小测验或测试,作为有效的复习、自我评价以及设定目标的一种手段。如果在给学生计算分数或评定等级之前,能够让学生有机会提高他们的成就,这是最好不过了。过程如下(改编自 Chappuis,2009,pp. 111-112):

1. 通过填写表格"回顾我的结果"的前两列中的空格,明确小测验或测试上的每个题目测量的是什么,如图表 5.8 所示。
2. 管理小测验或测试,并修改它,然后连同表格"回顾我的结果"一起,发还给学生。
3. 让学生检查他们修改后的小测验或测试,并将每道题目记在"正确"或"错误"一栏中。
4. 让学生复习他们做错的题目,然后问自己:"我知道自己做错了什么吗?我能自己改正这个错误吗?"如果答案是"是的",就记在"简单的错误"一栏。如果答案是"不是",那么就记在"没有领会"一列。
5. 分发图表 5.9 中的表格"分析我的结果"。让学生把他们的结果转移到一个(或多个)三栏表中:"我擅长这些"、"我很擅长这些,但是需要做一点复习"和"我需要坚持学习这些"。
6. 最后,学生制定一个改进的计划。图表 5.10 提供了两个目标设定框架的例子,你可能会用到它们。

图表 5.11 显示了一个专为中学生设计的例子。如果要使用它,你可以将需要评价的学习目标进行编号,然后只把学习目标的号码填入表格中。学生在进行小测验或测试时使用这些表格,在他们对每道题目进行作答时,标记"有信心"或"不确定"。

在你批改了小测验或测试后,学生填写"正确"、"错误"、"简单的错误"、"没有掌握"栏。然后他们把这些信息和"自信心"或"不确定"的信息结合起来,并填入表格"回顾我的结果"。

图表 5.8

回顾我的结果

姓名：_____　　任务名称：_____　　日期：_____

请阅读你批改后的试卷，并标记哪道题是错误的，哪道题是正确的。然后看看你做错了哪些题目，这些题目里哪些是简单的错误。如果有的话，请将这些题目记在"简单的错误"一栏里。除了这些题以外，其他你做错的题目，都记在"没有掌握"一栏里。

问题	学习目标	正确	错误	简单的错误	没有掌握
1					
2					
3					
4					
5					
6					
7					
8					
9					
10					

Source: Reprinted from *Seven Strategies of Assessment for Learning* (p. 112), by J. Chappuis, 2009, Upper Saddle River, NJ: Pearson Education, Reprinted by permission.

图表 5.9

分析我的结果

我擅长这些！
　　这些学习目标我做对了：

我很擅长这些，但是需要做一点复习。
　　这些学习目标，因为一些小错误，我做错了：
　　我可以做些什么避免再犯：

我需要坚持学习这些。
　　这些学习目标我做错了，并且我不确定如何改正它们：

　　我可以做些什么去改善：

Source: Reprinted from *Seven Strategies of Assessment for Learning* (p. 113), by J. Chappuis, 2009, Upper Saddle River, NJ: Pearson Education. Reprinted by permission.

图表 5.10

学生设定目标的框架

为了在_____方面做得更好,我可以……
-
-
-

我将要首先开始做的事情是……
-
-
-

我会从_____开始做并持续做到_____。
   (开始日期)   (结束日期)

我知道我可以做得更好的一种方法是……
_____
_____

目标	步骤	证据
我需要在哪方面做得更好?	我计划怎么去做?	什么证据可以证明我达成了我的目标?

框架时间:起始时间_____结束时间_____
日期_____签名_____

Source: From *Self-Assessment and Goal-Setting*, (p. 45) by K. Gregory, C. Cameron, and A. Davies, 2000, Merville, BC: Connections. Reprinted by permission.

我如何缩小差距

策略 5:设计课程且每次聚焦于一个学习目标或质量的一个方面。你可以使用学生提供的信息来复习和分析他们的测验或测试结果,以便进行差异化教学,让学生组成学习小组,或作为整个复习的基础。

其他重点活动包含以下内容:

- 让学生使用一个题目格式来编写题目,参见图表 5.10 的例子,这个推理性题目的实例,续接了图表 5.9 中呈现的活动,并且在策略 2 中也有对该活动的描述。
- 在测试中的每道选择题后,要求学生回答"你如何知道你的答案是正确的",并划出几道横线供学生回答。在收回试卷以后,可以共同讨论正确或错误的选择。
- 将测试计划的每个单元分配给学生小组。根据他们在学习过程中产生的问题,让学生自己创编题目,并且这些题目有可能出现在正式的测试中。然后,让各小组参加彼此的测试练习。

图表 5.11

回顾和分析我的学习结果——第二版

姓名：_____　任务名称：_____　日期：_____

当您回答每一个问题的时候，请想清楚您对自己的回答有信心还是不确定，并记在相应的格子中。

问题♯	学习目标♯	有信心	不确定	正确	错误	简单的错误	没有掌握
1							
2							
3							
4							
5							
6							

我的优势：

确定您的优势领域，并写下您认为有问题的学习目标和有信心做对的学习目标。

学习目标♯	学习目标或问题的描述

我最优先考虑的学习内容：

确定你最需要学习的东西，并写下对应"没有掌握"（不是因为简单错误而答错的题）栏的学习目标的数量，然后写一个针对该目标或问题的简短描述。

学习目标♯	学习目标或问题的描述

我需要复习的内容：

为了确定你需要复习的内容，请写下你尚不确定的问题，以及那些让你犯了小错误的问题所对应的学习目标。

学习目标♯	学习目标或问题的描述

Source：Adapted from *Assessment FOR Learning：An Action Guide for School Leaders*（pp. 198，199），by S. Chappuis, R. Stiggins, J. Arter, and J. Chappuis, 2004, Upper Saddle River, NJ：Pearson Education. Adapted by permission.

- 教学生使用图形组织者作为一种工具来理解所需要的特定的推理类型。在实施策略 1 和策略 2 的活动之后,让学生为某一个特定的推理形式,创建自己的图形组织者。

我的课堂的过去与现在 5.4

金·厄本(Kim Urban)

我过去……

为了准备测试和小测验,我过去常常会对全班学生做一个整体的复习(作业单或者小游戏)。这意味着,一些已经掌握了一个概念的学生,与那些处于困境的学生,面对同样的教学材料复习相同的时间。并且,我也没有将本章中的概念(学习目标)进行区分。更确定地说,学生将从整体上来学习本章内容。不仅如此,复习也是在测试前一天的课上完成,所以学生很少有机会寻求帮助或确定他们需要帮助的地方。

我现在……

确定测试(总结性评价)的前两天,我将学习目标分解成"我能"式的一种陈述,并对学生实施形成性评价。学生必须回答问题(每一个学习目标 1—2 道题),并把他们的论文交给我。如果有错误,我提供即时性的反馈,并让学生改正,再次把论文提交给我。当学生通过形成性评价,表明他们已经掌握了一个概念时,他们就能够在这些学习目标上获得进步。学习目标进行了改正的学生,可能会受益于进一步的复习。不过,需要给那些学生提供额外的练习材料。无法进行改正的学生可以和我坐在一起,分组复习。第二天,掌握了学习目标并觉得自己准备好的学生,就可以开始他们的测试。前一天和我一起工作的学生,以及那些仍在努力掌握学习目标的学生,都会单独跟我一起进行额外的复习。他们会在第二天进行测试。

我为什么改变……

所有的学生不需要复习相同的目标,并用相同的时间进行复习。使用形成性评价,并将复习分成不同的学习目标,使我能够对学生进行分层教学。一个班有 30 个或更多的学生,形成性评价提供了一个快速的方法,让我能评价所有的学生在测试前的理解水平,并为每个学生提供个性化的帮助。

结果我注意到……

学生过去在数学课上,常常被数学某一章节的内容压得喘不过气来。现在,我向学生展示他们所掌握的学习目标,所以他们可以专注于学习那些还没有掌握的学习目标。即使学生不愿意寻求帮助,他们也会从形成性评价中受益,因为他们能收到我的反馈,并被迫改正他们的错误。测试的结果显示,学生的成绩有所提高,大多数学生对于某些他们不理解的目标,还是很愿意寻求帮助的。

Source: Used with permission from Kim Urban, 6th-grade mathematics teacher, Olmsted Falls School District, Olmsted Falls, OH, 2011.

5.5

| 学生产生的推理问题 | 示例 |

如何编写一个推理问题

这里有一个出题者用以创建选择性推理问题和答案的秘诀。

问题

这个观点提供了怎样的建议?

可能的答案

(包括正确的答案和几个错误的答案):

- 这个正确的答案是一种猜测,并能够得到文本中线索的支持。
- 一个不正确的答案是一眼就能看出来的猜测,但文本中没有充分的证据可以支持它。
- 另一个错误的答案是一种胡乱的猜测,因为文本中根本没有任何线索可以支持它。

现在轮到你了!首先,阅读课文中的指定段落。然后,与一名同伴合作,为下面的推理问题创建正确和错误的答案。

下面是该推理问题

这个选择提供了怎样的建议?

请设计一个正确的答案和两个错误的答案。你可以将答案的顺序打乱,不必将第一个正确的答案写出来。

a.

b.

c.

策略6:教学生注意修改。我们做的任何事都要让学生去实践和应用,这些实践和应用是指,他们知道自己作答的质量,或重新审视自己答案的正确性,抑或是为其他同学的作答提供建议,并使他们进行修改。在第一次练习时,可以考虑让他们回答1个或2个以下问题:"这个答案错在哪里?""可以通过什么方式让这个答案更好?"

策略7:鼓励学生自我反思,追踪并分享他们的学习。我们认为这一策略最适合于表现性评价,但它在选择性反应评价上是同样有效的。学生应该考虑使用这种方法测量他们的成就,以及知识性和推理性目标,不仅因为这两者在他们的教育中,扮演着重要的角色,也因为它们往往是学困生尚未掌握的基本目标。正如我们在第2章所述,任何需要学生反思自己学习和分享进步的活动都能改善学习,并帮助他们发展作为学习者的自我洞察力。这些都是提高学生学习动机的关键要素。

一些软件程序已经内置了一些系统,帮助学生追踪他们的进度和交流他们的结果。学生回答各种不同的问题,并得到关于自己表现的即时性反馈。他们能够监控自己的学习进度,体验观察自己成长的乐趣。对于许多学生来说,这种喜悦使他们喜欢评价过程,即使他们一开始不能获得广泛的成功,也能促使他们继续尝试。

对于学生追踪自己的学习目标的方法,我们在第9章、第11章以及第12章会继续进行分享。

有关每个策略具体的例子,针对不同年级、不同科目的学生进行的选择性反应评价,可以参见查普伊斯的相关文献(Chappuis,2009)。

总结

在本章中,我们重新回顾了这一观点,即选择性反应评价是一个很好的测量知识性和推理性学习目标的方法,只要学生的阅读能力达到读懂题目所需的水平。并且,选择性反应评价也是一种在短时间内,覆盖大量内容的有效方式。

虽然我们回顾了评价开发的所有步骤——从计划到评估最终成果,但我们也专注于创造评价蓝本,生成用于确定重要内容的命题,并遵守编写各种类型高质量的选择性反应题的原则。

最后,我们提供了具体的例子,展示如何通过选择性反应评价来实施促进学习的评价,以满足教师和学生的信息需求。这些策略集中于如何使用题目、小测验和测试来回答,关于定义促进学习的评价的三个问题:"我要去哪里?""我现在在哪里?""我如何缩小差距?"

注释

1. Portions of these writing guidelines have been reprinted and adapted from Chapter 5, pp. 91 – 119, of R. J. Stiggins, and J. Chappuis, *Introduction to Student-involved Assessment FOR Learning*, 6th ed., 2011, Upper Saddle River, NJ: Pearson Education. Copyright © 2011 by Pearson Education, Inc. Reprinted and adapted by permission of Pearson Education, Inc.

活动

本章末提供的活动是为了帮助你掌握本章的学习目标。它们的设计是为了加深你对本章内容的理解,并为合作学习提供讨论的话题,以及指导你实施本章节中所教的练习活动。

完成每个活动所需的表格和材料可参见光盘中的可编辑文档。光盘中的文档以这个符号 ⊚ 为标志。

第 5 章的学习目标

在本章的最后,你会知道如何做以下内容:
1. 为选择性反应评价编制一个评价蓝本。
2. 对选择性反应的形式做出选择。
3. 编制高质量的题目。
4. 审查选择性反应测试的质量。
5. 使用选择性反应评价计划进一步的教学。
6. 使用选择性反应评价为学生提供反馈,并帮助学生进行自我评价和设定目标。

活动 5.1　坚持写反思日记
活动 5.2　审查题目的质量
活动 5.3　创建一个测试
活动 5.4　开发一个促进学习的评价活动
活动 5.5　准备一项小测验或测试用于形成性评价
活动 5.6　反思你自己的学习
活动 5.7　选择档案袋作品

活动 5.1

坚持写反思日记

在阅读第 5 章时,坚持记录你的想法、问题和尝试实施的任何活动。

⊚ 反思日记表

活动 5.2

审查题目质量

这个活动有两个部分,第一部分是一个明确题目问题的练习,第二部分是应用图表 5.6 中选择性反应测试质量核查表,评价一个选择性小测验或测试。

第一部分:Franzipanics 测试

在阅读"步骤 5:开发或选择题目、练习、任务和评分过程"一节后,可以独立工作,或是与一名同伴或一个团队合作,对虚构的课程"Franzipanics"进行复习。你可以在没有任何有关 Franzipanics 知识的前提下,猜测正确答案。

提示:请为每道题目圈出正确答案。在没有相关知识的背景下,题目的缺陷能够让你获得正确的答案。

1. The purpose of the cluss in furmpaling is to remove
   a. cluss-prags   c. eloughs
   b. tremalis   d. plumots

2. Trassig is true when
   a. Iusp trasses the vom   c. the belgo frulls
   b. the viskal fans, if the viskal is donwil or zortil   d. dissles lisk easily

3. The sigla frequently overfesks the trelsum because
   a. all siglas are mellious   c. the trelsum is usually tarious
   b. siglas are always votial   d. no trelsa are feskable

4. The fribbled breg will minter best with an
   a. derst   b. morst   c. sorter   d. ignu

5. Among the reasons for tristal doss are
   a. the sabs foped and the foths tinzed   c. few rakobs were accepted in sluth
   b. the kredges roted with the orots   d. most of the polats were thonced

6. The mintering function of the ignu is most effectively carried out in connection with
   a. a raxma tol   c. the fribbled breg
   b. the groshing stantol   d. a frally sush

◉ Franzipanics 测试   ◉ Franzipanics 测试的答案

第二部分：评估一个选择性反应测试

现在从你的资源中选择一个简短的选择性反应小测验或测试。通过遵循"评估评价质量"一节描述的步骤，独立工作，或是与一名同伴或一个团队合作评价测试的质量。

1. 评估你的测试及其蓝本之间的匹配程度。如果它没有相应的评价蓝本，就通过活动4.5去编制一个。同时，你可以使用任何一种活动5.3中提供的活动蓝本的形式。
2. 检查每道题目是否测试了你想要的，并确认每道题目是否编写得很好。使用选择性反应测试质量核查表(图表5.6)帮你完成这一步。
3. 对文本中所描述的偏差的来源进行检查。
4. 如果需要的话，请为测试做一个修改计划。

◎ 评价蓝本表格 A　　◎ 评价蓝本表格 B
◎ 选择性反应质量核查表

活动 5.3

创建一个测试

选择你目前教学的或接下来一年，将要教学的一个短小的单元，独立工作，或是与一名同伴或一个团队合作开展这个活动。

计划阶段

1. 按照计划阶段中所描述的步骤。可以使用"评价蓝本 A"或"评价蓝本 B"，或是修改其中一个来形成自己的评价蓝本。

开发阶段

2. 采纳第5章提供的建议，在命题编写完成以后，确定要测试的内容。
3. 下一步，确定你将使用的针对每个目标的题目格式。请参考图表5.4"选择性反应题目不同题目类型的比较"。
4. 遵循编写高质量题目的指南，来创建你指定的每种类型的题目。
5. 按照本书中的指导原则整合题目。
6. 根据本书中提供的程序，检查和评估测试的质量，并按需要在使用之前进行修改。同时，你也可以使用选择性反应测试质量核查表来帮助你。
7. 如果你设计的测试用于形成性评价，请使用评价蓝本再设计第二个版本，用于总结性评价。同样，如果你创造了总结性的测试，请使用评价蓝本创建第二个版本，用于形成性评价。

◎ 评价蓝本表格 A　　◎ 评价蓝本表格 B
◎ 选择性反应质量核查表

活动 5.4

开发一个促进学习的评价活动

1. 阅读"促进学习的选择性反应评价"一节后,选择一个形成性评价的方式进行尝试。
2. 开发材料给学生使用,并注意学生在学习动机、兴趣或学业成就方面的任何变化。
3. 分享你开发的材料和你的观察活动对你的学生、同伴以及学习团队的影响。

(请注意策略4中所描述的应用说明,会在图表5.8到图表5.11中有所呈现,并在活动5.5中提供。)

◎ 汇报你尝试过的促进学习的评价活动

活动 5.5

准备一项小测验或测试用于形成性评价

这项活动是可行的,教师和学生都可以使用小测验或测试的结果,形成教师进一步的教学计划,并形成学生自我评价和设定进一步的学习目标。它有两个部分,一是准备形成性使用;二是创建学生使用的格式。

请从选择一个你准备给学生使用的选择性反应小测验或测试开始。独立工作,或与一名或多名同伴一起进行测验或测试,以完成本部分的两个活动。

第一部分:准备形成性使用

在这一点上,你需要保证两件事:一是测验或测试的题目,同你一直在进行的教学内容要完全匹配;二是你已经计划好了教学干预措施,且能够在测验或测试之后及时呈现。

对于第一个考虑,确保测验或测试的题目与你的教学相匹配,如果你已经按照第5章的指南开发了测验或测试,你会很好地处理到匹配问题。如果你正在使用一个并非自己开发的小测验或测试,可以使用活动4.4"检查学习目标是否清晰",以确保匹配的完成。

对于第二个考虑,请想想你会评价多少学习目标以及他们的复杂性。你预计学生会在评价后,需要多少修改的时间?你需要为复习以及重新授课准备什么样的课堂活动?如果我们确定了特定的资源和活动,则可用于进一步指导你正在评价的每一个学习目标。因此,请计划将独立学习和直接教学相结合,以满足不同学生的需要。

第二部分:创建格式

你可以使用两个版本中的一个。选择A,如图表5.8和图表5.9所示,比选择B更为精简;选择B则更为详细,如图表5.11所示。

在进行累积式测试时,如果学生有机会再次参加某个版本的测试,这种活动作为一种学习体验是最有效的,因为它可以指导他们为重新参加测试而学习。学生可以通过一个特定的学习计划,使用如图表5.10所示的一种形式,来跟踪他们的自我分析。

选择A

1. 确定在小测验或测试中的每道题目对应的学习目标。
2. 填写表格"回顾我的结果"的前两栏:题号和学习目标。在这个版本中,你在表格内填入实际的学习目标(使用学生容易理解的语言)。
3. 进行小测验或测试。像往常一样批改,并把它同表格"回顾我的结果"和"分析我的结果"一起发还给学生。
4. 让学生在表格"回顾我的结果"中,标记出每一个问题回答的正确或错误,然后让他们重新审视他们做错的题目,以明确错误的原因。如果他们知道他们错在哪里,并可以在没有帮助的情况下改正它们,那么就记为"简单的错误"。如果他们不明白如何正确地回答这个问题,就记为"没有学会"。
5. 现在让学生填写表格"分析我的结果"。他们开始列出自己达成的学习目标。然后,他们列出那些简单的错误,并制定一个计划,以避免这些错误再次发生。最后,他们列出没有学会或回答错误的学习目标,以便更好地学习它们。让学生思考这些问题是非常好的,但你仍旧可以给他们建议,比如让他们完成一项活动,重读文中的某个部分或对一系列问题建立新的认识。
6. 你可以使用学生自己确定的"我需要坚持学习这些目标"清单将学生分组,从而有针对性地进行教学。
7. 你也可以要求学生使用这些结果来完成一个目标设定表格。

选择B

1. 将试卷中题目所代表的学习目标进行数字编号。同时,在和学生进行分享的时候,使用学生容易理解的语言编写学习目标,并保存此列表。
2. 填写表格"回顾我的结果"的前两栏:问题数和学习目标数。对于这个版本,你写的是学习目标的编号,而不是学习目标本身,因为你会同试卷一起递交表格。
3. 将每个学生的"回顾和分析我的结果"进行复印,并与小测验或测试的试卷一起递交。
4. 当学生参加小测验或测试时,让他们在表格中标注自己对作答的每一个题目是否有信心,或自己的答案是否正确。
5. 像往常一样,对试卷进行批改,并和学习目标编号列表(来自步骤1)、表格"回顾和分析我的结果"一起发给学生。
6. 让学生在表格"回顾我的结果"中,标记每一个问题回答的正确或错误,然后让他们重新审视他们做错的题目,以明确错误的原因。如果他们知道自己错在哪里,并可以在没有帮助的情况下纠正它们,那么就记为"简单的错误"。如果他们不明白如何正确地回答这个问题,就记为"没有学会"。

7. 现在让学生填写表格的后半部分来分析他们的结果。他们首先列出正确的学习目标,并作为他们的优势。然后,他们列出还没有实现的学习目标,并将它作为最高优先事项。最后,他们列出了那些犯有简单的错误和那些他们正确的,但不清楚需要复习什么的学习目标。
8. 你可以使用学生的确认列表"我需要坚持学习这些目标"将学生分组,从而有针对性地进行教学,例如让他们完成一项活动,重读文本中的某个部分,或对一系列问题建立新的认识。
9. 如果这是一个总结性评价,并且你要为学生提供一个重新测试的机会,你可能还想要让他们,基于第一次测试的结果来完成一个目标设定表格。

◎ 回顾和分析我的学习结果,选择 A　　◎ 回顾和分析我的学习结果,选择 B
◎ 目标设定表格

活动 5.6

反思你自己的学习

　　回顾第 5 章的学习目标,选择一个或更多能代表你新的学习或最让你印象深刻的目标。如果你正独立工作,写一段能够反映你当前理解的简短反思。如果你正与一名同伴或一个团队合作,可以和他们讨论你写下的内容,或以此引发小组会议中的讨论。

◎ 反思第 5 章的学习

活动 5.7

选择档案袋作品

　　本章中的任何活动都可以作为档案袋的条目。请选择任何你已经完成的活动或创造的作品,以展示你在第 5 章中学习目标上的能力。
1. 为选择性反应评价编制一个评价蓝本。
2. 从选择性反应中做出选择。
3. 编制高质量的题目。
4. 审查选择性反应测试的质量。
5. 使用选择性反应评价计划下一步的教学。
6. 使用选择性反应评价为学生提供反馈,并帮助学生自我评价和设定目标。
如果你正坚持写反思日记,可能想将第 5 章的条目纳入你的档案袋中。

◎ 第 5 章档案袋条目封面页

第6章

书面论述式评价

一个农民失去了他全部的粮食,这其中发生了什么呢?
学生1:干旱。
学生2:洪水和暴雨破坏了田地。
　　　　干旱破坏了田地。
　　　　鸟将种子吃光了。
　　　　商业建设破坏了粮食。
　　　　这个农民没有很好地照料自己的田地。
　　　　农民破产了,所以他没办法照料自己的田地。
　　　　土壤不适合粮食的生长。

(Arter&Busick,2001,p.137)

书面论述式评价是反映学生知识、概念理解和推理能力的一扇窗户,但即使书面论述式评价能够做得很好,也只是提供了一个清晰的视角。乍看起来,一个书面论述式评价的编写可能很容易——写一个问题到底有多难?然而,正如之前的学生回答所显示的那样,如果没有仔细地考虑问题和预设得分点,我们可能无法得到我们所期待或希望的答案。

书面论述式评价包括简答题和论述题。简答题要求进行非常简短的作答,其中包括一个或有限范围的可能正确的答案。然而,论述题需要的答案长度至少包括几个句子,并且通常具有更多的可能正确或可接受的答案。在本章中,我们学习如何开发这两种类型的题目,如何准确地给它们评分,以及如何形成性地使用书面论述式评价,作为促进学习的评价。

第6章学习目标

学完本章后,你将了解到以下内容:

- 开发简答题和评分指南。
- 开发论述题和评分指南。
- 形成性地使用书面论述式评价作为教学工具。
- 创建书面论述式评价,以便学生能使用评价结果进行自我评价,并为进一步的学习设定目标。

图表 6.1

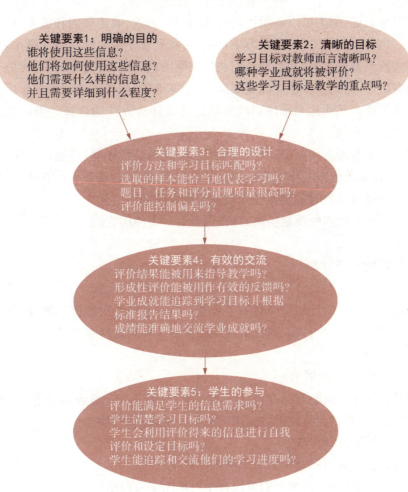

优质课堂评价的关键要素

何时使用书面论述式评价

毫无疑问,使用书面论述式评价时,第一个要考虑的问题是,想要评价的学习目标类型。书面论述式评价与知识性目标非常匹配,特别是需要评价对大量相互关联的知识的掌握程度,而不是单独地评价单个的知识时。(选择性反应评价对于单个知识的评价更有效。)例如,在科学中,我们可能希望学生解释原子如何结合形成其他物质;在社会研究中,我们可能希望学生描述导致聚居区形成的因素,以及为什么每个因素都很重要;在英语中,我们可能希望学生解释内涵和外延之间的差异。

书面论述与推理性目标也非常匹配。推理发生在人的头脑中——我们不能"看到"它是如何发生的,但我们可以要求学生用书面形式来描述他们的思考。这样,我们不仅可以发现他们知道什么,也能够知道他们理解问题的程度。例如,在数学中,我们可能会要求学生解释他们得出答案的过程;在科学中,我们可能会要求学生解释实验设计的理由。

通过书面论述,学生可以展示他们推断、分析、比较、确定原因和效果,以及评价信息的能力。例如,在"污染"单元学习中,我们可能要求学生明确问题的哪个解决方案,最有可能实现利益最大化,并解释他们选择的原因;在社会研究中,我们可能会要求学生在政治演讲中,追溯一个论点的发展脉络;在英语中,我们可能会要求学生解释诗中隐喻的含义。还有其他几个条件影响书面论述式评价方法的选择。当你在以下情况中使用它时:

- 你的学生有能力用英语写作。书面论述,尤其是论述题,可能在小学生、英语学习者,以及英语或写作上需要帮助的学生中,使用的效果不是很好。
- 你无法通过更省时的选择性反应方法获取所需的信息。
- 你知道评分指南的质量很高,且评分者会一直使用它们。

书面论述式评价的计划阶段

书面论述式评价的计划阶段有四个步骤:确定谁将使用评价结果,以及如何使用它们、确定要评价的学习目标、选择恰当的评价方法和确定样本容量。

确定使用者和使用目的

我们从回答这些问题开始计划:我们如何使用信息?还有谁会使用它?他们会做什么决定?通常,我们会将评价信息用于以下一个或多个目的:

- 作为前测来计划教学;
- 根据评价中得出的学生需求来进行差异化教学;
- 为学生提供反馈,以便他们可以在学习期间采取行动;
- 为学生提供机会进行自我评价和设定进一步学习的目标;
- 作为后测来测量最终成绩的成就水平。

这些目的中的每一个,都可以用书面论述形式来完成,只要我们在制定未来计划和做出设计决策时,牢记预期的目的。

明确学习目标

在这一步,我们只需要列出评价要测量的具体的学习目标。(如果目标太复杂或不清晰,那就先按照第 3 章概述的过程澄清或分解它。)

选择评价方法

虽然我们已经确定将使用书面论述式评价,但重要的是,确保我们已明确将知识性和推理性学习目标,作为本次评价的主题,并且使用书面论述式评价能够很好地评价这些目标。因此,回顾学习目标列表并记住它(来自步骤2)。(请参见第4章,以便深入讨论哪些类型的目标最适合采用书面论述式评价。)

确定样本容量

在这一步,我们要确定优先次序。哪个目标或主题最重要、次重要等等问题。这将作为在总体评价计划中,分配分数或等级的基础。优先次序应与教学中各种目标,或主题的时间和重点相等同。

记住,在确定每个学习目标的相对重要性时,我们有意识地将我们的评价重点,与我们在课堂上的重点相匹配。如果说,我们花了20%的时间教学,如何在一个政治演讲中,追溯一个论点的逻辑脉络,那么大约20%的评价分数应该集中在这个方面。如果只有5%的课程涉及,追溯一个论点的逻辑脉络,那么在大多数情况下,将最终评价中20%的分数用于这个方面,就会扭曲学习。

然而,如果是标准参照的评价,其中我们记录了学生在掌握一个,或多个同等重要的标准方面的表现,那么我们只需平均分配分数,即可对每个标准进行充分的抽样。

将决策计划整合到评价蓝本中。我们可以通过以下两种方式之一,创建书面论述式评价的蓝本——第4章中所述的学习目标列表或表格。

当评价比较简单时,以学习目标列表的形式编制的蓝本是有用的。样例6.1给出了第4章中描述的"声音物理学"单元中,特定学习目标的书面作答评价蓝本。

6.1

| 列表格式的评价蓝本 | 示例 |

声音物理学单元	
学 习 目 标	分 数
学习声音来源于振动,并能够被诸如人耳等接收器接收	3
理解声音的音高和声音来源的物理特性之间的关系(如振动物体的长度、振动频率、振动弦的张力)	6
利用声音物理学知识去解决简单的声音问题	3

当评价更为复杂,并且包括了知识性和推理性学习目标时,表格形式的蓝本是有用的。这些计划类似于选择性反应评价的计划,但是在如何将分数分配给每个部分方面,它们有所不同。使用选择性反应评价时,数字表示的是需要多少题目。使用书面论述式评价时,数字则表示的是每个单元的总分值。并且,分数可以来自单个题目或多于一个题目。样例6.2展示了用于"污染"单元的书面论述评价蓝本的表格形式。

教师将要测试的学习目标翻译成学生要知道的内容类别，以及他们要掌握的推理形式。内容类别在左侧栏中表示，而推理形式在顶部列出。每个单元格中的数字表示，分配给每个单元格的相对重要性。

6.2 **表格格式的评价蓝本** 示例

污染单元

内容	推理形式			总分
	了解	比较	评价	
浓度	10	0	0	10
污染物的影响	7	8	0	15
如何减少污染	6	10	9	25
总分	23	18	9	50

整个测试总分 50 分，这个计划强调了如何减少污染，要求学生依靠这样的理解来比较和评价。

书面论述式评价的开发阶段

书面论述式评价的开发阶段有 3 个步骤：设计题目、创建评分指南，以及评估整个评价的质量。如下文所述，书面论述题可以采取两种形式：简答题或论述题。它们可以设计成单独或组合的形式来评价知识的掌握程度和推理的熟练程度。评分指南可以采取 3 种形式，包括列表、特定任务型量规和通用型评价量规。对题目和评分指南的论述，可以使用书面论述式评价的质量指南（图表 6.4），以及量规的量规（将在第 7 章中介绍，并在图表 7.10 中给出）。

设计题目

相对于其他测试形式，书面论述式评价的优点之一是，设计题目更容易，并且花费的时间更少。然而，请记住，"更容易设计"并不意味着需要较少的思考，正如上文有关农民的粮食问题中反映的一样。如果我们在这个阶段不太小心那些，了解这些材料的学生可能表现不佳，而那些没有掌握这些材料的学生，可能看起来好像他们已经很好地掌握了。糟糕的书面作答题，对于学生答题和教师评分可能都是一个噩梦。

图表 6.2

题目设计可选项

简答题
- 要求一个简短的回答
- 需要一个或有限范围的可能正确的答案
- 可以用于知识性目标或某些推理性目标

论述题
- 要求一个长度至少包括几个句子的答案
- 有更多可能正确或可接受的答案
- 可以用于知识性目标或某些推理性目标

解析题
- 既可以使用简答题格式又可以使用论述题格式
- 提供知识；学生展示推理过程
- 用于推理性目标

设计简答题还是论述题

当学习目标要求对某一概念进行理解和展示，并且这一概念的含义相当狭窄时设计简答题，如学习目标"了解地球的自转导致昼夜的出现"。（一个"狭窄"的概念理解起来并不难，只需要一个简明直接的解释。）例如，学生可以用一两个句子总结段落的主要思想。

然而，如果他们正在总结的是一篇较长的文章，答案的长度可能会有一段到几段长，在这种情况下，论述题可能是一个更好的选择。对于较复杂的学习目标，因此需要更深入的解释或展示推理能力，请设计书面论述题。

设计简答题

一道简答题应简短明确，能够提供给学生足够的信息，从而得出可接受的答案。如果你正在寻找两个例子、三个实例或五个特点，把这些信息置于题目中。这里有一些例子：

学习目标：

理解不同类型的形状（例如，菱形、长方形和其他形状）可能存在共同属性（例如，有四条边）。（3 年级数学）(CCSSI, 2010c, p. 26)

正确例子：
说出菱形、长方形和正方形相似的四个方面。
错误例子：
菱形、长方形和正方形哪里相似？
这个也不对：
菱形、长方形和正方形有什么共同点？

学习目标：
理解人力资本是指劳动力资源的质量，它可以通过投资来提高。（4年级社会研究）(Council for Economic Education，2010，p. 3)

正确例子：
定义人力资本，并给出两个你如何改善自己的人力资本的例子。

错误例子：
什么是人力资本？

学习目标：
用关键性细节来描述故事中的人物、环境和主要事件。（1年级阅读）(CCSSI，2010a，p. 11)

正确例子：
谁是该故事的主角？主角是什么样的？说出在故事中帮助你知道这一点的两个细节。

错误例子：
描述主要人物。

如果你所教授的学生还不会写句子，你可以问学生问题，让孩子们口头回答。如果图片能够帮助他们思考的话，你也可以要求他们画一张画来补充答案。如果你要求他们画画，要确保你要求的画能够展示他们的想法，而不仅仅是说明主题。

学习目标：
理解白天和黑夜是由地球自转引起的。（2年级科学）

正确例子：
每个人都知道白天和黑夜。写出你认为白天和夜晚产生的原因。
画一幅画来展示你的想法。

错误例子：
解释白天和黑夜。

这个也不对：
每个人都知道白天和黑夜。写出你认为白天和夜晚产生的原因。
画一幅有关白天和黑夜的画。

设计论述题

我们在测试中都经历过要写"论文"的问题，其中一些题目可能让我们感觉非常痛苦。比如"讨论光合作用"、"分析李尔王"、"解释美国南北战争的原因"。高质量的论述题,与这些相反,会有一个非常详细的分析框架来让那些已经学会了这些知识,并且知道如何处理这些题目的学生作答。

评价知识掌握的题目。论述题要评价事实和概念性知识,需要做三件事:(1)设置一个明确的、特定的情境;(2)指出学生需要描述或解释的是什么;(3)指出适当的作答方式,而不是直接给出答案。

为了评价学习目标"了解碳循环的重要性以及它是如何工作的",我们可以设计以下题目:

1. 设置情境

   我们一直在研究碳循环的重要性,以及它是如何工作的。

在这个例子中,情境是作为对学习目标的解释而阐述的。论述题,特别是如果它们同其他题目一同被包含在一个测试中,有助于在学生使用知识框架作答时,提醒他们注意具体的知识体系。

2. 明确想要描述或解释的内容

   基于对碳循环的理解,描述为什么我们需要了解它,以及它是如何工作的。

第二部分阐述了他们所要完成的任务——学生通常是以知识或理解为学习目标,解释或描述某事物。出于两个方面的原因,这句话不止是说"描述碳循环"。首先,这不足以评价学习目标;第二,它没有给予足够的指导——描述什么?如果你想让学生描述它是如何工作的,请确保这个题目体现了你的期望。

3. 指出适当的作答方式
   一定要包括以下内容:

   - 为什么了解碳循环是重要的(5分)
   - 四个主要的储存碳的地方(4分)
   - 碳从一个地方转移到另一个地方至少有六种方法(6分)

第三部分帮助学生知道什么样的答案,将被认为是适当的和完整的;知道学习内容的学生,将能够很好地作答,而不了解的学生则无法通过猜测的方式通过测试。

知识掌握与推理相结合的题目。这类论述题要求学生用他们所学的知识进行推理,其结构与评价知识掌握的题目相似。它们也有三个组成部分,考虑到推理的增加略有改变:(1)设置一个明确的、特定的情境;(2)指定需要使用的推理类型;(3)指出适当的作答方式而不给出答案。

例如,评价6年级的学习目标"解释作者如何在文本中发展叙述者或说话者的观点",(CCSSI, 2010a, p.36),州共同核心标准文件提供了论述任务,作为一种可能的样例:"学生解释桑德拉·希斯内罗丝(Sandra Cisneros)在她的故事《十一》(Eleven)中,如何选择词句来组织这位年轻的说话者的观点。"(CCSSI,2010b,p.89)

在任务中应用我们的题目框架,它可能看起来像这样:

1. 设置情境

我们一直在研究"观点"——它意味着什么,如何在一个故事中确定它。

2. 描述推理任务

在读了《十一》这个故事之后,解释作者如何选择词句来表达年轻说话者的观点。

3. 指出适当的作答方式

选择至少三个例子。确保你解释了年轻说话者的观点是什么,以及每个例子是如何表明这些观点的。

(论述题还应包括关于如何评价它们的信息,无论是使用评分列表还是使用量规。这两个选择将在下一节中论述。)

另外一个例子,为了评价学习目标"评价人类在全球气候变化中的作用上的对立立场",我们可以创建如下题目:

1. 设置情境

有些人认为全球气候变化是一个自然发生的现象,而其他人则认为这是由人类活动造成的。

2. 描述推理任务

分析我们研究过的证据以支持每一个观点。决定你认为哪一方的观点更有说服力。论述你判断的原因。

3. 指出适当的作答方式

为此,要从地质历史、排放的历史和水平,以及政治和经济利益方面的证据进行考虑。

这里有两个更简单的例子:

- 以备忘录的方式向缺席的学生解释今天学习的数学公式。
- 创建包含图表和（或）插图的详细说明来教学年龄较小的学生，如何阅读等高线图。

设计解析题。 解析题能够让你评价学生，对于某一特定的推理形式的掌握程度，而不是学生对先备知识的掌握程度。正如你在第4章中读到过的，我们通过提供关于给定主题的背景信息的段落、表格、图表或地图，然后要求学生写出论述来展示有针对性的推理形式，例如，描述某些关系、进行比较、做出分析或创建和充实类别。

解析题也需要做三件事：(1)设置情境；(2)描述推理任务；(3)指出适当的作答方式，而不是给予过度帮助。

为了评价学习目标"概括文本"，我们可以创建这个题目：

1. 设置情境

   我们一直在学习如何写一个摘要——简要说明文本的主要思想。

2. 描述推理任务

   阅读完毕(提供的文本)后，写一段话概括文章的主要观点。

3. 指出适当的作答方式

   在你写的段落中，一定要做到以下几点：
   - 只关注主要观点(2分)
   - 包含能涵盖主要观点的足够信息(2分)

   或你写的段落将被所附的总结性量规评价。

常见问题解答6.1

分析

问题：
一些从单词分析开始的学习目标，似乎比"检查某个事物的组成和结构"更为重要。我们如何知道我们应该教学和评价什么呢？

回答：
当一个学习目标从单词"分析"开始时，它也经常要求学生做一些组成或结构的分析。你必须考虑整个目标，以确定所需的推理程度。基本上，你必须**分析**一个分析性目标，从而知道应该教学和评价什么。

> 例如，6年级州共同核心标准中的阅读要求：
> 详细分析一个关键的人物、事件或观点是如何被介绍、说明和阐述的（例如，通过例子或轶事）。(CCSSI,2010a,p.39)
> 在这种情况下，我们建议的分析方式是：
> 解释一个关键人物是如何被介绍、说明和阐述的，并用文本中的例子或轶事来支持你的解释。

提供选择

通常情况下，我们建议你不要提供选择，在相同的学习目标中，选择并不都能够提供可比较的证据。无论使用何种评价方式，特别是在总结性评价的情境下，这个问题应该是"你能达到一致认可的目标吗"，而不应该是"哪个（或哪一部分）目标是你最有信心可以达成的?"或"你最感兴趣的目标是什么?"

当学生选择自己的表现样本时，它可能是带有偏差的，因为他们会避免透露他们还没有掌握的内容。如果他们不知道的内容，对于掌握接下来会发生的事情，是必不可少的，我们便不会知道它，学生也不会学习它。然而，在形成性评价的情境中，我们可以宽容一点，因为我们希望学习上的关键差距，将会在反复的诊断性评价过程中被揭示出来。

图表 6.3

书面论述题评分指南可选项
特定任务列表——一个可能正确的答案或答案所需特征的列表，以及如何评分的信息
特定任务型量规——描述单个题目或任务答案的质量特征的标准
通用型量规——描述多个题目或任务答案的质量特征的标准

创建评分指南

同样不足为奇的是，成功地使用书面论述式评价的关键是，有明确和适当的标准来判断学生的回答质量。我们建议你不要使用"浮动性标准"，即评价者视回答的情况来决定，什么样的答案可以得分以及如何评分。因为浮动性标准破坏了评价的有效性和可靠性。教师和学生都需要事先明确哪些方面的回答是重要的——这是在开发高质量题目的过程中必不可少的要求。在本节中，我们将解释三个评分指南的可选项，并描述应该如何创建它们。

评分指南的可选项

评分指南只是一种为答案中具体内容分配分值的简单方法。三种针对书面论述题的适当的评分指南是：评分表、特定任务型量规和通用型量规。

评分表。评分指南的评分表形式，确定了可能的正确答案或答案所需的内容，以及指定某个答案的分值。使用评分表时，题目的答案包括几个部分，每一个部分代表一个特定类别的知识或对知识的推理。

对于一道要求学生举出一些例子的题目，如 20 世纪西班牙文学和政治可能的相互影响，评分指南可能看起来像这样：

> 每个例子 3 分，最多 9 分：
> 　关于杰出小说家的推断质量。
> 　关于政治讽刺主义者的推断质量。
> 　关于西班牙著名政治人物的推断质量。

对于一道要求学生解释克雷布斯循环的题目，评分指南可能看起来是这样的：

> 以下内容每点 1 分，最多 5 分：
> 　循环描述了细胞产生能量反应的环境。
> 　循环发生在线粒体中。
> 　循环消耗氧气。
> 　循环产生作为废物的二氧化碳和水。
> 　循环中 ADP 转化为高能 ATP。

对于一道要求学生解释碳，如何从一个地方迁移到另一个地方的题目，评分指南可能看起来是这样的：

> 以下内容每点 1 分，最多 6 分：
> 　碳通过光合作用从大气中转移到植物里。
> 　碳在冷的地方从大气中溶解到海洋中。
> 　碳在热的地方从海洋中蒸发到大气中。
> 　碳通过火从陆地转移到大气中。
> 　碳通过火山喷发从陆地转移到大气中。
> 　碳通过燃烧化石燃料从陆地转移到大气中。
> 　碳通过海洋侵蚀从陆地转移到海洋中。
> 　碳通过植物或动物的衰变转移到地面或沉积物中。

示例 6.3 展示了论述题及其评分表。

创建评分表。因为一个评分表仅仅是，对一个特定信息及其分值的描述，所以创建一个评分表是比较容易的。但请注意，在最后两个例子中，正确的答案是以"命题"形式出现的，我们曾在第 5 章中解释过。遵循第 5 章中创建命题的步骤，是创建一个正确答案评分表的一个比较好的方法。另一种有用的评分表格式，是描述正确答案的特征。示例 6.3 展示了一个针对数学书面论述题的特定任务列表。

6.3 示例：以列表来评分的论述题

列表评分

"标示图表"（3 年级）

内容标准：画一个比例柱状图来代表数据的几个类别（CCSSI，2010c，p. 25）。

学习目标：
知道如何在数轴中制作等间距的刻度表
解释柱状图中的数据

论述题：
柱状图可以用来比较事物。这张图中有四个柱形。柱状图可能比较的是什么内容？
1. 把数字和标示填入图中，说明你的意思。
2. 给你的柱状图命名，帮助我们知道它比较的是什么内容。

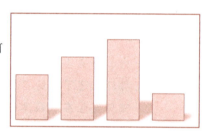

评分表
总分：8 分
1 分：每个柱形的 X 轴下方都填有标示。
1 分：标签明确了可比较的类别。
1 分：Y 轴标有等间距刻度。
1 分：标题能够准确传达比较的意义。
4 分：能够准确地列出每个比较内容（列出一条得 1 分）。

分享评分表。测试题目应该传达给学生，在高质量的答案中什么是最重要的，因此它应该包括学生填写的答案，是如何被评分的。在第一个"西班牙文学和政治"的例子中，我们建议出题时应该加入评分表。然而在第二个和第三个例子中，评分表是答案的关键，所以我们不建议将它包含在题目中。相反，在第二个"克雷布斯循环"的例子中，题目里可能应该包含这样的描述："每正确描述一个关键特征得 1 分，总共最高可得 5 分。"第三个"碳循环"的例子，它可能看起来像这样："每正确描述其中的一个解释得 1 分，总共最高可得 6 分。"

量规。以量规形式呈现的评分指南是比较详细的，它可以用来描述高质量的答案应具备的特征。在量规中，答案的特征可以从不同的层次来呈现，表示从"新手"到"熟练"，或从"弱"到"强"的连续体。这些层次可用词汇、符号或数字来表示。在量规中，不同的掌握水平相当于不同的分数。

量规有两种基本形式,即特定任务型量规和通用型量规。特定任务型量规描述了在单个题目或任务中,高质量的答案所应具备的特征。示例6.4展示的量规,就是用于评价学习目标"从图表中解释数据"这一任务的。它只能用来给一道题评分,因此它被称为特定任务型量规。通用型量规适用于多个题目或任务。示例6.5展示的量规,可以用于对测试学生从图表中,解释信息的能力的任何任务进行评分。它是通用量规,因为它具有超越任务的概括性。

我们建议在面对实际问题时,更多地使用通用型量规,而不是特定任务型量规,这有几个方面的原因:

特定任务型量规不能提前给学生,因为这样会泄露"答案"。

你必须为每个任务创建一个新的量规。

在特定任务型量规中,很容易为一些对于特定任务而言特殊的部分给分,但是这些部分对于实现学习目标并不是必需的。

然而,有些时候使用一个特定任务型量规是有意义的。

> 记得在第3章和第4章中,当对有效写作的特点进行评价时,我们将学习视为成果性目标,并采用表现性评价的方式进行评价。

6.4

| 解释图表意义的特定任务型量规 | 示例 |

这个量规是针对一个特定任务的一个示例。它只能用于一个任务,即名为"去上学"的数学问题(在这里没有列出)。

4分:
能够正确标示图表中的五个信息。能够表明格雷厄姆和保罗骑自行车上学。并且,针对这些结论是如何得出的,还能够提供准确和完整的解释。同时,作为答案的一部分,还能标明苏珊是走路上学,而彼得是开车上学。

3分:
能够正确标示图表中的四到五个信息。能够表明格雷厄姆和保罗骑自行车上学。并且,推论是正确的,但不够完整,需要进行解释。可能在答案中也包含了苏珊走路上学以及彼得开车上学。

2分:
能够正确标示图表中的三个信息。能够表明格雷厄姆和保罗骑自行车上学,但选错了题目中其他人的上学方式。部分推理是正确的,但也包括错误推理。可能在答案中也包含了有关苏珊和彼得上学方式的错误推理。

1分:
能够正确标示图表中的一到两个信息。能够表明格雷厄姆和保罗骑自行车上学,但选错了题目中其他人的上学方式。部分推理是正确的,但也包括错误的推理。可能在答案中遗漏了有关苏珊和彼得上学方式的信息,或进行了错误的推理。

0分:
不能正确标示图表中的信息。没有选对格雷厄姆和保罗的上学方式。如果进行了推理,也是错误的。

6.5

解释图表意义的通用量规 — 示例

这是一个通用量规的例子。它对判断解释图表类题目的答案是有用的。

4 分：
解释图表中信息，并从中得到正确的答案。同时，对如何得出结论，还提供了准确和完整的解释。

3 分：
解释图表中信息，并从中得到正确的答案。同时，对如何得出结论，还提供了准确的解释。但解释是不完整的，需要进一步阐释。

2 分：
解释图表中信息，并从中得到部分正确的答案。同时，对如何得出结论，提供了部分准确的解释，但也包括错误的推理。解释也可能是不完整的，需要进一步阐释。

1 分：
解释图表中信息，并从中得到部分正确的答案。如果提供了解释，则包括错误的推理，且不支持所得出的正确结论。

0 分：
提供不正确的答案。并且，如果提供了解释，也是错误的推理。

创建特定任务型量规

特定任务型量规适用于评价对概念的理解。以一个 2 年级的学习目标："明白地球的自转导致白天和黑夜"为例，我们可以创建一个特定任务型量规。

编写特定任务型量规，我们要重温选择性反应评价中提及的方法。首先我们得创建一个命题——能够准确表述对概念理解的句子——由此我们确定哪些是对命题的片面理解、误解以及缺乏理解。这些会成为我们量规中的不同水平。

以下是为题目"昼与夜"设计评分量规的过程，参见示例 6.6：

1. 创建一个命题——一个能够准确表述对概念理解的句子。

命题

"白天和黑夜的发生是因为地球转动，所以地球的同一侧不总是面向太阳。"

2. 有些答案是对命题的片面理解，请辨别它们的典型特征。也可以将不太明显的误解包含进去，只要不违背概念的中心思想。

片面理解的表述

"因为月亮和太阳位于地球的不同侧面，所以产生了白天和黑夜。"
"地球旋转首先面向太阳，然后面向月亮。"

(这些都是对命题的片面理解,因为确实是地球的自转造成了白天和黑夜,但地球是否面对月亮,并不是造成昼夜转换的原因。但是,这一误解与地球的自转是不矛盾的。)

3. 有些答案是对命题的误解或缺乏理解,请辨别它们的典型特征。也要辨别任何极端的误解,这些误解违背了命题的核心观念,我们称之为"致命的缺陷"。

误解的表述

"白天和黑夜产生的原因是因为太阳在天空中移动。"(这也是"致命的缺陷")

4. 确定评分量规的不同水平

水平:

"2 分"、"1 分"和"0 分"

6.6 以特定任务型量规来评分的简答题 —— 示例

"昼与夜"(2 年级)

学习目标:

理解地球自转导致了昼夜转换。

题目:

每个人都知道昼与夜,请论述你对昼与夜形成的认识。(给出至少 4 行答案。)

请画一幅画来展示你的想法。(在 5×5 的框中作答。)

评分指南:

2 分:

答案中包含地球在自转的过程中,同一侧不总是面向太阳的。

例如,"地球每 24 小时转一圈,其中 12 个小时我们面向太阳。"

1 分:

答案涵盖了月亮和太阳在地球不同的两边,地球在自转过程中面向月球和太阳的其中一个,再转向另一个。答案中没有任何暗示太阳的移动。

例如,"在白天,我们面向太阳,但在晚上,我们转而面向月亮。"

0 分:

答案表明,太阳的移动造成白天和黑夜(可能是通过天空)。

例如,"太阳移动,为月亮让路。"

Essay 3: "Day and Night" reprinted from *Exemplary Assessment Materials-Science* (p. 15), by Australian Council for Educational Research, Ltd., 1996, Hawthorn, Victoria, Australia.

对许多特定任务型量规而言,一般划分为三个水平比较合适。你可以使用此公式创建一个量规:

2 分 = 答案反映了_____(填入的句子显示了对命题的完整理解)。

1 分 = 答案反映了_____(填入的句子显示了对命题的片面理解)。

0 分 = 答案反映了_____（填入的句子显示了因对命题缺乏理解、完全误解或片面理解产生了"致命的缺陷"）。

请注意，在样例 6.6"昼与夜"中，一个水平可以包含片面的理解以及误解，并仍然可以获得部分分数，但如果它提及太阳的移动，便得不到分数，因为这被认为是在理解概念时的一个"致命的缺陷"。出现一个致命的缺陷便无法得到分数。

一个三级量规（"2"、"1"和"0"）是一个用以给出 2 分、1 分和 0 分的一种形式。如果概念理解不是太复杂的话，这一量规可以在简答题或论述题中使用。

对于那些具有更多变量的概念理解，可以按照这个形式设置四个水平：

3 分 = 答案反映了_____（填入的句子显示了对命题的完整理解）。

2 分 = 答案反映了_____（填入的句子显示了对命题的片面理解，也可以在论述中包含这个水平内的简单误解。）

1 分 = 答案反映了_____（填入的句子显示了对命题的片面理解以及一些误解，但是不包含"致命的缺陷"）

0 分 = 答案反映了_____（填入的句子显示了因对命题缺乏理解、误解或片面理解产生了"致命的缺陷"）

一个四级量规（"3"、"2"、"1"和"0"）是一个用以给出 3 分、2 分、1 分和 0 分的一种形式。这种形式最好用在论述题中。但是，如果你发现自己很难清楚地区分 2 分档和 1 分档，你可以将其合并成一个三级量规。

常见问题解答 6.2

量规的不同水平

问题：

有时候，我们看到的五级量规仅仅有第 5 级、第 3 级和第 1 级有定义。这样的量规和三级量规的定义有什么区别？

回答：

第一个区别是，五级量规有五个不同的水平，而三级量规只有三个不同的水平。五级量规通常用于具有不同评分量表，以及更复杂的学习目标，如六大特征写作量规。它针对写作的六个不同的方面，每个方面都有一个单独的评分量表，被称为"六大特征"，分别是观点与内容、组织、语音、选词、句子流畅性和习惯用法。每个特征都有自己的五级量表。在每个特征中，不同的方面被描述为第 5 级水平、第 3 级水平和第 1 级水平。例如，在"组织"这一方面的量规包含了三个不同水平，分别用不同的短语描述：引入的质量、思路的顺序、转折的使用、论述的步调和结论的质量。学生可以在这些方面，而不是其他方面做得更好。所以，量规的目的是让你根据相邻层次的特征，给那些论文打"4 分"或"2 分"。它使我们不必非要指定一个和我们面前的作品并不匹配的量规。

第 7 章提供了对这些量规的进一步解释。

创建通用型量规

无论在评价时是采用评分表还是量规的形式,我们经常使用特定任务型量规来评价学生对知识的理解,但这并不是我们唯一的选择。我们也可以使用通用型量规来分配分数,评价学生对知识体系内任何概念的理解。

我们可以使用特定任务型量规的方法来创建一个对概念理解的通用型量规。我们不使用与内容相关,包含对核心概念的理解、片面理解、误解或缺乏理解的表述,而使用通用的描述:

2 分 = 证据显示学生对概念完全理解。

1 分 = 证据显示学生对概念片面理解,并且没有严重的误解。

0 分 = 证据显示学生因对概念缺乏理解、完全误解或片面理解产生了"致命缺陷"。

或

3 分 = 证据显示学生对概念完全理解。

2 分 = 证据显示学生对概念片面理解,或存在少量比较简单的误解。

1 分 = 证据显示学生对概念片面理解与严重误解,但没有"致命缺陷"。

0 分 = 证据显示学生因对概念缺乏理解、误解或片面理解产生了"致命缺陷"。

如果我们使用解析题来单独评价推理,那么我们需要的只是针对所评推理形式的通用型量规,如示例 6.7 所示的通用型量规,以及示例 6.8 所示的评价分析的量规。你可以在光盘内第 6 章文件中,找到其他的量规用来评价推论、分类、比较、综合和评价。

6.7

通用型评分量规	示例

2 分:
- 陈述的证据是真实的证据,并将应用范围有逻辑地扩展到更多的情况。

1 分:
- 陈述的证据是真实的,但可以应用的情况范围过广,以至于无法得到证据的支持(过分概括)。

0 分:
- 陈述的证据是真实的,但在应用于其他例子上出现了错误。
- 陈述的证据是真实的,但并未尝试将其应用于其他情况。
- 陈述的是不真实的证据。

如果我们同时也评价学生对题目所给知识的推理,那情况就不同了。在这种情况下,我们不但需要评价内容知识的方法,也需要评价推理形式的方法。例如,如果论述题要求学生做一个基于文本的概括,你可以用特定任务型量规来评价他们对内容的理解,然后用一个通用型量规分析他们概括的质量,正如示例 6.7 所展示的一样。从零开始开发通用型量规的过程,会在第 7 章中进行解释。

6.8

评价分析的量规			示例

定义：分析是指检查某事物的组成或结构，以确定这些部分之间是如何相互联系的，或它们是如何组成一个整体的。

掌握良好	有待改善	仍在初始阶段
答案揭示了对概念全面、准确的理解，知道部分是如何组合在一起并形成整体的，能够辨别问题中的重要信息，或某个过程中步骤的顺序代表了问题的本质，应对这一顺序及其为何重要有一个清晰的理解。可以通过以下句子来表述： • 对要素、成分或步骤能够进行具体和适当的引用 • 对大多数要素、成分或步骤能够进行正确和相关的描述 • 能够找到部分或步骤之间正确的联系或关联 • 正确使用词汇	学生能够理解一些组成部分，但对问题的理解不准确或和准确的理解之间有差距，并且这种不准确和差距是比较明显的。这就是说，学生对问题的关键部分、一个问题中的重要信息，或过程中的具体步骤有一个整体的了解，但缺乏对每一个组成部分的关键性理解。可以通过以下句子来表述： • 准确辨别和讨论一个部分的要素、成分或步骤 • 只对某些要素、成分或步骤进行准确的描述 • 对有些部分之间关系的描述是正确的，有些是不正确的 • 有些词汇使用不正确	学生对于组成部分有肤浅的或不准确的理解，对于部分是如何组成一个整体没有正确的认识，不能正确地辨别解决问题所需的信息，或对过程中的步骤没有准确地理解，也不懂为什么顺序是重要的。可以通过以下句子来表述： • 将描述对象、问题或事件视为一个模糊的整体，很少涉及要素、成分或步骤 • 对大多数要素、成分或步骤进行不准确或不相关的描述 • 大部分词汇使用不正确

Source: Adapted from *Introduction to Student-involved Classroom Assessment*, 6th ed. (p. 53), by R. Stiggins and J. Chappuis, 2011, Upper Saddle River, NJ: Pearson Education, Adapted by permission.

我们推荐通用型量规来评价各种推理形式的质量，因为它们可适用的范围很广：
- 你可以提前分享给学生，帮助他们了解高质量的回答应该是什么样的。
- 你可以使用它们向学生提供有关练习的反馈，强调他们的优势和需要改进的地方。
- 学生可以在练习的时候自我评价，评估自己的优势和需要改进的地方。
- 学生可以向自己的同伴提供反馈。
- 你可以在所有不同类型的推理任务中一次又一次地使用它。

评估书面论述式评价的质量

检查题目质量的一个好办法就是，你自己试着写出完整的或高水平的答案。如果你可以做到，你的题目可能就是重点突出的。如果你做不到，题目就还需要修改。或你可以让你的同事做一下你的题目，讨论题目和它的评分指南是否需要修改。

我的课堂的过去与现在 6.1

凯莉·戴伊（Kelly Dye）

我过去……

在测试和小测验中，我会基于我的想法和标准，在批阅论述题或简答题时，给出 4 分、3 分、2 分、1 分和 0 分等不同分数。我会批改学生的答卷，在发回的时候附带一个量规。我们会简单地讨论并且我会附上意见，告诉学生他们的答卷中哪些做得好，哪些需要改进。

我现在……

学生通过练习以及互评来学习，如何回答论述题和简答题。我向他们展示了同一道题目的好答案和差答案，我们讨论标准以及答案的分值。并且，学生有机会练习自己回答问题。我把它们扫描到电子白板中，并匿名呈现，我们以班级为单位对其进行整体评价。同时，他们可以两两结对评价、组内评价或全班评价。

我为什么改变……

我认为让学生参与是让他们理解，并聚焦于学习目标的关键。我认为学生需要在学习中扮演更积极的角色，以获得在学习和学业上的成长，并克服自身的困难。当他们承担学习的所有权和责任时，他们更有可能在学习中实现自我并建立自信。

结果我注意……

学生对学习目标有更清晰的认识，并在回答论述题和简答题时能够做得更好。经常练习评分和反复将优劣答案公布，使他们能够更好地评价自己的学习。不仅在我的教室里，而且在面对国家测试时，学生都能够更准确地回答这些类型的问题。

Source: Used with permission from Kelly Dye, 6th-grade mathematics teacher, Olmsted Falls City Schools, Olmsted Falls, OH, 2011.

如果你的评分指南采用的是通用型量规的形式，你可以使用量规的量规（在第 7 章中图表 7.10 中展示）来检查它的质量。

记住，书面论述式评价有可能是偏差的来源。图表 6.4 总结了在设计论述题和评分程序时要考虑的因素。回答这些问题有助于编写有效的、高质量的题目，并且这些题目能够避免偏差和扭曲。

书面论述式评价的使用阶段

使用阶段有 2 个步骤：实施并为评价打分；必要时进行修改以备将来使用。

实施并为评价打分

即使是最好的计划也不能解决评价中的所有问题。在你实施评价时,要注意两件事情:

- 学生有足够的时间来完成他们的答案。如果学生没有机会完成每道题,他们的分数将不能反映出他们所学的情况。因此,要注意大量未完成的题目。
- 学生会要求解释某道题的含义。将超过一两个学生要求解释的题目记录下来。下次使用这套题目时,澄清题目要求或澄清题目本身。

必要时进行修改以备将来使用

在批改试卷时,请将你预料之外的比较难的题目记录下来。在你实施、评分和解释评价后,如果这些题目有缺陷,你将清楚地看到它们,然后在将来使用之前对其进行修改。你也会注意到对于特定的目标而言,可能任何教学都会略显落后,这可以让你重新教授你目前的学生,并修改你来年的教学计划。

图表 6.4

书面论述式评价质量指南

题目的质量
- 论述题是评价这个学习目标的最佳方法吗?
- 题目是否需要有针对性的答案?
- 是否清楚呈现了所要使用的知识?
- 是否清楚呈现了评价所要论证的推理(如果有的话)?
- 该题目本身的撰写,是在尽可能低的阅读水平上——能够让所有学生都明白他们需要做什么吗?
- 学生的英语写作水平是否足以向你展示他们所知道和能做的事情?
- 无论学生的知识或推理水平如何,题目里是否有任何内容可能会让一些学生处于不利的地位?
- 题目的数量是否足以为衡量学生对学习目标的掌握程度提供证据?

评分指南的质量
- 对于答案的知识方面,如何分配分数是否清晰?如果使用的指南是特定任务型量规,题目是否清楚地对该量规的最高水平所描述的特征提出要求?
- 对于答案的推理部分(如果有的话),量规是否在最高水平上捕捉了高品质思维的本质?是否在较低水平上识别了推理上的缺陷?
- 评分指南是否足以代表学习目标的意图?

评分考虑因素
- 要评分的题目总数(在评价时间内学生回答的题目数量),是否限制了评分者在合理时间内可以准确评价的数量?
- 如果评分指南是由一个以上的评分者一起使用,评分者是否一起工作以确保评分的一致性?

> **我的课堂的过去与现在 6.2**
>
> 米歇尔·巴克(Michele Buck)
>
> **我过去……**
> 我过去常常在总结性评价之后向学生展示作业样例。
>
> **我现在……**
> 现在,我开展了一个活动,我们称之为"儿童评分营"。首先,学生完成根据特定的学习目标创建的数学题目,这些题目的内容是现实生活中的问题。在完成前测之后,学生和教师使用学生的测试结果,创建一个量规来评价学生的答案。最后,孩子们讨论每一道数学题的优缺点,然后对这个评分模型进行评价。当"儿童评分营"活动完成后,学生练习并给额外的练习题进行评分。
>
> **我为什么改变……**
> 我改变了我的教学重点,包括开展形成性评价和澄清学习目标。我发现,我的许多学生质疑我,为什么要在章节测试中使用论述题。一些学生甚至不愿意尝试回答应用题,因为他们不能将一个数学技能和现实生活中的数学故事联系在一起,也不知道它们之间是如何联系的。
>
> **结果我注意到……**
> 现在我的学生了解如何阅读一道题,并确定他们需要在答案中包含哪些内容,以获得一个完美的分数。最重要的是,学生现在知道他们为什么会失分。在教学中清晰的学习目标能够直接影响学生的成绩,因为在总结性评价中,我的学生都获得了更高的分数。
>
> Source: Used with permission from Michele Buck, 6th-grade mathematics teacher, Olmsted Falls City Schools, Olmsted Falls, OH, 2011.

促进学习的书面论述式评价

正如我们所见,在我们的评价过程中,通过帮助学生回答"我要去哪里?""我现在在哪里?""我如何缩小差距?"这三个问题,学生的学习动机和学业成就都得到了提升。以下是使用书面论述式评价练习促进学习的评价的一些建议:

- 让学生参与编制与将来的测试题目类似的题目。这能帮助他们学会以重要的内容为中心,并充分理解推理形式,以便他们能够将其纳入练习题目。如果他们进行这样的练习,并和同学互评题目以及答案,那么,你和学生都能获得关于他们已经掌握和尚未掌握的内容的有用信息,从而更好地达到规定的标准。
- 为学生提供练习题,看看他们是否可以将其放在测试计划适当的单元格中。然后让他们阐释自己的观点。
- 设计书面论述式评价,使其能够作为对学生的反馈。学生能根据这些结果进行自我评价,根据他们所掌握的知识以及还需学习的东西,为进一步学习设定目标。使用通用型量规而不是特定任务型量规作为教学的工具。学生不能通过使用特定任务列表或量规来改进他们的答案,因为它们概括了某个特定学习目标的确切答案。然而,他们可以使用通用型量规,比如推理形式,来指导他们作答。我们将在第 7 章的结尾为使用量规提供更多的建议。

- 提供样题,并让学生针对这些题目练习互相评分。通过一个学习单元来重复这一过程,学生可以从中观察自己的进步。给学生列出可能产生的误解,并设计教学以解决这些误解。学生可以纠正每个误解,在列表中写上日期,并写出正确的理解(见样例 6.9)。

我的课堂过去与现在 6.3

杰夫·欧维贝(Jeff Overbay)

我曾经……

在过去,我会使用混合的课程材料作为教学的指南。我从来没有自信地认为,我的教学覆盖了必要的内容,或我的课堂是有效的。对于教学而言,这只是一个部分有效的方法。我的教学中一直有学习目标,但有一个明确的学习目标,对我自己和我的学生而言,似乎总是遥不可及。

我现在……

我现在使用分解的标准去设计一个适合学生学习目标的自我评价。原有的目标被分解成知识性、推理性和技能性目标。

知识性目标:"我需要知道些什么?"		
是的 1. _____	不是 _____	1. 我可以举一些例子,说明生物能够在环境中生存。
推理性目标:"我可以用我所知道的做些什么?"		
1. _____	_____	1. 我可以使用模型来展示在生态系统中能量是如何传递的(食物链、食物网和能量金字塔)。

我为什么改变……

学习目标的使用确保了评价的准确性。这些目标变得更加清晰,并且它能够指导学生每天的学习。

结果我注意到……

学生现在知道自己前进的方向,也能够按照要求进行自我评价。这个过程有助于学生快速认识到他们面临的困难。这些模板也可以用来作为创建更准确的评价的指南。它们实际上已成为设计评价的指南。

Source: Used with permission from 7th/8th-grade science teacher Jeff Overbay, Bell County School District, Pineville, KY, 2011.

6.9

修正误解		示例

误解	日期	修正
1.		
2.		
3.		

Source：Reprinted from *Seven Strategies of Assessment for Learning*（p.133）by J. Chappuis，2009，Upper Saddle River，NJ：Pearson Education. Reprinted by permission.

关于不同年级和科目的书面论述式评价，更多例子可参见查普伊斯的著作（Chappuis，2009）。

总结

书面论述式评价非常适合评价对概念的理解、扩展的知识体系和推理性学习目标。我们通过8个步骤创建这些评价，并深入关注了开发阶段。如果有的话，题目需要明确学生在发展他们的答案时，所需要使用的知识和推理形式。它们还需要指出在呈现的答案中，哪些部分可以得分，并在不泄露答案的前提下，指出正确的作答形式。题目必须避免其他潜在的偏差和扭曲，如题目说明不明确、说明对阅读水平的要求过高，以及可能使任何群体不利的特征。评分程序和评分指南必须随着题目的发展而发展。我们探讨了三种可供选择的评分指南：评分表、特定任务型量规和通用型量规。前两个最常用于，对必须存在于正确论述中的内容知识提出要求，而第三个用于评价推理形式。我们也提供了通用型量规的例子。我们为使用以论述题作为促进学习的评价策略总结了一些建议。在书面论述式评价过程中，学生分享他们自己创建的题目，并负责任地进行评分。这些策略能够将评价和教与学结合起来，从而最大限度地提高学生的学习动机和实际成就。

198 **活动**

本章末提供的活动是为了帮助你掌握本章的学习目标。它们的设计是为了加深你对本章内容的理解,并为合作学习提供讨论的话题,以及指导你实施本章节中所教的练习活动。

完成每个活动所需的表格和材料可参见光盘可编辑文档。光盘中的文档以这个符号为标志。

第6章的学习目标

在本章的最后,你会知道如何做以下内容:
1. 开发简答题和评分指南。
2. 开发论述题和评分指南。
3. 形成性地使用书面论述式评价作为教学工具。
4. 创建书面论述式评价,以便学生能使用评价结果进行自我评价,并为进一步的学习设定目标。

活动 6.1　坚持写反思日记
活动 6.2　评估书面论述式评价的质量
活动 6.3　创建简答题和评分指南
活动 6.4　创建论述题和评分指南
活动 6.5　应用促进学习的评价策略
活动 6.6　反思你自己的学习
活动 6.7　选择档案袋作品

---

199 **活动 6.1**

坚持写反思日记

在阅读第6章时,坚持记录你的想法、问题和尝试实施的任何活动。

反思日记表

活动 6.2

评估书面论述式评价的质量

独立工作,或是与一名同伴或一个团队合作开展这个活动。如果与你合作的人熟悉所评价的内容,这会有所帮助。

1. 从你教过或将要教授的单元中,选择一个已经开发好的作业或测试,包括简答题和论述题。这些题目可以是由你自己或另一个教师所开发的,或直接取自教育局文件或出版物。
2. 自己写出作业或测试中每道简答题和论述题的答案,或与同事进行交换评价,并回答彼此的评价题目。请使用任何一种提供的评分指南为你的答案评分,并讨论任何在回答题目或使用评分指南时所遇到的困难。
3. 回顾开发简答题和论述题的指南,然后使用图表 6.4"书面论述式评价质量指南"中的核查表,来检查每个题目和评分指南的质量。
4. 如果这个活动揭示了一道或多道题目的缺陷,请修改并重写它们。
5. 如果这个活动揭示了一个或多个评分指南的问题,请修改并重写它们。

◎ 评估论述式评价的质量　　◎ 论述式评价质量指南核查表

活动 6.3

创建简答题和评分指南

独立工作,或是与一名同伴或一个团队合作开展这个活动。如果与你合作的人熟悉所评价的内容,这会有所帮助。

1. 阅读"设计简答题还是论述题?"一节后,选择一个或多个比较适合简答题的学习目标。
2. 按照"设计简答题"一节的指南,设计一道或多道简答题,以评价你选择的学习目标。
3. 按照"评分指南的可选项"一节中,关于何时采用何种评分指南的建议,为每道题选择一种评分指南(评分表、特定任务型量规和通用型量规)。
4. 按照你所选择的评分指南的类型进行教学。
5. 使用图表 6.4"书面论述式评价质量指南"中的核查表来检查你的题目的质量,并根据需要修改题目。
6. 请同事回答你的题目,然后用你创建的评分指南来评分。并且,请讨论任何在回答题目或使用评分指南时遇到的困难。
7. 根据需要再次修改题目和评分指南。

◎ 简答题和评分指南的模板　　◎ 论述式评价质量指南核查表

活动 6.4

创建论述题和评分指南

独立工作，或是与一名同伴或一个团队合作开展这个活动。如果与你合作的人熟悉所评价的内容，这会有所帮助。

1. 阅读"设计简答题还是论述题"一节后，选择一个或多个比较适合论述题的学习目标。
2. 按照"设计论述题"一节的指南，设计一个或多个论述题，以评价你选择的学习目标。
3. 按照"评分指南的可选项"一节中，关于何时采用何种评分指南的建议，为每道题选择一种评分指南（列表、特定任务型量规和通用型量规）。
4. 按照你所选择的评分指南的类型进行教学。
5. 使用图表 6.4"论述式评价质量指南"中的核查表来检查你的题目的质量，并根据需要修改题目。
6. 请同事回答你的题目，然后用你创建的评分指南来评分。并且，请讨论任何在回答题目或使用评分指南时遇到的困难。
7. 根据需要再次修改题目和评分指南。

◎ 论述题和评分指南的模板　　　◎ 书面论述式评价质量指南核查表

活动 6.5

应用促进学习的评价策略

独立工作，或是与一名同伴或一个团队合作开展这个活动。

1. 在阅读完"促进学习的书面论述式评价"一节后，请选择其中的一个建议尝试在你的课堂中使用。
2. 创建实施建议所需的材料。
3. 和你的学生一起尝试这个建议。
4. 如果你正与一名同伴或一个团队合作，讨论以下的一个或更多问题：
   - 你做了些什么？你注意到学生发生了什么？
   - 这个活动如何有利于学生的学习？
   - 你会再进行这个活动吗？
   - 如果有可能的话，你会做哪些改变？

◎ 汇报你尝试过的促进学习的评价策略

活动 6.6

反思你自己的学习

　　回顾第 6 章的学习目标，选择一个或更多能代表你新的学习或最让你印象深刻的目标。如果你正独立工作，写一段能够反映你当前理解的简短反思。如果你正与一名同伴或一个团队合作，可以和他们讨论你写下的内容，或以此引发小组会议中的讨论。

◎ 反思第 6 章的学习

活动 6.7

选择档案袋作品

　　本章中的任何活动都可以作为档案袋的条目。请选择任何你已经完成的活动或创造的作品，以展示你在第 6 章中学习目标上的能力。
1. 开发简单题和评分指南。
2. 开发论述题和评分指南。
3. 形成性地使用论述式评价作为教学的工具。
4. 创建书面论述式评价，以便学生能使用评价结果进行自我评价，并为进一步的学习设定目标。

如果你正坚持写反思日记，可能想将第 6 章的条目纳入你的进档案袋中。

◎ 第 6 章档案袋条目封面页

第 7 章

表现性评价

当我们反思一些被认为是 21 世纪最有价值的技能,如合作能力、处理复杂问题的能力或在数字化时代有效运行的能力时,我们会吃惊地发现,这些技能很少能用选择题来进行评价。这也是为什么当我们展望学校评价的未来时,类似表现性评价的评价方式,就显得越发重要。

表现性评价是一种基于观察和主观判断的评价。人类使用表现性评价至少有 3000 多年了。在中国古代,想要做官,考试者需要展示他们作诗和射箭的能力。尽管经过几千年,我们认为重要的技能已发生了变化,但是表现性评价,仍然保留了同样重要的评价过程。通过这个过程,我们可以收集到一些能集中代表,每门学科的表现和成果的信息。

表现性评价包括两部分内容:需要作答者完成的任务和判断作答质量的标准。学生完成任务——做出一次展示或创造一个成果,然后我们利用标准判断其质量水平的高低。

> 尽管我们称它为表现性评价,但是这种方法也可以被用来评价真实的表现,即学生创造的展示、成果或作品。

表现性评价是一种极其主观的评价方式。比起我们目前学过的其他评价方式,表现性评价的实施和评分过程需要花费更多的时间。所以我们要保证这种评价形式的使用尽可能地客观(排除偏差和扭曲),并从所花费的时间来说,得到最大可能的教学价值。过去几十年的研究与实践,已经增强了我们应用这一方法时的准确性和有效性。具体来说,通过这一工作,我们知道了如何创造高质量的量规,以评价学生成果的质量,以及如何帮助教师学会对那些表现进行持续地评价。这使得我们可以信赖表现性评价,并将其运用在课堂之外,作为标准化、大规模评价的一部分。更为重要的是,这一工作使得教师形成性地利用表现性评价,促进学习成为了可能。好的量规可以给予我们很多信息。我们可以利用这些信息来进行差异化教学,引导学生注意那些高质量作品的特征,允许我们给予学生有重点的反馈,并使学生能够自我评价。

正如其他评价方式一样,表现性评价可能会得到良好的设计和使用,也可能适得其反。在本章中，我们将探讨一个好的任务和一个优质的量规所具有的特征，如何开发和评价它们，以及如何形成性地使用表现性评价，作为促进学习的评价。

> **第 7 章学习目标**
>
> 学完本章后，你将了解到以下内容：
> - 选择、修改和开发高质量的表现性任务。
> - 选择、修改和开发高质量的量规。
> - 形成性地使用表现性评价作为教学工具。
> - 创建表现性评价，以便学生能使用评价结果进行自我评价，并为进一步的学习设定目标。

何时使用表现性评价

在第 4 章，我们对那些真正需要表现性评价的学业目标进行了调查：表现技能、成果以及某些推理形式。但是，决定使用表现性评价最重要的因素，是学习目标的性质。例如，如果学习目标是"制定个人健康目标"，那么它就是推理性目标。如果学生列出个人健康目标，可以通过简单的量规或核查表对其进行评价，那么我们认为这是一个书面论述式评价。如果学习目标是"设定一个个人健康目标计划"，然后这个目标要求一个成果——一份健康计划，那么我们将它归类为成果性目标。计划本身要比健康目标列表广泛得多——大体上它包括行动方案和时间表，我们会使用表现性评价去评价它，主要是因为任务本身就很复杂，以及我们想要评价的那些特征，远比个人健康目标列表复杂得多。

还有其他两个条件影响我们选用表现性评价。若以下其中的一个或两个条件都是真的，请使用表现性评价。

- 你工作的对象是一些低学段的学生，或是不能用英语阅读进行读写的学生。在这种情况下，你可以使用表现性评价来评价知识性、推理性、能力性和成果性目标。
- 当你通过书面论述式评价无法获得你需要的信息时，则可以使用表现性评价。

表现性评价的开发周期

在计划阶段，表现性评价的开发始于和其他评价方法相同的 4 个步骤：(1)确定谁将使用评价的结果，以及他们怎样使用它；(2)明确所要评价的学习目标；(3)证明表现性评价是最适合这个目的和学习目标的评价方法；(4)关注抽样的问题。在开发阶段，表现性评价需要 4 个步骤：(1)选择、修改或开发任务；(2)评估任务的质量；(3)选择、修改或制定量规；(4)评估量规的质量。在使用阶段，表现性评价和其他方法一样有 2 个步骤：(1)实施并为评价打分；(2)必要时进行修改以备将来使用(图表 7.2)。

图表 7.1

优质课堂评价的关键要素

关键要素1：明确的目的
谁将使用这些信息？
他们将如何使用这些信息？
他们需要什么样的信息？
并且需要详细到什么程度？

关键要素2：清晰的目标
学习目标对教师而言清晰吗？
哪种学业成就将被评价？
这些学习目标是教学的重点吗？

关键要素3：合理的设计
评价方法和学习目标匹配吗？
选取的样本能恰当地代表学习吗？
题目、任务和评分量规质量很高吗？
评价能够控制偏差吗？

关键要素4：有效的交流
评价的结果能够被用来指导教学吗？
形成性评价能被用作有效的反馈吗？
学业成就能追踪到学习目标并根据标准报告结果吗？
成绩能准确地交流学业成就吗？

关键要素5：学生的参与
评价能满足学生的信息需求吗？
学生清楚学习目标吗？
学生会利用评价得来的信息进行自我评价以及设定目标吗？
学生能追踪和交流他们的学习进度吗？

从某种程度上来说，这是一个很有挑战性的任务。所以你在使用表现性评价的时候，应该从这样的角度出发：一旦你制定了它，你的表现性评价可以在未来被重复使用（或许伴随着持续地改进）。也就是说，不要把它看作只用一次，就可以随手扔掉的东西。只要你可以，就要尽可能长久地利用这些有价值的资源。

表现性评价的计划阶段

确定使用者和使用目的

再次，我们以回答类似的问题来开始我们的陈述：我们想要如何使用这些信息？谁将会使用它们？他们将做出哪些决定？一般而言，我们使用表现性评价信息，主要是出于以下一个或多个目的：

- 作为前测来计划教学。
- 作为单元中的小测验来进行差异化教学。

- 为学生提供反馈以便他们可以在学习期间采取行动。
- 为学生提供机会进行自我评价和为下一步的学习设定目标。
- 作为后测来测量最终成绩的成就水平。

图表 7.2

表现性评价的开发周期

计划阶段
- 确定谁将使用评价的结果以及他们怎样使用它。
- 明确预期的学习目标。
- 选择恰当的评价方法。
- 确定合适的样本容量。

开发阶段
- 选择或开发任务。
- 评估任务的质量。
- 选择或开发量规。
- 评估量规的质量。

使用阶段
- 实施和为评价打分。
- 必要时进行修改以备将来使用。

只要我们在制定未来计划和构思决策时牢记预期的目的,那么以上所有这些目的,都可以通过表现性评价来实现。

明确学习目标

在这一步,我们简单列出评价方法要评价的学习对象。(如果这个目标比较复杂或模糊,那么就需要首先遵循第 3 章所概括的步骤,把它澄清或分解一下。)

选择评价方法

尽管我们一开始,就已经确定了我们将使用表现性评价,但是,我们仍要证明我们确定的目标,真的需要这种方法,同时这种方法能够准确地评价学习目标,这一点是极其重要的。所以,我们需要在大脑中不断回顾我们的学习目标列表。(回顾第 4 章的深度讨论,哪些类型的学习目标最适合用表现性评价。)

确定样本容量

正如我们在之前的章节中看到的那样,抽样所面对的挑战,是要找到足够的证据来对学业成就水平,做出一个相对可靠的判断。在表现性评价中,抽样问题是由任务来决定。任务能够为预期的目标或多个目标的掌握程度,提供足够的证据以支持可靠的结论吗?答案取决于以下一系列的因素:学习目标的复杂程度、证据所要支持的决策、学生表现的一致性,以及学生的表现与一个重要分界点之间的接近程度。对于每一个影响因素,我们一般提供一个大概的框架,而不是死板的标准。好的抽样结果,需要我们在同时衡量所有因素的基础上,做出专业的判断。

目标的复杂程度。抽样首先要考虑的是,所要评价的学习目标的复杂程度。如果是一个简单的目标,那么它可能要求少量的例子——一个较小的样本来判断学业成就水平。如果是一个比较复杂的目标,那么它可能要求更多的例子。例如,你可以用一两个表现行为来判断学生的阅读速度。这个目标范围相对狭窄,内容也是极其集中。然而,如果你想要判断大声流利地朗读的熟练程度,由于目标较为复杂,你可能就需要几个表现行为——朗读流利程度的定义经常包含准确性、措辞以及表达。你可能需要听到更多的展示并评价所有的部分。

证据所要支持的决定。你打算如何利用结果也会影响抽样的决定。如果你要将结果用在低利害相关的促进学习的评价中,那么小的样本容量通常就可以了。如果你要决定如何重新教学,那么一项任务就能提供足够的信息来帮助你完成工作。因为即使这个小的样本容量,导致你做出不正确的判断,你也可以很容易地发现并纠正它。在高利害相关的关于学习的评价中,考虑错误决策的后果以及尽可能扩大样本,来减小这种可能性是极其重要的。例如,如果你要决定谁通过了、谁失败了,那么你将需要更多,而不是少量的样本来证明,你对能力水平做出了正确的推断——一个错误的高利害决策在确定以后,是很难修改的。

表现的一致性。抽样的第三个关键变量,就如第4章所描述的,是学生表现的一致性。如果学生明显掌握了标准,或是明显没有掌握,那么我们就只需要少量的任务来确定学生的学业成就水平。如果一名学生,在某一给定的学习目标上的评价结果和某一能力水平相一致,那么我们就有信心地认为,这名学生处于这一水平上。然而,如果一名学生的评价结果,是分散在这个给定的学习目标所有能力水平上,那么我们就不能认定他处于相同的水平。如果学生的表现是波动的,那么可能需要增加一项或多项任务,直到我们能够对他的学业成就水平,做出一个稳定的评价。这儿有一条硬性规定:如果我们能在一定程度上准确猜出,要是我们再给学生一项任务他会怎么做,那么我们搜集的证据就足够了。

与分界点的接近程度。除此之外,当一名学生的学业成就水平,很接近或就处于两种熟练水平的分割线上时,例如很接近"符合标准",或在两个等级之间波动,那么给予更多的样本来判断他处于哪一等级是很有帮助的。但是,当一名学生的表现在很大程度上高于,或低于一个重要的分界点时,即使有再多的数据,也不可能改变这种结果。

常见问题解答 7.1

书面论述评价与表现性评价的差异

问题:

如果书面论述评价和表现性评价都可以用量规来衡量,那么它们之间的差异究竟在哪里?

> **答案：**
> 不同之处在于评价内容的性质，以及使用什么标准来评价结果。书面论述评价要求原创性的论述，而表现性评价可能需要有限的作品集、表演或展示。在内容方面，书面论述式评价利用回答的标准来评判掌握情况，或形成答案的推理质量。而表现性评价依赖标准来反映某一特定成果的质量，或依据情境产生的表现。当我们评价的是一篇文章，评价依据的是回答的形式，也就是说写作的质量时，很难区分这两种评价。我们一般将其归为成果性目标，然后使用表现性评价。

选择、修改或开发任务

表现性任务可以被看作是你准备的所有材料，目的是让学生知道，他们应该做些什么来展示学生目前的能力水平。依据预期要评价的学习目标，它可以有以下几种形式：动作技能展示、口头陈述或对话，或是创作一个成果。任务的目的是，为了引出学生正确的展示或创造的作品，以便可以使用量规来对其进行评价。

图表 7.3

一项好任务的特征

任务的内容
- 目标一致性：与预期的学习目标一致，并能够引出正确的表现或成果。
- 真实性：尽可能提供真实的情景。
- 选择：如果提供了选择，那么所有的选择都是同等重要的。
- 支持程度：可以提供一些指向成功的信息，但不要过度帮助。
- 干预：成功地完成任务并不依赖不相关的技能，或是特定的语言或文化背景。
- 资源的可获得性：所有人都可以得到必需的资源和材料。

任务的结构
- 学生所要使用的知识：学生将会应用什么样的知识？
- 学生所要完成的内容：学生将要利用特定的知识做些什么？
- 学生所要创造的表现或作品：已完成的表现或成果将采取哪种形式？
- 所要使用的材料：学生应该使用什么样的材料？
- 完成任务的时间表：学生将花费多长时间？
- 条件：如果任务要求的是一个展示或表现的话，那么它要在什么条件下进行？
- 允许的帮助：允许提供的帮助是什么？从谁那里获得帮助？
- 标准：什么样的标准将成为这种评价方法的重点？

抽样
- 信息的使用：将会布置多少项任务？这个任务样本对于预期的用途是足够的吗？
- 目标的覆盖程度：任务的广度或任务的数量足够覆盖目标的广度吗？

图表 7.6"任务的量规"可以用来评价任务每一方面的质量水平，这个任务量规可以在光盘中第 7 章的文件夹里找到。

尽管在表现性评价上,我们更多注意的是量规,实际上任务的质量,也需要得到同样多的关注。不管你是为了给出结果或得到结果,你肯定曾经历过设计得很糟糕的任务。常见的一些问题包括:
- 即使学生的工作本身质量很高,但是他的工作无法提供预期的学习的证据。
- 学生不确定该做些什么,自然就无法做出你所期望的行为,或没有发挥出他们应有的水平。
- 在完成任务期间,你花费大量时间来回答"这是你想要的东西吗?"和"我不理解你的意思"这两个问题。
- 完成任务所花费的时间要比设想的更长。
- 一些学生或所有学生很难获得完成任务所必需的资源。
- 学生发现在完成任务的时候,寻求一些外援是必要的,因此任务的某些方面,可以由一些善意的家长或其他帮助者完成。
- 学生陷入困境,然后我们推断他们不擅长这个学科。

在本节中,通过思考内容、结构和抽样这三个部分,我们考查了一项好任务的标准——需要准备什么来避免这些以及其他问题。图表7.3总结了一项好任务的标准。

任务的内容

一项表现性任务的最终目标是,在接近于真实条件的情境中摒除偏差和扭曲,引出预期的学习的足够证据。尽管任务不需要复杂的作业,但是由于它本身包含一定数量的变量,所以我们必须要有意识地控制这些变量,这样才能准确地反映出学生的学业成就水平。不管你是要选择、修改或创建一项任务,任务的内容是我们应该首先考虑的方面。这项任务的完成要展示什么样的学习呢?它将被设置在什么样的情境中?这项任务允许选择吗?对于所有学生来说,内容创建了一个公平和没有偏差的评价吗?

目标一致性。任务的要求是要产生它想要评价的学习目标的证据。这就是著名的"内容的有效性"。例如,这个设计好的写作任务要评价的是记叙文写作:"你之前肯定听过大象如何得到它的象鼻,以及骆驼如何得到它的驼峰的故事。从本质上思考一下为什么会这样,然后编一个故事。"然而,如果很多学生最后依据这个要求,写出来的是说明文,那么这个任务,就不能用来评价学生写记叙文的能力。如果我们没有产生正确的表现和成果,那么我们就不可以将结果,作为证明学生学业成就水平的证据。

另外,不应该包含与学习目标无关的要求(例如,整洁)。如果你需要一些东西,并对其进行评价,那么它应该是你曾经教过的学习目标的一部分,并且学生一直在练习它。

真实性。任务提供的情境应尽可能真实,并且具有可操作性。它应该使知识的应用模型化,并且尽可能与课堂之外的生活相关。这样有助于学生明白,他们所学的东西、他们如何使用它,以及为什么它可能是有价值的这三者之间的联系。这个特征我们称之为真实性。

选择。学生的选择机会可以提升他们的动机。不过,给予学生选择任务的机会,可能导致评价产生不正确的结果:选择的机会往往伴随着一个或多个选择,它们包含着与学习目标不相关的要求,或它们可能代表着不同的难度水平。如果一项任务允许学生从任务清单中做出选择,那么就应保证所有的选择都是同等重要的。它们提供的应该是在同一难度水平、同一学习目标上的学业成就水平的证据。如果无法满足这个要求,那么学生往往会选择他们感觉最有自信完成好的选择,这会导致我们(以及他们)不明白,并且也不练习需要改进的地方。

支持程度。任务中所包含的信息,应该足够让学生知道他们要做些什么,而不是提供太多的信息,以至于任务将不再测量预期的学习目标的掌握程度。此外,任务还应该在不需要学生做出思考的情况下,指明成功的方法。

干扰。另外,成功地完成一项任务,不可能依靠一些不相关的技能,例如,在想要测量数学学习目标的任务中要求精读,或在打算测量阅读能力的任务中,要求解决复杂的数学问题。同时,成功地完成一项任务,也不依赖于某一特定的文化或语言背景。当任务使用的是一些学生不熟悉的情境,如缝纫、棒球,这种情况就可能发生。由于一些他们无法控制的条件、不相关的技能,或依赖于文化或语言背景的情境,都可能干扰到小组学习结果的准确性。

资源的可获得性。所有学生都可以获得完成任务所必需的资源和材料。例如,如果某些学生很难获得展示所需要的材料,或者他们无法去图书馆或上网进行必需的研究,那么他们在任务中的表现,将受到任务所要评价的成就水平之外的因素影响。同样,这些因素也超出了学生可以控制的范围。

任务的结构

在详细地分析完任务的内容之后,我们准备好来看一下任务的结构。假设学生收到下面这样一项科学任务"运动物理学"。这项任务旨在测量他们,对于物理方程的理解程度、实验设计原则的明白程度,以及收集和解释实验结果的能力:

> 进行一项实验,确定在路过学校时超速的交通工具的百分比,然后报告你的结果。

尽管任务代表着学生知道成功地完成它所需的一部分信息,但是如果他们收到的所有信息仅限于此,那么许多学生就不能准确地描述他们的学习。为了知道他们要做些什么,学生需要哪些类型的知识?他们可以或应该利用的材料有哪些?如果任务要求的是展示或表现,那么它们应该在什么样的条件下完成?完成任务的时间安排如何?有多少和哪些类型的帮助是被允许的?如何判断成功?

学生所要使用的知识。一项好的任务通常可以帮助学生想起,完成它所要使用的知识。如果给予学生的任务内容信息只有一部分,会导致教师需要花费过多时间去弥补缺失的部分。我们不能低估避免这个问题的重要性。如果学生面对的是信息不完整的任务，有些学生会认为，是由于他们不明白怎么做，就是说问题在于他们自己而不是任务。在任务持续期间，这些学生不能重获可以成功的信心，其中有些人甚至会放弃。这样的任务对于测量学生的学业成就水平而言，是不公平的。

因此，在任务中包含所要使用的知识是很重要的。这会帮助学生回想起他们要关注的，是之前学习过的知识中的哪部分内容。这似乎是不言而喻的，但是在任意时候，除了我们的课程之外，学生经常会想到一些不同的事物。这有助于为他们完成任务所需知识提供一个大致的线索。

在"运动物理学"这项任务中，学生所要使用知识就是运动物理学的知识。

学生所要完成的内容。大多数的任务都要求学生以一定的方式，使用特定的知识来推理或表现。如在"运动物理学"这项任务中，这就是给予的仅有的信息。

在这个例子中，学生被告知要开展一项实验来确定在路过学校时，超速的交通工具的百分比。

如果要评价的一部分学习是设计实验的能力，那么，任务就应该包括设计与开展实验的教学。

学生所要创造的表现或成果。大多数的任务通常包括对最终要评价的表现，或成果的某些方面的描述，但是这些描述往往未包含足够的细节。在"运动物理学"这项任务中，学生被告知要报告他们的结果。然而，预期的学习目标，还包括学生收集和解释实验结果的能力。如果没有足够的信息，那么学生的报告，便不可能包括实验设计的证据。学生也可能准备用一句话总结，并且他们不知道如何将其转化为一份报告。

对于"运动物理学"这项任务，学生可以从这样的陈述中获益，比如"写一份说明解释你的实验设计，并分享你的结果。"

所要使用的材料。如果学生被要求使用某些材料，那么就应在任务的书面表达中，包含这样的信息，而不是让学生自己去猜或记住你曾说过的话。不过，如果你要评价的部分内容，正是要使用什么样的材料这样的知识，当然就不需要在任务中呈现出来。

在"运动物理学"这项任务中，让学生知道他们将要使用到秒表和卷尺，可能对于他们完成任务有些帮助。

完成任务的时间表。鉴于任务的要求，给予完成任务的时间应是合理的。我们经常会低估，完成一项复杂的任务所需的时间，这样会影响到其结果的准确性，同时给学生和教师带来不小的压力。所以，在安排任务之前，最好仔细地核查一下。如果一项任务，要求全班同学都要完成，那么就需要使足够的时间具体化，以确保几乎所有的学生都可以完成。如果需要的话，可以为那些不能完成的同学，提供其他的选择。或为所有学生的完成计划足够的时间，然后为那些提早完成的同学安排接下来的活动。

在任务中包含完成的时间表，这是一个很好的想法。如果中间有截止日期，那些也应该包括进去。看着写出来的时间表,有助于学生进行组织或处于组织的状态,同时也有助于他们重新思考时间的安排是否合理。

在"运动物理学"这项任务中,它可能类似这样:"你有三天的时间设计和开展实验,有两天的时间撰写你的报告,并且报告需要在一星期内完成。"

条件。如果任务要求的是展示或表现,我们就应该将它们发生的条件具体化。例如,如果一名学生要做一次演讲,那么极可能需要将演讲所需的观众和时间具体化。

在"运动物理学"这项任务中,不需要将条件具体化。

允许的帮助。评价的准确性要求我们评价的是,每一名学生的学业成就水平,而不是其他人的。对于要在一天之内完成的任务,你可以控制由谁完成工作,以及学生可在哪些方面获得帮助。当完成任务的时间超过一天,一些学生可能就会从父母那里获得大量的帮助,然而其他的一些学生可能无法获得任何帮助。如果你想要提高学生独自完成任务的可能性,那么任务陈述中,就应明确地将其视为一个要求。如果允许帮助,那么是多少以及什么类型的帮助?例如,如果一项任务要求一份书面成果,而且你并不打算从拼写、大写或标点符号方面进行评价的话,那么你可以建议学生向一名同龄人或父母寻求帮助,以完成编辑校订这部分任务。

在"运动物理学"这个例子中,你或许可以告诉学生,他们可以与一名同伴合作完成设计和开展实验的任务,但是他们每个人都要提交一份各自的书面报告。

常见问题解答 7.2

个人或小组作业

问题:

为了使任务更像在工作场所中发生的,难道不应该让学生以小组的形式完成它们吗?

答案:

为了使评价尽可能的真实,教师们经常会让学生以小组的形式工作。如果你的评价目标,是要确定学生小组合作的能力,那么这是一个很好的方法。但是,如果你的目标,是要确定个人的学业成就水平,那么小组的成果或展示,就不能产生准确的信息。为了解决这个问题,一些测试开发者建议,在让学生以小组形式工作之前,应确保在任务开始的时候,小组中的每一个人具有相似的知识基础。然后,让学生独自创造成果或展示某项技能。一般而言,当评价的内容是学生个体推理能力、技能水平或创造成果的能力时,就必须要求单独完成任务,这样才能对学生的学业成就水平,给出准确的判断。

标准。任务应当包含你将要用来评价它的质量要素的一个提示。你可以附上使用的量规,或提示学生你已经给出的量规中的这个标准,将成为这项评价的重点。

在"运动物理学"这项任务中,它可能类似于这样:"你报告的得分将来源于对物理公式的理解、实验的设计,以及收集和解释实验结果。量规已附上。"

在学生负责展示它们之前,应该事先对你的量规所代表的质量标准有所了解。在本章的后面,我们将会讲述让学生熟悉量规的过程。

所以,如果"运动物理学"这项任务,已经包含了所有的这些因素,它可能类似于这样(参见示例 7.1):"利用秒表和卷尺,你将应用之前学过的运动物理学知识设计一项实验,以确定路过学校时超速的交通工具的百分比。然后你将实施你的实验。最后,你要写一份报告来解释你的实验设计,并分享你的结果。

你将有三天时间来设计和开展实验,有两天时间撰写你的报告,并且报告需要在一星期内完成。

你可以和一名同伴合作,也可以独立设计和开展实验,但是你必须提交一份你自己单独撰写的报告。我们将从以下几个方面评价你的报告:物理公式的理解、实验的设计以及收集和解释实验结果。量规已附上。"

抽样

在选择、修改或开发一项任务的过程中,最后我们要检查的是样本容量。任务应该提供足够的证据来满足它预期的目的,并足以代表学习目标的宽度。如果它是总结性评价,那么你最后要能对学生预期目标的掌握程度,得出一个可靠的结论。如果它是形成性评价,那么你和/或你的学生要能有足够的证据,来指导进一步的教学和学习。

信息的使用。有三种方法可以让任务为预期的用途进行充分取样。第一种方法是任务的宽度。这意味着任务的复杂程度和覆盖面。有时候有足够广度的任务可以为预期的使用提供足够的信息。第二种方法是任务的数量。对于某些目的,你或许只需要一项任务。而对于其他一些目的,你或许就需要几项任务才能获得足够的样本。第三种方法是重复的表现例子。在这种情况下,你也许能够只使用一项任务,并要求学生根据需要多做几次,以支持信息的预期用途。

目标的覆盖程度。任务的广度或任务的数量应该足以包含目标的广度。任务范围足够宽泛到能覆盖学习目标的重要部分吗?如果目标很复杂,或许你需要几项任务,且每项任务针对学习目标的一个部分。收集反映学生进步和学业成就水平的样本的一种方法是,让学生将他们的作业保存在档案袋中。如果依据它们所代表的学习目标,来仔细地概括出条目类型的话,我们就可以得到一个很好的样本。有了档案袋,我们就可以收集一段时间内的证据来组成足够的样本,以反映所要评价的学习目标的广度与深度。为了达到这个目的,我们将在第 11 章描述如何组织和使用档案袋。

7.1 示例：" 运动物理学 "任务

学生所要使用的知识	使用你的运动物理学知识
学生所要完成的内容	经过学校时,超速的交通工具的百分比
学生所要创造的表现或成果	写一份报告解释你的实验设计,并分享实验结果
所要使用的材料	使用秒表和卷尺
完成任务的时间	你有三天时间设计和开展实验,两天时间撰写报告。并且报告需要在一星期内完成。
条件	无
允许的帮助	你可以和一名同伴合作,也可以独立设计和开展实验,但是你必须提交一份你自己独自撰写的报告。
标准	我们将从以下几个方面评价你的报告:对物理公式的理解、实验的设计以及收集和解释实验结果。量规已附上。

创建任务以产生好的写作

在某些写作任务,尤其是在英语语言艺术课堂上的那些任务中,学生可以从对他们所要使用的知识和他们所要创造的作品的深度解释中获益。作家唐纳德·默里(Donald Murray)告诉我们:"从学生那里得到差的文章的主要原因,应是任务的问题……它们必须准备好,才能让学生明白任务的目的,以及如何完成它。当错误在于教师的教学——或没有这方面的教学时,有太多的教师会责怪学生"(Murray, 2004, p.98)。当一项任务意图测量写作学习目标时,在它的设计上,我们可以使用更加明确的准则,这个准则是关于作家要写好文章所必须回答的问题:

- 我的角色是什么?
- 谁是我的读者?
- 形式是什么?
- 主题是什么?
- 目的是什么?

这些问题可以用缩略词 RAFTS 来表示,如图表 7.4 所示。(缩略词 RAFTS 中,"S"代表的是"强变化动词",它将指导学生将注意力放在写作的目的上。)

图表 7.4

RAFTS 写作任务设计

> **角色**(role, R)：当他们写作的时候，作家必须要将自己想象成为一个令人愉悦的特定角色——例如，导游、科学家或评论家。
> **读者**(audience, A)：在整个写作过程中，作家必须总是清晰而又始终如一地想象他们的读者。如果他们不这样做，写作就会失败。
> **形式**(format, F)：作家必须清楚地明白完成的文章应具有的形式，要么是小册子、备忘录、写给编辑的信，要么是杂志上的一篇文章。
> **主题**(topic, T)：鉴于读者和形式，作家不得不选择以及缩小他们的主题，使其成为可掌握的命题。
> **强变化动词**(strong verb, S)：当"劝诱"、"诱使"、"泄气"这样的词语主导了一篇文章的基调时，这些词语将会影响作家在难以计数的词语中的选择。

Source：Reprinted from "Why Grade Student Writing?" by E. Smith, 1990, *Washington English Journal*, 13 (1), p. 26. Reprinted by permission.

角色。有时候我们只是简单地要求学生，作为他们自己或作为学生进行写作。但是，如果我们要求他们将自己假定为某一角色的话，就可以提高他们的动机以及任务的相关性。思考以下这些问题来调整学生的角色：谁可能会写这样的主题？如果是一个与学科（社会研究、科学、数学、健康、艺术等等）有关的主题，那么在这门学科内容的练习中，谁有可能写这个主题？他们有可能是什么职业？

读者。当我们未将读者具体化时，默认是让学生写给我们——他们的教师。不过，他们通常不知道写作的时候，如何预见读者的需要，即使读者是我们。作家要想在包含什么信息、使用什么术语和采用什么样的基调等方面做出好的决策，他们就需要考虑他们是写给谁看的。如果我们确定读者是一些不熟悉这个主题的人，那么我们要求学生写出全面的解释会很有帮助。如果我们是读者，无论是公开的还是未公开的，学生通常都认为，我们对这个主题已经很了解了。为那些对这个主题比你了解得多的人，写一些东西是很困难的。而且，这种情况在校外生活中，是很少发生的。在校外生活中，一般情况下我们写作是要告知那些不具有相同专业知识水平的读者，就如作家所做的那样。因此，在需要信息的写作任务中，我们应将读者具体化为那些需要知道这些信息，和之前并不了解这些信息的人。

形式。这是任务中很简单的一个组成部分。如果一篇文章应用于学校之外的情境，采取的形式是报告或散文，那么一定要将它的形式具体化。要决定采用什么样的形式，我们通常会考虑以下三个方面：读者、主题以及目的。如果我们的读者是小学生，主题是昆虫，目的是告诉他们一些信息，那么报告可能就不是最好的形式。我们可以利用字母书、海报、贴纸书或纸牌，来传达一些关于昆虫有趣又重要的知识。另一方面，如果我们的读者是政治家，主题是水的质量问题（测量从水的样本中发现的病菌数量和多样性），目的是要劝说政治家采取行动，那么信件和报告相结合的形式更符合这个任务。

主题。我们在任务或作业中经常会提到这方面的内容。然而，主题对学生写作好坏的影响，主要取决于我们如何设计它。当我们为学生将主题具体化的时候，必须要小心我们是如何表达它的。问题在于，我们要为学生将主题窄化，还是我们期望学生自己将主题窄化？如果我们之前已经研究过美国经济体系的基础，然后我们想要学生写出关于工业革命的内容，那么我们就可以为学生将主题窄化，以帮助他们成功地完成这项任务。我们也可以教学生如何窄化主题，并让他们确定自己所要关注的方面。窄化主题要考虑到读者是谁和作家有多少时间这两个问题。一般来说，时间越少，主题越窄。如果我们有一两年的时间，并且想要出一本书的话，那我们就可以写友谊这个主题的方方面面。但是如果我们仅仅只有一周时间，我们可能希望写一套如何交朋友的简单方法。

强变化动词。这并不是指学生写作中的强变化动词。在这个情境下，它主要指的是我们在描述任务时，所使用的强变化动词。写作的目的是什么？通常学校的写作任务会被设定为以下三个目的之一：记叙、告知或劝导，对应的文章形式我们经常称为记叙文、说明文和议论文。记叙文的目的是要讲一个故事，可以是真实的（个人传记或趣闻），也可以是想象的（科幻叙述）。说明文主要的目的是告知。议论文，我们认为有四个目的：激发想法、改变想法、引起行动和改变行动。在议论文中，我们也可能采用记叙文和说明文的形式。议论文的最终目的是导致一些不同的事情发生。图表7.5给了我们一些动词的例子，可以帮助学生理解他们将要写出什么类型的文章。

图表7.5

明确写作任务的目的：强变化动词

目的	样本动词和短语	
叙述	记录 刻画 描述一段经历 给出解释 详细叙述	关联 阐明 讲一个故事 告诉关于……的例子
告知	概述 澄清 比较 界定 讨论 描述	解释 熟悉 通知 教授 告诉 更新
劝说	争论 挑战 强迫 转化 劝说 辩护 赢得 忠告	推动 引诱 诱使 影响 激励 证明 劝说 改变

示例7.2则向我们展示了在一个给定的情境中,如何利用这些问题来计划这些要素或一个写作任务。

7.2 使用 RAFTS 准则 — 示例

你的健康

假设有一位来自你所在小学 5 年级的教师向你寻求帮助。因为她知道低年级的学生都很崇拜青少年,她需要你教给她的学生,健康的童年习惯将如何帮助他们成为一个健康的成人。

你的作业:

在一份给 5 年级学生看的报告中,解释他们现在可以养成的三个或更多的习惯,以帮助他们成为一名健康的成人。

在组织你的报告时,需要考虑以下一些问题:
- 什么是健康的童年习惯?
- 除了健康的饮食习惯,好的习惯还包括什么?
- 儿童该做些什么,以及儿童应该避免什么?

角色	教育良好的高年级学生
读者	5 年级
形式	报告
主题	健康的习惯
目的	教学(告知)

我们将基于给出的标准来评价你的报告。

评估任务的质量

我们已经开发了任务的量规,并根据其在内容、任务结构和抽样三个方面达到质量标准的程度,以帮助你评价任何表现性任务。图表 7.6 任务的量规,也可以在光盘中第 7 章的文件夹中找到。

图表 7.6

任务的量规

	内容:任务可以表明哪种学习?		
指标	水平 3:可以使用	水平 2:需要修改	水平 1:全部修改或不能使用
目标一致性	任务的所有要求都直接和所要评价的学习目标相一致。任务引出的表现能够被用于判断预期的学习目标的掌握能力。	任务的一些要求不能和所要评价的学习目标相一致。这个任务也不需要额外的工作去评价预期的学习目标。	任务的所有要求不能和所要评价的学习目标相一致。任务引出的表现不能被用于判断预期学习目标的掌握能力。

图表 7.6（续）

指标	水平 3：可以使用	水平 2：需要修改	水平 1：全部修改或不能使用
真实性	根据学习目标和信息的预期用途，任务能够尽可能地提供一个真实的情境。任务能够将学习应用到真实的校外生活情境中。	任务提供了一个人为的情境。条件不能提供将学习应用到真实的校外生活情境中。	任务要么不能在适合的时候提供情境，要么情境不能让学生看到学习如何应用到真实的校外生活情境中。
选择	如果任务允许学生选择不同的任务，所有的选择能够提供关于同一学习目标的学业成就的证据。所有的选择要求相同的表现或成果，具有大致同等水平的难度，并且处于同一条件下。	如果任务允许学生选择不同的任务，有些选择可能和不同的学习目标相关，或在表现上有些变化，或成果需要不同的难度水平或条件。	如果任务允许学生选择不同的任务，没有任何一个选择和同一学习目标相关，或在表现上有很多变化，或成果需要不同的难度水平或条件。
干扰	成功地完成任务并不依赖与所测量目标不相关的技能（例如数学任务中的精读）。任务与文化极其相关。成功地完成任务并不依赖于某一特定的文化或语言背景。	成功地完成任务轻微地受到与所测量目标不相关的技能的影响。成功地完成任务轻微地受到某一特定的文化或语言背景的影响。	成功地完成任务依赖与所测量目标不相关的技能（例如数学任务中的精读）。任务与文化极其不相关。成功地完成任务依赖于某一特定的文化或语言背景。
资源	所有学生都可以获得成功完成任务所需的全部资源。	有些学生无法获得一些成功完成任务所需的资源，或对于大多数同学来说，有一种或多种资源很难获得。	许多或大多数学生无法获得一些成功完成任务所需的资源。

提供的信息：提供的说明与指导是清楚和足够的吗？

指标	水平 3：可以使用	水平 2：需要修改	水平 1：全部修改或不能使用
教学	教学十分清晰，不模糊。	教学为预料之中的一些错误性解释预留了空间。	教学是令人困惑的，并让学生感到失望。
补充性信息	任务包含以下信息： ● 在完成任务时学生所要使用的信息 ● 学生创造的表现或成果——它应该采取什么样的形式 ● 所使用的材料，如果有的话 ● 完成的时间表	有些信息清楚，有些不清楚或遗漏了： ● 在完成任务时学生所要使用的信息 ● 学生创造的表现或成果——它应该采取什么样的形式 ● 所使用的材料，如果有的话 ● 完成的时间表	任务不包含以下信息： ● 在完成任务时学生所要使用的信息 ● 学生创造的表现或成果——它应该采取什么样的形式 ● 所使用的材料，如果有的话 ● 完成的时间表
允许的时间	任务允许的时间应足以成功地完成任务。	允许的时间太长或太短，但是，时间表或任务可以作出调整。	任务将花费比允许的时间还要多的时间。同时，它也不能被分解为几个更短小的部分。

图表 7.6（续）

指标	水平 3：可以使用	水平 2：需要修改	水平 1：全部修改或不能使用
支架的水平	任务中包含的信息应该足够让学生知道他们将要做些什么，不需要提供很多任务不能测量的关于预期的学习目标掌握水平的信息。任务应该明确指出成功的方法，并且不需要让学生进行思考。	任务的有些部分给予了学生过多帮助。在有些地方，任务替学生做了思考工作，从而违背了结果和学习目标。	任务提供了过多的支架。如果被用于总结性目的，任务不能独立地测量学生创造的成果或表现。因为内容太明确，以至于学生就像按照菜谱做就可以了。如果被用于形成性目的，学生不需要使用之前学过的任何知识，就能令人满意地完成。任务只是测量了学生遵守指导语的能力。
条件	如果任务评价的是一个表现性技能，而它把这种表现或展示发生的条件具体化了。	如果任务评价的是一个表现性技能，而它不足以把这种表现或展示发生的条件具体化。	如果任务评价的是一个表现性技能，而它对这种表现或展示发生的条件没有做任何说明。
允许的帮助	多日的任务明确了允许的帮助。	虽然对多日的任务允许哪种帮助有一些说明，但它可能被错误的解释。	多日的任务没有明确允许的帮助。
标准	任务包括了对于判断表现和成果的标准的描述。学生熟悉这个标准。	虽然得到了描述或解释，判断表现和成果的标准是模糊不清的。（参见量规的量规）	任务不包含任何对于判断表现和成果的标准的说明。或学生并不熟悉所要使用的标准。

抽样：有足够的证据吗？

指标	水平 3：可以使用	水平 2：需要修改	水平 1：全部修改或不能使用
信息的使用	任务包括了以下信息：任务的广度、任务的数量或表现的重复例子足以支持信息的预期用途。	任务的广度比支持信息的预期用途所需的宽泛得多。任务的数量或表现的重复例子也比信息的预期用途所需的要多。	任务的广度、任务的数量或表现的重复例子不足以支持信息的预期用途。
目标的覆盖面	任务的广度、任务的数量或表现的重复例子足以覆盖预期学习目标的广度。	任务的广度比覆盖预期学习目标所需的宽度宽泛得多。任务的数量或重复表现的例子也比覆盖预期学习目标所需的广度宽泛得多。	任务的广度、任务的数量或重复表现的例子不足以覆盖预期的学习目标的广度。

选择、修改或开发量规

在表现性评价中，量规代表的是评价一个推理过程、一个表现，或一个成果质量的标准。你或许熟悉各种类型的量规，其中有些量规你曾经应用于大规模的评价中。尽管大规模评价中，使用的量规与在课堂中使用的量规，有很多共同的质量标准，但是那些应用于大规模评价中的标准，一般都是为了能对学业成就水平产生一个快速、总体的总结性判断。所以，在学生个体工作的优缺点方面，它无法提供对相关细节的描述。这就意味着它们在日常教学中发挥的作用是有限的。为了能在课堂上发挥更有效的作用，无论是形成性的还是总结性的，量规必须提供这样的细节。

一个好的课堂层面的量规应服务于多种交流和评价目的：
- 定义质量
- 让学生清楚而又明确地了解成就的期望
- 向家长描述质量
- 关注教学
- 引导干预
- 促进对学生的描述性反馈
- 促进学生的自我评价以及目标设定
- 追踪学生的学业成就
- 使判断更为客观、一致和准确
- 提高评分的一致性

如果你在网上查找量规，你会发现有成千上百种选择。有些可以实现我们上面列出的目的，有些则不能。那么，你如何知道应该是哪个呢？无论你是计划使用现成的量规，还是你自己开发一个，明白量规的特征，并使它们能够满足所有预期的目的，都会很有帮助。在本节中，我们将要介绍一些共同用来描述量规的术语，然后从内容、结构和描述项三个方面来考察，什么是高质量的量规。

量规术语

你可能听过用"整体性的"（*Holistic*）和"分析性的"（*analytic*）这样的词来描述量规。那些术语主要用来指量规包括多少个评分范围——一个或多个。一个整体性量规只有一个范围——所有的质量特征都被归纳在一起来确定一个分数。而分析性量规有两个或多个范围——所有的质量特征被组织起来分成几个类别，然后按水平彼此分开。有时这类量规也被称为多维量规（multi-trait rubrics）。我们在第6章分析过的推理量规，就是属于整体性量规——一个针对每个推理形式的量规。而图表7.7展示的口头陈述的测量标准则属于分析性量规。

每个量规的结构包括下面几个形式：标准、指标、水平和描述项。图表7.7对这些术语做了具体的说明。

标准。在分析性量规中，质量的分类被称为标准。标准代表了要素，是质量中互相独立且有区别的各个方面。每个标准又都有其各自的量规。你可以单独教授每个标准，学生也可以单独进行每个标准的练习并从中接受反馈。学生也可以单独使用每个标准进行自我评价。如果想要的话，你也可以为每个标准单独评分。此外，标准有时候也被称为特征。

指标。复杂的表现或成果的标准可以被进一步分解为一些子类别，即指标。指标就是每个标准所评价的一系列要着重强调的特征。有时候，指标也被视为量规中区分质量描述项的小标题。尽管所有的标准都有指标，但是并不是所有的标准，都可以将其以一个量规中结构化的小标题的形式标示出来。

水平。量规的水平指的是在一定范围内明确质量程度的点。我们可以用数字的形式（例如，1—5）、短语的形式（例如，"刚开始"、"在途中"、"成功"），以及/或代表从"基础"到"熟练"的象征符号（例如，一个汉堡包、蛋筒冰激凌或披萨的一部分）。在分析性量规中，大体上每个标准都有相同数量的几个水平。

描述项。描述项指的是代表每个水平上的每个指标的句子或短语。描述项提供了一些细节，可用来充实指标并区分水平。在促进学习的评价方法的应用中，描述项的作用就是用标准来诊断和反馈学生的优势和不足。

量规的内容

量规的内容规定了对于实现预期学习目标的关键的质量要素。它评价什么？我们在学生的表现或成果中寻找什么？什么是"重要的"？当我们选择量规的时候，这个特征是我们首先要探讨的。如果一个量规在内容方面考虑得很少，那么就没有什么必要考虑其他的方面。

一个好的量规通过描述做好它的要求是什么来规定预期的学习目标。如果一个量规错误地代表了预期的学习目标，那么学生产生的关于某事的一系列证据，就并不是我们想要的结果——主要是因为学生从量规中看到了什么，就决定了他们如何定义质量。为了保证量规的内容有一个很好的形式，我们得注意两个因素：目标一致性和与关键要素相匹配。

> 只有将表现或成果与学习目标具体对应时，才能对这个表现（展示）或成果做出判断。如果对表现或成果不做要求的话，就要确保量规测量的确实是学习目标。

目标一致性。就如同任务应与所要评价的学习目标相一致，量规也应与其一致。量规的标准和描述项，不应该关注那些对实现学习目标没有用处的特征。有时候量规会偏离它们的关注点，例如，当一名学生被要求画一张海报来展示一个推理性目标时，相比起推理性目标，这一包括海报特征的量规与方位或艺术更相关。然而自行开发的量规，就缺乏对预期的学习目标合理仔细的考虑，经常会遇到这样的问题。如果我们要衡量推理能力的话，量规就应该反映这个推理性目标的质量水平。与学习目标无关的特征应该被舍弃掉，或用作其他目的。

与关键要素相匹配。量规的标准和描述项，也应该反映对预期的学习目标的良好表现意味着什么，所做的最合理的思考。以你的水平为基础，对于学生来说重要的事情都应该包括进去。当重要的事情被忽略的时候，有三种我们不想看到的情况就会出现：(1)我们传达了这样一种信息：被舍弃的就是不重要的；(2)我们用来计划进一步教学的信息是不完整的；(3)在重要要素的质量方面我们无法给学生提供反馈。

由此类推，一些琐碎的特征，即那些对成功不重要的特征，就应该被舍弃。有些量规存在这样一个问题，即要求以一种方式来展示学习。但是，这个要求对于展示学习目标的质量来说，并不是很重要。这些量规不准确地限制了什么是"做得好"，而且教师有可能会惩罚那些通过不同于他人的方式,实现了目标的学生。如果这个特征对于实现学习目标很关键,就留下;如果不是,先考虑清楚,再舍弃。

图表 7.7

量规的结构

为了说明一个量规的结构,我们将利用一个口头报告量规的例子来说明。

标准

口头报告的量规有四条标准:

1. 内容
2. 组织
3. 表达
4. 语言的使用

指标

每个标准包含几个指标

1. 内容
   - 清晰的主题
   - 所有的信息对于主题都是重要的
   - 事实、细节、趣闻和/或例子使得主题对于听众来说更加鲜活
2. 组织
   - 开头介绍主题,激发听众的兴趣
   - 一系列的观点支持要表达的意思,并且能让听众听得懂
   - 过渡词引导听众
   - 结论总结主题,让听众满意
3. 表达
   - 在整个展示的过程中,始终与听众保持眼神的交流
   - 声音洪亮,保证所有听众都能听见
   - 发音清晰
   - 以一定的语速演讲,保证听众不费力地参与进去
   - 避免填充词("和"、"嗯"、"就像"、"你知道的")
   - 使用肢体语言和动作解释你的意思
   - 笔记只用作提示
   - 用视觉辅助和道具增加意义,如果使用的话
4. 语言的使用
   - 选择的单词和短语能够清楚易懂地表达信息的含义
   - 高效地利用符合主题、目的和听众的语言技巧(例如,幽默、想象、比喻和隐喻)
   - 如果使用了不熟悉的术语,就要做出解释
   - 语言和语调的形式与目的和听众相匹配
   - 准确地使用单词和短语
   - 使用正确的语法

图表 7.7（续）

水平和描述项

每个标准都有一个被划分为不同水平的评分量表。口头报告的量规包含三个水平。每个水平上的描述项使得每个标准的指标都更加充实。下面就是内容标准的量规的样例。其他三个标准中的每一个也都有以同样的方式组织的量规。

口头报告的标准1：内容

5：优秀
- 我的展示有一个很清晰的主题。
- 在我的展示中，所有信息都与主题相关并支持它。
- 我所使用的信息对于我的主题都是很重要的。
- 我选择事实、细节、趣闻以及例子来使我的主题更加鲜活。

3：中等
- 我的主题有些宽泛，但是听众能分辨出我的演讲要说什么。
- 大多数细节与主题相关，并且支持主题，但是有一些可能脱离主题。
- 我的一些信息是重要的，但是有些细节可能过于琐碎而不应该包括进去。可能我需要舍弃一些信息。
- 有些信息对于听众来说很无趣或没有用。

1：新手
- 我不确定我展示的重点是什么，或者说有些混乱，在展示期间，我不停地转换自己的主题。我想我在几个主题之间徘徊。
- 我确实不知道如何选择分享的细节，所以我想到什么就说什么。
- 我忘记去思考什么样的信息，可能对听众来说是最有意思和最有用的。

Source：Adapted from *Seven Strategies of Assessment for Learning*（p. 194），by J. Chappuis, 2009, Upper Saddle River, NJ：Pearson Education. Adapted by permission.

常见问题解答7.3

量规的长度

问题：
短一点的量规难道不好吗？量规难道不应该限于一页纸吗？

答案：
一个量规是否限于在一页纸，主要取决于它将被用在何处，以及学习目标的复杂程度。如果一个量规有不止一个标准，那么每个标准需要足够的描述性细节，才能保证教师对学生作品的判断前后一致。同时，学生才能了解到隐藏在分数背后的他们各自的优势与不足。如果使用较长的量规，那么在大脑中要记住两点内容：第一，你不需要评价每件作品的所有标准。一个多标准的量规，将给你每次的教学以及评价质量带来好处。第二，一旦学生熟悉了这个量规，你可以利用每个标准的一系列指标来提醒学生关于质量的定义，当然要始终将整个量规放在手边以供参考。

无论是总结性使用还是形成性使用，我们并不提倡为了简洁性而牺牲了清晰性。

Source：Adapted with permission from *Creating and Recognizing Quality Rubrics*（p. 43），by J. A. Arter and J. Chappuis, 2006, Upper Saddle River, NJ：Pearson Education. Adapted by permission.

图表 7.8

一个好量规的特征

> **量规的内容**
> - 目标一致性：关注那些有利于实现学习目标的特征。
> - 聚焦关键要素：反映对预期的学习目标上的良好表现，意味着什么所做的最合理的思考。
>
> **量规的结构**
> - 标准的数量：数量足以反映出学习目标的复杂程度以及预期的用途。
> - 标准的独立性：如果有多种标准，那么标准之间应该保持相互独立。
> - 描述项的分类：如果有多种标准，那么描述项应被有逻辑地分类。
> - 水平的数量：符合目标的复杂程度以及数据的预期用途。
>
> **量规的描述项**
> - 细节的类型：措辞是对作品的描述，可以用于诊断并描述优势与不足。
> - 表现水平的内容：表现的质量水平与内容是对应的。
> - 形成性的使用：语言可以发挥为教师和学生提供有效反馈的功能。

量规的结构

结构指的是量规是如何被组织的：标准被定义为能代表质量的重要维度。一个好量规是通过这种方式，组织标准和它的描述项的，即它可以尽可能让使用者对其优势和不足，有一个准确的把握。好的清晰的结构有助于实现这个目的。为了使量规的结构最大化，我们关注四个方面：标准的数量、标准的独立性、描述项的分类以及水平的数量。

标准的数量。标准的数量足以反映出学习目标的复杂程度以及预期的用途。如果量规是整体性的，那么单一的评分水平，需要足以代表在一个水平上的目标的所有重要部分。如果目标是复杂的，那么量规就需要很多标准，才能恰当地定义所有重要的不同能力。

标准的独立性。如果有多种标准，那么它们之间应该保持互相独立。相同或相似的描述项只能出现在一个标准里。当一个相同的特征在超过一个标准中被评价，这意味着标准之间并没有做到独立性。如果它们是各自分开的，那么它们可以独立地被评价，并且每个特征只能出现在一个标准中。

描述项的分类。如果有多种标准的话，那所有的描述项应与它们描述的标准相对应。换句话说，由标准定义的类别，应该适合包含在它们中的描述项。将描述项归类是分类中的一个挑战。如果描述项不符合它们所描述的东西，那么它们就应该被去掉，或是对类别进行重新调整。

水平的数量。由标准定义的熟练程度的水平数量，也应与目标的复杂程度和数据的预期用途相符合。水平应该在诊断学生的优势和下一步的学习上发挥作用：有足够数量的水平，才能反映学生理解水平、能力或学习进展的典型阶段。然而，我们也要注意不能设置太多水平，以避免难以定义它们或难以在它们之间做出区分。

当一个评分指南包含几个类别，其中的每一个都分配有一定数量的分值时，它有时候会被称为评分量规。事实上，它通常只是一个标准列表，包含很少或没有描述项以及许多水平。这儿有一个例子：

观点和内容：10 分

组织：20 分

单词选择和句子结构：10 分

连贯性：20 分

像这样的一个评分指南，它根本不能被称为量规，因为它没有一个质量水平的描述项。它只是一种分值的分配方式，根本不具有可信度。如果我们给组织安排 20 分值，那么就说明有 20 个水平，但是没有指南说明如何区别它们——水平 13 和水平 14 之间有什么区别？

量规中的描述项

描述项（descriptors）是处于末端的东西（goes-unders），也就是充实每个水平的细节。一个高质量的量规，一定包括能准确反映标准的描述项，十分完整且对教师和学生而言足够清晰，使他们能够用同一种方式来解释它们。要想评价一个量规中的描述项，我们需要注意以下三个因素：细节的类型、等级的内容，以及形成性的使用。

细节的类型。措词应当是对作品的描述。要想能够形成性地使用，一个量规的描述项，应该有助于以诊断学生优势与不足的方式，定义不同水平。描述项不应该使用评价性的语言。当一个量规仅仅使用各种评价术语来区分不同水平时，在回答有些事情是好还是坏的问题上，它基本发挥不了什么作用，而只是重复了对水平的判断。

如果一个描述项也包括对一些事物数量或频率的计数，那么我们需要保证这个计数的变化，也是质量变化的一个指标。在要增加评分指南客观性的幌子下，这很容易变成对一些东西——句子的数量、信息的数量、涵盖主题的数量等等的计数。但是，当质量主要不是由数量来规定的时候，这样做可能会适得其反。参见示例 7.3，它呈现了描述性语言、评价性语言和数量化语言的样本。

表现水平的内容。量规的水平应该与它们的质量关键要素是对应的。如果一个质量的指标，在一个水平中被提到，那么所有的水平都应该包含它。如果一个指标在一个或更多水平中缺失，则应该有逻辑上的依据。例如，在一个写作量规中，如果在"好"水平中描述了"中心"，那么所有其他水平中都应该包括它。在一个数学问题解决的量规中，一个指标可能是"解决方法的合理性"，在这种情况下，即使你拥有的是一个三级量规，你可能只需要在"强"和"弱"两个水平上，描述方法的合理性这个问题。这主要是因为解决方法要么在合理的范围之内，要么不在。

形成性的使用。如果量规的预期是形成性的用途，那么它的水平和描述项，就应该发挥三方面的功能：为学生和教师提供有效反馈，对优势和不足的地方提出一个清晰的结论，以及提供足够的信息来指导下一步的学习。学生也可以利用量规来进行自我评价，修改他们的作品，并计划自己下一步的学习。他们应该能够使用标准、水平和描述项来提供另一个反馈。教师应该能够使用量规来决定下一步的教学，确定差异化

常见问题解答 7.4

水平的数量

问题：
难道我们不应该使用偶数的水平吗？如果是奇数的话，不是很容易选择中间值吗？

答案：
水平的数目取决于所要评价的学习目标，以及它所产生的信息的预期用途。一般评分者都会受到训练，以避免过度分配到中间值这个问题。一些简单的学习目标仅仅被分为三个水平，所以它只在这三个水平上有意义。其他的，如图表 7.7 呈现的口头报告的内容标准有五个水平。这个量规有 3 个被定义的水平。但是，我们很容易发现一名学生的表现，可能包含一些水平 5 中的描述项和一些水平 3 中的描述项，或一些水平 1 中的描述项和一些水平 3 中的描述项。根据这样的量规，当一个表现处于两个得分点之间的时候，就要着重强调每个规定的水平标准中，描述它的短语，然后为它安排处于中间的分数，例如 4 或 2。

Source：Adapted with permission from *Creating and Recognizing Quality Rubrics* (p. 36), by J. A. Arter and J. Chappuis, 2006, Upper Saddle River, NJ：Pearson Education. Adapted by permission.

7.3

描述性语言、评价性语言和数量化语言 — 示例

一篇科学报告量规的标准可能包括显示信息的描述项。这三个例子说明了描述性语言、评价性语言和数量化语言之间的不同。我们建议尽可能地使用描述性语言。

描述性语言：
4：显示的信息准确、完整且有条理，便于解释。
3：显示的信息准确、基本完整且大多数是条理清晰的，便于解释。它可能有一两个细节被遗漏。
2：显示的信息部分准确、部分完整且可能有些条理问题。
1：显示的信息不准确、不完整且散乱无条理。

评价性语言：
4：显示的信息优秀
3：显示的信息良好
2：显示的信息一般
1：显示的信息很糟糕

数量化语言：
4：显示了四条信息
3：显示了三条信息
2：显示了两条信息
1：显示了一条信息

Source：Adapted from *Seven Stategies of Assessment for Learning* (p. 39), by J. Chappuis, 2009, Upper Saddle River, NJ：Pearson Education. Adapted by permission.

> **常见问题解答 7.5**
>
> **包含特定任务要求的量规**
>
> **问题：**
>
> 我布置的任务有非常具体的要求，我将它们包含在量规中，让学生能够使用它们并得到分数。我能这样做吗？
>
> **回答：**
>
> 视情况而定。如果任务要求直接关系到对于学习目标质量的定义，那么它们可以合情合理地属于这个量规。但是，如果要求与下列指导语有关，例如包含三个字、有五个句子——除非它们是成功地展示预期的学习所必不可少的一部分，否则它们就不应该出现在量规中或是不应该出现在任务中。

教学的需要，或找出需要对全班进行重新教学的内容。学生使用的所有量规，都要使用他们能理解的语言，即一个对学生友好的量规。

开发量规的过程

比较常见的量规，可以通过修改来满足质量标准的要求。然而，要是对可利用的量规进行调查以后，发现它不能产生想要的结果，那么你需要重头开始开发一个新量规。如果你想要在课堂中既可以形成性使用，又可以总结性使用的量规，那么我们建议你开发一个通用型量规，而不是一个特定任务型量规。

开发量规的过程包括收集现有量规的样本，对质量特征进行头脑风暴，创建一个草稿，用草案进行测试并评分，然后对其进行修改。我们已经形成了这六个步骤，并强烈建议由一个教师团队来完成这项工作（如图表 7.9）：

1. 建立一个知识基础。
2. 收集学生的表现或成果的样例。
3. 根据不同的质量水平对学生的作业进行分类。
4. 将描述项概括为特征。
5. 确定好每个水平的样本。
6. 对量规进行检测，必要时进行修改。

步骤 1：建立一个知识基础。 创建一个符合质量要求的量规，我们必须明确我们所需要的好的学生表现或成果，应该是什么样子。如果你是一个创造该成果或表现的专家，那么你可以独自工作。但是正如之前所提及的那样，我们建议整个过程最好由团队合作完成。并且，一个量规的开发团队应该包括一些拥有专业水平的人员。如果你不是一个专家，请确保你正在和有创造该表现或成果经验的人一起工作。

作为一个团队，首先要列出你认为一个高质量的学生表现或成果的特点，这些是量规中需要评价的学习目标。

接着，尽可能多地收集现有的量规。这些文献可以为你提供灵感和量规的语言。回顾这些量规，然后在列表中加入你认为应该添加的任何特征。

图表 7.9

开发量规的步骤

1. 建立一个知识基础。
2. 收集学生的表现或成果的样本。
3. 根据不同的质量水平对学生的作业进行分类。
4. 将描述项概括为特征。
5. 确定好每个水平的样例。
6. 对量规进行检测，必要时进行修改。

步骤 2：收集学生表现或成果的样例。收集一系列学生表现或成果的样本，说明这些材料所代表的预期的学习目标的不同质量水平。包括你自己的学生作业、你同事的学生作业、与你所教学科相关的书籍、你所在州的教育部的网站，以及其他互联网网站都是很好的样本来源。如果学习目标要求一种表现，这就要求采集音频或录像样本。

一般情况下，需要尽量收集至少 20 个样本，才能够反映一个以上的主题或任务。使用只有一个主题或任务的样本，可能会让你开发出的量规，只对特定任务的评价比较有用，但是对一般任务可能就无法使用。各式各样的样本有助于确保最终的量规中，包括所有重要的标准。

一个值得注意问题：如果样本来自你自己的学校，一旦你完成了这个过程，不要将这些信息作为量规的"锚"来公布。任何公布的信息都需要经过学生的允许，并要求比一所学校所能保证的更高的匿名性。

步骤 3：根据不同的质量水平对学生的作业进行分类。首先检查学生作业的样本，并将它们分成好、中、差三类，这代表了你对它们的评价。写下你将每一个样本归入某个类别的原因，并让每个团队成员独立完成这项工作。分类的目的不是使每个样本都在正确的类别中。我们的目标是开发一个完整的列表来解释，将每个样本归入某个特定类别的原因。最终，你开发出的量规应能够准确和连贯地评价样本，但当前要做的是，将重点聚焦在对原因的描述上。

对于每一个样本，当你对它进行归类时，把你曾对自己说的话仔细地记录下来。不要等整理样本时再做——因为你很难记住你做出归类时的具体细节。在记录时，要包含尽可能多的细节。在通常的陈述方式下，对能够导致一般性结论的证据进行描述。例如，"逻辑"可能在你想要的特征列表上，但这是一个笼统的描述，它并不能描述出，可以让你判断一个解决方案和论据，是否符合逻辑的特征。

另一个例子，如果"流畅"在你的评价列表上，学生可能不理解"缺乏流畅性"的意义，但他们会理解"犹豫地、慢慢地说"。为了产生详细的细节，可以问自己这样的问题:"有什么具体的特征能使我认为讲话缺乏流畅性吗?""当我对学生的表现进行分类时,我对自己说了些什么?""我可以给这个学生什么样的描述性反馈?"如果你想让量规提供描述性的反馈,并且能够作为学生自我评价或自主设定目标的工具,你最好从一开始就把这些描述性语句都涵盖进去。你现在创造的描述性语句,将成为你量规中描述项的重点。

然后,开发团队要将每个类别中对样本中的描述收集起来。并且,请问问你自己:"区分好与中等水平的标准是什么?区分好与差水平的标准是什么?"使用样本来创建每个水平上描述项质量的列表。我们建议拿出覆盖面尽可能广、尽可能详细的列表。

当人们整理样本时,有时会发现三个水平太少。在评价过程中,他们发现一些学生的作业处于三个水平之间,希望能够有四到六个水平。这就要决定最终你需要几个水平。如果三个水平看起来足够,那么设置三个就够了。如果你能区分超过三个独立的水平,那么就将学生的作品排序,设计你认为需要的水平数量,并为每个水平创建描述项的列表。只要你能找到不同水平的描述语句和(或)学生的表现样本,那就是个很好的选择。只要你和学生能区分表现水平,那就根据你的需要来确定水平的数量。

常见问题解答7.6

学生开发的量规

问题:

为了最大限度地提高学生的学习动机,我们不应该和他们一起开发我们的量规吗?

回答:

将学生纳入开发量规的过程中有很多优点,也有一些缺点。这有助于他们内化质量标准,帮助我们改进自己的思维。但大多数时候,我们作为教师比学生更了解质量标准,所以和学生一起制定标准的话,就需要一个强大的样本集,以帮助他们完善自己的目标。例如,如果学生沿着"三种颜色"的思路提出优质海报的标准,我们就需要准备好,向他们展示少于(或多于)三种颜色的有效海报。如果他们说,作业必须是两页长,我们需要准备向他们展示,只有一页长或六页长的有效作业。

教师不应该在没有一个清晰目标的量规的引导下开始教学,并且希望学生在表现性评价中获得好的表现。教学的作用应该是使学生充分理解质量的关键要素,以便获得好的表现。如果你想与学生一起开发标准,请准备好帮助他们通过精心挑选的例子来发现好的标准。此外,引导学生将一个已经创建好的量规,改编成为一个对学生友好的版本,这也是一种非常好的教学策略。但是,与原有质量标准的关键要素的衔接问题,将是教师要去承担的责任。

步骤4:将描述项概括为特征。你的分类和描述可能导致每个表现水平中的描述项像个大杂烩。一些描述项紧密联系在一起,并可以将它们归到一个类别中,有人会说:"请等一下!我们有很多关于流利性的表述,为什么不把它们放在一起呢?"一些描述项会重叠,你可能会听到:"请等一下!以段落的形式表达和将几个句子合并到一起是相同的,为什么不删除一些内容呢?"其他的描述项可能需要分为两类:"我很难把学生的表现放在一个单一的分类中,因为学生发言的流畅性很强,但是发音不行。让我们将这两个维度分开。"

当你可以开始整理广泛的、各自独立的、不同类别的优点和缺点时,这就是一个分析量规结构的开始,这些优点和缺点表明了彼此独立的标准。如果你已经草拟了分类内容,是时候该精炼它们了。你可能会决定两个标准实际上是指同一件事,或是一个标准应该被划分成两个或多个标准,因为它们彼此独立,并且能够单独评价各自的重要性。大多数量规经历了定义和组织标准的几个阶段。

步骤 5:确定好每个水平的样例。回到按好、中、差分类的样本中,选择样例,并说明在每个成就水平中,每一个特征意味着什么。这些样本——也被称为模型、示例、样例或是例证,帮助教师跨越时间、学生和作业,在评分时达到一致。样本也有助于学生了解每个成就水平的具体要求。我们要确保一定要有一个以上的样本,来说明一个水平的特征。如果你只向学生展示一个样例来说明什么是好的表现,那么可能所有的表现都会是一个样的。因此,我们需要展示几个不同的表现样例来说明每个水平和特征。

以下是选择样本来说明标准和水平的经验法则:

1. 从极端样例开始。找出你所认为的,好的或差的表现和成果的典型样例——它们应和描述项在最高和最低等级上的数量相匹配。选择开发团队中每个人都能达成一致的样本。当学生第一次学习分析样本质量时,他们需要的样例应该是比较简单的。当学生有更充分发展起来的质量意识时,再给学生提供更多模糊的样例。

2. 寻找中间水平的样例。如果你使用的水平数量是奇数,那么找到的样本要能代表,每一个标准从低到高的水平中的近似中间点。这些样本应能显示部分理解或正在发展中的能力,并且它们能够被表示中间水平的短语所描述。如果你使用的水平数量是偶数,你需要找到两组或四组样例。例如,如果你的量规有四个水平,你会选择在水平 2 中,每个标准的典型性描述样本(差的样本,而不是好的),以及在水平 3 中,每个标准的典型性描述样本(好的样本,而不是差的)。

3. 通过几个不同的样例来说明每个水平的要求。样本的目的是帮助培训评分者,无论是教师还是学生,始终如一地使用标准。教师和学生需要能够在整个任务中应用量规,所以样本应该有助于告诉我们怎么做。

4. 请将你的目光从那些反映典型问题的样例中移开。选择那些能够说明学生所犯的常见错误、可能产生的误解,以及推理上的缺陷的样例。小心地挑选那些反映典型问题的样例,如果学生能用它们练习如何使用量规打分的话,这些样例也可以作为教学的工具。

在每个标准中，为每个水平寻找学生表现或成果的过程，通常会导致对描述项和标准的修改。

步骤6：对量规进行评估，必要时进行修改。评估量规并表明你是如何改进它的时候到了。请使用你草拟的量规为学生的样本打分，并让学生为对匿名的样本打分。除非你非常擅长开发量规或非常幸运，否则你会发现以下问题：

1. 一些学生的表现或成果包含的特征没有在量规中提及。如果这些特征确实比较突出，我们需要在量规中添加描述项或评价指标。特别是尝试添加描述性指标，阐明一般性的功能或概念。请不要担心你的量规会变得拙劣，因为这是修订过程的一部分，在把它分解到最需要的要素之前，我们要将文本扩展到包括所有的可能性选项。
2. 学生作业的特点似乎不只符合一个标准的描述。要将这些情况记录下来。可能在你的量规中，有一些描述性指标是重复的。你需要决定哪些标准，最适合评价这份作业。在某些情况下，你可能需要将两个标准合并成一个，因为它们重叠的部分不能分开单独得分。
3. 标准似乎过于宽泛。有时在一个标准中有许多指标，可以被分离出来成为两个或多个独立的标准。如果你想将这些内容独立教授、诊断和评价的话，就将这些指标分离出来。确保新的标准结构能够独自代表质量特征的变化。
4. 某些水平的内容不对称。你会发现某个水平的一些描述项，在其他水平中没有呈现。在这种情况下，要为其他水平编写描述项。

评估量规的质量

我们开发了量规的量规，来帮助你评估任何表现性量规的优劣，并衡量这些量规是否符合有关内容、结构和描述性指标三个方面的要求。量规的量规如图表7.10所示，也可以在光盘的第7章文件夹中找到文件。

图表 7.10

量规的量规

量规的量规：内容

指标	水平3：可以使用	水平2：需要修改	水平1：不要使用
目标一致性	标准和描述项直接与它们所要评价的内容标准或学习目标相一致。	该标准包括一两个小点，与预期的内容标准和学习目标不相关。	标准聚焦于不相关的内容标准和学习目标上。包括以下一个或更多内容： ● 标准和描述项不恰当地聚焦于任务的维度，而不是学习目标。 ● 学习目标不明确。

图表 7.10(续)

指标	水平 3：可以使用	水平 2：需要修改	水平 1：不要使用
聚焦关键要素	标准和描述项代表了该领域在内容标准或学习目标上好的表现是什么。 ● 所有重要的东西（包括在此水平上的学生）都包括在内。琐碎和无关的内容被排除在外。 ● 如果量规在持续开发中，内容代表了随着时间的推移，在这个领域中能力如何提高的最好的思考。	定义标准时，有些描述性语言可能是无关的或不重要的，但大多数是相关的。	你可能认为缺失了许多重要的指标，聚焦于无关的内容上，或你发现自己在问："为什么学生必须要这样做？"

量规的量规：结构

指标	水平 3：可以使用	等级 2：需要修改	等级 1：需要重大修改
标准的数量	标准的数量反映了复杂的学习目标及其预期的用途。 ● 如果标准是整体性的，单一的量表足以代表目标或其使用仅仅是总结性的。 ● 如果目标是复杂的，并作为形成性使用，那么量规是分析性的；标准的数量能够适当地定义不同水平的熟练程度。	如果一个量规是分析性的，标准的数量需要调整：任何一个单一的标准应分成两个或两个以上的量规，或两个及两个以上的标准应该合并成一个。	当它应该是分析性的（多个标准），以更好地反映所评学习目标的复杂性水平，以及数据的预期用途时，量规却是整体性的（单一的量表）。
标准的独立性	如果有多个标准，它们是相互独立的——相同或相似的特征仅用一个标准来表示。	大多数标准是相互独立的，但在某些情况下，一些特征表现在不止一个标准中。	标准不是相互独立的。相同或相似的特征表现在多个标准中，在某种程度上，标准并没有作为一个单独的类别而发挥作用。
描述项的分类	如果有多个标准，指标和描述项要在每个标准中有逻辑地进行分组。 所有描述项都应符合其所属标准。	一个标准下的大多数指标或描述项都放置正确的位置，但少数需要移动到不同的标准。	指标和描述项混在一起，看起来没有放置在正确的位置；不同的描述项放在一起；分类没有起到作用。
水平的数量	水平的数量符合目标的复杂性和数据的预期用途的情况。水平的数量足以反映学生的理解、能力或学习进展的典型阶段，但水平的数量又不至于多到很难分清。	有太多的质量水平要区分，所以需要合并其中的一些；或是没有足够多的水平来反映学生成长的典型阶段，所以要创建更多的水平。	水平的数量对于所要评价的学习目标或量规的预期用途是不恰当的，以下一项或多项是正确的： ● 水平数量太多，无法可靠地进行区分。 ● 水平数量太少，不能很好地追踪学生的成长。 ● 无法准确定义各水平指标的数量。

图表 7.10(续)

量规的量规：描述项

指标	水平 3：可以使用	水平 2：需要修改	水平 1：需要重大修改
细节的类型	措辞是对学生作品的描述。有足够的细节，因此能够将学生的表现或成果与适当的水平相匹配。描述项对质量的特征进行了准确的解释。如果对数量或频率的计数是其中包含的一个指标，分数的变化应该能够反映指标质量的变化。	措辞主要是描述性的，但存在一个或更多问题： ● 量规中包括几个模糊的方面。 ● 有些语言是对学生作品的评价，而不是描述。 ● 只有质量的最高水平被充分描述，而其他水平中对细节的描述不够充分或没有描述。 ● 量规避免了频率的计算，但有些时候还是会进行评分，尽管分数的变化并不能够反映指标质量的变化。	措辞不明确，存在一个或多个问题： ● 描述项包括没有澄清的模糊性术语，例如，"极"、"彻底"、"完全"或"有见地"。 ● 描述项很大程度上依赖于评价性语言来区分质量水平，例如，"平庸"、"聪明"或"高于平均水平"。 ● 量规中只不过是一个分类表和一个等级量表。 ● 当数量和质量不等同时，描述项中几乎只包括对数量或频率的计数。
水平的内容	不同水平所描述的特征在内容上是对应的。如果一个特征存在于一个水平中，它也必须同时存在于所有水平中。如果在一个或更多水平上缺失了某个特征，那么需要一个逻辑基础。	量规的不同水平在内容上大部分都是对应的。在一个水平中存在的一个或更多描述项，在其他几个水平中应该也存在，但是却缺失了。	量规的不同水平在内容上大部分是不对应的。大多数描述项的质量不能反映所有的水平，也没有提供遗漏的充足理由。
形成性的使用	如果量规的目的是形成性的使用，它的语言可以作为给教师和学生的有效反馈，描述优点以及需要足够详细的细节来指导下一步学习的领域。 ● 学生可以很容易地使用标准修改自己的作品，并计划自己下一步的学习。 ● 教师可以轻松地将结果转化为教学。	如果量规的目的是形成性的使用，则某些部分可以作为给学生和教师的有效反馈，详细说明优点以及需要改进的地方，以指导计划下一步的学习。其他部分的描述性指标需要细化来达到这个目的。	如果量规的目的是形成性的使用，它不能提供给学生和教师有效的反馈，因为它没有详细说明优点和需要改进的地方，也不能指导计划下一步的学习。

表现性评价的使用阶段

在这个阶段，我们实施评价且为评价打分，并在必要时对它进行修改，以备未来使用。正如我们前面提到的，即使是最好的计划，问题仍然会出现。记录下任何导致错误评价的来源，是一个很不错的主意，因为它们可能会损害学生展示他们所知和所能的能力。如果事情似乎出了错，并且你无法找出问题，那么就使用任务的评价量规和量规的量规来检查表现性评价。

使用量规作为教学工具的7条策略

你在教学中设置好了学习任务和量规。但是你如何让学生理解和内化你的质量标准呢？表现性评价是一个使用评价来帮助学生学习的基本情境。教学的力量蕴含在，使用优质的表现性评价标准之中，通过帮助学生回答在第2章中，介绍的三个问题"我要去哪里"、"我现在在哪里"、"我如何缩小差距"，从而对促进学习的评价进行定义。尝试这7条策略，使用量规作为教学工具，帮助学生成为有能力、有自信的自我评价者，并提高他们在所有学科中的表现。

我要去哪里

策略1：为学生提供清晰易懂的学习目标。 当教学得到了明确的学习目标的指导时，学生的学习动机和成就都会增加。活动能够帮助学生回答这个问题："什么是学习？我该承担什么责任？"为所有下一步的形成性评价的行动做好准备。

在表现性评价情境中：

在你的评分量规中，通过询问学生他们已经知道(什么能够做好＿＿＿＿？)，教给学生支撑质量背后的概念，然后向学生展示他们的先备知识与你对质量的定义有何联系。

基本原理：

展示新的信息和学生先备知识之间的联系，使这种联系有意义，并提供一个能够连接二者并形成长期记忆的方式。这也为学生了解即将学习的知识奠定了基础。

策略2：使用好作业或差作业作为样例或示范。 通过回答"什么定义了作品的质量，哪些是要避免的问题"，经过仔细选择的不同质量的样例，可以创造和定义学生对学习目标的理解。

在表现性评价情境中：

- 使用好作业或差作业作为示范。
- 分享匿名学生的好作业或差作业。让学生使用量规来评价样本，然后使用评分量规的语言分享他们的理由。
- 将好作业(和差作业，如果可以的话)印出来。让学生使用评分量规中的语言，评论印出来的样例和他们自己作业的质量。
- 分享你自己的作业。为学生示范创造表现或成果中的"杂乱之处"(messy underside)。

基本原理：

当学生了解质量的含义后，他们的成绩就会得到提高。这一策略教学生区分好的和差的表现或成果，并阐明差异。它还鼓励教师分享自身学科中，不同方面的美好之处。当它做得特别好的时候，它看起来/听起来/感觉像什么？将杂乱之处作为例子，告诉学生高质量的作业，并不总是一开始看起来就像高质量的作业。作为教师，在这一部分往往比较顺利，所以当学生变得混乱，他们可能会推断他们是"做错了"。那么高质量作业的开头应该是什么样的呢？请示范一下。

我现在在哪里
策略3：提供经常性的描述性反馈。有效的反馈出现在学生实现其预期的学习的过程中。它为学生回答了这些问题："我的优势是什么？我应该做些什么？我哪里做错了，以及我能做些什么？"

在表现性评价情境中：

如果我们每次聚焦于一个特征，就只需要针对一个特征给出描述性反馈。这样做有缩小教师和学生工作范围的作用。对于那些学习困难的学生，我们可以向他们展示他们确实知道一些事情，并且我们可以将他们需要一次完成的事情，限制在不那么令人畏惧，更易于管理的数量上。我们的反馈可能是口头的，比如在一个简短的师生会议上，或者我们也可以选择提供书面反馈。

基本原理：

学生在学习的时候需要描述性反馈。在进行自我评价时，描述性反馈可以告诉学生，离所要达到的目标还有多远，并最终示范我们希望他们进行的思考。

策略4：教学生自我评价，并为下一步的学习设定目标。策略4教学生明确自己的优势和不足，并为下一步的学习设定目标。它帮助他们回答了这些问题："我擅长什么？我需要做什么？我下一步该怎么做？"

在表现性评价情境中：

策略4包括学生应该做些什么来确定，他们对预期的学习目标的掌握程度，并设定改进的目标。布莱克和威廉(Black & Wiliam, 1998a)声称，评价会带来学习上的收益，其中也包括了让学生自我评价："学生的自我评价并不是一个有趣的或奢侈的选择；它必须被看作一个基本的要素。"(pp.54—55)在表现性评价中，你可以要求学生使用量规来明确他们自己的优势，以及需要改进的地方。如果你依据量规给他们书面反馈，你可以为他们进行自我评价提供一种思维的模板。你可以教他们设定具体的、与成就相关的目标，并制定计划去完成它。

基本原理：

关于他们对质量的理解，以及对自身优势和不足的掌握情况，要定期地进行清晰的表达，这对学生能力的提高是至关重要的。

我如何缩小差距
策略5：设计课程且每次聚焦于一个学习目标或质量的一个方面。当评价信息确定了一个需求时，我们可以将教学调整到所需的目标上。在该策略中，我们通过缩小一堂课的焦点，为学生的学习搭建支架，以此帮助学生掌握一个具体的学习目标，或是处理具体的错误概念或问题。

在表现性评价情境中：

对那些尚不能熟练地创造一个复杂的表现或成果的学生而言，要同时提高所有的质量要素十分困难。这个策略表明,在你的课堂上,你可以一次只教给学生量规中的一个标准。在某些情况下,你可能只需要聚焦于一个标准的一个方面。例如,一个写作量规可能有一个标准,即组织,这个标准包含了不同方面的描述项,如对引言、观点的排序、观点的转换、节奏以及结论的质量要求。如果你的学生无法为他们的论文写一个有效的、吸引人的引言,那么就为他们提供整个量规中的一部分进行练习。你可以使用策略1到策略3中提供的方法:问他们"什么是好的引言?"并和他们分享好的和坏的引言的样例;让学生为他们正在做的事情写个引言;和你的量规中描述的一样,根据引言的优点与缺点,提供描述性的反馈。

基本原理:

初学者无法同时提高一个复杂技能或成果中所有要素的质量。如果你的评分量规针对的是一个复杂的技能或成果,学生将受益于"微型课堂"的方法,并一次只学习和掌握一部分知识。

策略6:教学生注意修改。当一个概念、技能或能力对于学生而言比较难时,我们可以让他们先进行少量的练习,并给他们正在进行的练习提供一些反馈。

在表现性评价情境中:

任何重点放在质量、问题或学习目标的几个数量可控的不同方面,可以让学生修改自己最初作业的活动,都可以作为教授重点课程之后合乎逻辑的下一步。另一个选择是,让他们创造一个修改计划,详细说明他们将采取的改善学习表现或成果的具体步骤,然后把这些步骤付诸实践。这在促进学习的评价情境中特别有用。学生可以更频繁地考虑进行修改,因为每个例子花费的时间更少。策略6让学生练习使用量规进行自我评价并指导他们的修改。

基本原理:

学生需要有机会练习使用评分指南作为复习的指导。当他们这样做的时候,是学生而不是你在做思考和复习的工作,这会转化为更深层次的学习。

策略7:鼓励学生进行自我反思、追踪并分享他们的学习。学生追踪、反思和交流他们的学习时,长时记忆和学习动机就会增加。在这一策略中,学生回顾他们自己的学习旅程,反思自己的学习并与他人分享自己的成就。

在表现性评价情境中:

建立一个系统,比如一个档案袋,让学生在学习过程中追踪自己的学习。利用档案袋中的各种资料,包括你和他们共同使用的用于反馈、自我评价以及设定目标的评分量规,要求学生反思自己档案袋中的内容,总结他们的学习进展并进行评论:他们注意到了什么变化?什么事情以前很难,现在很容易?他们在什么地方感到惊讶、失望或是兴奋?作为一个学习者,他们在洞察自身方面有什么发现?

基本原理:

要求学生反思他们学到的东西,并将他们的学习进展分享给别人的任何活动,都能够加强合作,也能帮助他们培养洞察自身的能力。通过反思自己的学习,学生能够学习得更深入,并获得更长久的记忆。

（有关学生如何追踪学习的信息，请参见第 9 章；如何建立并使用追踪和反思学习进展的档案袋，请参见第 11 章；学生可以参与分享他们学习的各种会议，请参见第 12 章。）

有关如何在不同年级及学科领域的表现性评价中，运用这些策略的详细资料，请参考查普伊斯的著作（Chappuis，2009）。

我的课堂的过去与现在 7.1

布鲁斯·赫尔佐格(Bruce Herzog)

我过去……

我当了超过二十五年的小学教师。在我职业生涯的前十五年，每年结束的时候，我都会感到沮丧，因为大多数在去年秋天进入我房间时，没有达到年级标准的学生，到年底时仍然低于年级标准。因此，每一年我都更加努力地改进我的教学，因为在我的职业生涯中，我一直被告知，好的教学将带来好的学习。我接受了新的策略和新的教学计划，它们承诺让所有学生都能够达到高成就水平，但对于我大多数的学生而言，成功仍然遥不可及。

我现在……

当我第一次听说关于形成性评价的时候，我是持怀疑态度的。但是，我阅读了有关它的研究以后，有效的评价方法，可能会带来前所未有的学生成就收获，它说服我尝试一下。我开始让我的学生设定目标，反思他们的学习。很明显，大多数学生都不确定，他们应该学习什么。这使我聚焦于确保，我期望学生应该达到的学习目标是清晰的。我通过使用量规、学习指南，使学生持续地设定目标和进行反思。有清晰的学习目标帮助我把教学聚焦于被明确定义的学习目标上，使我能够完善我的评价，以反映学生究竟在学习什么。

结果我注意到……

我几乎看到了立竿见影的效果。在我开始在课堂上使用形成性评价的第一个月里，我看到几乎所有学生的成绩都有所提高，而成绩最差的学生，成绩提高得最显著。使用这些练习彻底改变了我的课堂学习环境。良好的教学仍然是重要的，但重点已经从教学转向学习，从教师转向学生。现在学习目标对学生而言是清晰的，他们能够对达到学习目标负责。通过定期向他们提供有关其自身与目标之间关系的反馈，他们能够决定自己需要采取什么行动，或在达到这些目标时需要什么样的帮助。形成性评价消除了在我的课堂上学习的障碍。

现在在我的教室里的所有学生都达到了年级标准吗？没有，但是现在比以前有更多的学生，开始使用形成性评价，我看到那些还有很长一段路要走的学生，取得了显著的进步。更重要的是，现在所有的学生都知道，当他们对自己的学习负责时，他们就能成功。我的一个学生可能一语中的，他在反思中写道："现在我知道我需要知道什么，并且我知道我什么时候知道了这些。"

Source: Adapted from *Creating and Recognizing Quality Rubrics* (p. 134), by J. A. Arter and J. Chappuis, 2006, Upper Saddle River, NJ: Pearson Education. Adapted by permission.

使用表现性任务作为促进学习的评价

在表现性评价的情境下,练习和改进的机会可以从多种方式中获得,包括上文提到的策略 3、策略 4、策略 5、策略 6 及其变化形式。图表 7.11"作为练习机会的表现性任务"中总结了三种方法:

1. 你可以设计一个或多项练习任务,使用量规对他们的优势和需要改进的方面进行反馈,并在你给他们最终成绩之前,让他们修改自己的表现或成果。这一般在表现性任务中会比较奏效,并且也不需要几天或几周就能完成。例如,在数学课上,你可以使用几个评价相同学习目标的任务作为练习。在第一个任务中,使用量规向学生提供反馈,告诉他们哪些地方做得很好,哪些地方仍需要努力。让他们根据反馈修改他们的作业。在第二个任务中,让他们使用量规互相反馈,再让他们根据反馈修改他们的作业。在第三个任务中,让他们使用量规进行自我评价,然后在必要时进行修改。最后,使用第四个任务来给学生最终成绩。如果你可以使用多个任务来关注相同的学习目标,请考虑这样的进度,而不是把它们全部分配给一个等级。

图表 7.11

作为练习机会的表现性任务

1. 在给一项任务评分之前,计划对短期练习任务的反馈、自我评价和修改。
2. 将复杂的任务分解成各部分,在学生将各部分组合在一起并提交结果用于评分前,计划每一部分的反馈、自我评价和修改。
3. 当学生正在开发一个最终用于评分的复杂的表现或成果时,请反复计划反馈、自我评价和修改。

Source:Adapted from *Creating and Recognizing Quality Rubrics* (p. 134), by J. A. Arter and J. Chappuis, 2006, Upper Saddle River, NJ: Pearson Education. Adapted by permission.

2. 在一个更长的任务,如科学实验室实验中,你可能想把任务分解成更小的部分。学生可以只写出假设,并且接受以描述假设的各质量水平的量规,为基础所做的反馈。或者你可以通过提供一个实验情境,让学生草拟一个假说,然后用来自本人、其他学生或他们自己的基于量规的反馈进行修改。你可以按照同样的步骤,练习实验过程中的其他部分,或报告学生还没有掌握的内容。

3. 经常在英语语言艺术课程中使用的另一种方法是,使用和"通过写作实施促进学习和为了学习的评价"相同的任务,如图表 7.12 所示。在这里,教师布置一个写作任务,给学生时间整合他们的想法,并组织成一个草稿,必要时进行教学。接着,学生向其他同学分享自己的草稿,并接受聚焦于量规中一个或更多标准的反馈。例如,如果教学重点放在"想法和内容",以及"声音"这两个标准上,学生相互之间的反馈也将侧重于"想法和内容"以及"声音"。然后,学生使用这个反馈以及自己的想法来修改草稿。在最终将文章提交给教师评阅之前,他们可以一次或多次重复"收到反馈—自我评价—修改草稿"这样的循环。最后,学生基于教师(也许是别人)的反馈修改他们文章,然后把它提交给教师进行评分。这个过程也可以用于更短的练习片段,学生使用选好的一部分标准完善一篇文章,然后将这篇文章放在工作文件夹中。在以后的日子里,学生从他们的写作文件夹中选取一个片段,通过整个写作过程进一步完善这个片段,然后把它提交给教师进行评分。

图表 7.12

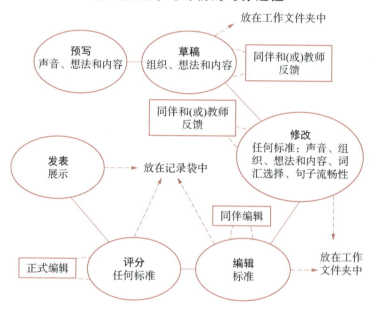

Source: Adapted with permission from *Creating and Recognizing Quality Rubrics* (p. 136), by J. A. Arter and J. Chappuis, 2006, Upper Saddle River, NJ: Pearson Education. Adapted by permission.

总结

表现性评价被认为是最真实的评价方法,尽管由于它所固有的主观性本质,很多人对其持有怀疑的态度,但它目前已成为我们收集学生信息,包括学生成就、反思、分享自己学习的最有价值的方式之一。

表现性评价是基于观察和判断的评价——我们观察或回顾学生的表现或成果,并对其质量做出判断。表现性评价包括两个部分:一是任务——我们要求做些什么;二是标准——评价的基础。表现性评价非常适用于评价推理性、技能性和成果性的学习目标。

要选择高质量的表现性任务,我们要从质量的三个方面进行考查:内容、提供的证准和样本,任务内容是否符合我们的学习目标和表现标准?学生清楚知道他们应该做什么吗?依靠给定的材料可以在允许的时间内完成任务吗?在任务中有什么内容,可能会对任何特定的学生或学生群体不利吗?我们有足够的任务覆盖足够的目标,以确保我们能够推断出学生掌握目标的整体水平吗?

要发展高质量的任务,我们遵循和书面论述题相同的开发步骤:

- 明确要展示的学习。
- 明确学业成就中所要展示的材料和限制。
- 提醒学生可用于评价他们的表现或成果的标准。

要构建写作任务,我们可以使用 RAFTS 准则来指定角色、读者、格式、主题和目的(强变化动词)。

要评价任务的质量,我们可以使用评价任务的量规(参见图表 7.6),相应量规可在光盘第 7 章的文件夹中找到。

要选择高质量的表现性指标,我们需关注内容、结构和描述项三个维度的质量。标准是否涵盖真正定义了质量的作品特征?标准和描述项是否准确地描述了优势和不足?描述项准确地表示了标准吗?它们是完整的吗?它们是否足够清晰,使教师和学生能够以同样的方式解释它们?

要制定量规,我们需遵循六个步骤:(1)建立我们的知识基础;(2)收集学生的表现样本;(3)将样本按照质量水平分类并描述每个水平中作品的特征;(4)将描述项概括为特征;(5)确定每个水平的样例;(6)对量规进行评估,且必要时进行修改。

要评估量规的质量,我们可以使用量规的量规(参见图表 7.10),相应量规可在光盘第 7 章的文件夹中找到。

表现性评价的相关量规,提供了如何让学生参与评价的经典例子。量规可以用来帮助学生了解他们要去哪里、他们现在在哪里以及如何缩小差距。对于了解他们要去哪里,好的量规对质量进行了定义,以至于学生可以清楚地看到。这些量规提供了谈论作品质量特征的词汇。使用匿名的好和差的表现性样例,不仅有助于加深学生对样例中表现或成果特征的理解,也可以帮助学生对表现做出准确评价。在学生开始自我评价之前,这种准确性是必不可少的。

量规也有助于让学生知道他们现在的水平,以及如何提高。教师可以利用它们为学生提供描述性反馈。学生也可以用它们来进行自我评价、设定目标和自我反思。量规的信息能构成学生追踪、反思和分享他们学习进展的基础。

注释

1. 本章的部分内容转载和改编自 J. A. Arter and J. Chappuis, *Creating and Recognizing Quality Rubrics*, 2006, Upper Saddle River, NJ: Pearson Education. Copyright © 2006 by Pearson Education, Inc. Reprinted and adapted by permission of Pearson Education, Inc.

活动

本章末提供的活动是为了帮助你掌握本章的学习目标。它们的设计是为了加深你对本章内容的理解,并为合作学习提供讨论的话题,以及指导你实施本章节中所教的练习活动。

完成每个活动所需的表格和材料可参见光盘中的可编辑文档。光盘中的文档以这个符号 为标志。

第 7 章的学习目标

在本章的最后,你会知道如何做以下内容:
1. 选择、修改和开发高质量的表现性任务。
2. 选择、修改和开发高质量的量规。
3. 形成性地使用表现性评价作为教学工具。
4. 创建表现性评价,以便学生能使用评价结果自我评价,并为进一步的学习设定目标。

活动 7.1　坚持写反思日记
活动 7.2　评估表现性任务的质量
活动 7.3　创建表现性任务
活动 7.4　使用 RAFTS 准则创建一个写作任务
活动 7.5　评估量规的质量
活动 7.6　创建一个量规
活动 7.7　创建一个对学生友好的量规
活动 7.8　使用量规作为促进学习的评价
活动 7.9　为形成性使用构建一个任务
活动 7.10　反思你自己的学习
活动 7.11　选择档案袋作品

活动 7.1

坚持写反思日记

在阅读第 7 章时,坚持记录你的想法、问题和尝试实施的任何活动。

反思日记表

活动 7.2

评估表现性任务的质量

独立工作，或是与一名同伴或一个团队合作开展这一活动。

1. 阅读"选择、修改或开发任务"一节后，找出一个你曾经使用过的或将用来评价学生学习的表现性任务。
2. 把你选择的任务和这个任务的量规复印出来，并发给每个人。
3. 单独评估任务量规中每个具体的标准。使用第 7 章任务量规中所解释的方法。注意任何需要改进的地方和修改建议。
4. 与你的同伴或团队分享你的评价和笔记。
5. 共同修改任务，使它符合任务量规中描述的所有适用的质量标准。

◎ 表现性任务评估表　　◎ 任务的量规

活动 7.3

创建表现性任务

独立工作，或是与一名同伴或一个团队合作开展这一活动。

1. 选择一个比较适用表现性评价的学习目标。
2. 确定任务能够提供评价信息的预期目的和预期使用者。
3. 通过回答这四个问题来创建任务的主要组成部分：
   - 学生使用什么知识？
   - 他们要表现或创作什么？
   - 他们要遵守什么条件？
   - 他们需要多少时间？
4. 使用步骤 3 中的信息来草拟任务。使用量规中的标准作为设计任务的指导。
5. 考虑预期的用途和学习目标来回答下面的抽样问题：
   - 需要多少任务作为样本才合适？
   - 这些任务应该如何区分以评估学习的广度和深度？
6. 确定将用于判断学生表现或成果的标准。如果你没有一个可使用的高质量的量规，按照活动 7.5 或活动 7.6 中的步骤修改或创建量规。
7. 使用任务量规评价你的任务，并注意任何需要改进的地方和修改建议。
8. 修改你的任务，使它符合任务量规中描述的所有适用的质量标准。

◎ 任务的开发模板　　◎ 任务的量规

活动 7.4

使用 RAFTS 准则创建一个写作任务

如果你在教学中的学习目标，明确要求学生通过写作来通知或解释、劝说、表达和捍卫一个观点，抑或是叙述真实或想象中的经历或事件，你可能需要使用 RAFTS 准则创建一个写作任务。如果是这样的话，使用"创建任务以产生好的写作"一节中的文本作为指南，来完成下列活动。

1. 通过头脑风暴，将可能的角色、读者、主题和强变化动词（目的）找出来。参见图表 7.5 中的强变化动词建议。
2. 考虑到你的学生、情境（学科领域的内容？文献的内容？个人经验的内容？）、你希望任务花费的时间长度，选择一个角色、读者、格式、主题和强变化动词的选项。
3. 按照示例 7.2 中所示格式，将几个部分组装成写作任务的草稿。
4. 与一名同伴或你的团队分享你的任务草稿。共同使用任务量规对它进行质量评价，并注意任何需要改进的地方和需要修改的建议。
5. 修改你的任务，使其符合任务量规中描述的所有适用的质量标准。

◎ RAFT 的准则模板　　◎ 任务的量规

活动 7.5

评估量规的质量

独立工作，或是与一名同伴或一个团队合作开展这个活动。

1. 阅读"选择、修改或开发量规"一节后，找出一个你曾经使用过的或将用来评价学生学习的量规。
2. 把你选择的量规、量规评价表和量规的量规复印出来，并分发给每个人。
3. 在量规的量规基础之上，单独评估任务量规中每个具体的标准。使用第 7 章量规的量规中所解释的方法。并且请注意任何需要改进的地方和修改建议。
4. 和你的同伴或团队分享你的评价和笔记。
5. 共同修改量规，使它符合量规的量规中描述的所有适用的质量标准。

◎ 量规评价表　　◎ 量规的量规

活动 7.6

创建一个量规

如果你已经确定，没有合适的标准能够评价你的学习目标中的推理性、技能性或成果性的要求，那么你就需要创建一个量规。这项工作的理想状态是进行团队合作，但如果没有更多人一起工作的话，也可以与一名同伴共同完成。

1. 仔细重新阅读"选择、修改或开发量规"一节，也同样仔细阅读"量规的量规"一节。与你的团队讨论并回答你可能有的关于量规质量方面的任何问题。
2. 通过"开发量规的过程"一节中解释的六个步骤来创建一个量规的草稿。
3. 在执行步骤 6 之后，记录需要修改的内容，并做出修改。
4. 审核从步骤 5 中收集的样本，并注意哪些做得好，哪些做得不好。修改你选择的样本，必要时进行添加和删除。
5. 使用量规的量规，评价你修改后的量规的质量。使用第 7 章"量规的量规"一节中所使用的方法，并注意任何需要改进的地方和修订建议。
6. 与你的同伴或团队分享你的评价和笔记。
7. 共同修改量规，使它符合在量规的量规中描述的所有适用的质量标准。

◎ 量规开发模板　　　◎ 量规评价表　　　◎ 量规的量规

活动 7.7

创建一个对学生友好的量规

如果你发现或创造了一个符合质量标准的量规，请按照下面的步骤创建一个学生的版本。我们建议你与一名同伴或一个团队合作完成这个活动，并且在某些情况下，学生也可以和你一起完成这项工作。

1. 检查每一个短语，并决定是否要将其剔除出去、保持原样，或转换成学生易懂的语言。（如果你不需要评价它们所代表的特征，只需要将短语剔除。）
2. 将短语转换成学生易懂的语言，必要时在字典或课本中查找这个单词。并且与同事一起共同探讨最适合学生的措辞。
3. 把定义转换成你的学生能够理解的措辞。并且有时你需要把一个词转换成一个或多个短语或句子。
4. 用第一人称来组织对学生友好的量规。
5. 让学生尝试使用量规，并请他们进行反馈。
6. 必要时进行修改。

Source: Adapted from *Creating and Recognizing Quality Rubrics* (p. 83), by J. A. Arter and J. Chappuis, 2006, Upper Saddle River, NJ: Pearson Education. Adapted by permisson.

◎ 创建一个对学生友好的量规

活动 7.8

使用量规作为促进学习的评价

阅读"使用评价量规作为教学工具的 7 条策略"一节后,完成以下的一个或更多活动。

1. 选择一个你尚未介绍给学生,但计划和他们一起使用的量规。按照策略 1 和策略 2 进行教学,帮助学生理解量规所代表的概念,并且提高其使用量规来判断质量水平的能力。(如何实施策略 1 和策略 2 进行教学,更详细的解释参见第 2 章中的"促进学习的评价的 7 条策略"[Chappuis,2009]。)让学生留下量规,以备将来使用量规进行推理或创建表现或成果时使用。
2. 在向学生介绍量规中使用的语言后,着重标明量规中和他们所创造内容的质量水平所对应的短语,并在这个基础上给他们反馈。在最终提交并用于评分之前,要求学生在反馈的基础上修改他们的作品。
3. 在根据量规向学生提供反馈后,要求他们修改自己的作品,然后使用同样的量规进行自我评价。如果你已经着重标明了部分短语,那么就让他们用其他颜色的记号笔来对修改后的作品进行自我评价。
4. 选择一部分量规,并计划一系列的课程,以帮助学生更好地学习其中的某一部分。作为教学重点的一部分,你可能需要将策略 2 的活动包含进去。让学生练习所选的那一部分量规,然后给他们反馈。针对教学中关注的重点,让他们修改自己的作品。
5. 让学生记录自己的能力不断提升的证据——他们已经完成的任务,以及量规中的形成性和总结性的信息。更多关于如何帮助学生跟踪、反思和分享他们的成长和成就的信息,请参见第 11 章和第 12 章。
6. 反思你的学生在经历这些活动后所创造的最终表现或成果的质量:它与以前的作业(或过去的课堂)的质量相比如何?
7. 与一名同伴或你的团队讨论这些策略对学生动机和成就的影响。并讨论如何调整活动,以备将来使用。

汇报促进学习的评价量规的使用

活动 7.9

为形成性使用构建一个任务

阅读"使用表现性任务作为促进学习的评价"一节后,选择一个你为形成性用途创建的表现性任务。

1. 从三个可选项中,选出一个最适合你的学生,预期的学习目标和任务的表现性任务,并根据需要进行改编。
2. 寻找或创建执行可选项所需的材料。
3. 和学生一起尝试完成任务,并记录他们对活动的反应。
4. 反思他们最终的学习表现或成果的质量:它与以前的作业(或过去的课堂)的质量相比如何?
5. 与一名同伴或你的团队,讨论这些活动对学生的动机和成就的影响。并讨论如何调整活动,以备将来使用。

◎ 汇报一个为形成性使用构建的任务

活动 7.10

反思你自己的学习

回顾第 7 章的学习目标,选择一个或更多能代表你新的学习或最让你印象深刻的目标。如果你正独立工作,写一段能够反映你当前理解的简短反思。如果你正与一名同伴或一个团队合作,可以和他们讨论你写下的内容,或以此引发小组会议中的讨论。

◎ 反思第 7 章的学习

活动 7.11

选择档案袋作品

本章中的任何活动都可以作为档案袋中的条目。选择任何你已经完成的活动或创造的作品,以展示你在第 7 章中学习目标上的能力。

1. 选择、修改和开发高质量的表现性任务。
2. 选择、修改和开发高质量的量规。
3. 形成性地使用表现性评价作为教学工具。
4. 创建表现性评价,以便学生能使用评价结果进行自我评价,并为进一步的学习设定目标。

如果你正坚持撰写反思日记,可能想将第 7 章的条目纳入你的档案袋中。

◎ 第 7 章档案袋条目封面页

第8章

个别交流式评价

> "你问的问题里有什么？每一件事情。它是一种唤起刺激反应或使人乏味的探究方法。从本质而言，它是教学的核心。"
>
> ——约翰·杜威（John Dewey，1933）

"谁还记得什么是名词？""你如何向从未听说过某一食品网站的人，描述其运作方式？""在这个数字序列中，你注意到了哪些规律？""当你听到'权力'这个词时，你会想到什么？当你听到'权威'这个词时，你又会想到什么？'权力'和'权威'是一样的吗？"虽然我们可能没有思考过，但我们每天在问的问题，都可以作为某种形式的评价。事实上，它们的确是一种评价。提出一个结构化的问题，既是一种教学策略，也是一种评价策略。因为经过精心的提问，我们不仅可以获得学生的先验知识，激发他们的好奇心，而且还可以检查他们的理解能力，引发他们去思考和探索，并创造新的学习。

提问是个别交流式评价的一种形式。其他的形式还包括课堂讨论、会议和访谈、口试、学生日记和日志。和其他的评价方法一样，个别交流既可用于形成性评价，也可用于总结性评价。然而，一些个别交流式评价可能只适用于某些特定的情形。当形成性地使用个别交流，并将其作为促进学习的评价时，它可以满足教师的需求，以测量学生的知识和理解程度，从而诊断问题和误区并相应地调整教学，这正是形成性评价的情境。同样重要的一点是，它直接影响到学生的学习能力。如果做得好的话，它可以激发学生的学习兴趣，加深他们对概念的理解，并提高他们的推理能力。此外，如果我们仔细遵照准确性的原则，个别交流式评价可以对学生的成就水平，做出总结性的决定。

在本章中，我们将研究如何准确和有效地使用，各种个别交流式评价的形式，并告诉大家如何避免可能扭曲评价结果的偏差，以及如何在促进学习的评价情境中，使用个别交流式评价。

本章并不完全遵循前三章评价方法的相同步骤。我们以类似的方式开始，检查何时使用个别交流式评价作为一种评价方法。然后，我们讨论两个普遍性的问题：抽样和等待时间。在本章的其余部分中，我们依次讨论了个别交流式评价的每种形式，且重点放在开发注意事项上，同时还提供了如何最佳地使用它们的一些建议。

第 8 章的学习目标

学完本章后,你将了解到以下内容:

- 制定诊断性的问题以为教学提供信息。
- 运用提问策略以加深学生的理解和提高推理能力。
- 为形成性和总结性目的组织课堂讨论。
- 举行会议、访谈和口试,以获得有关学生成就的准确信息。
- 使用学生日记和日志作为促进学习的评价工具。

图表 8.1

优质课堂评价的关键要素

关键要素1:明确的目的
谁将使用这些信息?
他们将如何使用这些信息?
他们需要什么样的信息?
并且需要详细到什么程度?

关键要素2:清晰的目标
学习目标对教师而言清晰吗?
哪种学业成就将被评价?
这些学习目标是教学的重点吗?

关键要素3:合理的设计
评价方法和学习目标匹配吗?
选取的样本能恰当地代表学习吗?
题目、任务和评分量规质量很高吗?
评价能够控制偏差吗?

关键要素4:有效的交流
评价的结果能够被用来指导教学吗?
形成性评价能被用作有效的反馈吗?
学业成就能追踪到学习目标并根据标准报告结果吗?
成绩能准确地交流学业成就吗?

关键要素5:学生的参与
评价能满足学生的信息需求吗?
学生清楚学习目标吗?
学生会利用评价得来的信息进行自我评价以及设定目标吗?
学生会追踪和交流他们的学习进度吗?

何时使用个别交流式评价

使用个别交流式评价时,首先想到的是,它是对学习目标进行评价的一种方法,正如第 4 章中"目标—方法"匹配部分所述,个别交流式评价对评价知识性、推理性以及需要口头沟通的那些技能性目标是有帮助的,比如学习说一门外语或参与小组讨论。图表 8.2 "个别交流式评价的方法"简要总结了与不同目标类型相匹配的形式。在对这种匹配进一步论述的过程中,我们可以讨论每一种交流方式。

图表 8.2

个别交流式评价的方法

形式	描述	主要用途	目标类型		
教学问答	教师向学生提出问题,让学生回答或讨论。学生互相提问并回答。	形成性	K	R	
课堂讨论	学生进行讨论,既可以由教师主导,也可以由学生主导。	形成性或总结性	K	R	S
会议和访谈	教师和学生会面,并讨论有关学生学到了什么以及没学到什么。	形成性	K	R	
口试	教师计划并提问,让学生单独回答。	总结性	K	R	S
日记和日志	学生通过书写解释、探索并加深他们自己的知识和理解。教师和其他学生给予回应。	形成性	K	R	

个别交流作为一种评价方法,有两个额外因素会影响它的有效性:

- 教师和学生必须使用共同的语言。这意味着他们要使用共同的词汇和语法,也意味着师生拥有同样的语言常识,即通过口头和非语言暗示的方式形成文化共享。在这种评价情境下,安静或保守的学生可能不会表现得很好,无论其真正的成就水平如何。要使这种评价方法发挥作用,教师和学生必须保持一种开放的心态,并乐于交流。这对一些学生来说会更难。如果目的是收集总结性的证据,而且并不要求个别交流,你可能要计划其他的评价方法,以确保结果的准确性。
- 只有在确定能产生足够的信息时,才可以使用个别交流式评价来充分地推断学生的表现。这是一个抽样的问题,它会影响形成性和总结性决定的正确性。

抽样

在个别交流的情境下,抽样有两个维度:(1)为目标收集足够的信息,以达到预期的目的;(2)听取足够多学生的声音,以达到预期的目的。

收集足够的信息——对学习进行抽样。和其他方法一样,这种评价方法面临的挑战,也是需要收集足够的信息,让我们能够自信地做出有关学生成就的结论,同时不会在收集的过程中浪费过多的时间。充足的样本是我们评价情境中一个重要的因素。例如,如果教学目标狭窄且聚焦,正如我们日常教学过程中那样,就算学生只回答了很少的问题,也能让我们知道,教学指令是否在课堂上起作用。有时候,仅仅是一个策略性问题,就可以告诉我们,某个学生是否学会,以及如果他没有学会应该做什么。因此可以说,学习目标越广泛,涵盖范围越广,我们可能需要提出的问题就越多,才能覆盖这一领域。

从这个意义上讲,多少样本容量才算足够,这将取决于根据结果做出的决定。在上一段中所隐含的情境,反映的是一个相对低风险的决定。我们收集一些数据,采取行动,并继续评价,来看我们是否在教学互动中做出了正确的决定。但是,如果即将做出的决定会带来更深远的影响,比如,我们打算将学生对课堂讨论的贡献量,作为给他们评分的部分依据。在这种情况下,我们希望(需要)收集更多每个学生贡献量的实例,以得出一个可靠的结论。因此,评价的目的会影响样本容量的选择。

通过个别交流来评价时要问多少问题,并没有硬性的规定。这是课堂评价的艺术:目标越宽泛,决定越重要,证据样本必须就越大。

听取足够多学生的声音——对人数进行抽样。个别交流的评价对象包括整个班级或一组学生,会有一定的风险:针对一部分学生的知识和理解,可能会抽样过度,而针对另一部分学生的知识和理解,可能会抽样不足。这种抽样问题只出现在个别交流式评价中——在选择性反应评价、书面论述式评价和表现性评价中,所有学生都参与评价。而个别交流形式,如教学问题和课堂讨论,很可能无法让所有学生都在同等程度上进行回答。这里的挑战是,让全员最大限度地参与。我们如何做,这取决于我们如何使用评价过程和收集到的信息。

例如,当我们想确认学生是否理解了一个刚刚被教过的概念时,我们可能会口头问几个问题。如果我们只要求学生举手,我们就不可能得到一个能准确地概括全班学生理解水平的代表性样本。

这里有一些建议,能最大限度地提高问题的教学价值、最大限度地提高学生的参与,也能最大限度地提高信息的准确性,以及最大限度地提高样本容量:

- 在小组活动中,不要在提问之前叫答学生。先提问题再邀请学生回答,能够增加所有学生都参与回答问题的意愿。
- 在小组活动中,对自愿回答和非自愿回答的学生都要叫答。这件事有许多简单的方法。许多教师把学生的名字写在雪糕棍或压舌板上,然后放在杯中,并在提问之后随机选择一个名字,让该名学生回答。
- 要求学生两两一对或在微型小组中讨论他们的想法。指定小组代表发言,要求组内指定一名发言人,或在组中随机选择一人。你也可以为小组编号,并随机抽取数字。
- 对于某个问题,要求所有学生写下自己的回答,然后收集起来并大声朗读。要求学生倾听答案之间的异同。将这些回答作为进一步提问和讨论的跳板。在总结性评价中,你为一个学习目标创建选择题时,也可以使用这里出现的常见误解和错误答案作为干扰项。

- 给学生提供各种可能的答案,并让全体学生对答案进行投票。同样,这些答案也可以在选择题的设计中使用。许多教师会使用全班回答系统,如个人白板或电子回答设备(如"Clickers")。
- 建立课堂讨论的规则,使每一个学生对课堂的贡献受到尊重。

等待时间

在传统的课堂提问模式中,教师通常在提出问题之后,等不到一秒钟就叫答学生。这种有限的思考时间,鼓励学生进行简短而正确的回答问题,而不是深刻地去反思和思考,即使这个问题的回答需要一定的思维加工过程。在研究增加提问等待时间,对小学、中学和高中科学学科成就影响的过程中,研究人员发现,当教师提问后停顿时,学生的回答能够反映出更深层次的思考(Rowe,1972,1987)。

将等待时间从3秒增加到7秒会导致以下几个方面的提高:
1. 学生回答的长度;
2. 主动回答的数量;
3. 学生提问的频率;
4. "后进生"回答问题的数量;
5. 学生之间的互动;
6. 推理性回答的发生率(Akron Global Polymer Academy,2011,n. p.)。

同样的时间效益,也发生在学生回答一个问题后,教师给出等待时间上,例如,在给出答案或叫答另一个学生之前停顿(Akron Global Polymer Academy,2011)。

当学生第一次经历延时等待时,他们倾向于通过"等待",而不是"思考"来回答问题。在学生回答问题之前,我们都在从1数到7,这能够很好地解释停顿,并不是真正的"等待"时间。相反,这是"思考"的时间,停顿的意图是给每个学生时间来思考这个问题,并做出回应——可能是为这个问题提供进一步反思的答案、问题或评论。

除非你的目标真的是,让学生像"爆米花"那样快速回答问题并改正,要不然最好在学生回答之前停顿3—7秒。等待时间将增加学生对问题思考的深度、讨论的丰富性和问题的教学价值。让学生知道你在做什么,以及为什么这么做,从而帮助他们了解你期待他们在等待时间内做的事情。

教学问答

使用这种常用的个别交流,随着教学的开展,我们可以提出问题供学生回答,或者要求学生提出问题并互相回答。它在课堂上的运用主要是形成性的。我们提出问题以获取有关学生学习的信息,以便计划或调整教学。我们听取答案,解释它们(无论是借由内部标准或书面量规），推断出学生的成就或错误概念，并采取相应的行动。第二个同样重要的提问方式是鼓励思考和深化学习。教学问答通常集中在知识性和推理性学习目标上。对知识性问题的回答，我们根据是否正确进行判断，而推理性问题则需要评价学生推理的质量（参见第6章对量规的描述）。当你提出教学问题时，你不一定用一个量规来评价学生的回答，但是对于在心里进行推理的特定模式，这是一个评价其质量特征的好主意。换句话说，量规不一定要握在手中，但一定要存于脑中。

因为我们对这种形式非常熟悉，所以寻找改进的方法似乎并不明显。在本节中，我们将讨论在评价学生的理解水平或错误概念、引发更为激烈的讨论，以及促进更深入的思考方面如何提高教学提问的效能。

设计问题以评价知识和理解水平

旨在评价学生知识和理解水平的教学提问，可以被看作选择性反应评价，或书面论述式评价的口头版本。在这个情境中使用问题有两个关键事项：

- 在教学前预先计划好关键问题，以确保问题与目标一致。
- 提出清晰、简短的问题，以帮助学生将可接受的答案聚焦于相对狭窄的范围内。

你可以使用在第5章和第6章所述的指南来帮助设计这些问题。在教学过程中，根据之前提供的关于抽样和等待时间的建议向学生提问，以确定他们知道和理解什么，不知道什么，并相应地调整教学。要记住，在小组教学中，教学问答最好用于形成性评价。

设计问题以评价推理能力

通过个别交流来评价学生的推理能力，需要一个经过深思熟虑的问题，并策略性地使用等待（或说"思考"）时间，如前文所述。第5章和第6章中的指南，可以帮助你处理这些问题。为了取得成功，这里有三个额外的建议：

- 将你期望的推理类型进行分类——比较、分析和评价等等——包括问题中代表推理的具体动词。图表8.3显示了问题中的关键动词和题干，旨在引出特定的思维类型。
- 当学生在回答问题有困难时，可以换个方式再问，并提供答案的线索。
- 鼓励学生对答案进行更详细的说明。例如，可以对学生说"请多说一点有关……"，这会鼓励学生对问题做出更复杂的归因。

有效形成性使用教学提问的建议

当我们将个别交流式评价作为促进学习的评价时，也是在用问题本身来教学和深化知识、提高理解和推理能力。课堂上的一些氛围可能会加深或削弱这种作用。首先，我们需要确保学生在回答时感到安全，能够诚实地作答，即使他们可能不相信自己回答的准确性。当我们让学生知道，发现我们不知道的东西，然后去学习它，是一个好

图表 8.3

引出不同类型思维的动词和题干

引出回忆信息的动词：
解释、描述、辨别、说出、称名、列表、举例、定义、标示、匹配、选择、回忆、认出、选择

引出推理的问题题干：

分析：
- 什么是<u>它</u>重要的元素、部分或成分？
- 什么是<u>事情</u>发生的顺序？它的步骤是什么？
- 你通过阅读或观察得出的主要观点是什么？支持这个主要观点的依据是什么？
- 你注意到什么熟悉的模式？（包括熟悉的故事结构和数字序列的例子。）
- 这个问题问的是什么？
- 你需要什么样的信息来解决这个问题或完成这个任务？

比较/对比：
- 哪些特点将能够帮助我们辨别（或区分）_____ 和 _____ 之间的相同点和（或）不同点。
- _____ 和 _____ 存在哪些相似点和不同点？
- 你能创造一个类似的 _____ 吗？
- 你还能再想出一些其他的相同点吗？（例如，其他的故事有没有类似的开头、人物、段落和主题？）

综合：
- 你从 _____ 和 _____ 中能得出哪些结论？
- 你是如何将 _____ 和 _____ 进行整合、合并或组织在一起的？
- 你是如何调整或修改 _____ 以适应 _____ ？
- 你是如何形成 _____ 的一个回应或答案的？

分类：
- 找出 _____ （一组或一类）的一个例子。
- 它是一个关于 _____ 的例子？
- 你是怎样将 _____ 进行分组或分类的？
- _____ 的哪些特点告诉了我们它属于哪个组？

推测/推论：
- 你认为接下来将要发生什么？（预测）
- 作者为什么做 _____ ？
- _____ 的含义是什么？
- 你从证据或部分信息中能得出什么结论？例如，"以 0 或 5 结尾的数字告诉我们什么？"（归纳）

评价：
- 请对 _____ 给出定义，并解释、支持、辩护或捍卫你的观点。
- 请对 _____ 有什么观点？你有什么证据支持你的观点？
- 请对 _____ 进行评价、批判、判断或评价，并证明你的评价、批判、判断或评价。
- 对这一观点的争议或判断，是不是合理的？原因是什么？
- _____ 可以成功吗？支持你的观点的证据是什么？
- _____ 可以变得更好吗？原因是什么？
- 哪一个更好？为什么？

的并且可取的事情时，我们就创造了一个安全的学习环境。其次，我们要帮助学生了解，错误的答案，是通向他们作为学习者的最终成功的路径。第三，我们需要建立这样

的期望,即学生也会尊重对方的贡献,同时,正确地看待错误和错误概念,并将其作为加深理解的机会。

以下一些方法能够最大限度地丰富学生的学习经验,并作为教学问题引出的结果:
1. 提出能够引出学习中的重点内容和关键点的问题。
2. 鼓励学生关注其他同学的回答,而不是看着教师,将教师作为唯一的回应者。
3. 为你想从学生那里获得的反应模式提供示范。例如:
   - 在一个给定的主题中让学生进行推测。这样能够鼓励学生探索知识点,并了解在思考的过程中,不确定性是一个正常的阶段。
   - 反思主题。例如,对学生说"我有时认为……"这样能够鼓励学生探索知识点,而不是寻求一个单一的答案。
   - 在你不知道答案的时候,愉快地接受它,并示范应该怎么做。可以说"我不确定"或"我们可以做什么来找到答案?"有时候班级里的某个或某两个孩子,能够回答出你无法答出的问题。在这种情况下,邀请学生来发表看法。
4. 无论学生正在学习什么内容,都教他们使用题干,以引出不同的推理形式。并且,还要让他们在小组讨论或大组讨论中使用题干。

约翰斯顿(Johnston, 2004)曾将题干收集起来,这些题干引发了开放式的促进学习的评价对话:

帮助学生注意和学习:

- 是否有人注意到……?
- 记得你曾经经常做……现在你……发现其中的差异了吗?
- 什么样的……是这个类型?
- 你对……感到吃惊?

建立对学生的控制:

- 你是怎么想出来的?
- 今天你遇到了什么问题?
- 你打算怎么做?
- 你确定(不确定)什么?

帮助学生过渡:

- 其他……怎么样?
- 那是什么样的?
- 如果事情发生了变化……?

帮助学生确认知道：

- 你怎么知道我们得到了这个权利？
- 我没有那样想，你怎么知道的？
- 我们如何检查？
- 你同意吗？（pp. 13—59）

这些问题和类似的问题可以提供一个良好的基础，鼓励学生在与你交流的过程中进行有声思考，并把自己的想法说出来。

我的课堂的过去与现在 8.1

乔迪·佩特利（Jody Petry）

我过去……

我过去"畅通无阻地"进行我的课程。在计划课堂活动和作业时，我会把它们计划在我（即教师）的脑海中。我把实施自己的教学计划视作，如列出待办事项清单一样简单。一旦我教完了学生要完成的作业或活动，我会继续下面的内容，而不是回头看。我是个拿着"地图"的司机，我的学生坐在后座。由于我负责了学习，学习期间的对话变得很肤浅。并且，学生并不知道如何谈论他们的学习。

我现在……

促进学习的评价使我拥有了把学习权交给我的学生的工具，能够基本上让学生负责自己的学习。他们成为了司机，而我坐在了后座。他们持有"地图"（学习目标）。我的学生知道他们的学习方向。学习目标为我的学生提供了他们所需要的知识，以便谈论他们正在学习的东西和他们需要改进的方面。使用"我能……"句式，我的学生知道他们应该知道些什么。

我为什么改变……

以前，学生无法告诉我，在我们学习的内容中，他们不理解的概念。并且，我可以看到，学生也不知道他们应该知道什么。但在学习了更多促进学习的评价之后，我注意到了我教学中所有的漏洞。我发现了如何把教学与学生的学习联系起来。

结果我注意到……

学生现在可以为他们的学习命名。学习目标的运用给了他们学习的动力。他们能够说出他们需要知道什么，以及他们需要改进什么。我的学生在小组讨论中使用丰富的学术词汇，并进行深入地学习交流。我的学生现在有能力集中反馈，他们处在学习的哪个阶段。通过一个从使用量表1到量表4，学生可以测量他们对材料的理解。

Source: Used with permission from Jody Petry, Northwest R-I School District, House Springs, MO, 2011.

总结性使用教学提问

我们反对将小组教学中通过提问获得的数据,对学生个人的知识和推理能力进行总结性评价。由于抽样的限制以及小组设置中造成偏差的各种因素,在这种情况下很难获得准确的信息。如果要进行总结性评价的话,最好在口试中进行一对一的提问,如本章后面所述。

课堂讨论

在这个评价形式中,学生在结构化的讨论中互相交谈。课堂讨论可以为形成性或总结性目的服务。形成性还是总结性地使用它们,一定程度上取决于预期的目的和学习目标。在这种情况下,评价学生的成就需要事先考虑,据以判断学生成就的标准。这通常需要开发一个量规。根据评价的情境,学生可以帮助建立量规,从而将评价开发的过程,转变为一个促进学习的评价干预。

当学生参与课堂讨论时,他们的讨论过程可以揭示出他们的知识水平、对概念的理解和推理能力,这可以帮助你计划下一步的教学。课堂讨论具有同时促进学生的理解和推理能力的作用,这些都是形成性地使用。

课堂讨论也可以总结性地使用,以为知识性和推理性目标的掌握情况提供证据。但是,如果考虑到抽样和偏差的来源等因素,其中也存在严重的局限性。因为在大多数情况下,评价知识、理解和推理有其他更好的选择。

然而,如果你的课程包括一个沟通技能目标,例如一个明确地要求学生能够有效地参与讨论的沟通目标,你需要对它评定等级。这个学习目标可能要求学生展示,他们在讨论技巧方面的水平,也许还要展示他们运用基础知识和推理技能的能力。

这类目标的一个很好的例子是《大学和职业准备口语和听力锚标准》(College and Career Readiness Anchor Standard for Speaking and Listening)(适用于6—12年级),这个标准来自历史、社会学、科学与技术学科中的英语/语言艺术和文学州共同核心标准:"准备并有效地参与一系列与各种同伴的对话与合作,基于他人的观点,并表达自己明确、有说服力的观点"。(CCSSI, 2010a, p. 48)

针对8年级的学生,可以提出具体到这一年级的标准:

a. 首先是针对讨论准备情况的评价,在透彻阅读或了解已有材料的情况下,通过有关的主题、文本或在讨论中反映出的问题进行班级讨论。
b. 按照集体讨论和决策的规则,跟踪实现特定目标的进度和完成期限,并根据需要明确每个人的职责。
c. 列出几个发言人的发言内容中的相关观点,并根据观察和总结回答别人的问题和意见。
d. 承认他人所表达的新信息,并在必要时运用所呈现的证据证明自己的观点。
(CCSSI, 2010a, p. 49)

同评价其他所有技能性目标一样,对此内容进行总结性评价需要一个评分量规,以明确描述每个成就水平的特征。它能够在教师评估学生的讨论水平给出一个成绩之前,让学生在练习讨论中,有机会进行反馈和修改。

设计课堂讨论的主题和问题

要想利用这种评价形式的优势,同时尽量减少潜在缺陷的影响,需做到以下几点:

- 预先准备好问题或讨论主题,从而让使学生聚焦于预期的成就目标。使用第6章中的建议,设计书面论述题可以作为讨论问题或主题的跳板。因为精心设计的问题可以让讨论内容更丰富,也能够让学生聚焦于在你想要的学习范围内进行讨论。
- 查找、修改或制定评分表或量规,从而在讨论任务的本质中反映出学习目标。参见第7章了解如何去做,如果可能的话,和同事一起合作来练习评价学生讨论的记录,以确保判断学生成就水平的信度。
- 从参与讨论中获得的成就信息,被用于总结性评价的情境时,不要只依赖于你的记忆。使用评分表或量规追踪每个学生的学习成就,并对其表现保持可靠的记录。此外,还有一些电子设备可以帮助你实现此功能。并且,它最近已经上市,可能就在你的学校中。

常见问题解答8.1

坚持追踪

问题:
我们需要追踪个别交流的信息吗?

回答:
当信息只适用于跨度仅为几分钟或几小时的狭窄目标时,结构化的追踪记录一般是不需要的。当情况变成评价涵盖大量学生、复杂的目标以及后续的使用要求时,我们必须坚持对结果的追踪。因为没有相关的作品可供以后使用,所以必须仔细处理学生的学习成就记录。这个过程得益于被讨论或观察的推理性或技能性目标的高质量量规。你也可能想做一个视频记录,特别是如果你关注的重点是学生的讨论技能,或是如果你打算使用信息,作为此课程成绩的一部分的时候。追踪这些你曾捕捉过的形成性,或总结性评价信息的可选项,我们可以在第9章进行讨论。

有效使用课堂讨论的建议

确保学生知道他们被评价的标准,并且这些标准应该与你在教学开始时,与他们分享的学习目标相匹配。你是要评价学生内容上的收获——知识、理解或推理的过程——还是要评价他们形式上的收获——他们如何沟通,或是这两者的结合,这个重点应该直接来源于,学生知道他们被期望掌握的学习目标。

为了提高学生的学习成就,请使用第 7 章中 7 条促进学习的评价策略中的策略 1 到策略 4:

1. 介绍量规的概念和用语。
2. 使用好作业或差作业作为样例。
3. 每次提供的反馈只聚焦于质量的一个方面,并教学生根据量规进行互相反馈。
4. 教学生利用量规进行自我评价和设定目标。

8.1

站队	示例

　　站队是一种组织课堂讨论的活动,它能让学生通过相互交谈,探讨某个问题或争论。这种活动教学生在支持一方观点之前,先考察一个问题或争论的正反两面。它也有助于纠正错误的观点,可以有效地支持表达进一步的意见,或增加支持某一方面的观点内容。

　　从所使用的例子中,学生学习如何反驳他人的观点。

1. 教师先确定一个可以合理支持或反对的观点。如果没有所谓完全"正确"或"错误"的一方的话,效果会最好。例如,一个男孩撒了谎,以掩盖他没有进入他父亲竞争激烈的母校的事实。读了这样一篇故事后,教师可能会给出这样的观点:"父母应该鼓励他们的孩子。"
2. 教师和学生清理出一片空地,使学生能够站成两排面对面的队伍。教师在空地一端的墙上写上观点,同时在观点两侧贴上"同意"与"反对"两个标志。
3. 学生站成两排面对面的队伍,一排队伍从"同意"的标志延伸,另一条队伍从"反对"的标志延伸。教师可以让学生选择自己的立场,或可以给学生按照 1、2 进行编号,然后指定观点。
4. 讨论开始后,遵循这些规则:
   一次只允许一个人说话。
   一方陈述完之后,轮到另一方陈述。这些意见可能是一个相反的观点、一个问题或一个新的论点。
   公平地分享谈话的时间。目标是尽可能多地听到不同的论点。
   与其他同学进行交谈,而不是教师。
   教师不能说话,只能提醒规则。
   评论应当为支持或反对这种观点作出解释。
   同样的评论不应该重复。一旦一个论点已经被分享,如果另一个人也想要说这个论点,那么新的发言中必须进行详细的叙述。
   大声地陈述一个观点,并不能使其成为一个更有力的理由。
5. 如果一个人想发表评论以支持另一方的观点,他就要走到另一方的队伍中去,然后完善另一方的立场。(当学生这样做时,可能需要一些规则来规范谈话时的交替发言规则。)
6. 汇报这一活动,学生在小组讨论中选出最好的论点,然后在大组讨论中分享他们的想法。然后,他们可能会被要求选择一个立场,并进行书面论述以捍卫这个观点。

　　作为一种变式,学生可以根据他们选择支持一方的密集程度来进行站队。起初,这可能会使得两列队伍形成一个"U"形,许多学生保持中立——即"U"的底部。除非他们参加了几次站队,并更加认同自己所持的立场,否则不考虑提供中间选项。

会议和访谈

在这种个别交流的形式中，我们需要和学生单独进行交流，谈论他们学到了什么，以及还有什么没有学会。我们倾向于以形成性的方式使用这些信息，以提供我们和学生都可以用来指导进一步学习的方向。在会议或访谈的情境下，我们可以评价学生掌握知识性和推理性目标的情况。当我们仔细考虑后续的问题，以发现学生的优势，以及他们可能产生的错误概念或误解时，和学生单独开会是促进学习的评价一个很强大的工具。

此外，我们可以考查学生是否具备了成功展示技能性和成果性目标，必要的基础知识、对概念的理解和推理能力。虽然，对话本身不会提供足够的证据来判断，技能水平和成果性目标的实现情况，但是它可以用来诊断潜在的教学需求和计划需要的教学干预。

会议和访谈不必标准化，也不一定要对每一个学生做。我们可以只与一个学生访谈，或根据学生的不同需求，改变会议交流的重点。

设计会议和访谈的主题和问题

会议或访谈的目的是，能够更深入地理解作为一名学习者的学生，所以你要创建的问题，要能够让学生在谈话中说出更多的内容。这里有一些关键要素，可用于作为设计问题的框架以指导讨论：

- 提前仔细考虑和计划问题。
- 避免问"是"或"否"的问题。
- 设计问题要关注学生在达成预期的学习目标过程中的进度。
- 学生学习情况的样例可以为讨论增加特殊性。要让学生明白哪些样例可以为学习目标提供证据。如果恰当的话，也可以用可获得的量规去评价它们。

在第11章中，我们提供了用各种方法来收集学生的作品，并将其放入档案袋，这些内容可以成为会议讨论的基础。该章还列出了引发学生自我分析学习策略、技能和过程的问题清单。在第12章中，我们提供了关于各种会议的更详细的信息，以及举办会议的一些方法。

有效使用会议和访谈的建议

作为一种评价形式，会议或访谈的一个重要的优势，就是对师生关系影响很大。当学生理解了成就目标和讨论的形成性目的时，这种形式的评价真正变成了"坐在旁边"，而教师和学生一起为了学生的福祉而努力。此外，一个有效的会议或访谈，会让学生对自己的学习进度拥有更多的所有权。

以下是成功地使用会议和访谈评价形式的关键要点：

- 让学生提前知道会议和访谈的目的和重点，尽量减少他们因为必须和教师交谈而认为自己"陷入麻烦"。
- 给学生一个准备会议或访谈的机会。他们可能有什么问题？他们想带什么材料？
- 计划足够的和不间断的时间来完成这些讨论。如果你担心时间不够用，请将你的问题列为优先事项。
- 给学生充足的回答时间。并仔细听他们说了什么。"倾听"能够帮助学生相信会议或访谈的目的,促进学生充分理解自身的学习优势和需要。安妮·戴维斯(Davies&Stiggins,1996)建议,让学生坐在你的左手边,可以提醒自己去倾听。
- 在每次会议结束时,总结经验教训及其对今后行动的影响。如果合适的话,也可以让学生以口头或书面形式进行总结。

口试

当个别交流以口试的形式进行的时候,我们计划并向学生提出问题,让他们思考并进行口头回答。我们倾听并解读他们的回答,就像书面论述题测试或表现性评价那样,使用评分指南来评价回答的质量并判断他们的成就等第。口试一般用于总结性评价。它们可以可靠地测量知识性和推理性目标,也可以测量技能性目标,但需要一对一地进行沟通,比如评价学生外语的发音。口试的结构类似于选择题、简答题、论述题的题干和表现性评价,但口试让我们能够提出后续问题,以获得更加准确的结果。

设计口试的题目

口试的质量控制指南,包括了第 5 章和第 6 章中所列的关于选择性反应评价和书面论述式评价的质量指南,以及一些该评价形式所特有的质量指南。这些指南如下:
- 设计针对预期的学习目标的问题。
- 用最简单的词汇和语法结构提问,不要让语言妨碍学生展示他们所知道的内容。
- 如果问题是用来评价知识性目标和推理性目标相结合的内容的掌握程度,那么使用第 6 章中所解释的形式:确定所需要掌握的知识,明确学生所用的推理类型,并确定你的评价标准适用于评价回答。
- 向所有的学生提出一系列问题,但不要向他们提供可选择性回答的问题。
- 在进行评价之前,开发评分表或量规来描述答案的质量水平,并且要确保该领域的资深专家能够认可答案的特征。参见第 6 章和第 7 章中制定量规的指导建议。
- 你的评分表或量规应当允许你,将衡量学生在知识性目标和推理性目标取得的成就,同口头表达方面的成就分开,从而使学生在没有掌握这个目标的前提下,不能获得好成绩。
- 事先就要准备好满足那些可能面临语言能力障碍的学生的需要。
- 准备好一个能够在评价时使用的记录结果的方法。
- 如果必要,将学生的回答录音以备日后评价时使用。

有效使用口试的建议

正如选择性反应评价、书面论述式评价和表现性评价一样,在参加作为其成绩一部分的口试之前,学生将因有机会使用口试的形式展示他们的学习,并得到反馈。这里有一个案例,这个测试是由一位外语教师为她一年级的学生开发的,它描述了口试如何既能被用来做练习,又可以被计入最后的总分。这个测试的一个重要的目标是,使用不同的词汇和句子结构进行简短的社会交际。教师先要确定学生将要学习的对话情境(例如,和某人初次见面、谈论你的学校、谈论你的家庭、问路),在该学期的课程中,学生与其他学生一起进行了这样的讨论练习。作为最终成绩的一部分,教师随机地为每个学生选择一道题目,然后由学生负责进行对话。

日记和日志

有时个别交流也可以采取书面的形式:学生通过书写解释、探究或加深他们自己的知识和理解,然后教师和其他学生给予回应。日记和日志在课堂上可以有很多种用途。本节将它们作为与教师和其他学生的一种结构性互动,让学生描述他们对具体学习目标的观点、经验、反应、洞见、理解、困惑和误解。因此,作为一种评价形式,它们的主要用途是形成性的(图表8.4)。作为评价工具,日记和日志特别适合聚焦于知识性和推理性学习目标。在本节中,我们将讨论四种日记或日志:回应日记(response journals)、对话日记(dialog journals)、个人日记(personal journals)和学习日志(learning logs)。

图表8.4

个别交流的书面形式

学生写作是为了解释、探索或加深他们的知识和理解能力。教师或其他学生给予回应。
回应日记
学生记录下他们对文本中的观点、对一次经历,以及对所见、所闻的回应。
对话日记
学生记录信息,传达他们正在学习的思想和观点。教师做出回应,学生可以再回复教师。
个人日记
学生经常书写日记以反思他们学习中的想法,或作为学习者的自己。
学习日志
学生坚持不懈地进行记录自己的学习过程、取得的进展和使用的方法与步骤。

回应日记

如果你要让学生阅读和理解文本的含义,例如在阅读和英语语言艺术中,回应日记就是最有效的方法之一。在任何科目中,学生都可以记录下对文本中的观点、对一次经历或对自己所见所闻的回应。你通常可以布置一些结构性强的作业,比如下面这些任务来引导他们进行回应:

- 根据关键特征和对故事的重要性来描述人物。

- 追踪一个不断发展的故事线、故事情节或故事事件。
- 在阅读时记录下你遇到的问题。
- 比较一个章节与另一个。
- 预言或预测即将发生的事件。
- 用适当的标准来评价整个作品或作品的某个特定部分。
- 对变换或改进人物、情节或背景提出建议,并说明自己的理由。

用回应日记实施促进学习的评价。 这里提供一个有趣的例子,珍妮丝·耐特(Janice Knight)使用回应日记帮助学生进行深入的学习:"大多数学生在最初撰写日记条目的时候,往往写得很冗长,对于所读过的内容也描述得很肤浅。这些乏味的回应,填满了他们一页页的日记,显示出批判性思维的缺失,课堂上似乎需要更多的'深入思考'。"(1990, p. 42)因此,她教学生如何使用一个系统来进行编码,将他们日记中体现出的思维进行分类。她一次教一个编码,先进行示范,然后让学生用他们所读过的内容练习写作,并对思维的类型进行编码。通过这种方式,她让学生练习写下他们所读到的某种特定的思维类型。她看到回应日记中学生的思维深度有了很大的提高。通过让学生对他们的回应进行编码,"不仅教师有一个关于学生创造的思维类型的记录,对学生也是一样。他们可以很容易地进行自我评价和独立学习,以改进他们的回答。学生也更有动力在他们的条目中包含不同的思维类型"。(Knight, 1990, p. 42)

对话日记

对话日记是以书面的形式记录学生和教师之间的对话。在教学和学习的过程中,学生写下他们对成就期望的看法和观点,对学习进步情况的自我评价,自己还不清楚的地方以及重要的新认识等等。并且他们会定期把这些日记交给我们,然后我们把日记发还给学生。他们阅读我们写的内容,有时回应,有时转换到一个新的主题。这种方式帮助我们和每一个学生,建立了包含支持性交流的伙伴关系。我们阅读并回复。我们的回复可能是对他们的想法进行回应,或是向他们提出一个问题,也可能是澄清或强调他们的一个关键点。

个人日记

个人日记是日记评价中结构性要求最低的一种形式。在这种情况下,我们可以每天或每周给学生一定的时间用来写日记。重要的是,在最开始的时候要明确个人日记的目的和受众。它们可以用来帮助我们知道每个学生的理解水平,或给学生一个机会以回应或反思当天或本周的学习情况。

当个人日记的目的是,让教师掌握学生的理解水平时,我们需要规定日记的主题,并阅读他们写了什么,以确定他们所需的下一步的教学。我们可以在日记上进行评论,也可以不进行,这取决于我们决定如何处理给定的信息。如果只有少数学生表现出理解上的错误,我们可以选择在日记上进行评论,并指出问题或提醒学生,从而澄清这一误解。如果学生的个人日记表现出自己完全理解了，我们可以选择记录下来。如果根据读过的内容我们决定重新教学，那么评论可能就没有必要了。

另一方面，若写作仅仅是为了学生的使用——提问、追踪或反思，那么只有受到学生邀请时，我们才能在阅读日记时进行评论。

学习日志

学习日志要求学生对他们以下这些方面的学习进行及时的书面记录：
- 他们掌握的成就目标。
- 他们认为有用的、重要的学习目标。
- 他们在掌握上有困难的学习目标。
- 对于他们而言，非常有效的学习经验和教学策略。
- 对于他们而言，令人困惑或有困难的学习经验和教学策略。
- 他们正在尝试的学习过程，包括问题和成功。
- 他们在独自学习的过程中认为需要帮助解决的问题。
- 他们可能希望以后尝试的重要的学习内容或策略。

学习日志的目的是让学生思考、分析、描述和评价他们的学习经验，以及成功之处和面临的困难，并且交流他们在学习过程中，关于学习和作为学习者自己的一些结论。这正是我们所描述的促进学习的评价的核心。

可能扭曲结果的偏差来源

有几个潜在的偏差，可能会扭曲个别交流式评价的结果。有些偏差是与构成评价各部分的质量有关，而另一些偏差则来源于评分过程本身所固有的主观性。我们小心地设计或选择评价问题来避免第一种情况的发生。我们通过优质的评分指南和精心准备的评分过程来避免第二种情况的出现。

由于个别交流与表现性评价会有重叠，比如评价第二语言的流利程度或评价口头报告，它可能和表现性评价一样出现相同的问题——任务不能够引起所需的表现、质量差或不存在的表现性标准和量规，以及在使用量规时缺少一致性。

同样，当评价知识和推理的时候，由于个别交流与选择性反应评价和书面论述式评价重叠，也会出现相同的问题，比如不明晰的问题、质量差或根本不存在的评分指南和量规，缺乏能够展示已学会知识的英语技能，问题并不能清楚地说明所要运用的知识、所要使用的推理模式，或是评价回应时所用的标准。

遵守选择性反应评价、书面论述式评价和表现性评价的质量评价标准，将有助于减少或避免这些偏差的来源（图表8.5）。

图表 8.5

个别交流的偏差来源

情境的问题
不充分的等待时间
学生不知道在等待时间里做什么
学生缺乏英语语言技能

问题或任务的问题
问题与预期的学习不一致
问题不清晰
指导语不明确
期望不具体
任务不能引起预期的表现
任务设计不够合理

解释学生表现水平的问题
质量差或不存在的评分指南和量规
运用评分量规时缺乏一致性

信息使用的问题
支持预期使用的样本容量不充分
缺乏准确有效的记录系统

提醒问题和解决方案

以下是个别交流的主观性所带来的一些问题：

问题：如果在平时评价和最终评价之间的时间间隔较长（就像成绩单评分那样），试图通过记忆记住每一件事情，而不是用笔记录下来，这是一个错误的做法。

解决方案：如果你不打算立即使用这些信息的话，保持良好的书面记录是非常必要的。

问题：通过那些经过多年评价经验累积，而形成的个人的和主观的过滤器，我们倾听和处理学生的答案。如果你愿意，它们就是用来解释我们通过观察和个别交流式评价得到的成就信息的标准。我们开发这样的过滤器，以有效地处理大量的信息。然而，有时它们会适得其反。例如，如果我们只是根据某一个学生的水平设置我们的期望，通过推测的方式来衡量学生真实的理解水平，并无意中将一些信息毫无理由地丢弃掉时，我们可能会忽略理解上的错误。这些相同的过滤器，可能会导致我们在没有意识到的时候，向部分学生提供了比他人更多的线索，而导致评价任务的难度在无意中有所不同。

解决方案：一个良好的评分量规和书面记录有助于解决这些问题。

问题：未经权衡的刻板印象也可能发挥作用，即扭曲结果。如果我们并不认为某个人擅长空间推理，我们可能会低估自己实际上听到的内容。如果一个学生看上去蓬头垢面，在评价过程中，我们可能无意中掩盖了这个学生在小组讨论中所做贡献的大小。

解决方案：一个良好的评分量规和记录有助于解决这些问题。

问题：小组讨论也可能因为学生性格的差异成为偏差的来源。一个掌握了学习内容的害羞孩子，可能怯于在小组中讲述自己所知道的内容。如果讨论的目标是评价对材料的理解，我们可能会做出不正确的推断。

解决方案：请记住，对于一些学生而言，展示或不展示他们所取得的学业成就可能是有风险的。如果你不确定能在小组讨论中，获得准确的学生成就信息，可以向这些学生提供更私密的方式来呈现他们的成就水平。

问题：由于抽样的不充分，个别交流式评价可能会导致不准确的结果。如果我们观察学生在规模较小的小组中讨论，我们可能会错过一个学生表现最好的时刻，或没有看到他的典型表现，因为要观察的学生或事情太多了。我们的样本太小了，无法对学生的成绩做出很好的推断。

解决方案：在计划使用通过观察小组讨论所得的数据时，我们必须仔细对待抽样问题。

总结

个别交流式评价是一种有效的方法，既可以收集学生的信息来计划下一步的教学，也可以让学生参与他们的自我评价。个别交流也可以用于收集有关知识、推理和技能水平方面的信息，比如运用一门外语的能力。

通过师生之间的交流来收集信息的方法有多种——教学问答、会议和访谈、课堂讨论、口试、日记和日志。其中有些是以口头的形式，而有些是以书面的形式。

个别交流式评价必须遵照优质评价实践的标准。同时，教师必须清楚地知道，哪些学习目标是重点，明确收集信息的目的，并注意可能对学生学习产生误解的偏差来源。

与其他类型的评价一样，个别交流可以作为形成性评价和学生参与评价的一个平台。由于口头简答和选择题、口头论述题和书面论述题、个别交流和表现性评价有很多相似之处，因此第 5 章、第 6 章以及第 7 章中所提及的学生参与策略，也可以用于个别交流式评价。在这一章中，我们提供了一些活动，让学生可以互相进行口头提问，使用日记图标来深化思维，以及利用小组讨论量规来更好地促进小组的讨论等。

活动

本章末提供的活动是为了帮助你掌握本章的学习目标。它们的设计是为了加深你对本章内容的理解,并为合作学习提供讨论的话题,以及指导你实施本章节中所教的练习活动。

完成每个活动所需的表格和材料可参见光盘中的可编辑文档。光盘中的文档以这个符号 ◉ 为标志。

第 8 章的学习目标

在本章的最后,你会知道如何做以下内容:
1. 制定诊断性问题以为教学提供信息。
2. 使用提问策略以加深学生的理解和推理能力。
3. 为形成性和总结性目的组织课堂讨论。
4. 举行会议、访谈和口试,以获得有关学生成就的准确信息。
5. 使用学生日记和日志作为促进学习的评价工具。

活动 8.1　坚持写反思日记
活动 8.2　制定诊断性问题
活动 8.3　运用提问策略以加深理解
活动 8.4　开发和使用课堂讨论量规
活动 8.5　进行"站队"讨论
活动 8.6　设计口试试题
活动 8.7　在课堂上使用日记或日志
活动 8.8　反思你自己的学习
活动 8.9　选择档案袋作品

活动 8.1

坚持写反思日记

在阅读第 8 章时,坚持记录你的想法、问题和尝试实施的任何活动。

◉ 反思日记表

活动 8.2

制定诊断性问题

独立工作,或是与一名同伴或一个团队合作开展这个活动。

1. 阅读"教学问答"一节后,选择一个你最近要教的学习目标或学习目标群。
2. 考虑(或与你的团队讨论)在学习一个目标的时候,学生通常会对它产生的误解和错误的概念。把这些内容列出来。
3. 创建几个问题,你可以提问以确定学生的先验知识,并发现他们的错误概念。
4. 使用第 5 章和第 6 章中提到的题目质量指南来改进你的问题。
5. 必要时计划不同的课程来解决这些错误的概念。
6. 在教学过程中,使用本章中提出的抽样和等待时间的建议来提问。请注意哪些问题给你提供了最有用的信息。
7. 与你的团队讨论结果。哪些问题缺少价值,并保留它们以备将来使用。

◎ 制定诊断性问题

活动 8.3

运用提问策略以加深理解

独立工作,或是与一名同伴或一个团队合作开展这个活动。

1. 阅读"设计问题以评价推理能力"和"有效形成性使用教学提问的建议"两节后,选择一个你最近要教的学习目标或学习目标群。
2. 列出一张你想在课堂上练习使用的提问策略的清单。考虑使用等待时间和其他方式,以及来自"设计问题以评价推理能力"和"有效形成性使用教学提问的建议"两节中的建议,最大限度地提高学生的参与性。
3. 当你练习在课堂上使用清单上的策略进行教学时,与一名同伴合作,通过录像或现场观察对方。分析录像中或笔记中成功使用策略的案例,并记录下任何你想改进的地方。
4. 如果时间允许的话,请重复这一过程。
5. 如果适合你的学习目标,则可以扩展这个活动,将学生纳入进来,让他们作为提问者以及提问策略的观察员和评价员。
6. 独立反思,或是与一名同伴或你的团队一起进行反思。提问策略对你的教学有什么影响?你注意到它对学生的参与和学习有什么影响?

◎ 运用提问策略以加深理解

活动 8.4

开发和使用课堂讨论量规

这个活动有两个部分——开发一个合适的量规,并在学生身上有效地使用它。与一名同伴或一个团队合作开展这个活动。

第一部分:开发量规

1. 收集案例,包括课堂讨论清单以及你已经使用或熟悉的量规。我们提供了一个例子,请参见第 8 章文件夹中名为"会议讨论的量规"。
2. 确保你开发的量规符合质量标准,并按照第 7 章所给出的有关开发标准的说明来进行。
3. 使用量规的量规(参见图表 7.10)来评价你开发的标准,并根据需要进行修改。

第二部分:使用量规进行教学

1. 按照第 7 章中所解释的促进学习的 7 条策略向学生介绍量规。
2. 让学生分组练习讨论。如果需要的话,为他们提供带有量规的个人反馈(来自第 7 章中所解释的策略 3 的变化形式)。如果合适的话,让学生也向自己的同伴进行反馈。
3. 对学生的小组讨论进行录像,然后让他们观看自己的录像,以进行自我评价和设定改进目标(来自第 7 章中所解释的策略 4 的变化形式)。
4. 与你的同伴或团队成员讨论这些策略的影响。你注意到这些策略对学生的动机和学业成就有何影响?对你的教学有什么影响?对于学生而言,有什么困难?下次你会怎么做?

◎ 会议讨论的量规　　◎ 量规的评价表

◎ 量规的开发模板　　◎ 量规的量规

◎ 汇报使用的课堂讨论量规

活动 8.5

进行"站队"讨论

阅读示例 8.1 中的"站队"讨论后,独立工作,或是与一名同伴或一个团队合作计划并组织学生进行站队讨论。

准备

1. 回顾你的课程中需要这种推理或讨论技巧的学习目标,并确定活动的重点学习目标。

2. 选择适合学生进行多种视角探讨的情境。
3. 为"站队"活动中的陈述创建几个可选项。这些陈述应该是合理的，学生可以选择支持或反对它。如果可能的话，与一名同伴或一个团队合作进行测试。你能为论辩的双方找出好的论据吗？选择一个能够提供丰富讨论材料的论点。把它写在一张大纸上并能够让整个房间的人看到。
4. 做一个"是"的标志和一个"否"的标志（或"同意"和"不同意"的标志）。
5. 计划你将如何汇报活动。确保在汇报过程中能够让学生的注意力，转移到你所创建的"站队"讨论预期的学习目标中。你可能想要利用这个活动中所产生的想法计划后续的评价。
6. 在你的教室中腾出一片足够大的空间，使学生能够站成面对面的两排队伍。记住，对于一些表述而言，学生不能够平均地分成两队。如果你预料到会产生一个非常不平衡的分组，可以考虑给学生编号，直接为他们分配"是"或"否"的立场。这有助于那些站在"错误"一方的孩子，反驳自己所代表的立场。
7. 将"站队"的标记贴在教室空地的墙上。在"站队"陈述边上 3—4 英尺左右的位置贴上"是"和"否"标志。

行动

8. 向学生解释站队的目的、预期的学习内容和方向。
9. 让学生站队，并分享支持他们队伍的理由。
10. 确保你不对任何人的意见表示同意或反驳。你说话只是为了重新强调规则。当学生试图说服你，而不是说服他的同学时，直接对他们说"回到队列中"。

汇报

11. 学生在小组讨论中选出支持或反对站队陈述的最好的论点。然后让他们开展一个活动，将讨论和预期的学习结合起来。最后，你可以给他们一个针对学习目标的任务，适用于他们在站队讨论中产生的想法。
12. 与一名同伴或一个团队讨论课堂经历。在站队讨论中的学习目标是什么？你使用了什么问题？这个问题是如何进行的？学生对这个活动的反应如何？它能够加深思考，扩大学生参与吗？学生做的汇报是什么？你会因为这次经历而对问题、方案或汇报过程做出改变吗？你会换一个问题再做一次吗？这些讨论强调的学习目标是什么？

◎ 关于"站队"的学生指导

活动 8.6

设计口试试题

独立工作,或是与一名同伴或一个团队合作开展这个活动。

1. 阅读"口试"一节后,选择适合进行口试的学习目标或学习目标群。
2. 确定你是否要使用从形成性测验或总结性测验中获得的信息。
3. 使用第 4 章中解释的两种格式(或是其中一个格式)来创建评价蓝本。
4. 使用第 5 章、第 6 章和(或)第 7 章中的评价开发指南,来开发口试中的问题和(或)提示。你使用哪一章的信息,取决于你将要评价的学习目标的类型。如果口试题中,包括不能仅仅依靠对与错来评判的试题,也可以利用第 7 章和第 8 章介绍的内容,来开发一个评分列表或标准。
5. 决定如何记录你对学生成绩的评判,并计划如何与学生分享结果。
6. 管理评价,并留意相关的偏差。
7. 记录你在评价中发现的任何问题,学生在回答问题时遇到的问题,或者记录和交流结果时遇到的问题。
8. 与一名同伴或与你的团队合作,汇报评价的经验。口试的结果被作为形成性评价还是过程性评价?考试的重点是哪个学习目标?你问了什么问题?你如何评价反应?你保留了什么记录?什么是有效的?你会为将来的使用修改什么?

◎ 评价蓝本表格 A ◎ 评价蓝本表格 B
◎ 口试测试问题和评分指南的模板 ◎ 汇报口试

活动 8.7

在课堂上使用日记或日志

独立工作,或是与一名同伴或一个团队合作开展这个活动。

1. 在阅读"日记和日志"一节后,选择学习目标或学习目标群,例如一个学习单元中的目标,并聚焦于日记或日志。
2. 确定你要求学生记录日记或日志的理由。
3. 确定哪一种书面交流方式最适合你的学生,你想要达到的目的和学习目标:回应日记、对话日记、个人日记或学习日志。(对于每种方式的描述请参考图表 8.4。)
4. 通读第 11 章,了解在教学过程中你可以给学生的提示和说明。

5. 想想在练习过程中,学生能够拥有多少个性、自由和自主的选择,并且仍然能够实现保存日记或日志的预期结果。让更多的学生在允许的范围内,掌握尽可能多的学习目标。
6. 决定他们采用什么样的形式写日记或记录日志,使用笔记本、螺旋装订的小本子、亲手制作的小册子、活页文件夹、电脑文件或是其他的形式?将所有需要的材料装订起来。
7. 预估学生多久会被要求制作一次条目,并且确定谁会给予回应以及大约需要多久一次。可能的读者是你,还是学生或家长,这取决于你预期的交流目的。
8. 写下你为了指导他们进行记录所要进行的教学。包括以下内容:
   - 预期的学习目标和保存日记或记录日志的理由。
   - 你要求他们制作条目的方式和频率。
   - 谁将会读它们以及频率如何。
   - 你和其他读者将如何回应。
   - 你将如何使用他们分享的信息。
   - 在交流项目中,其他任何能够最大限度地提高他们成功概率的教学指导。
9. 总结写日记或记录日志这个任务结束时,我们要反思其对学生学习的影响。结果你发现学生身上发生了什么变化?这种类型的个别交流给你提供了哪些你之前可能没有的信息?对于你而言,什么是行之有效的?你会改变什么?如果你打算再次使用日记或日志,请记下这些见解以备将来使用。

◎ 使用日记或日志的决定   ◎ 在课堂上汇报日记或日志的用途

活动8.8

反思你自己的学习

回顾第8章中的学习目标,选择一个或更多能代表你新的学习或最让你印象深刻的目标。如果你正独立工作,写一段能够反映你当前理解的简短反思。如果你正与一名同伴或一个团队合作,可以和他们讨论你写下的内容,或以此引发小组会议中的讨论。

◎ 反思第8章的学习

活动 8.9

选择档案袋作品

本章中的任何活动都可以作为档案袋中的条目。选择任何你已经完成的活动或创造的作品,以展示你在第 8 章中学习目标上的能力。

1. 制定诊断性问题以为教学提供信息。
2. 运用提问策略以加深学生的理解和推理能力。
3. 为形成性和总结性目的组织课堂讨论。
4. 举行会议、访谈和口试,以获得有关学生成就的准确信息。
5. 使用学生日记和日志作为促进学习的评价的工具。

如果你正坚持写反思日记,可能想将第 8 章的条目纳入你的档案袋中。

◎ 第 8 章档案袋条目封面页

第 9 章

保存记录：追踪学生的学习

> 我在这个班注定会失败。我的所有错误都对自己不利。
>
> ——克莱尔，9 年级学生

在课堂中，学生所做的一切——家庭作业、练习活动、小课题、论文、实验、随堂测验以及测试——都会被计入最终的成绩。这时，所有的评价都成为了总结性的关于学习的评价（assessment of learning），并附带激励性的效果，不论我们是否期望它们如此。克莱尔的烦恼——没有任何练习、所有的作业都计入成绩——可能不是对教师教学计划的准确解读，但这确实指出了很重要的一点：在评定成绩之前给学生机会去改进，这是有效的形成性评价很重要的一个特征。它同样也指出了将学生纳入保存记录过程的重要性，这可以帮助他们看到自己的成长过程，并让他们不断尝试。

如果你一直以来都在形成性地使用评价信息，哪些可能会促使你发现，自己正在重新思考传统的记录保存法？你可能还会纠结于应该追踪，"哪些形成性评价信息"这个问题。形成性评价信息有很多表现形式：它可以包括练习作业和学生成就的任何证据，用于诊断性地告知你的教学决策。它也可以包括评价信息，作为一种反馈，告知学生接下来要采取的步骤。此外，学生可能会使用评价信息，进行自我评价并设定目标。所有这些活动都需要系统的评价信息，其中有一部分对教师而言，具有追踪的意义，还有一部分对学生而言，更有追踪的意义。

你可能也已经注意到，用于总结性信息的传统记录保存方法，并不总是很适合基于标准的课堂中，更加复杂的信息报告需求。许多成绩报告现在由内容标准的集群构成——使用老办法记录个人的作业分数，使其很难被填入每项类目中。使用过时的记录保存系统来完成基于标准的成绩报告卡，更像是把方钉打进圆孔中一样格格不入。

本章中，我们将提供追踪形成性评价和总结性评价信息的指南，使每种信息可以轻松地用于预期的目的，并为提升学生成绩和合理的评分，以及报告实践打下基础。

第 9 章的学习目标

学完本章后,你将了解到以下内容:

- 区分形成性评价信息与总结性评价信息。
- 确定追踪哪些形成性评价信息。
- 为信息选择一个或更多可保存的物理位置。
- 创建标签和类目来代表被评价过的学习。
- 确定所要追踪的学习习惯和社会技能,并能从学业成就信息中分别追踪它们。
- 用原始得分记录学业成就信息。
- 为学生创建系统来追踪他们自己的学习。

图表 9.1

优质课堂评价的关键要素

关键要素1:明确的目的
谁将使用这些信息?
他们将如何使用这些信息?
他们需要什么样的信息?
并且需要详细到什么程度?

关键要素2:清晰的目标
学习目标对教师而言清晰吗?
哪种学业成就将被评价?
这些学习目标是教学的重点吗?

关键要素3:合理的设计
评价方法和学习目标匹配吗?
选取的样本能恰当地代表学习吗?
题目、任务和评分量规质量很高吗?
评价能够控制偏差吗?

关键要素4:有效的交流
评价的结果能够被用来指导教学吗?
形成性评价能被用作有效的反馈吗?
学业成就能追踪到学习目标并根据标准报告结果吗?
成绩能准确地交流学业成就吗?

关键要素5:学生的参与
评价能满足学生的信息需求吗?
学生清楚学习目标吗?
学生会利用评价得来的信息进行自我评价以及设定目标吗?
学生会追踪和交流他们的学习进度吗?

初步决定

追踪形成性评价和总结性评价信息，涉及到几个初步决定，并且这些决定需要你自己做出。在学生每一天给你提供的各种证据中，哪些会用于形成性评价？哪些会用于总结性评价？形成性评价的证据中，你需要或想要追踪什么？你会在哪里保存这些信息？学生也会参与追踪他们的进度吗？总结性评价的证据中，哪些会计入成绩？哪些证据会被单独报告？图表9.2提供了一个样例，呈现了我们经常收集并存储于分类中，以便追踪的信息。

图表9.2

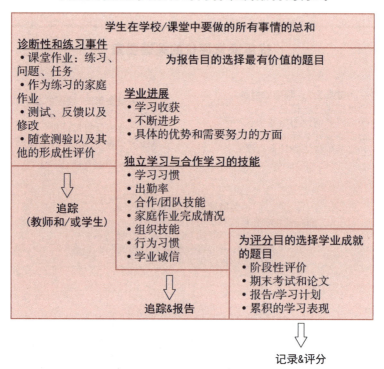

Source: Adapted from Ken O'Connor, unpublished workshop materials, 2001. Adapted by permission.

区分信息是用于形成性评价还是总结性评价

首先，我们来回顾一下学生成就的证据来源。在"方法"章节（第5章至第8章）中，我们已经探讨了如何创建，并使用选择性反应评价、书面论述式评价、表现性评价以及个别交流式评价。尽管被称为评价方法，但它们的作用并不仅限于测试。它们可用于产生诊断性信息或提供练习的经历。它们可以采取问答、讨论、练习、问题、教学任务、随堂测验、小课题和展示的形式。因此，当我们提到学生学业成就的证据（evidence of student achievement）时，我们可以指来自以上任一来源的信息，不论这些信息的预期目的是什么。在这一章节中,我们会用术语"评价活动"(assessment events)来描述它们。

当计划一个单元或模块的教学时,你会在学习中设计一些你和/或你的学生,用作形成性评价的事件,来决定下一步学习的内容是什么。回忆一下,这是第4章所述的评价设计的计划阶段。形成性评价活动可以看起来是以下的任意一种形式:
- 学生作为练习的作业
- 以对学生分组教学或重新组织教学为目的,收集的当前学业状况或理解水平的证据
- 学生为获得来自你或来自其他学生的反馈而提交的作业
- 学生用来自我评价和设定目标的证据(确定他们已经掌握的内容和他们仍需继续努力的方面)

你将计划其他的评价活动,以便在一个单元或模块的学习过程中或结束时总结性使用,并在学习完成之后,报告学业成就的水平。这项信息通常采用总结性的数字、符号、短语或等第的形式。

所以,你在准备追踪学生学业时所做的最初决定是,你收集的哪些评价信息会用于形成性评价,哪些信息会用于总结性评价。示例9.1展示了由7年级语言文学教师,伊丽莎白·施罗德(Elizabeth Schroeder)设计的一份学生追踪表,它清晰地区分出了一个单元教学的形成性和总结性评价活动。

其次,确定追踪哪些形成性评价信息。你将会使用收集到的大量的形成性评价信息,例如教学中的提问或课堂练习,在不写下任何文字的情况下,做出必要的教学决定。其他信息,例如形成性随堂测验的结果,对监控学生进展或决定再教学的团队很有帮助。因而,把它作为书面记录的一部分会很有益处。所以你的第二个决定是,记录哪种类型的形成性评价信息,才是有意义的。

再次,开始思考学生可以从追踪中受益的信息。学生越多参与到持续追踪学业成就中,他们与自己进展的接触机会也就越多,这有积极的激励效应。"我学得怎么样?"应该是他们在自己的学习中,可以随时问自己的问题。从形成性评价的方面来说,由学生来保存反馈记录、自我评价和设定目标的信息,会比由你分别来追踪这些信息更有益处。因此,作为你最后的决定,请考虑让学生来记录哪些形成性和总结性评价信息,才是有意义的。

当促进学习的评价和关于学习的评价相重合。我们可以计划促进学习的评价和关于学习的评价,从而使形成性评价信息绝不会被总结性地使用,总结性评价信息永远不会被形成性地使用,或在某些特定的情况下,我们的评价能够并必须改变原先的目的,而别有它用。

分别设计促进学习的评价和关于学习的评价时,我们可以组织一些评价来满足一种,或更多的形成性的使用:练习、诊断、反馈或自评;其他的则用于对学业成就水平进行总结性的判断,例如一个章节或单元的测试、期中考试、累积的表现或学习计划。在这种情况下,我们将一些作业指定为形成性的,并确定每一项作业满足的形成性用途(如第4章中评价开发周期所述)。为了报告的目的,我们指定其他作业来完成总结性

9.1

| **我是谁？追踪表** | 示例 |

姓名_____　　　　　　　　　课时#_____
7 年级阅读/施罗德太太　　　　　　评分阶段：第二学期（三学期制）

所有学习都是基于标准的——从一个目标开始，然后练习、练习、再练习直到你熟练掌握。给你布置的形成性作业是帮助你掌握标准的"练习"。在你准备好之前，可能会练习几次，但你需要在测试你的目标前做好准备。你需要对自己理解的内容感到自信！尽管练习作业并不会得到成绩，但你必须在可以进行总结性评价之前准确地完成每项作业。一旦完成了每项形成性作业，你和我会更新这份表单来追踪你的进展。

请在你的活页夹中将所有作业放在追踪表后面。加油！我知道你可以做到的！

阅读过程：

_____ 1. 7.LA.1.8.2　我能通过运用定义、案例、图表来弄懂词义，以及外延义和内涵义的用法。
　　　　　　形成性评价：_____Mischief Mouse/外延义、内涵义/课堂反馈条
　　　　　　形成性评价：_____外延义、内涵义的 NFL 工作簿
　　　　　　形成性评价：_____布鲁姆词汇卡：外延义/内涵义、事实/观点、比较/对比、自传/传记

阅读理解：

_____ 2. 7.LA.2.1.3　我能从文本信息中归纳结论并形成观点，我能通过指出文中的证据来证明我理解的内容。
　　　　　　形成性评价：事实和观点对比（布鲁姆模型）
　　　　　　　　　　　　　　　　　　_____圆形_____八角形_____方形

_____ 3. 7.LA.2.2.1　我能通过比较和对比文中的观点来分析说明文，拓展自己的理解能力。
　　　　　　形成性评价：_____比较和对比巴里奥男孩和名字/名称
　　　　　　形成性评价：_____练习辨别阅读文章的相同点和不同点

_____ 4. 7.LA.2.3.1　我能阅读并对各种体裁的作品做出回应
　　　　　　形成性评价：_____自传写作业
　　　　　　形成性评价：_____练习在阅读文章中辨别自传线索

_____ 5. 总结性评价：
　　　　　　7.LA.1.8.2　我能通过运用定义、案例、图表来弄懂词义，以及外延义和内涵义的用法。
　　　　　　　　　_____/25 百分点。
　　　　　　7.LA.2.1.3　我能从文本信息中归纳结论并形成观点，我能通过指出文中证据来证明我理解的内容。
　　　　　　　　　_____/25 百分点。
　　　　　　7.LA.2.2.1　我能通过比较和对比文中的观点来分析说明文，拓展自己的理解能力。
　　　　　　　　　_____/25 百分点。
　　　　　　7.LA.2.3.1　我能阅读并对各种体裁的作品做出回应。
　　　　　　　　　_____/25 百分点。

Source：Used with permission from Elizabeth Schroeder, unpublished classroom materials, Jerome School District, Jerome, ID, 2011.

我的课堂的过去和现在 9.1

赛拉·斯万森(Sierra Swanson)

我过去……

在过去的教学中,我总是把当天的教学目标贴在我房间的某个地方。我有时会在一节课一开始,有时则在结束时重温它。因此,所有学生都准确地知道我们一天学习了什么内容。我没有太多地强调目标,也不曾真正地重视学生对教学目标的理解。我会告诉每一个人目标是什么,然后继续我的课。我从没有用学生对那些目标的理解来改变我的课,或整个单元的步调。

我现在……

今年我一直在分发学习目标清单,这样每一位学生能够使用它来追踪自己的掌握情况。这张清单有四栏。第一栏是目标,接下来的三栏留给学生,让他们对自己的目标理解程度进行等级排列。我们把日期放在空格中,这样学生可以看到,他们在本单元的课程中学到了多少。当学生感觉自己对主题掌握得不错时,他们可以带上自己的清单来找我,我会给他们一个学习链接,其中带有展示他们领会程度的问题。如果他们答对了,就能把名字写在链接上,并把它加入到课堂学习链接中。

我为什么改变……

我因为以下一些原因而尝试新的方法。首先,我觉得它让每一个人能在任何时间,看到自己对题目的掌握情况,也能通过学生在每个栏目中的逐步进步,展示他们在单元中学到了多少内容。它帮助学生看到整个单元的学习进展,并追踪我们已经完成了哪些内容,以及仍计划要做的内容。学生也能够检查他们的目标清单,来查看他们想要得到的更多帮助,或是在测试或随堂测验前,需要更多的练习来帮助他们充分利用学习时间的主题。除了让学生受益,它也是一种让我追踪学生学习情况的便捷方式。我们每天把它放在课桌上,因此我在教室里走动时,能看到谁觉得自己已经掌握了,哪些学生可能需要更多一对一的时间来帮助他们掌握内容。它是一个快速的抽查,让我能观察如何调整一堂课来帮助所有的学生获得目标。

结果我注意到……

我已经注意到,我的学生正在课堂中,为自己的作业付出更多的努力,并更好地对我们正在进行和将学习的内容有更整体的把握。作为教师,我感到调整并监控教学,以帮助所有不同水平的学生变得更为容易。

Source: Used with permission from Sierra Swanson, 4th-grade science and mathematics teacher, Olmsted Falls School District, Olmstead Falls, OH, 2011.

功能，使用它们产生的信息来证明学生个体的学业成就水平。总结性评价可以这样计划，每种评价覆盖一套不同的学习目标，最终成绩由各种评价的信息整合而成。或是阶段性总结性评价可以这样计划，以便在后期测试中包含早期评价的学习目标。如果学生对早期概念表现出更高的掌握水平，那么我们就可以更新对学生成就水平的总结性判断。这里的优点是，更新的信息可以而且应该取代过时的信息。

有时候，将促进学习的评价和关于学习的评价进行完全的区分，是不必要的，也是不符合实际的。例如，在英语语言文学课堂上，学生可以参与写作过程（构思、打草稿、修改、编辑并发表），他们可以准备一篇文章的几个草稿。先前的草稿可以用于形成性评价——教师和/或其他学生提供反馈，并修改他们的文章。他们也可以使用一个评分量规，对后续的草稿进行自我评价。每一次修改的目的是为了练习和完善。在某种程度上，学生可能会提交一篇终稿，作为他们写作成就水平的证据用于评分（写作过程的发表阶段）。在这种情况下，同一份作业最初被形成性使用，当它经过多个草稿成为终稿时，就可以被作为总结性评价使用。

抑或，教师们（以及有时候学生）可能会从一系列作业中，选择提供最佳证据的一些作业，用于总结性评价以判断学生的学业成就水平。例如，在小学低年级，一些学区使用发展连续体来评价阅读与写作学习目标。这些连续体通过设计，横跨不同年级的一系列水平来追踪学生成就。每个连续体的各个阶段，由学生作业样例来举例说明。教师们能够在学年中，预先决定的时间段选择作业样例，以反映每位学生当时的成就水平。这个证据可以用来向家长报告进展，并代表学区对学生进行总结，而不再需要一个单独的总结性评价。

任何一个年级水平的学习目标，如果随着时间的推移，熟练程度的提高，都是从促进学习的评价向关于学习的评价活动转换的潜在备选项。这些目标包括推理性、技能性与成果性目标——例如，数学中的问题解决或交流技能、设计调查报告、展示数据、做口头报告、设计，并完成实验或演奏一种乐器。推理性、技能性和成果性目标教学，常贯穿于内容单元中；它们一般需要根据反馈进行反复练习的机会，从而随着时间推移得到发展。在这样一些情况下，我们布置重复的任务作为形成性评价，然后又作为总结性评价。

另一方面，正如我们从第 5 章至第 8 章所见，总结性评价有时可以，而且应该用作形成性评价。当学生通过分析总结性测试的结果来判断他们掌握了哪些目标，还有哪些目标没有掌握，然后得到机会重新测试，并获得更高的学业成就时，我们正在使用一种测试，它的最初目的是，作为关于学习的评价示例的促进学习的评价，从而增进学生所学的知识。抑或，当我们计划将一次测试作为总结性评价活动，并注意到从结果来看，很多学生在一个或更多学习目标的掌握上有困难时，我们可能会决定重新教学，并重新测试那些目标。这是另一个将促进学习的评价，用作关于学习的评价的示例，这同样巩固了学生所学的知识。

图表 9.3 所示的表格，让你可以在整个单元或模块的学习中，同时计划形成性和总结性评价。

图表 9.3

形成性和总结性评价计划

学习章节/主题/单元：_____
时间框架：_____

学习目标	作业 & 评价		
	日期	类型	描述

类型：
S = 总结性（Summative）
FC = 检查学习（Check for learning）（形成性）
P = 练习（Practice）（形成性）
O = 其他（Other）（形成性）

决定将在何处保存记录

过去，我们的追踪系统采用的是成绩簿的形式，不论是硬皮本还是电子版。近来，"成绩簿"这个词表达有些不当之处，因为我们需要超越总结性成绩来记录信息。当我们拓展评价信息的用途，以涵盖形成性地运用时，我们可能也需要考虑几种不同的记录方法。

第一种选择是，为你的证据寻找可保存的物理位置——在纸上或是计算机程序中。你会将信息手写在成绩簿上吗？你会在自己设计的表格中人工记录档案吗？你会在电脑上设计一个档案记录系统吗？你会使用商业开发的电子成绩簿程序吗？你会使用这些选项的一些组合，或是有其他的选择吗？

为了帮助你做出决定，请记住你将需要能够区分形成性和总结性数据。硬皮本的可选项包括如下内容：

- 形成性数据和总结性数据标示清楚；并同时记录。
- 形成性数据和总结性数据分别记录。

图表9.4和图表9.5展示了同时记录形成性和总结性数据的样例。在图表9.4中，每一栏用"F"来标示"形成性"（formative），或"S"来标示"总结性"（summative）。也有一栏为每次运算链（mathematics strand）之后累积评价中的数据，标注为"测试"。一些教师更喜欢用不那么正式的系统来区分条目——他们用铅笔录入形成性数据、用钢笔录入总结性数据，或发明一些其他的彩色代码或标记代码。

图表9.5显示了一个英语语言文学样例，其中学生一个季度有三篇写作任务，每一篇在接受评估并得到成绩前，要经历两次带反馈的修改和一次带反馈的编辑。每篇写作作业一开始作为形成性评价，最终作为总结性评价。在这个样例中，对"构思和内容"以及"结构"这两条标准而言，每篇作业的形成性数据标注为"草稿"，而总结性数据标注为"终稿"。对"惯例"的标准而言，形成性数据标注为"编辑"，而总结性数据标注为"终稿"。

你也可以把数据保存在同一页面的不同部分、档案册的不同页面，或不同的成绩簿中。图表9.6展示了在同一页面上，分别记录形成性和总结性数据的样例，在这个案例中，除了那些标注为"测试"的条目，其他所有条目都是形成性的。

电子的可选项可能会受制于你正在使用的程序，但是，大多数会允许你创建权重不同的类目，你可以用"分类"来保存形成性和总结性数据，如图表9.7所示。

如果你在硬皮本上保存记录，你也可以选择如何组织每个学生的数据。一些教师，尤其是小学低年级的教师，喜欢把每一位学生的信息，记录在不同的页面或部分上，但对很多教师而言，把所有学生的信息记录在同一页面上最有意义。

收集学生作业来增补档案也是有可能的，这可以提供更多的细节性评价信息，用作形成性或总结性评价。我们将在第11章中描述这么做的方法。

在对这些选择进行排序时，虽然没有最佳选择，但请记住"形式服从功能"，是很有帮助的：你想如何使用这些信息，应促使你决定如何组织它们。例如，你可能将总结性信息保存在一个电子成绩簿中，因为最终成绩会由这些电子记录计算得出；而在日志中手写记录形成性信息，是因为你想要能够快速地评估，并在教室中巡视时修正它。

图表 9.4

同时记录的形成性数据和总结性数据——数学样例

	数字感				测试	测量能力				测试	几何感				测试	解决问题 & 推理能力				测试	交流和推理能力				测试
学习目标#																									
日期																									
任务																									
F/S																									
学生																									
1.																									
2.																									
3.																									
4.																									
5.																									
6.																									
7.																									
8.																									
9.																									
10.																									
11.																									
12.																									
13.																									

F/S：F = Formative；S = Summative

Source：Adapted from the work of Ken O'Connor, Scarborough, Ontario. Personal communication，June 1，2004. Adapted by permission.

图表9.5

同时记录的形成性数据和总结性数据：写作样例

写作		构思和内容							组织							规范					
最后	最初	草稿1	草稿2	1.终稿	草稿1	草稿2	2.终稿	草稿1	草稿2	3.终稿	草稿1	草稿2	1.终稿	草稿1	草稿2	2.终稿	草稿1	草稿2	3.终稿	1.编辑	1.终稿	2.编辑	2.终稿	3.编辑	3.终稿

图表 9.6

分别记录的形成性数据和总结性数据：阅读样例

阅读	运用技巧 & 策略阅读									理解阅读内容									测试：技巧 & 策略			测试：理解力		
作业	1 同义/反义	2 同义/反义	3 同义/反义	4 前缀/后缀	5 前缀/后缀	6 前缀/后缀	7 流利度	8 流利度	9 流利度	1 推断	2 推断	3 推断	4 概括	5 概括	6 概括	7 比较/对比	8 比较/对比	9 比较/对比	同义/反义	前缀/后缀	流利度	推断	概括	比较/对比
最终 最初																								

Source: Adapted from Kim Backlund, 2004, Jackson Park Elementary School, Central Kitsap School District, Silverdale, Washington. Adapted by permission.

图表 9.7

电子成绩簿页面

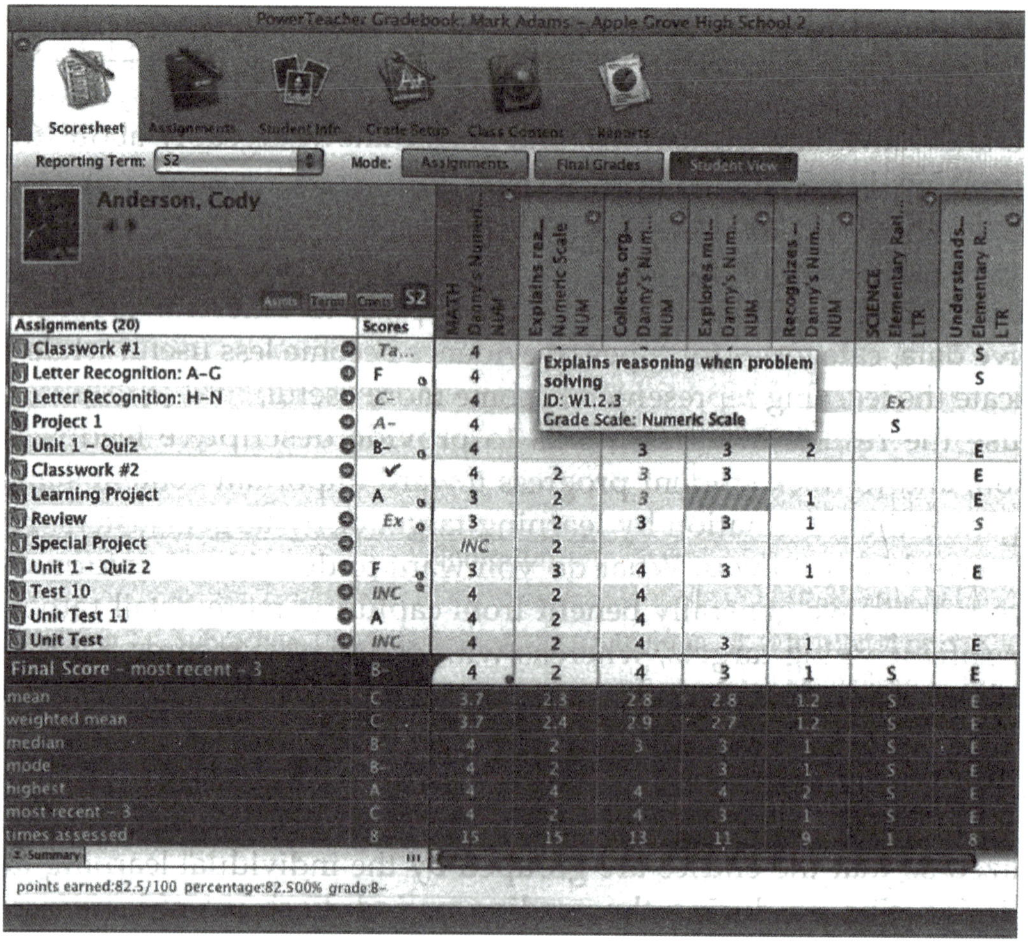

NCS Pearson (2007－2011). Power Teacher 2.3 [Computer Software]. Minneapolis, MN: NCS Pearson.

保存记录的指导原则

关于哪些信息用于形成性评价、哪些用于总结性评价、你想要在哪里保存这些信息、以及学生要追踪哪些信息，在你做出初步决策之后，就可以开始准备创建追踪系统。我们推荐三条保存记录的指导原则，可同时用于形成性评价和总结性评价信息，以反映出你的数据所代表的学习目标，并使条目的有效性最大化：

1. 根据学习目标组织条目。
2. 分别追踪关于学习习惯和社会技能的信息。
3. 用原始得分记录成就信息。

指导原则 1：根据学习目标组织条目

第一条指导原则决定了你记录系统中的标签和类目。当教学和评价同时都关注具体的学习目标时，根据被评价的学习目标来记录导致这些结果的信息，就很容易实现。而且，当你使用基于标准的成绩报告卡时，根据学习目标记录数据，会更方便将你的数据融入到那个模板中。用这种方式来组织记录簿，也能够帮助你根据学习目标来追踪学生的学习进展、诊断并纠正一些困难，而且还可以在讨论会中，言之有物地谈论学生的学习状况。

传统上，我们将总结性评价信息按照证据的类型分类，如家庭作业、随堂测验、实验、测试家庭作业等，而不是按照它所代表的学习进行分类。有了区分形成性数据和总结性数据的系统，依据证据的类型进行分类，就会变得不那么有用，而根据所代表的学习进行分类，就变得更加有用。

为了利用评价结果来提供描述性反馈和设计教学，并跟踪学生在重要内容标准方面的学习进展，我们必须根据学习目标或学习目标的集群来组织信息。想要记录多少细节性信息，取决于你自己。你想用信息做什么？对形成性记录而言，我们通常得益于获取更多的细节，而非具体的学习目标，而对于总结性记录而言，我们可以将分散的学习目标信息，整合进它们参与的内容标准中。更有甚者，当我们的目的是公布整体的学业水平时，可以将学习目标信息整合到反映若干标准的部分中。

例如，图表 9.8 显示了一堂 3 年级数学课的信息记录。它的组织是这样的：条目是根据这位教师在评分阶段，关注的个体学习目标进行分组的。每套学习目标根据内容部分来区分。这个样例看起来阐释了内容的两个部分："数字感"和"计算"。这位教师的成绩报告卡，需要学生在每个内容部分得到评分，这样他能够整合每个学习目标的总结性数据来计算成绩，也能够回顾形成性数据，在实施总结性评价之前，判断谁在哪些方面需要进一步的教学。

图表 9.4 也展示了根据内容部分来组织的数据。在这个样例中，评分阶段强调的具体学习目标有编号，而且记录簿也根据学习目标的编号进行区分。在图表 9.5 中，类目"构思及内容"、"组织"和"惯例"代表了学习目标的集群。每个目标集群都有一个学习目标的联合细目表，并且该细目表也对应于评估学习目标的量规。例如，"构思和内容"在中学水平，包括与"中心句"和"支持细节"有关的学习目标。"构思和内容"的量规从高到低，为这两个学习目标的不同学业水平提供了描述性细节。因此，一个量规得分可以用于形成性评价，因为它附在代表这两个学习目标的稳定描述中。一名教师可能想要区分这两个学习目标，并分别教学。在这种情况下，她可能想要修改这本记录簿，以适应这两个学习目标的每一个数据条目。

图表 9.6 同时展示了内容部分和单个的学习目标。它对学习目标使用了缩写法。例如，"同义词/反义词"指的是学习目标"辨别同义词和反义词"，"前缀/后缀"指的是学习目标"辨别前缀和后缀的含义"，以及"流利"指的是学习目标"大声并流利地朗读"。内容部分中，"运用技巧和策略来阅读"和"理解阅读内容"，是这位教师将在"阅读"这个框架下，分别报告的两个成绩单类别。

图表 9.8

根据学习目标组织的记录

数字感

	辨别万位数	读完整的 4 位数	写完整的 4 位数	将整数排序、比较
日期 任务 F/S 学生 1. 2. 3.				

计算

	加法	减法	乘法		除法		用计算器做 4 位数以上的加减法	估算技能
	三位数及以上加法	三位数及以上减法	10 以内	基本规则	10 以内	基本规则		
日期 任务 F/S 学生 1. 2. 3.								

F/S：F = 形成性(Formative)；S = 总结性(Summative)

Source：Adapted from the work of Ken O'Connor, Scarborough, Ontario. Persoanl communication, June 1, 2004. Adapted by permission.

注意图表 9.4 到图表 9.8 中，都有一个位置来持续地追踪作业，尽管它不是信息的主要组成部分。在图表 9.4 和图表 9.8 中，作业信息被记录在标注为"任务"的栏目中。这是你可以记录页码，或其他关于具体作业辨别细节的地方。在图表 9.6 中，它标注为"作业"。在图表 9.5 中，写作作业用 1、2、3 来标示。如果有空间而且你想要这么做，除了给作业编号，你还可以给它们命名。

指导原则 2：分别追踪关于学习习惯和社会技能的信息

为了使用总结性信息来计算基于标准的成绩，我们需要分别追踪关于成就水平、学习习惯及社会技能的信息。学生特性，例如课堂参与度、遵守规则、学业诚信、态度、整洁度、交作业的及时性、出勤率、与同学合作，以及课堂专注度都会关系到学习。因此,确定你想要追踪,并报告的学习习惯和社会技能,并无不可。如果你想要确定的类目很宽泛,例如"努力"或"学习习惯",你需要定义在背后支撑它们的行为。"努力"是什么意思?什么是及时交作业、课堂参与度、整洁度和正常出勤?这个工作最好由一个团队来完成——部门、年级、学校或学区——这样学生才能体验到所述期望的一致性。而且,你需要设计评价方法来评估这些事情,以为所有学生提供可靠的证据。

在这方面,我们所说的为准确评价和报告的内容,而对学术学习目标清晰度的要求,对成绩和行为的期望一样适用。记住,你必须为报告的目的,寻求一个准确而公正的判断。这要求你明白自己寻找的内容、收集准确证据、逐步持续地追踪同样的特性,以及恰当地为报告转换(总结)证据。所有学生必须明白,哪些关系到这次评价的特性会被追踪和报告,正如这帮助他们明了你期望的行为。此外,当有问题出现时,诊断可以是具体的,这有助于与学生和家长沟通问题,以及想出解决方案。

在你确定这些期望之后,创建一个对你有用的系统来追踪它们,并且牢记你想要如何使用这些信息。分别保存这些有价值的信息,这有助于教学计划、诊断问题、沟通问题,以及设计补救的解决方案。如果我们不把学业成就和学习习惯,以及社会技能分开记录,那么,提高或降低评分就成为了解决各种不同学习问题的唯一手段。显而易见,评分演变成的奖惩系统,对于解决一大堆学生的这些问题来说并不奏效(参见 Stiggins & Chappuis, 2011)。

额外的学分作业。额外的学分作业可以提供努力程度或学业成就的证据吗?它是得到更高分数的手段,或参与并证明更深入学习的方式吗?当它作为提升分数的一种手段时,通常需要记录的内容是完成的学分。当它用作参与并证明更深入的学习时,我们利用评价和记录其他任何成就证据的方式来评价作业,并记录得分。

用完成学分对额外的学分作业进行简单的奖励会出现两个问题。第一个问题是,该分数可能无法代表成就证据——它们往往是"努力分"。尽管我们可能希望额外的学分作业,让学生更上一层楼。然而,不对学生提交的内容质量进行评价,我们是没法知道的。第二个问题是,当要计算分数时,将"努力分"计入成就记录,会人为地抬高分数(O'Connor, 2011),而且分数再也不能准确地代表成就水平。

因此,不要使用额外的学分作业再来给成绩加上"努力分"。把额外的学分作业,看作一次让学生参与,并证明进一步学习的机会。任何分数奖励,都应以他们的作业质量为基础,并且让该作业与学生正在掌握的学习目标相关联。当作业已经引发了学习上的进步时,学分能够准确地作为进一步的成就证据。

这假定了额外的学分作业与学生正在学习的学习目标直接相关。如果不是确有其事,当学生因为教师"开恩"得到额外的学分,那么为这样的"作业"成绩奖励学分就没有基础了。

缺交或迟交作业以及作弊。那么对于不良学习习惯或学业不诚信问题应该怎么办呢?这样的证据应该怎样记录?当学生作业伴随着这些问题的时候,记录降低的分数或零分显得很具诱

"当成绩不能准确反映成就情况时,它们就是破碎的。补救的办法是让成绩尽可能成为学生成就的纯粹手段:也就是说,让成绩仅仅反映出掌握公开发布的学习目标的学生表现……"(O'Connor, 2011, p. 16)

感力。然而,我们提供若干条理由,建议你寻找另一种方式来追踪、改变并/或惩罚这样的问题。首先,降低分数或打零分,并不能准确代表该学生当前的成就水平。除非该学生有其他的问题,我们不应该把夺走他们的学习证据,作为预防措施或惩罚。其次,这对于改变学生的行为来说并没有作用,这些学生自己都不在乎分数降低。因为各种理由,他们更希望冒后果的风险而不是做作业。然而,如果他们恰好做了作业,而且学到了知识,那这些学生达到更高的水平,是因为他们会学到更多,而且不仅仅是因为他们得到了更多学分。再次,降低分数和打零分让我们远离了解决潜在的问题。特别是在高中阶段,想要花时间弄清楚,任何一个学生为什么不及时交作业,或为什么他们觉得作弊有压力是很困难的。然而,这些学生正在发展无法使他们成长为成年人的行为,而且,如果我们可以在和他们相处时,辨别出这样的学生和他们的问题,那我们就有责任,在系统内用更富有成效的学习方法来重新训练他们。

无论出于什么原因,没有哪个成绩能完全从零分的影响中恢复过来。

如果我们希望为不明智的行为提供解决方案或结果,这些行动或惩罚,必须采用不扭曲该学生真实学业成就记录的形式。并且,在一个标准导向的环境中,这种记录对于通知后续的教学决策来说太重要,以至于不允许它被扭曲。我们鼓励你和你的同事,以及学校一起合作,来辨别问题的其他解决方案和后果,因为降低评分和打零分已经是过去的后果了。

比如,俄亥俄州路易斯中心的奥兰治中学有一个团队,他们创造了一种"免评分"的方式,来处理所有迟交作业的学生——学生填写一张表单,如示例9.2所示,并把它附在迟交的作业上。与成绩无关的解决方案和后果,根据上周迟交作业的实际次数而增加。如团队成员杰西卡·森卡(Jessica Cynkar)解释的那样:"我的团队把表单打印在色彩鲜艳的纸上,而且我们让学生把它们填写好,并附在迟交的作业上。学生不喜欢填表单,因为这很费事。我还有一个记录,当我有顾虑或参加会议时,可以和父母谈论(孩子们的回答通常都很诚实)。"(个人交流)

结果,他们报告缺交或迟交作业的情况明显减少。

指导原则3:用原始得分记录成就信息

在第10章中,我们会看到将成就数据转换为总结性分数的步骤。届时,如果保存了原始得分的话,我们能够为准确使用这些信息保留最多的可选项——得分比可得分,例如4/5或32/38。原始分数直接关联到样本容量。当我们仅仅记录一个百分数或一个总结性标记时,就丢失了细节。例如,如果一个学生在一份作业中,得到了三分之二的分数,你可能把它记作2/3,也就是67%,或是一个D。在一个不同的任务中,该生可能得到了十八分之十二的分数,你可能记作12/18,也就是67%,或是一个D。如果这些任务中的每一个都涵盖了相同的学习目标,哪一种对学生成就的评价来说更可靠呢?当整合信息计算最终成绩时,能够获取原始分数将有助于权衡决定。

9.2 示例

我们明白……你很忙碌

我（姓名）_____为了学分提交"缺交"的作业以及/或"迟交"的作业。
我明白这张纸会随同任何迟交的作业，并且每份作业我只能使用一张纸。
今天的日期：_____我在这一天没交作业：_____
作业标题：_____作业截止日期：_____
我的作业晚交了_____天因为：
  ☐ 龙卷风从我手里把作业夺走了。
  ☐ 我病得太厉害了，没法起床。
  ☐ 我的狗/猫把作业吃了。
  ☐ 我_____而且那天晚上作业在我的待办事项清单中，并不是最重要的事情。
  ☐ 其他（请具体、诚实地描述）：_____

● 在缺勤以后一回到学校，联系教师要求补交作业是学生的职责。应当在学生返校的当天联系他们。

这是我……
第一次……第二次……第三次……第四次……第五次……第六次……第七次……迟交作业
（第一和第二次）学生签名：_____
（第三、第四、第五和第六次）家长签名：_____日期_____
（第七次）管理者签名：_____
要得到学分，你必须将这份表格与你完成的作业钉在一起。

来源：来自俄亥俄州路易斯中心奥伦丹吉本地学区教师杰西卡·森卡未出版课堂材料，2011。经授权复印。

如果我们为总结性用途记录量规得分，就有必要使用原始分数了。从量规得分和其他数据的混合中，准确地计算最终成绩，要求我们用量规得分的原始形式来记录。在第10章中，我们也会看看一旦记录以后，如何将量规得分转换为成绩。

当预期的用途是形成性的，不论信息是正确数比总数（number correct out of number possible）、得分数比可得分数（number points earned out of number possible）、量规得分还是一些其他标记，一个原始得分能够提供更多的细节。这有助于计划教学，并在每个学习目标上保持追踪。

有时候关联更多信息，而不只是个数字会很有用处——我们可能想要在一个作业夹，或档案袋中保存学生的作业样例。我们将在第11章中，讨论作业夹和档案袋的可选项。在个人交流过程中收集证据的情况下，你可能已经根据学习目标，或量规上体现的质量标准来创建轶事记录，并且你也可能在电脑文档中，或是在一个文件夹或笔记本里保存它。

学生保存记录的可选项

学生参与记录保存的好处，远比让一个系统运行的初步努力更重要。首先，根据一个学习目标追踪学生的进步，并在他们已经掌握目标时进行确认，这都有助于学生明白努力的重要影响。其次，当一个学生经历了积极的成长，追踪其进步本身，才可能具有激励性。再次，手头上有成就记录有助于学生参与自我反思活动，并和他人有意义地探讨他们的进步。

学生参与记录保存的前提条件：
- 作业和评价要与预期的学习目标直接保持一致。
- 学生了解每份作业或每条评价信息代表了哪些学习目标。
- 学习目标对学生而言是清晰的。

学生追踪系统可以采取不同的形式。例如，学生可以用作业来记录学习进展，如图表9.9所示。在这个样例中，学生写了如下内容：
- 辨别作业的信息（例如，页码、标题、项目名称）
- 作业日期
- 学习目标或学习目标号码（参照列表清单）
- 得分（例如，得分/可得分）
- 无论作业是形成性的（作为练习）还是总结性的（作为标记或成绩）
- 他们与学习目标相关的优势和提高的领域，或与学习目标相关的后续步骤。

图表9.9

根据作业追踪学习进展

作业	日期	目标	得分	F/S	★

Source：Adapted from *Seven Strategies of Assessment for Learning* (p. 153), by J. Chappuis, 2009, Upper Saddle River, NJ：Pearson Education. Adapted by permission.

在"星级和台阶"栏，学生抄写或转述教师提供的反馈，或是解读作业上的评价信息以自我评价，并为下一步学习设定目标。

抑或，学生可以制作图表来体现练习活动和测试结果。图表9.10显示了一个追踪表格样例，学生在阅读目标上，用正确/错误数据和量规得分数据来绘制图表结果。

"辨别同义词和反义词"与"理解前缀和后缀含义",这两个学习目标是知识性目标,用选择性反应题练习与评价。第三个目标"流利地大声朗读"是技能性目标,用五级量表来练习和评价。在此样例中,学生已经针对每个学习目标进行了三次练习活动。前两个学习目标有 10 个问题,第三个学习目标根据量规得分点给了最高 5 分。在每次练习作业之后,学生根据学习目标绘制自己的结果。进行测试时,他们也根据学习目标绘制结果图表。这种记录使学生能够注意到,他们正在改善以及有困难的地方。比起得出她并不擅长朗读的结论,一个学生倒是能够说"我擅长同义词和反义词以及前缀和后缀,但我需要在流利度上更加努力"。

图表 9.10

学生根据作业绘制学业进展

	练习									测试		
	同义词/近义词			前缀/后缀			口语流利度			同义词/近义词	前缀/后缀	口语流利度
	(作业)	(作业)	(作业)	(作业)	(作业)	(作业)	(作业)	(作业)	(作业)			
10												
9												
8												
7												
6												
5												
4												
3												
2												
1												
日期												

学习目标:我能辨别同义词和反义词。
我能说出前缀和后缀的含义。
我能流利地大声朗读。

Source:Adapted from *Seven Strategies of Assessment for Learning* (p. 155), by J. Chappuis, 2009, Upper Saddle River, NJ:Pearson Education. Adapted by permission.

另一种追踪的可选项是,让学生记录他们的得分,并根据学习目标备注自己的优势和需要努力的领域,如图表 9.11 所示。这个样例的创建,是与选择性反应题或书面论述题信息一起使用的。与其他样例一样,信息根据学习目标来组织,但这份表格,你可能要为每个学习目标单独用一页或半页表单,特别是如果学生也收集他们的作业样例,用于档案袋中的话。这样,他们可以根据学习目标来收集作业样例,而他们的成就记录,也可以根据学习目标来分组了。

图表 9.11

学生根据学习目标追踪进展

学习目标	日期	我做得好的内容	我需要努力的内容
1. 我能解释我们政府的宪法结构。			
2. 我能描述立法、修正和废止法律的程序。			

或

学习目标 1:我能解释我们政府的宪法结构。

作业	学习目标	日期	我做得好的内容	我需要努力的内容

学习目标 2:我能描述立法、修正和废止法律的程序。

作业	学习目标	日期	我做得好的内容	我需要努力的内容

Source:Adapted from *Seven Strategies of Assessment for Learning*(p. 155), by J. Chappuis, 2009, Upper Saddle River, NJ:Pearson Education. Adapted by permission.

最后一个样例,如图表9.12所示,是第5章所述一个活动的变化形式,学生分析自己的随堂测验或测试结果,辨别哪些问题他们答对了、哪些问题他们因为一个简单的错误答错了,以及哪些问题他们答错,是因为他们还不理解。然后学生把这个信息转化成一个结论,有关哪些学习目标他们已经掌握了、哪些需要保持关注、哪些需要进行微调。像这样的一份记录表,可以帮助他们自我评价,并为下一步学习设定目标,而且也可以成为讨论会上,分享的档案袋的一部分。

图表 9.12

学生追踪随堂测验或测试结果

作业：

日期：

我已经掌握了的学习目标：
我需要继续努力的学习目标：
我需要注意的错误：

我的课堂的过去和现在 9.2

伊丽莎白·施罗德（Elizabeth Schroeder）

我过去……

首先，我过去常常给我学生完成的每一份作业评分。我有这样的一个思维定势：作业只有得到了批改才算评价过了……而且我认为的批改就是用字母表示等第。其次，我过去常使用我称之为"追踪表"的东西——一个万用笔记本用来提醒他们目标、参与他们自己的学习，并给他们评价自己作业和进展的一种方法（见示例 9.1），学生可以使用它来根据学习目标跟进自己的进展，无论是形成性的还是总结性的。然而，追踪表"不成则败"（hit or miss），而且很难即时保存，最终闲置在了他们的活页夹中。最后，我过去常让每个学生，在单元结束的时候进行总结性测试，不管他们有没有完成或理解自己的练习作业。这个程序导致了很多未完成的作业和更低的总结性考试分数。

我现在……

我依然批改我的学生完成的每一份作业。然而，我已经形成了一种看待标准、学习和评分的新方式。我开始教育学生、家长和我自己，不是每一份作业都需要给一个字母等第。我现在在成绩簿中把形成性作业作为"收集品"。我依然检查他们的作业，以确保他们在下一步学习之前，理解了学习目标。但是，我带着学生一起检查作业，并给予个别学生直接的反馈——因为他们做了作业，而且趁他们头脑中的知识还新鲜，而不是在我身边或在我家的沙发上。现在重要的是我的时间，而不是成绩。

接下来，我改变的是单元追踪表。我保留了文件的主要部分来测评他们的学习，在各处调整一些词。但是，最大的改变在于对页面的使用。学生现在每天查阅它，并在我们检查他们练习作业的时候带着它。我在他们完成的作业上签上姓名首字母，然后在他们评估自己学习进展的总结性考试后，将他们的作业制成图表。

我改变的最后一件事就是参加总结性考试的要求。此前,如果学生的某些形成性作业还没有提交,我会允许他们参加测试。并且我会安排好某一天,让他们都参加了考试。现在,我设定了一个"考试日",但只有已经顺利完成了形成性作业的学生,才被允许参加测试。如果一个学生不能在那天参加测试,那他们有职责先完成自己的练习作业,然后再用自己的时间完成测试。

我为什么改变……

我知道之前那些表单不起作用。通过阅读《促进学生学习的课堂评价》这本书,我学到一种新的方法来实现我的设想。

结果我注意到……

哇!有太多的变化要报告了!我的学生现在更多地参与自己的学习了。他们很喜欢向我展示他们的作业,而不是为了获得成绩把它放在一个盒子里。他们把更多的努力放在了练习上,知道我会带着他们一起复习,而且他们也很喜欢一对一的关注。其次,我现在有一个追踪表,可用于个人评价,作为家长会/讨论会的快速浏览内容,也是基于标准的学习的判断标准。最后,我的学生<u>想要</u>完成他们的练习——因为不努力或不完成意味着在我的课堂里<u>没有成绩</u>。要报告的最大改变在于"未完成作业"的数量。它现在不存在了。

Source:Used with permission from Elizabeth Schroeder, 7th-grade English language arts teacher, Jerome School District, Jerome, ID, 2011.

总结

促进学习的评价和关于学习的评价,都在学生学业的判定和交流中发挥着决定性的作用。我们已经开发出各种各样的方案来保持记录的准确性,使我们能够用自己预期的方式来使用每个信息来源。我们从初步决定哪些信息用于形成性评价,哪些信息用于总结性评价开始,并要牢记有时候它们的用途会重合。我们决定记录哪些形成性评价信息是有意义的,并且我们考虑学生可以追踪哪些形成性评价信息。

接下来,我们将讨论保存信息的物理位置和布局设计。在这里,我们要牢记"形式服从于功能":我们的选择应该以数据的预期目的为指导。这些可选项包括硬皮本和电子成绩簿,形成性和总结性数据保存在相同或不同的地方,学生的信息放在一起或分开保存,以及从总结性数据中辨别形成性数据的方法。

我们介绍了保存记录的三条指导原则,以便这些数据总是可以追溯到它所反映的学习,而且你还可以最大化地利用你的条目。第一条是根据学习目标组织条目。第二条是将学习习惯和社会技能的信息与成就信息分开追踪。这也对我们处理额外的学分作业,缺交、迟交作业,以及那些不诚实的作业有重要意义。第三条是用原始得分记录学业信息,而不是用百分数或符号,以为准确地使用数据保留多种选择方式。

最后,我们提供建议,告诉学生如何用形成性和总结性评价信息来追踪他们的学业成就,并帮助他们了解自己作为学习者的进步情况。

　　如果有一个合适的方案,在课堂上追踪促进学习的评价和关于学习的评价,就不需要占用太多时间。如果我们的课堂评价质量很高,那我们就能够用比现在很多成绩簿上,更少的评价分数来计算出一个合理的成绩。

活动

本章末提供的活动是为了帮助你掌握本章的学习目标。它们的设计是为了加深你对本章内容的理解,并为合作学习提供讨论的话题,以及指导你实施本章节中所教的练习活动。

完成每个活动所需的表格和材料可参见光盘中的可编辑文档。光盘中的文档以这个符号 ◎ 为标志。

第 9 章的学习目标

在本章的最后,你会知道如何做以下内容:
1. 区分形成性评价信息与总结性评价信息。
2. 确定追踪哪些形成性评价信息。
3. 为信息选择一个或更多可保存的物理位置。
4. 创建标签和类目来代表被评价过的学习。
5. 确定所要追踪的学习习惯和社会技能,并能从学业成就信息中分别追踪它们。
6. 用原始得分记录学业成就信息。
7. 为学生创建系统来追踪他们自己的学习。

活动 9.1　坚持写反思日记
活动 9.2　计划形成性和总结性评价活动
活动 9.3　创建你的记录系统
活动 9.4　追踪学习习惯和社会技能
活动 9.5　开发学生记录保存表
活动 9.6　反思你自己的学习
活动 9.7　选择档案袋作品

活动 9.1

坚持写反思日记

在阅读第 9 章时,坚持记录你的想法、问题和尝试实施的任何活动。

◎ 反思日记表

活动 9.2

计划形成性和总结性评价活动

阅读"区分信息是用于形成性评价还是总结性评价"一节后,选择一个将要学习的单元用于计划形成性和总结性评价活动。独立工作,或是与一名同伴或一个团队合作开展这个活动。

1. 复制表格"形成性和总结性评价计划"(图表 9.3),或创建一个改编的表格来匹配你的内容。
2. 确定要学习的单元以及它需要的天数或周数。
3. 根据你想教学的顺序列出单元中会作为教学重点的学习目标。
4. 描述每个学习目标中用于总结性目的的作业和评价。描述可采取的形式包括页码、作业或评价的标题或数目,或是任何对你有效的信息。记下每一项大致的日期,并用字母"S"代表"总结性"(summative),在标为"类型"的栏目中标示。
5. 描述任何你计划实施的前测、理解检查或随堂测验以指导下一步的教学。描述可采取的形式包括页码、作业或评价的标题或数目,或是任何对你有效的信息。记下每一项大致的日期,并用字母"C"代表"检查"(check),在标为"类型"的栏目中标示。
6. 描述每个学习目标中学生会参与的练习活动。描述可采取的形式包括页码、作业或评价的标题或数目,或是任何对你有效的信息。记下每一项大致的日期,并用字母"P"代表"练习"(practice),在标为"类型"的栏目中标示。
7. 描述任何其他学生会参与的形成性评价活动,并连带大致日期。
8. 执行计划。记录所有需要的调整,并为将来的使用修改计划。
9. 与一名同伴或你的团队分享你的计划,并描述运作良好的部分,以及你会修改的地方。

◎ 形成性和总结性评价计划

活动 9.3

创建你的记录系统

阅读"决定将在何处保存记录"一节后,独立工作,与一名同伴或一个团队合作做出如下决定。

1. 物理位置——你会在哪里保存总结性信息?你会在哪里保存形成性信息?
2. 如果你把它们保存在同一个地方,你会如何从总结性信息中区分出形成性信息?回顾图表 9.4 至图表 9.7 作为参考。选择一个可选项、修改一个可选项或创建你自己的形式。

3. 哪些信息对学生来说也具有追踪的意义？

阅读"指导原则 1：根据学习目标组织条目"一节后，独立工作，或是与一名同伴或一个团队合作来做出如下决策。你可能也想回顾图表 9.4 至图表 9.8 作为参考。

1. 你会如何辨别每个形成性条目所代表的学习？在每个栏目的标题中你会想要多少细节性内容？你会使用哪种标题？
2. 你会如何辨别每个总结性条目所代表的学习？在每个栏目的标题中你会想要多少细节性内容？你会使用哪种标题？
3. 在做出这些决策之后，修改你的记录系统并将它实施数周。
4. 与一名同伴或你的团队分享你的记录系统和你所做的调整，以及你可能还需要改进的地方。

◎ 组织你的记录系统

活动 9.4

追踪学习习惯和社会技能

独立工作，或是与一名同伴或一个团队合作完成以下活动。

1. 阅读"指导原则 2：分别追踪关于学习习惯和社会技能的信息"一节后，做出下面的决定。
   - 你想要追踪哪些学习习惯或社会技能？
   - 能力由哪些行为来定义？
2. 为了使它们变得明晰，与同事讨论并在代表达到每条目标的行动上达成共识。
3. 接下来，决定你将要如何评价并判断每个目标的达成水平。
4. 选定一个系统以追踪这些信息。
5. 决定你会如何总结并报告学生的学习习惯和社会技能的达成情况。
6. 最后，计划你将如何向学生说明他们被期望展现的学习习惯和社会技能，以及你将如何帮助他们理解你将评价和报告他们表现的方式。
7. 在评分期间使用这个系统，并记录下任何有必要调整的地方。
8. 与一名同伴或你的团队分享你创建的系统，并告诉他们这个系统哪些地方运行良好，以及哪些地方还需要修改。同时，还要分享它已经在学生学业和动机上造成的重大影响。如果有的话，也包括你恰当运用了哪些干预或后果来鼓励学生完成作业。

◎ 追踪学习习惯和社会技能   ◎ 汇报对学习习惯和社会技能追踪情况

活动 9.5

开发学生记录保存表

阅读"学生保存记录的可选项"一节后,独立工作,或是与一名同伴或一个团队合作完成以下活动。

1. 确保该节列出的必要条件在适当的位置上。
2. 决定学生要追踪的内容。
3. 确定时间。
4. 筛选或修改该节中的一个可选项,并创建学生将会用到的表格(进一步建议可参见《学习评价 7 策略》第 6 章(Chappuis, 2009))。
5. 计划谁来追踪表格以及它们会被保存在哪里。(在第 11 章中我们将对管理学生记录保存表提供指导。)
6. 向你的学生介绍追踪系统,并定期征询他们的反馈。
7. 同时也记录你自己对系统的优势和问题的观察,并根据需要进行修改。
8. 和你的同伴或团队分享学生以及你自己的反思。

◎ 开发学生记录保存表 ◎ 学生反馈表

活动 9.6

反思你自己的学习

回顾第 9 章的学习目标,选择一个或更多能代表你新的学习或最让你印象深刻的目标。如果你正独立工作,写一段能够反映你当前理解的简短反思。如果你正与一名同伴或一个团队合作,可以和他们讨论你写下的内容,或以此引发小组会议中的讨论。

◎ 反思第 9 章的学习

活动 9.7

选择档案袋作品

这一章中的任何活动都可以作为档案袋的条目。选择任何你已经完成的活动或创造的作品,以展示你在第 9 章中学习目标上的能力。
1. 区分形成性评价信息与总结性评价信息。
2. 确定追踪哪些形成性评价信息。
3. 为信息选择一个或更多保存的物理位置。
4. 创建标签和类目来代表被评价过的学习。
5. 确定所要追踪的学习习惯和社会技能,并能从学业成就信息中分别追踪它们。
6. 用原始得分记录学业成就信息。
7. 为学生创建系统来追踪他们自己的学习。

如果你正坚持写反思日记,可能想将第 9 章的条目纳入你的档案袋中。

◎ 第 9 章档案袋条目封面页

第 10 章

将总结性评价信息转换为成绩

> 一个学生在某门课上所取得的学术成绩
> 应该仅由该生学业成就的证据来决定。

自从我们出生以来，教和学就已经成为了我们生活经历中的一部分。并且，在没有成绩影响的情况下，它们都可以进行得很好。正如我们所见，学生的学习受益于评价信息在教学中的多种用途，包括有效反馈，但它几乎很少会直接从所评定的分数中获益。

那我们为什么评定成绩呢？显而易见的原因是，有其他人想要，并且需要这些信息来做出与学生相关的决定。如往常一样，家长总是希望看到，他们在学生时代所熟悉的定期成绩单，以便他们可以知道孩子的学习表现。雇主、其他学校、体育教练和校方顾问、奖学金委员会、汽车保险公司——名单还可以更长——想要把成绩简化成分数，以做出影响学生未来福祉的决定，如申请某门课程或项目的资格、授予奖学金，以及基于他们的良好驾驶记录给予优惠等。这些用途极少能在教师的掌控之中。一旦评定了总分，它就必须能够独自，并准确地代表学生的学业成就表现。

成绩就是一个看门人，它经常把学生关在进一步学习的大门之外，虽然这并不是我们的本意。本章建立在前面所有章节，对评价信息的形成性和总结性使用的建议之上，以确保我们的评分实践在可能的范围内促进学习。我们也直接建立在第 9 章所教的保存记录的做法基础上。

我们首先探讨评定成绩单内在的挑战。接下来，我们将详细描述三条评分指南，它们将引导我们打出公正、准确并基于标准的成绩单分数。然后，我们将解释"数字运算"（number-crunching）的方法，包括如何将量规得分转换为等第，这也会影响到准确性。我们接着用 6 个步骤过程来总结第 9 章和第 10 章中，所有的评分建议。最后，对个体或团体专业成长很重要的是，我们提供了一个用来评估现行评分实践的量规。

第 10 章的学习目标

学完本章后，你将知道如何做到以下几点内容：

- 能确认用分数进行有效交流时所带来的特别挑战。
- 能将量规得分转换为等第。
- 能遵循一系列有效的评分指南。
- 能使用"合理的评分实践量规"评估，并改进你自己的评分实践。
- 能将一段时间以来收集的证据转化为一个有意义的成绩。

图表 10.1

课堂评价质量的关键要素

关键要素1：明确的目的
谁将使用这些信息？
他们将如何使用这些信息？
他们需要什么样的信息？
并且需要详细到什么程度？

关键要素2：清晰的目标
学习目标对教师而言清晰吗？
哪种学业成就将被评价？
这些学习目标是教学的重点吗？

关键要素3：合理的设计
评价方法和学习目标匹配吗？
选取的样本能恰当地代表学习吗？
题目、任务和评分量规质量很高吗？
评价能够控制偏差吗？

关键要素4：有效的交流
评价的结果能够被用来指导教学吗？
形成性评价能被用作有效的反馈吗？
学业成就能追踪到学习目标并根据标准报告结果吗？
成绩能准确地交流学业成就吗？

关键要素5：学生的参与
评价能满足学生的信息需求吗？
学生清楚学习目标吗？
学生会利用评价得来的信息进行自我评价以及设定目标吗？
学生追踪和交流他们的学习进度吗？

成绩单评分的挑战

我们作为教师的首要职责是，确保成绩，能准确反映所有学生学业成就的真实水

第 10 章 将总结性评价信息转换为成绩

平。这就要求来自评价的成绩,能准确地反映清晰的学习目标。我们的第二个职责是,将评分过程对学习的巨大负面影响最小化。

为了开始我们对于合理评分实践的研究,让我们来看看一位教师在职业生涯早期的经历。在你阅读时,想想她的经历是否和你自己的评分经历相似,或你在课堂中可能知道或做过的事情,而这位教师却不知道或没有做到。

> 作为一名年轻教师,从没有学生或家长认真地询问过,我打出的成绩单上的分数。因此,我从没有真正地要向其他人打开我的成绩簿,展示所有不同颜色的符号和标记、数字和字母等第、评语和代码("计算"的说法太过夸张)的最终分数。我很幸运,因为如果他们这么做了的话,我一定会为解释或捍卫一个缺乏有效组织的评分系统,或我计算分数的程序而焦头烂额。尽管当时我没有完全意识到这一点,但是我没有任何真正的指导来确保,我的评分是准确、一致或公正的。并且,到了最后我评分更多的是凭直觉、主观和情绪,而不是理性。当时我从没想过这些分数,可能会阻碍或帮助某些人成为更好的学习者。所以尽管我从不希望分数带来伤害,但我却经常且主观地将所有的内容,都包括在了最终分数中。比如,一个我认为应该做得更好的学生,总是迟钝、行为良好或缺乏努力。
>
> 此外,不管这件事发生在学期的什么时候,所有东西都会计入最终分数。并且,我从没有考虑过测试或作业的相对重要性,我也不曾区分过平日练习和期末练习或作业。同时,在我的印象中,分数和教与学是完全分离的,因此我丝毫都没有感到困扰,以至于让一个学生助理评价很大一部分学生的练习、输入数据,并帮助计算分数。

就像我们中的绝大多数人一样,这位教师在入职前,并没有机会学习被称为"合理评分实践"的内容。没有关于评分质量或公正性的外部标准作为指导,她只能独自发展自己的体系来得出成绩单上的分数。像她一样,我们中的很多人,都是通过遵循自己特有的方法和公式来计算分数的。我们有一些教师,除了记录、算平均分、转换为成绩以外,就没有明确的过程,而其他人使用更多精心设计的数学系统来"计算"(crunch)成绩。一些电子成绩簿程序在使用其功能时,提供了使用指南以确保评分的公正准确,然而我们可能并不知道,哪些功能是最佳的一种选择。即便是学校和学区的政策到位,也可能在一个学校中,有多少教师就有多少种不同的评分系统。

然而,在我们作为教师所做的所有事情中,很少有比评分更容易引起矛盾和沟通问题。只要一想到在讨论会中,一名教师不得不向一位家长进行解释,因为该家长质疑她孩子成绩低得出奇,就能立刻意识到这一点。我们会在准备成绩单的过程中遇到困扰,因为我们计算了学期中学习很努力,但成绩不佳的学生的成绩,这肯定会令人失望。有时候像这样的情况,我们的感情会很痛苦,担心成绩差会对该生的自尊心,造成重大的不良影响。并且,由于我们考虑了学生的个人情况,在主观上做出了妥协,因而降低了评分的客观性和准确性。

此外，还有一个评分挑战是，花时间管理我们每天在课堂上收集到的大量信息。在合理评分实践的指导下，我们可能会把它归类，分出轻重缓急并分配权重。抑或像我们案例中的教师一样，我们可能会将信息注入到我们自己创造的过程中去。

最后，我们面临一个相对较新的挑战，即改变报告系统来反映基于标准的教与学。在基于标准的环境中，评分的目的是向学生和他们的家长提供信息，尤其是有关他们是否成功掌握相关标准的具体信息。然而，即便我们有了州标准和"共同核心标准"（Common Core State Standards），但很多学校的评分系统，仍在使用字母和数字来报告学生的学习情况，从而无法准确地总结内容领域方面学业标准的学生成就。

> 采用本章推荐的合理评分实践让我们能够算出准确的成绩，交流它们预期的目的，这对学生来说是公正的，并且不会伤害到他们的学习动机或学业成就。

三条评分指南

每一位使用成绩做出与学生有关决定的人，都期望成绩是准确的——对他们和对我们的学生来说，我们的职责是提供尽可能准确的学习图景。这要求我们仔细回答三个问题："我们的评分目的是什么？""我们应该在成绩中包含什么要素？"，以及"我们如何整合这些要素来提供尽可能最真实的学生学业成就？"

我们用三条评分指南来回答这些问题——这三条指南可作为一个准确而可靠的评分系统的基础。

评分指南1：将成绩用于交流而不是激励

回到我们为什么评分——因为其他人需要信息来做出与学生有关的决策——我们可能都同意，我们评分的目的是交流关于学生学习的信息。但我们也都熟知评分方法，旨在鼓励学生养成理想的学习习惯和负责任的行为，而避免不良的行为。虽然认为，有许多学生在学习习惯和行为方面需要帮助，是有争议的，但将他们的出勤情况纳入学术成绩，并作为令人满意的补救措施，也同样颇具争议。

思考这三个例子：

约翰是一位非常有能力的学生，但在教师看来，他并没有表现出应该有的水平。他的期末成绩临界于B和C。他的教师给了C，以此帮助约翰意识到他需要付出更多的努力；换言之，为了惩罚他没有投入更多的精力，希望他能振作起来并努力学习。

莎拉是一位用功的学生，她总是努力做好每一件事。她的期末成绩临界于C和D。她的教师把她的成绩提到了C，以维护她的自尊心。换言之，为奖励她的努力学习，希望这能让她不要沮丧。

你女儿在某一门课中所有的项目、报告和测试中都得了A和B，然而她的期末成绩得了C，因为她最后一份报告迟交了一周。她教师的原则是作业迟交一天扣10分。如果你女儿能及时提交报告的话，她的最终成绩应该可以得A-。

在这些例子中,分数之外的其他考虑因素也包括在其中,以影响学生的行为。其实,我们这么做的时候,理由并不充分,这里有三条重要的原因:(1)分数不能很好地起到激励作用;(2)这种做法通常掩盖了问题而不是解决它;(3)它妨碍了分数的交流目的。这并不是说成绩无法激励一些学生——它们确实能。重点是:

- 我们不应该带着改变行为的初衷来操纵分数。
- 我们试图利用分数来激励学生,而我们的这种善意可能最终会伤害到他们。

图表 10.2

三条评分指南

1. 将成绩用于交流,而不是激励。
2. 将学业成就和其他因素分开报告。
3. 仅反映当前的学业成就水平。

它并不是很奏效。通过对成绩修修补补,以便让学生来实现我们期望的改变,这并不是一种可靠的方式。教育者已经想尽各种办法,使成绩作为一种激励因素发挥作用,然而还是有太多的学生,仍旧没有付出所需的努力以取得成功。我们甚至无法得知,学生是否接收到了成绩背后的信息。此外,没有研究发现将降低评分作为惩罚,可以提高学生的努力程度。降低评分往往更可能造成学生不愿进一步学习,而不是激发他们的参与(Guskey & Bailey, 2001)。而且,太多学生更愿意接受获得低分,而不是改变自己的学习习惯或行为。

班级排名也是一种使用分数作为激励因素的方式。有些人认为,灌输一种竞争意识,并且人为地制造赢家和输家,学生便会更加努力并学得更多。如果这真的奏效的话,也仅仅是激励了排在前面的少数几个学生。而且,他们通常并不是需要被激励的那些人。我们需要创造一种环境,让学生在其中掌握核心竞争力,以应对未来大学和工作中的挑战,我们不能让学生中的绝大部分认为自己是失败者。

相反,我们应该做什么呢?如整本书所述,我们可以通过促进学习的评价方法,用一种健康的、以学习为中心的方式来提高学生,更加努力学习的意愿。甚至当激励看上去已经消失时,改变我们的评价实践,远比用 A 来许诺或用 F 来威胁要有用得多。

它掩盖了问题。用与学业成就无关的借口提高学术成绩来弥补低分,并不能揭示学生进步不大背后的原因。为什么莎拉的努力没有获得令人满意的学业成就?这应该是一个危险信号,表明我们需要调查。如果这个根本问题没有被发现和解决,莎拉未来取得成就的潜力就会受到影响。

因约翰不在乎作业质量,而故意降低他的分数,并不是解决这个问题的有效手段。因为他可能甚至还没有意识到自己遭受了惩罚。如果我们想要帮助学生解决这类问题,就应该在早于成绩单评分之前,在学习过程中一份作业接一份作业地直接解决。

一般而言，因为作业完成情况、出勤率、努力程度、参与度，或缺乏学业诚信等问题降低任何的学术成绩，尽管对一些学生起到了威慑作用，但往往无法矫正那些"惯犯"。

　　取而代之，我们应该做什么呢？在学习中解决真正的问题。将每个想要的学习习惯和负责任的行为，当作学习目标来对待。在你的学校中，以团队合作的形式来定义每个目标，将它们作为学习期望来交流，辨别有困难的学生，并为每一个学生制定适当的补救措施，以及阻止那些不涉及到操控成绩的后果。

　　它影响了交流。因为关系学生未来的关键决定取决于分数，因此分数的目的必须是用于交流。准确、公正以及可靠的学术成绩，可以用于阶段性地传达学生的学习情况。评定或改变学术成绩以改变学生行为的做法，导致其错误地传达了学生学业成就的真实水平。约翰和莎拉，还有你的女儿都得了C，但每个人应该得到一个不同的成绩，因为他们都展现了不同学业成就水平的证据。任何激励所产生的影响都是短暂的，如果它存在的话，然而这个记录可能是永久的。当我们允许激励的目的影响学术成绩时，我们便严重削弱了成绩交流的能力。

　　使用分数作为激励因素来奖励、惩罚或威慑学生的行为，并不能和严谨的、基于标准的教育系统相一致，例如实施"州共同核心课程标准"所设想的结果。它无法为学业成就水平提供真实的描述。它也不能就促进学习或阻碍学习的那些潜在因素进行交流。任何扭曲了成绩意义的行为，都使它沦为一种没有意义的交流工具。

　　取而代之，我们应该做什么？奥康纳（O'Connor 2011）指出："当成绩混杂了学业成就和非学业成就的因素时，它就是破碎的。补救的办法是，将行为的变量与学业成就分开报告，从而确保成绩尽可能准确地反映学生的学业成就。"（p. 22）

常见问题 10.1

零分

问题：
为什么你建议绝不要打零分？

回答：
计算期中或季度成绩时，将零分和其他得分一起算平均分，这会将分数扭曲成一种它再也无法恢复的形式，并使最终成绩成为对学生学业成就完全不准确的一种描述。请细思这样一个案例，一位学生参加了四次考试中的三次，并得到了100%、90%、95%。该生由于无故缺席错过了一次测试，因而分数记为零。她的平均分是71%，通常是C，但有时候是D。这个成绩显然无法反映出她的真实学业成就水平。缺考问题比较公正的解决办法是，收集或使用其他关于学生学业的信息来填补空白。比如，该生可以在上学前或放学后接受考试。如果我们不能及时得到其他信息，我们可能不得不使用"未完成"来代表成绩，直到我们能得到足够多的信息，来对该生在课程学习目标的成就水平，做出可靠的推断。

第10章 将总结性评价信息转换为成绩

我的课堂的过去和现在 10.1

莎拉·波伊伯曼(Sara Poeppelman)

我过去……

像很多教师一样,我过去常常给学生提供总结性的随堂测验、测试以及作业,它们或许能够,也可能无法评价我课堂教学结果最重要的方面,即学生应该学习到的内容。如果学生得分高,好得很;如果得分不高,太糟糕了,那我们继续学习应该在年底之前学完的内容。将标准分解成对学生和我自己有意义的目标,这件事几乎从来没有发生过。关于什么是形成性评价?我并不确定它是什么,而且也不太确定,它比我曾经使用过的总结性评价,有任何更有用的地方。

成绩通常反映而且偏爱那些及时交作业的学生,但它并不能真正地评价学生,对关键的科学概念的知识和理解。

我现在……

每天,学生和我使用学习目标来驱动指向批判性学习的课堂,这些目标来自当天教学的结果。形成性评价是一种常规性和持续性的评价。教学根据形成性评价的结果进行调整,有时候针对全班,有时候根据形成性评价结果所带来的挑战,分组进行差异化教学。现在,反馈为王。学生将收到频繁的反馈,并利用反馈对他们的作业进行完善。成绩主要关注与学习目标相关的知识、技能和理解水平,而不是测量哪个学生"在学校表现得好"的主要手段。

我为什么改变……

我第一次接受形成性评价,而它恰好比我此前实践的教学艺术与科学有意义得多,特别是在反馈而不是"成绩"的重要性方面。在此之前,我的教师生涯中一直有一件事令我十分困扰,学生通常太在意他们的成绩,而不是他们正在学习的内容。作为一名教师,我的理念一直都是注重学习,但我意识到,我的评价实践并没有促进学习,并且似乎使用形成性评价和反馈,将是一种促进学习的实用方法,而不是利用成绩来驱动。

结果我注意到……

作为改变我评价实践(评什么、怎么评、我和学生会由此做什么)的结果,我注意到,有更多的学生参与到了学习过程中,而不是关注成绩。学生习惯通过关注我布置的批判性内容和技能,并报告它们的完成情况来获得最终成绩,而不是简单地提交家庭作业。通过关注这些方面,我已经显著降低了要挂科的学生人数。向学生提供具体的反馈,并致力于该反馈,这些举措已经激励学生,尝试在评价和将来其他的挑战中表现得更好。我认为我正在培养那些有能力和自信的学习者,他们能够用内在动机去接受挑战,而不是那些只关注于一劳永逸的成绩和外在动机的学生。

Source: Used with permission from Sara Poeppelman, high school science teacher, Lewis County Schools, Vanceburg, KY, 2011.

评分指南2：将学业成就和其他因素分开报告

一旦我们确定了学业成绩的计算和评定，是为了传达我们所教授的学习目标的成就水平，并且这些学习目标也是我们一直在教授的，我们就可以探讨那些我们想要追踪、评价和报告的其他因素。

努力程度。 努力程度在学校内外都受到了高度重视，因为它是学习或做任何困难的事情必不可少的要素。当学生努力学习时，我们作为教师的工作就轻松很多，因为学生至少正在半途中迎接我们。同样，雇主也更看重那些努力工作的员工，因为他们展现出了锲而不舍、积极主动、超越自我以使企业更成功的品质。

然而，约翰和莎拉的成绩C，并没有告诉我们他们在努力程度上很不同。如果关于他们努力程度的信息，可以帮助我们解读他们得到的成绩，那么努力程度的证据，就应该与学术成绩分开报告。很少有能让教师用来判断努力程度的明确标准。这个任务甚至变得更艰难，学生通过他们的身体表现和行为，可能会显得很投入或完全不在状态，而事实上，有可能相反的情况才是真实的（Brookhart, 2004）。让人更感到迷惑的是，努力并不是单一的——它是行为与态度的融合。它对每个教师来说也不尽相同——不同的教师可能有不同的描述，并且寻找其不同的证据。

定义它，诊断它，教授它，补救它，评价它，并单独报告它。

将评价质量的关键要素应用于此，正如其作用于学业成就：如果我们希望交流努力的程度，就需要定义我们所指的"努力"，并确定如何最好地评价它，确定我们会使用什么符号来交流，以及它们意味着什么，并在成绩报告单上，为我们的判断创建一个单独的地方。

其他因素。 因此，在计算最终成绩时，我们可能要考虑所有其他的因素，包括出勤率、作业完成度、上交作业的及时性、团队参与度、合作技能、学业诚信或其他任何有价值的习惯或行为。如果我们认为，报告成就水平以外的其他因素也很重要，我们就必须定义它们，和学生交流我们的期望，并决定收集什么样数据，然后对它们单独进行收集和报告。不可否认，这一过程最初要比降低分数更耗费时间，但如果除了学业成就以外的因素，对学生发展和公平来说很重要，那么我们就责无旁贷，必须要把意义表达得更明确。

我们向你推荐肯·奥康纳的《评分的修理包：破碎的成绩的15条补救措施》(*A Repair Kit for Grading: 15 Fixes for Broken Grades*)（O'Connor, 2011）这本书。该书教你如何在不使用分数作为奖励、威慑或惩罚的情况下，解决学生的学习习惯和行为方面的问题。

评分指南3：在学术成绩中仅反映当前的学业成就水平

在基于标准的环境中，成绩单必须反映出我们在评分时，对学生学业成就最好的判断。如果关于学生学业成就的更新信息，显示了在给定内容标准或学习目标上的更高水平，那么成绩就应该基于当前更新后的最新证据。将新信息与老旧过时的信息进行平均，会降低成绩最差的学生的成绩。它及时提供了在那个时间点上，不准确的学生成绩，并可能导致错误的教学和支持决定。它也强化了学生的这样一种观念：去学不如已知。奥康纳（O'Conner, 2011）提醒我们，在给定的学习目标上，一个学生在哪里开始并不重要,重要的是他在哪里结束。

我们也可以思考这种情况下的形成性和总结性评价信息。形成性评价信息是收集有关学习期间成就水平的数据——练习、测验和错误,如此等等。所以我们使用促进学习的评价来诊断问题,计划下一步教学,为学生提供反馈,并帮助他们进步。我们通过总结性的关于学习的评价,定期要求他们展示学业成就水平。总结性的关于学习的评价是他们所学内容的累积,并构成了最新的学业成就的证据。

我们建议,成绩应基于反映预期的学习目标的学生成就水平的最新证据,这并不意味着只有评分阶段最后的成绩,才应该被纳入到最终成绩中。例如,如果我们将社会研究课程的学习目标,分为若干相等的部分,每个持续大约两周,我们可能会在每个部分结束时,进行总结性评价。因为每个总结性评价,提供了不同学习目标的信息,而且没有重复内容,每个总结性评价的成绩代表了所涵盖目标的最新信息。

总结信息

这个过程让我们与第9章结束的地方衔接上了。回忆一下,我们推荐你先决定,什么信息会用于总结性评价,什么信息会用于形成性评价。我们讨论了你可以在记录簿中区分两者的系统,接着我们展示了三条保存记录的指导原则:(1)根据学习目标组织条目;(2)分别追踪关于学习习惯和社会技能的信息;(3)用原始得分记录成就信息。根据第9章的建议,你的数据将被组织起来,这样你就可以很轻松地将它们转换为通用量表,并根据需要分配权重,然后将它们整合成一个总分数。

检验数据的准确性

不过,在我们开始这些步骤之前,最好先检查你的总结性数据的准确性,并摈弃成绩记录中任何不准确的信息。不要在你的成绩计算中包含过时的信息。还没有人开发出可以将不准确信息——有关学生成就的错误信息——转换为准确成绩的信息管理和交流系统。第1章至第8章提供了你所需的指导来确保其准确性。

图表 10.3

总结信息的过程
● 检验总结性数据的准确性 ● 将记录簿条目转换为通用量表 ● 根据需要分配权重 ● 深思熟虑地整合信息

将条目转换为通用量表

一旦确定了将要使用的信息,你需要将每项得分转换为通用量表。你可能已经用不同的形式记录了总结性信息，如原始得分、百分比、量规得分、字母以及/或其他评价符号等。

如果你的条目是原始得分（正确数比可能数）以及百分比（正确的百分数），那么我们推荐两种传统的整合方法。你可以将全部的得分转换为百分比，或你可以将所有条目转换为原始得分。在任何情况下，记得只使用最新的信息，并确保你有足够的证据对学习目标进行充分的抽样。

如果你的量规得分混合了两种方法，那么你还需要遵循其他的方法，在本章稍后的"将量规得分转换为等第"一节中会有解释。

如果你用字母或其他符号作为总结性数据，那么你需要回到评价最根本的层面，并将字母或符号替换为原始得分、百分比或量规得分。

根据需要分配权重

如果你希望给予一些评价结果更大的分量，你可以通过将权重因子与这些得分相乘来实现。比如，如果一个得分的分量是其他得分的两倍，该得分的权重因子就是2。在进行下一步的整合信息之前，只要将该得分乘以2就可以了。

将权重运用到成绩中的另一个考虑是成绩单的结构。你会计算一个成绩来覆盖你所教科目的所有学习目标吗？或者你的成绩报告单在同一科目内，会有不同的类目吗？你可能已经设置了你的记录簿，所以你的数据是可以根据那些类目来追踪的，但如果不是的话，现在正是将它们分开的好时机。

如果你要报告若干个类目，首先要为每个类目内的数据，分配好想要的权重因子。此外，如果你必须要将那些分数或符号，整合为单个总结性成绩的话，那么你必须决定这些类目是否需要分配权重，以及如何分配权重。

深思熟虑地整合信息

根据数据类型，使用合适的集中量数——平均数或中位数——将评价中的信息整合进最终成绩（图表10.4提供了平均数和中位数的定义及样例）。传统上，我们通过计算平均数将单独的学业成就证据整合到期末总结中。当数据一致的时候——也就是，当它们落入一个狭隘的得分范围时——平均数能够准确地代表学业的成就水平。但当数据包含了极端得分，即当它们横跨的得分范围过大时，计算平均数会扭曲这个结果的得分，如图表10.4所示。为了解决这个问题，很多评分专家主张使用中位数，而不是平均数来概括学业成就。奥康纳（O'Conner，2011）鼓励我们把这个过程想成判定一个成绩，而不是计算它，因为集中量数必须经过选择来适应手头的数据：

> 在极端分数扭曲的情况下，如果仅仅根据平均数来计算成绩，成绩往往会被打乱（不准确）；可以通过考虑其他集中量数的衡量标准和运用专业判断来修正分数。因此，我们应该思考和谈论的不是成绩的计算，而是成绩的判定。(p.93)

图表 10.4

集中量数

这里有一组数字,来自一位微积分课学生的季度成绩报告。请注意总分如何根据集中量数而改变。
55,80,42,89,83,85,91,70,91

术语	定义	结果
平均数	平均得分	76.2
中位数	中间得分	83

常见问题 10.2

标准参照的评分

问题:

正态分布的评分是否可行?

回答:

评价、成绩和成绩报告单应该反映学生,对已制定的成就目标的达成情况,而不是学生在班级排名中的位置。如果一个学生得到的成绩是 B,解读者必须明白 B 反映的是学生,对该学科学习目标的某种掌握程度。

古斯基(Guskey,1996)强烈反对标准化评分,她认为:"正态分布的评分把学习变为竞争激烈的活动,学生之间为了教师分配的极少的珍贵奖励(高分)而相互竞争。在这些条件下,学生很容易看到帮助他人获得成功,威胁到了他们自己成功的可能性。因此,学习沦为胜者和败者的游戏,而且,因为奖励的数量比较少,大多数学生被迫成为失败者。"(p.21)如果他们证明自己已经掌握了相应水平的材料内容,所有的学生都可以得 A 或"超出标准"。

在一些课堂上,成绩是"正态分布的",将学生分布在学业成就的连续体上,给真实的学习情况制造了人为的不准确的报告。如果成绩单的分数为了实现激励效果而变动,谁有可能解读出学生成就的真正含义呢?

将量规得分转换为等第

在第 7 章我们证实量规是有用的形成性评价工具,可以帮助学生理解并掌握复杂的学习目标。它们也可以用于总结性评价,评定成绩或判断学生掌握关键标准的水平。在本节中我们描述的是,如何把量规得分转换为等第或掌握水平。

首先,任何基于评分(总结性)目的评价学生作业的量规,需要符合表现性评价的质量标准,如第7章中所述。如果不符合那些质量标准,那么得出的等第就不可能准确反映学生的学业成就。

量规得分转换成等第,像许多课堂评价过程一样,需要大量的专业判断。面临的挑战是,将每个学生的几个评分等级转换为一个单一的成绩等第,以确保评分的准确性,并被成绩接受者完全理解。要做到这点有两种方式:一种有赖于平均分,另一种依靠定义得分的模式。

一开始就要注意,这些过程可以用于把成绩评定为:(1)评分阶段的总结性评价,它会在稍后与其他证据整合,用于对最终成绩进行判定;(2)或是一个"期末考试"评价,它是学生所积累的能力的最终表现,并且最终成绩也建立在此基础之上。

常见问题 10.3

将量规水平计算为分值

问题:
我为什么不可以直接把量规得分加起来,然后除以可得分数来计算成绩的等第呢?

回答:
这经常会导致对学生学业成就的不准确描述,因为量规中的数字标明的是水平,不是应得的分值。计算应得分的百分比,不能准确地反映学生的学业成就,因为可得的分太少,而且得出的等第不符合关于量规水平的描述。例如,在一个5级量表中,仅有的选择是:

$$5/5 = 100\% = A;$$
$$4/5 = 80\% = B \text{ 或 } C;$$
$$3/5 = 60\% = F;$$
$$2/5 = 40\% = F;$$
$$1/5 = 20\% = F。$$

量规中对1级水平作业的描述可能象征着质量不合格,但对2级水平和3级水平作业的描述可能不是这样。

类似的情况是,在4级量表中仅有的选择是:

$$4/4 = 100\% = A;$$
$$3/4 = 75\% = C;$$
$$2/4 = 50\% = F;$$
$$1/4 = 25\% = F。$$

你可能想知道,为什么作业能够得了1分,竟然被描述成了量规中的最低水平。原因在于它并不是一个应得分,而是一套描述初学者或表现不佳者的语句的分级标签(作为初学者或刚刚起步的学习者)。

平均分

对于每个学生而言,在量规内通过量表的各水平计算出平均分。平均分是学生得到的总分除以得分的个数。我们在这里要做的是,通过计算平均值来算出有代表性的得分。我们想知道,通常来说得分告诉了我们一个学生的表现究竟如何。对于评分目的而言,请仅仅使用接近评分阶段结束时,作业的得分来确定给定内容标准的成绩,因为后面的分数将更能代表学生当前的学业成就水平。

查看一下量规,并有逻辑地确定哪些平均分的范围,会符合每个成绩等第或掌握水平。我们建议你和同事们一起合作,以确保每个人都达成一致。请创建一张转换表,并规定每个成绩的范围。然后,使用该表给予每个学生恰当的等第。图表 10.5 说明了一种将量规平均得分转换为一个等第,然后再转换为百分比的方法。(如果你需要将量规得分与其他类型的评价信息整合在一起,你将会需要百分比信息,如后续部分中所释。)

图表 10.5

平均分的逻辑等第转换表

量规平均分	逻辑等第转换	逻辑百分比转换
3.5—4.0	A	95%
2.9—3.4	B	85%
2.3—2.8	C	75%
1.7—2.2	D	65%
1.6 及以下	F	55%

得分形式

第二种选择是,与同事合作共同设计一种方法,将每个特定评价的各水平转换为等第。首先,比如,我们决定要得到 A,多数学生的作业必须达到最高的等级水平。因此,我们决定在一套 4 级量规上至少 50% 的得分必须是 4。从这里开始,团队为每项其他成绩建立得分模式,创建在评定成绩时始终使用的转换表。图表 10.6 阐述了一种使用得分模式可选项来创建联系学生得分与等第的转换表的方法。

你会注意到在两张转换表中,百分比都或多或少是,每个等第所代表的分数范围的简单化反映。当使用或报告百分比而不是等第的时候,我们建议你创建一个更精简的等式表格,如图表 10.7 所示。注意图表 10.5、图表 10.6、图表 10.7 中"等第到百分比"的转换可用来作为样例。我们鼓励你和同事合作来设计,可以符合你们期望的转换表。这些转换表可以成为你和学生,以及家长分享的预设标准,并可以帮助他们理解每个总结性评价中的数字,是如何用来计算最终成绩的。

为了能够恰当地制定并持续地应用它,很显然,这个可靠的水平等级要准确地反映学生的学业成就,并且这种转换需要保持前后一致。这要求每位教师要充分掌握量规中体现质量水平的知识,并且与其他教师一起准确和一致地去评分。

图表 10.6

平均分形式的逻辑换算表

如果学生的得分形式是:	逻辑等第是	逻辑百分比是
至少 50% 的得分是 4 分,且不超过 5% 的得分低于 3 分	A	95%
75% 的得分是 3 分或更佳,且不超过 5% 的得分低于 2 分	B	85%
40% 的得分是 2 分或更佳,且不超过 5% 的得分低于 2 分	C	75%
40% 的得分是 2 分或更佳,且不超过 50% 的得分低于 2 分	D	65%
超过 50% 的得分低于 2 分	F	55%

图表 10.7

4 级量规中等第到百分比的换算表

量规平均分	逻辑等第转换	逻辑百分比转换
3.9—4.0	A+	99%
3.7—3.8	A	95%
3.5—3.6	A−	91%
3.3—3.4	B+	88%
3.1—3.2	B	85%
2.9—3.0	B−	81%
2.7—2.8	C+	78%
2.5—2.6	C	75%
2.3—2.4	C−	71%
2.1—2.2	D+	68%
1.9—2.0	D	65%
1.7—1.8	D−	61%
1.5—1.6	F	55%
1.3—1.4	F	48%
1.0—1.2	F	40%

整合量规得分和其他评价信息以获得最终成绩

为了阐述这简单易懂的四步过程,我们会使用一个学生——德斯蒙德(Desmond)的得分。

步骤1: 使用你已经创建的逻辑转换表,将量规得分转换为一个逻辑百分比。我们可以说,你已经将德斯蒙德的量规得分转换好了,他的逻辑百分比是85%。

步骤2: 对于"无量规"部分的分数,请计算你的最终百分比,以代表其他来源的评价信息。我们可以说你进行了几次选择题测试,每一次产生了一个百分比的正确分数。你已经使用最适合数据的集中量数,将这些百分比整合在了一起,因此德斯蒙德的最终得分是93%。

步骤3: 决定量规百分比(来自步骤1)是否会和无量规百分比(来自步骤2)有相同的权重。是更多还是更少?设定一个恰当的权重因子。假定在德斯蒙德的班上,你想要量规百分比是无量规百分比的两倍,那么量规百分比的权重因子就是2。

步骤4: 使用权重因子整合量规百分比和无量规百分比。整合权重百分比来计算最终平均分。在德斯蒙德的案例中,它看起来会是这样:(我们会加85两次因为它算2倍。)

$$85\% + 85\% + 93\% = 263\%$$
$$263\% \div 3 = 88\%$$

整合后德斯蒙德的最终得分是88%。

图表10.8总结了将量规得分转换为等第的建议。

图表10.8

将量规得分转换为等第的建议

1. 要不是万不得已,绝对不要将量规得分转换为字母等第。每个得分点相关的描述对学生的成就水平有更清晰的图景。
2. 使用一个决定规则(decision rule)将一套量规得分转换为最终等第。看一下量规,并决定上面哪个水平描述了"优秀作业"、"良好作业"、"合格作业"以及"糟糕作业",然后为整合量规得分提出决定规则。
3. 用最新的证据代替过时的证据。然而,要记住你仍然需要足够大的作业样本,来为学业成就水平提供可靠的估算。
4. 谨慎地将量规得分与百分比信息整合,以获得一个最终的等第。决定等第中百分比和得分部分的权重是多少。直接使用这些权重整合成字母等第,或使用决定规则将得出的量规分数转换成百分比,然后用你的权重方案整合百分比与其他的百分比信息。

报告最终成绩

在报告卡上呈现最终的百分比得分，有利于保留关于该学生学业成就水平的一些细节性信息。但是，大多数学区要求教师将学业成就的最终得分，转换为一个字母、数字或一份能力量表。

临界值的标准在学区与学区之间、学校与学校之间，有时候教师与教师之间都不尽相同。在一些地方 A 的范围可能是 94%—100%，而在其他地方可能是 89%—100%。

尽管这些差异无法被排除，但我们可以承认它们缺乏精确度，并动手来确保我们自己组织的一致性。用常规术语与家长交流我们成绩单上，每个符号所代表的学业成就水平也很重要。示例 10.1 展示了一个将百分比转换为字母等第的通用规则。你应该建立一个意见一致的转换规则，让所有教师在将总结性数字，转换为你成绩单中的符号时保持一致。

与学习目标保持关联

除此之外，在你考虑报告时要牢记整体的交流情况。我们从说明一套以清晰学习目标为形式的成就期望开始。也就是明确说明你需要的，以及想要交流的内容。然后，我们仔细将这些标准转换为高质量的评价，以便能告知你每个学生掌握每条标准的程度。我们建议根据学习目标保存学业成就记录。最后，我们讨论总结各个评价的学习证据，以判定总结性分数。但是，那个总结性分数并不仅仅是分数的总结。它也是学生掌握你评价中反映的潜在标准的总结。出于这个原因以及考虑到记录的保存，我们强烈推荐，不论你什么时候报告成绩，报告都要带有这些标准的清单，并显示该成绩背后接受者所掌握，或还未掌握的那些标准。这种成绩报告的过程，从学习期望到学业成就的整个循环都非常具体。

10.1

将百分比转换为字母等第的规则	示例
A + = 97% - 100%　　　C = 73% - 76% A = 93% - 96%　　　　 C - = 70% - 72% A - = 90% - 92%　　　　D + = 67% - 69% B + = 87% - 89%　　　　D = 63% - 66% B = 83% - 86%　　　　 D - = 60% - 62% B - = 80% - 82%　　　　F = 59% 及以下 C + = 77% - 79%	

常见问题 10.4

基于能力的评分

问题：

我们使用基于能力的评分，而且我们给每份作业标记出能力水平。这是我们在记录簿中保存的数据。我们该如何计算水平的平均值以得出一个总体水平？

回答：

考虑保存原始得分或百分比，而不是每份作业的能力水平。为成绩单创建转换表，并且其将原始得分或百分比转换为能力水平。

为成绩单制定评分规则，并将能力水平的等级转换为一个"超级能力"水平的等级，从准确性方面来说，这是有问题的。原因如下：当你为每一份作为总结报告的证据评定能力水平时，你是在对每一份证据做出一个主观的，也许是武断的解释。即便你的判断是一致的，基于一个样本对能力水平的判断，也可能导致不准确的结论。相反，我们建议通过作业集来判断能力水平，因为这样的决定会得益于一个巨大的样本容量。

慎重为特殊需要的学生做出调整

在基于标准的学校中，我们的部分责任与挑战在于，让所有的学生接触恰当、严谨的课程。我们如何确定有特殊需要的学生的最终等第，应该反映他们在个别化教学计划（IEP）中，所规定的标准方面的个人进步情况。（Munk & Bursuck, 2003）。对这些学生而言，正如和所有学生一起，我们需要使最终等第有标准可循，并让等第显示出已达到的学业水平与个别化教育计划中，记录的学习目标相关。这种情况下，成绩单成绩应该伴随着一些叙述性描写，或能针对个别化教育计划目标的学生进展，进行清晰交流的评分系统（O'Conner, 2002）。当这样调整过的学习目标成为评分的基础时，要确保各方都清楚这种情况，并把它纳入到个别化教学计划中。并且，如果那些目标在个别化教育计划中，事先进行了明确，则有特殊需求的学生，也可以获得与同一教室中其他学生不同的学习目标。我们必须要确保每个人都明白，要么学习目标已经被调整过，要么个别化教育计划中的专门评分计划正在被应用（Brookhart, 2004）。

用额外证据决定边界

当学生的成绩总分刚好处于两个等第的边界时，我们建议，决定该怎么做，不要基于，诸如努力程度之类的非成就因素的考虑，而是基于附加的学习证据。一些教师保留着反映重要学习的某次评价或作业，就是为了应对这种情况。然而，另一些教师可能回顾以前的记录，以决定学生在某些最重要的评价中的表现程度。还有一些教师则提供额外的学分，为学习提供额外的证据。但无论如何，你必须将自己的判断建立在你所拥有的最新学习证据的基础上。

> **常见问题 10.5**
>
> **天赋**
>
> **问题：**
>
> 那么天赋呢？如果一个学生无法完成本年级水平的作业，但我们无论如何还是给他布置了，我们是否应该调整评分量表，以考虑我们对学生能力下降的估计？相反如果布置的作业对某个学生的能力而言太过简单，我们是否应该降低分数来反映作业质量和学生实际能力之间的差异？
>
> **回答：**
>
> 奇泽克、菲茨杰拉德和拉霍尔(Cizek, Fitzgerald & Rachor, 1996)曾报告，51%的教师将能力因素计入他们的成绩。尽管这是普遍行为，但回答仍应该是否定的，原因有以下两个：
>
> 首先，在心理学和测量学领域，智力的构成和如何测量它存在很大的争议。在课堂中，我们不具备能让我们准确地判断智力水平所需的资料和测验。如果我们根据对学生能力不准确的判断来行动，可能对他们造成很大的伤害。但事实上，我们并不是根据智力证据来决定学生的教学需要。与之相反，我们将学生过去表现的证据作为指南，用它来决定哪些学习目标最适合一个特定的学生。然后，如果需要的话，我们调整目标，从而让学生得到适合他难度水平的作业。作为决定学生最适合的学习目标的指南，如果我们仅仅调整评分量表，我们掩盖的不仅是学生成就的真实水平，还有我们应该引起重视的学习问题。
>
> 其次，不为天赋调整评分量表的第二原因是，它混淆了等级的意义。就像努力一样，当一位教师仅仅根据学业成就数据之外的其他信息，提高或降低分数时，分数就变得不具有解释性。它不能独立作为学生学习的交流信息。

让学生参与

在评分期间的任何时候，请确保学生知道他们如何将当前的成就水平与他们期望掌握的标准相比较。

每当学生认为他们的表现低于他们想要的学业成就记录时，要提供机会让他们更加努力地学习，并提供更多的学习内容，然后再次对他们进行评价。当问题中的材料作为后续学习的先备知识时，这是尤为至关重要的。如果目标是将所有学生带到掌握标准的恰当水平，任何我们能使学生不断学习，并想获得成功的事情都是值得做的。

形成准确、公正和可靠的成绩单：6 个步骤

为了把评分指导原则付诸实践，并达到准确、公正的成绩分数，我们建议如下 6 个步骤（如图表 10.9 中所示）：

图表 10.9

报告卡评分步骤

1. 创建季度内你要评价的学习目标清单。
2. 为总结性和形成性活动制定评价计划。
3. 设计、选择并/或调整评价。
4. 记录你提供的评价中的信息。
5. 将学业成就信息转化为一个分数。
6. 将总分转为成绩单中的一个符号。

步骤 1：从学习目标入手，制定评价计划。把你要评价的内容根据这一季度的评分目标列一张清单，如第 9 章中所述。

步骤 2：制定包含每个学习单元总结性和形成性评价事件的评价计划，如第 9 章中所述。

步骤 3：无论是在教学之前还是在教学过程中，只要开展教学，就设计、选择并调整评价。检验评价质量，使用第 5 章到第 8 章中解释的程序。

步骤 4：记录你提供的评价中的信息。根据它们代表的学习目标记录得分。如果可能，保留原始得分，如第 9 章中所述。将量规得分原封不动地保存在记录簿中，如本章中所释。

步骤 5：将学业成就信息转化为一个得分。为每个学习目标从最新的信息中筛选一个有代表性的样例。将每个得分转换为一份通用量表，给任何需要权重的得分乘上权重因子，然后运用合适的集中量数获得一个总结性分数。

步骤 6：将总分转化为你成绩单中使用的符号，使用预设的标准参照，而不是常模参照的标准。

评估评分实践的量规

图表 10.10 给出了一个评价量规，它将之前的每条建议作为一种连续性的行为表现，你可以用它来思考自己的评价理念和实践。此外，本章末的活动 10.5，提供了使用它来检验你自己的评分实践的一些说明。

评估评分实践的量规

标准	精通	发展	起步
1. 组织记录簿	根据成绩单的各条目（项）来组织分数。 根据所代表的学习来记录分数。 能区分总结性和形成性数据。 用原始分数或百分比来录入总结性数据。 以数字或符号来输入形成性数据，并且它们代表的含义符合自己想要使用的目的。	根据成绩单的条目来组织分数。 根据作业来记录分数。 能区分总结性和形成性数据。 有些总结性数据是以原始分数或百分比来录入，但另外一些是以符号来录入。 形成性数据是以数字或符号来录入，但有些可能没有表达它们所代表的含义。	没有根据成绩单的条目来组织分数，即便成绩单要求按条目来报告分数。 根据作业来记录分数。 没有区分总结性和形成性数据。 数据是用符号来录入，但这些符号很难解读或难以用于自己想要的使用目的（所要）的。
2. 将学业成就信息和其他因素分开保存	学术成绩仅仅取决于学业成就。 额外的学分作业（如果提供）与学习目标直接相关，并且会评估其质量，仅用于提供额外的学习证据（证明）。 分别追踪诸如迟交作业、缺交作业以及学业不诚信等习惯和行为。 作业被记为"未完成"或"没有足够信息"，而不是记为零分。 提供机会用分数来代替"未完成"的情况，而不是用学业上的一些惩罚。 处于边界的分数是根据额外的学业成就证据来决定。	学术成绩大多数是取决于学业成就，但一个或两个其他因素也可能对成绩产生影响。 额外的学分作业（如果提供）与学习目标直接相关，但也可能会因完成作业而获得学分奖励。 分别追踪诸如迟交作业、缺交作业以及学业不诚信等习惯和行为。 因低分而惩罚学生，但他们也有机会用令人满意的完成的作业替换掉低分。 处于边界的分数是根据额外的学业成就证据和其他因素，例如努力程度的证据来决定。	学术成绩结合了学业成就与其他因素，并且其他因素对成绩有重大影响。 额外学分作业（如果提供）与学习没有直接关系。 没有单独追踪诸如迟交作业、缺交作业以及学业不诚信等习惯和行为。 以绝对低分或零分来惩罚他们。学生没有机会提交或再次提交作业。 处于边界的分数是根据非成就因素来决定。
3. 使用最新的信息	在同一学习目标上用最新的证据来取代先前的证据。 用来计算分数的证据组成有代表性的样本容量。 当后期的总结性数据可使用时，形成性评价信息不计入成绩。	有些时候在同一学习目标上用最新的证据取代过时的证据。 有时最初的证据也包含在内以符合样本容量的要求。 一些练习作业被计入成绩。	记录簿中的所有数据都用于确定一个分数，并且并不考虑辨别或使用最新的信息。 学生的所有作业都被计入最终成绩，并且练习作业的分数与表明成就水平的作业分数未被区分。

图表 10.10（续）

标准	精通	发展	起步
4. 总结信息	记录簿条目在分配权重和整合前已转换为通用量表。分数已分配好权重并恰当地整合以准确地反映学习情况。量规分数与其他数据进行恰当的整合，或使用决定规则将其转换成的一个分数，以准确地描述学业成就水平。用最恰当的集中量数测量方法来得出总分。	记录簿条目在分配权重和整合前已转换为通用量表。一些权重没有根据所代表的学习进行解释。某些类型的决定规则用于将量规分数转换为等第，但是在与其他信息整合中，总分可能没有准确地描述学业成就水平。平均数是唯一用于得出最终成绩的集中量数，即便中位数能提供一个更具代表性的总分。	记录簿条目在分配权重和整合前没有转换为通用量表。权重（如果有）不能代表学习并扭曲了等第。量规分数被记录为等第，并被当作原始得分或被不恰当地转换为百分比。根据感觉，以主观或非正式的方式整合信息，而不是使用集中量数的方法来完成。
5. 确定成绩	代表学业成就数据的总分，通过设计的标准参照的标准（criterion-referenced standards）转化为成绩单上使用的等第或符号。对于如何运用预设的标准以及每个等第或符号的含义都有明确的说明。	代表学业成就数据的总分，通过设计的标准参照的标准（criterion-referenced standards）转化为成绩单上使用的等第或符号。可能缺少充足的信息，来指导将总分准确或一致性地转换为成绩单的等第或符号。	代表学业成就数据的总分绘制在正态分布曲线图上，以确定成绩单的等第。
6. 检验评价质量	检查总结性数据的准确性，不使用不正确或不完整的数据。为那些有特殊需要的学生调整评价，以符合个性化教育计划（IEP）的要求，可以产生准确的信息。	总结性数据的准确性被评价。但一些不准确或不完整数据没有被辨认。试图为有特殊需求的学生调整评价，以符合个性化教育计划（IEP）的要求，但这些评价可能没有被正确地执行。	总结性数据没有经过准确性的评价，或没有理解要查看的内容。没有试图为有特殊需求的学生调整评价，以符合个性化教育计划（IEP）的要求，或者甚至没有意识到个性化教育计划（IEP）的要求。
7. 学生参与	总结性评价信息和成绩单分数没有令学生感到意外。学生有机会在之前评价过的学习目标上展示出更高的学业成就。	总结性评价信息和成绩单的分数令一些学生感到意外。学生有限的机会在之前评价过的学习目标上展示出更高的成就。	总结性评价信息和成绩单分数令大部分学生感到意外。学生没有机会在之前评价过的学习目标上展示出更高的学业成就。

总结

有时候我们认为，对分数的追求控制了太多学生的生活，而对分数的关注仍然对太多教室里的环境产生了不利影响。然而，一旦给出了分数，我们就必须致力于确保等第在创建时尽可能清晰,并被准确地传达。并且,问题并不在于是否要用分数做些什么,而是我们该用它们怎么去做。本章中的评分建议,反映了我们眼中评分实践看起来是什么样的,即它们应该是准确的,并能够有机会促进学习。

我们也认为在评分中专业判断扮演着重要作用。实际上,在任何评分情境中不可能完全不考虑专业判断。由于每一位教师都会把学生个人的具体知识和他们在实现标准过程中的进步信息,带入他们的评分过程中,因此在决定测试什么内容时,我们需要运用专业判断。本章所提出的建议,它的目的是,使一个本质上主观的评分系统尽可能的客观和可靠。

在整本书中,我们想传达的信息之一是,课堂的力量是拥有课程、教学、评价和报告等一致性的系统。到目前为止,你已经知道这个系统,始于与课程标准相一致且清晰的课程目标。然后,教师向学生澄清这些目标,并把它们转换成准确的评价。在这个过程中,学生参与到自己的评价中,保存自己的学习记录,并交流他们在实现这些目标方面的进展,并且根据学习目标和课程标准,将学生的学习情况记录在案,并整理成册。最后,根据那些相同的课程标准,向家长和学生报告学生的学业成就。

本章主要关注在传统的基于字母或数字的系统中,如何按学科来计算成绩单分数。如果不做要求,通常家长会期望这种报告形式,然而他们也看重,可以通过基于标准的报告形式来提供具体的信息(Guskey, 2002)。我们在这里强调,成绩的目的是交流学生的学业成就。接下来两章会探讨其他的交流形式。在你继续学习的过程中,请牢记基于标准的教育目标:根据学业学习标准来教学、评价、改进和交流学生的学习。如果我们采用使用丰富的、描述性的表现性标准,以提供具体的信息来表明学生达到每个标准的程度,那么,我们就可以在提供各学科领域的成绩上节省时间,并且仍然可以实现我们的目标。在接下来的章节中,我们会提供更多的细节性内容,讨论如何收集和交流它们的信息。并且,如果我们做得很好的话,对我们和学生而言,回报也是相当大的。

活动

本章末提供的活动是为了帮助你掌握本章的学习目标。它们的设计是为了加深你对本章内容的理解,并为合作学习提供讨论的话题,以及指导你实施本章节中所教的练习活动。

完成每个活动所需的表格和材料可参见光盘中的可编辑文档。光盘中的文档以这个符号 为标志。

第 10 章的学习目标

学完本章后,你将知道如何做到以下几点内容:
1. 能辨别使用分数进行有效交流时所带来的特别挑战。
2. 能遵循一系列有效的评分指南。
3. 能将一段时间以来收集的证据转化为一个有意义的成绩。
4. 能将量规得分转换为等第。
5. 能使用"合理的评分实践量规"评估,并改进你自己的评分实践。

活动 10.1　坚持写反思日志
活动 10.2　开发分数以外的其他解决方案
活动 10.3　分析你的评分过程使用的步骤
活动 10.4　重新审视你如何将量规分数转换为等第
活动 10.5　评估你的评分实践
活动 10.6　反思你自己的学习
活动 10.7　选择档案袋作品

活动 10.1

坚持写反思日记

在阅读第 10 章时,坚持记录你的想法、问题和尝试实施的任何活动。

反思日记表

活动 10.2

开发分数以外的其他解决方案

阅读"三条评分指南"一节中对每条评分指南的描述后,回到第9章并再次阅读"评分指南2:单独追踪关于"学习习惯和社会技能的信息"一节。与一名同伴或和你的团队合作开展以下活动。

1. 选择一个关注的问题:缺交作业、迟交作业、作弊或出勤率。
2. 列出针对问题你们学校目前采取的干预措施与后果。
3. 找出哪些后果会(如果有)涉及到降低分数。
4. 如果你要消除"降低分数"所给学生带来的不良后果,你还会采用什么其他后果来阻止学生不再重复这种不良行为。你们会建立怎样的支持系统来帮助有这类问题的学生呢?请与一名同伴或一个团队进行讨论。(你们可能也想要参考奥康纳[O'Conner,2011]的解决办法1、2、4和5)
5. 起草一份能反映问题的解决方案而不是降低分数的课堂规则。
6. 如果你制定的规则允许的话,将你草拟的规则介绍给学生。
7. 通过非正式或正式的方式,追踪你认为是新的课堂规则所引起的学生行为的一些变化。
8. 与一名同伴或一个团队分享你的观察结果。

◎ 开发分数以外的其他解决方案

活动 10.3

分析你的评分过程使用的步骤

阅读"形成准确、公正和可靠的成绩单:6个步骤"一节后,独立工作,或是与一名同伴或一个团队合作来完成以下活动。

1. 假设这是评分阶段的开始——你正准备将X周的成绩送回家。现在,你的记录簿是空白的。从没有数据到一个最终成绩,你常采用什么步骤?请列出你评分过程中的步骤。
2. 标记每一个步骤来显示你对它的满意水平:
   + = 做得不错;
   > = 可以改进;
   ♯ = 需要更多努力或不确定该做什么。
3. 将你的评分过程和图表10.9中描述的评分步骤进行比较,并思考你的评分过程在哪里和它是一致的?在哪里存在分歧?
4. 根据需要修正你的评分过程。
5. 在下一个评分阶段再使用它,并持续追踪它的使用效果。
6. 和一名同伴或一个团队分享你对这些变化所产生的影响的观察。

◎ 分析你评分过程中的步骤　　◎ 比较成绩单评分的步骤

活动 10.4

重新审视你如何将量规分数转换为等第

阅读"将量规得分转换为等第"一节后,独立工作,或是与一名同伴或你的团队合作完成以下活动。

1. 决定你是要使用平均分(average ratings)还是得分模式(pattern of ratings)来判定成绩。
2. 如果你正在使用平均分的得分过程,请遵循"平均分"一节的说明。
3. 如果你正在使用得分模式的过程,遵循"得分模式"一节的说明。
4. 与一名同伴或一个团队讨论以下问题:这个得分过程与你过去使用的那个相比有何不同?使用你选择的得分过程,在将量规得分转换为等第时,有哪些优势?你会更想尝试另一种得分过程吗?

 无

活动 10.5

评估你的评分实践

回顾"评估评分实践的量规"(图表 10.10)。独立工作,或是与一名同伴或你的团队合作完成以下活动。你将需要你的记录簿或使用你的电子成绩单。

1. 使用量规对照 7 条标准的每一项来评价你的实践。你可以在评估表上记录你的判断,或突出强调量规中每条标准最接近你评分实践描述的词句。
2. 与一名同伴或一个学习团队讨论量规和你的自我评价。如果有,你会想要在评估的基础上做出什么改变?你最优先考虑的调整可能是什么?什么事情可能很难做到?如果有,哪些是最先需要做出的改变?

◎ 评估评分实践的量规   ◎ 汇报你对评分实践的评估
◎ 评分实践的评估表

活动 10.6

反思你自己的学习

回顾第 10 章的学习目标,选择一个或更多能代表你新的学习或最让你印象深刻的目标。如果你正独立工作,写一段能够反映你当前理解的简短反思。如果你正与一名同伴或一个团队合作,可以和他们讨论你写下的内容,或以此引发小组会议中的讨论。

◎ 反思第 10 章的学习

活动 10.7

选择档案袋作品

本章中的任何活动都可以作为档案袋的条目。选择任何你已经完成的活动或创造的作品,以展示你在第 10 章中学习目标上的能力。
1. 能辨别使用等第进行有效交流时所带来的特别挑战。
2. 能遵循一系列有效的评分指南。
3. 能将一段时间以来收集的证据转化为一个有意义的成绩。
4. 能将量规得分转换为等第。
5. 能使用"合理的评分实践量规"评估,并改进你自己的评分实践。

如果你正在坚持写反思日记,可能想将第 10 章的条目纳入你的档案袋中。

◎ 第 10 章档案袋条目封面页

第 11 章

档案袋评价

> 我们需要比一堆分数更强有力的证据,来讲述学生学业成就的全部故事,以及他们通向能力的旅程。更重要的是,学生也是如此。

　　档案袋的核心目的是捕捉和传递学生学习的深度。一个档案袋(portfolio)是一些作品的集合,它将这些作品放在一起来讲述一个完整的故事。我们经常把档案袋和艺术家们联系在一起,因为他们将它用于直观地展示自己的才华、风格和作品的范围;或者把档案袋和作家联系在一起,因为他们也会把自己的作品编辑成一个集子,用以表明自己的写作才能。但不管怎样,档案袋的内容都是经过了精心的筛选,以具体详细地说明他们作品的特点和质量。

　　除了作为丰富的信息来源的潜力外,档案袋还可以在课堂的学习中发挥重要作用。很多时候,收集、解读、分享档案袋内容的责任落在了教师身上,然而,当档案袋的主体——学生——不是它的创作者(制作者)时,我们会忽视一个很好的学习机会。收集、组织和反思自己的作品,可以帮助学生理解自己作为一名学习者的角色,并培养一种成就感。成为反思型学习者建立内部反馈回路,学会制定目标,并注意新的能力和新的挑战,这些都是我们可以通过使用档案袋在学生身上培养的思维习惯。

　　档案袋可以讲述许多不同的故事。有效和高效地使用档案袋的关键,在于知道你想讲什么故事,并最大限度地发挥学生的作用,以及管理好相应的变量。在本章中,我们将探讨目前常用的档案袋类型和每种类型档案袋的使用目的,以及每位学生和教师在准备档案袋,分享选择方法和成功使用它们的关键等方面所扮演的角色。

　　第 11 章讨论了图表 11.1 中的阴影部分。图表 11.2 总结了我们会讨论的档案袋决定。

第 11 章学习目标

学完本章后,你将了解到以下内容:

- 筛选最适合你的情境所需要的档案袋类型。
- 确定学习目标,并作为档案袋的重点。
- 让学生参与选择要放入档案袋中的作品。
- 让学生对条目进行注解,并反思档案袋中的内容。
- 计划分享的可选项。
- 管理这个过程,并最大程度地减少混乱。

图表 11.1

优质课堂评价的关键要素

关键要素1：明确的目的
谁将使用这些信息？
他们将如何使用这些信息？
他们需要什么样的信息？
并且需要详细到什么程度？

关键要素2：清晰的目标
学习目标对教师而言清晰吗？
哪种学业成就将被评价？
这些学习目标是教学的重点吗？

关键要素3：合理的设计
评价方法和学习目标匹配吗？
选取的样本能恰当地代表学习吗？
题目、任务和评分量规质量很高吗？
评价能够控制偏差吗？

关键要素4：有效的交流
评价的结果能够被用来指导教学吗？
形成性评价能被用作有效的反馈吗？
学业成就能追踪到学习目标并根据标准报告结果吗？
成绩能准确地交流学业成就吗？

关键要素5：学生的参与
评价能满足学生的信息需求吗？
学生清楚学习目标吗？
学生会利用评价得来的信息进行自我评价以及设定目标吗？
学生追踪和交流他们的学习进度吗？

图表 11.2

档案袋的决策流程

1. 我们要制作哪种档案袋？我们想要讲述什么故事？
2. 我们的档案袋关注哪些学习目标？
3. 根据目的和目标，我们会包括哪些证据？我们把这些证据包括在内的原则是什么？我们将如何确保学生作业的样例具有代表性？
4. 学生在每一份作品上会做哪些注解？
5. 学生对整体内容会有怎样的反思？
6. 我们会在什么时间，并与谁分享我们的档案袋？
7. 我们会如何组织这些材料？

档案袋的类型：关注目的

作为一个证据集，档案袋本身只是一个组织工具。在艺术家、作者或你自己的评价档案袋中的作品（单个的东西），需要的不仅仅是在文件夹中找一个地方把它们放在一起。和其他所有的故事一样，档案袋中的故事也需要一个主题来引导档案袋中材料的选择。

档案袋的目的本质上就是它要讲述的故事的主题。在本节中，我们将探讨档案袋的五种目的：成长、项目、成就、能力和成果（图表11.3）。在选择了最适合想要使用的目的后，你就可以对要选择的物件、要包含的学生注解，以及与他人分享内容的方式做出合乎逻辑的决定。

成长档案袋（Growth Portfolios）

成长档案袋显示了学生在一个或多个学习目标上，掌握能力的进步情况，并且它们记录了学生不断提高的学业成就水平。学生在两个或两个以上的时间点上选择与给定学习目标的相关证据，并且他们的注解解释了每件作品所代表的学业成就水平。每项入选的作品，可能代表了一个时间点上，或典型作业中最好的作业。抽样的困难在于，确保所选的样例的确代表了最好或最典型的作业，而不是不恰当用来判断成长的作业（例如，选择一篇最初较差的作品，代表了那时学生真实的最低程度的成就水平）。学生撰写自我反思来总结自己的成长经历："这是我目前取得的进展，这是我所知道，现在能够做到，而之前我是做不到的。"或者是"我过去常常……，但我现在……"

项目档案袋（Project Portfolios）

顾名思义，项目档案袋专注个人的项目作业。它们的目的是记录所采取的步骤，通常是为了表明在完成最终产品的过程中，已经圆满地完成了中间步骤。有时候它们的目的是展现能力，比如写作能力和科学探究能力。此外，它们也可以记录其他内容，如时间管理能力。

选择作为证据放入档案袋中的东西要适合记录的项目。以研究论文为例，学生可以展示他们，从最初的问题到最终成果的作业进步，包括那些最能说明作业的主要步骤的证据。每一份均附有解释，说明它打算展示什么步骤，以及它是如何做到的。学生可以写一篇全面的"过程论文"，或者对每件东西加以注解。但不管是哪种情况，如果学生也能写一篇文章，反思自己在完成项目的过程中学到了什么，那么他们就能从这个过程中学到更多的东西，并会更好地记住它。

成就档案袋（Achievement Portfolios）

成就档案袋记录的是一个时间点上学生的学业成就水平。它们由最好和最新的作品构成，并且这些作品都是根据学习目标来组织的。就成就档案袋而言，很重要的一点是要注意选抽样例的数量。因为某些学习目标可能会需要多种类型的样例来说明学生的成就水平,而其他的成就目标可能只需要一个样例。学生的注解是指,每个样例所显示的学习目标和能力水平。这些通常会用作会议时讨论和制定目标的基础。

能力档案袋(Competence Portfolios)

能力档案袋提供证据以支持声称已达到了可接受水平,或堪称典范的学业成就水平。它们有时候采用"熟练度表现"档案袋或"从学校到工作"档案袋。和成就档案袋一样,能力档案袋要求我们也要注意抽样的问题。对于学生的成功而言,至关重要的是提前确定所需要证据的数量,以支持所针对的每个学习目标的能力。我们想要表明,学生已经维持了很高的学业成就水平,而且这并不是偶然的结果。

图表 11.3

档案袋类型

档案袋类型	目的	收集的作品
成长档案袋	展示在一个或多个学习目标上的进展	学习前、学习中以及学习后的作品
项目档案袋	记录一个项目的开展轨迹	在作品和表现创作过程中的所有作品草稿
成就档案袋	展示一系列学习目标的当前成就水平	包含有代表性成就样例的作品
能力档案袋	提供在一个或更多领域已获得能力的证据	代表最高学业成就水平的作品
成果档案袋	展示最好的作业或学生最自豪的作品	学生根据作品质量或自己的喜好进行选择。

Source: Reprinted from *Seven Strategies of Assessment for Learning* (p. 157), by J. Chappuis, 2009, Upper Saddle River, NJ: Pearson Education. Reprinted by permission.

成果档案袋(Celebration Porfolios)*

成果档案袋给学生提供了机会来决定,他们最引以为荣的成功或成就。这种情况下,学生决定放入什么内容和为什么要放入这些,并且抽样也并不是问题。小学教师选择的成果可能更加开放,——"你引以为豪的任何东西",或更加聚焦——"你的科学作品"或"表明你是一位读者的东西"。中学教师使用的成果档案袋普遍聚焦于他们所教的学科上。

工作文件夹(Working Folders)

工作文件夹并不是档案袋。它们用作存放箱,有时候用于储存和项目相关的所有纸张,有时候作为构想的"苗床",有时候作为进展中的作品的收藏,而有时候还作为未完成作品的收藏。工作文件夹通常用于审查可能会纳入档案袋的作品,以及收集所有可能用于选择的手工制品。可以从一个单独的工作文件夹中,开发出用于多个目的的档案袋。同样,同一份学生作品也可以被选入具有不同目的的档案袋中。

---

* 也有学者译为祝贺档案袋,参见华东师范大学出版社 2019 年版《学习评价7策略》199 页(Jan. Chappuis 著,刘晓陵译)。——译者注

档案袋内容：聚焦学习目标

什么内容会进入档案袋呢？是一个学生所有的作业吗？仅仅是最好的作业吗？是"之前"和"之后"的样例吗？是学生筛选的任何内容吗？筛选作品首先要根据目的来进行。如我们在前文所见，不同的档案袋需要用不同的作品来讲述它们的故事。

尽管档案袋天然有助于表现性评价中创造的作品，但我们并不局限于哪一种评价手段产生的证据。五种学习目标——知识、推理、技能、成果和情感——都能成为档案袋收集证据的焦点。因此，所有的评价和作业形式，无论是形成性的还是总结性的，都可以被包含进来，只要它符合档案袋的预期目的。

档案袋的内容可以反映单一的学习目标、一系列的学习目标或所有的学习目标。同时，它们也可以反映跨学科领域的学习目标。例如，一个初中档案袋项目，可能要求学生说明自己在英语、社会研究以及科学的研究技能方面的成就。

作品的选择

档案袋中的作品不应该仅仅包括一些指令的证据，就像学生接收到的唯一指令是，收集三个"九月的样例"、三个"十月的样例"和三个"十一月的样例"。它们必须旨在讲述一个有关具体的、预期的学习故事。这一点看起来似乎很简单，但它有强调的重点：预先清楚地确定档案袋想要交流的学习目标。不要跳过这个步骤。许多常见的档案袋问题可以在这里完全避免。你确定了档案袋的目的（来记录项目工作、成长、成就、能力或成果），并且现在你还必须清楚：项目、成长、成就、能力或成果所关注的学习目标是什么。

比方说你的学生要收集一份项目档案袋。项目包括一项任务：设计并实施一项科学调查，并记录工作和结果，最后准备一份书面报告。这个项目的核心学习目标是什么？档案袋会记录他在哪些方面的学习情况？你可能会关注学习目标"设计并实施一项科学调查"。所以你可能会选择让学生记录他们的调查步骤。因此，他们将收集的作品应该展示，他们是如何形成问题的，他们如何提出调查设计的，他们在每一步都做了什么，他们解释日期背后的想法，以及他们在做出解释时所考虑的办法。这份清单听起来像是可以通过一篇书面报告来完成——它包括了问题、对调查的描述、数据展示以及结论。作品集合和书面报告的区别在于：档案袋内容是用来阐明科学调查步骤背后的理念，而不仅仅是记录它们是如何完成的。这种档案袋的目标不是展示学生完成了每个步骤（报告可以做到），而是要表明他们对每个步骤都进行了认真的思考和实施。

对于适合每一种档案袋的作品类型的建议，已在前文中提供，也总结在图表11.3中。

单个作品的评价 对成长、成就以及能力档案袋而言，在筛选之前或筛选过程中，作品应该由教师或学生进行形成性或总结性的评价。一项没有附加任何评价形式的证据，在说明成长、成就或能力方面的作用是有限的。通常这样的作品之前已经评价过了；或者在其他时候，注解发挥了评价的作用。

对项目档案袋而言,作品不需要评价。注解和反馈发挥了评价的作用:"我选择它来阐释……"如果学生写了一篇论文来反思整个过程,你可能希望对其进行评价。只要确保评价标准基于第 7 章所述的学习目标就可以了。

对成果档案袋而言,几乎任何内容都可以放进去。它们的价值在于,学生正在创建他们自己筛选作品的标准。他们的注解和反馈,成为完成此类档案袋目的所需的唯一评价。

抽样。抽样是成就档案袋和能力档案袋的一个重要问题。例如,如果档案袋的目的是,在学生主导的讨论会上展示他们的成就水平,而目标是解决数学问题,那么我们就必须考虑,有多少证据才足以显示其成就水平。需要将多少种、多少件作品纳入档案袋中呢?为了确保我们对学生解决问题能力,所做的任何推断都是准确的,我们可能需要从不同的内容标准中选取 10 个样例,并且一些样例可能包含了在现实生活中的实际应用。因此,为了确保学生选择足够广泛的准确信息样本,以便与父母分享,我们可以明确指定必须包含的题目的数量和类型,以及代表哪些学习目标。一如往常,样本容量取决于预期用途和所关注成就的学习目标类型。

由谁决定? 通常由教师决定档案袋的类型。根据学生年龄和档案袋的类型,教师或学生(或两者)都将选择要说明的目标。当抽样成为考虑的因素时,教师往往会起草一份指导原则来确保筛选出了足够多的作品。然而,选择作品应尽可能在学生的控制范围内。

当学生参与收集档案袋,反思证据所说的内容并准备分享时,他们会在过程中和结果上,投入更多的精力。邀请学生一起决定把什么内容纳入档案袋中,给了他们一个机会来学会思考,在所给情境下什么组成了证据。帮助他们思考将要做出选择的标准——你可能还想让他们参与到你对学习目的和学习目标所做的同样的思考中。只要你的学生能够做到这一点(即使是年轻的学生也能完成很多工作),那么就把大部分工作交给学生,因为毕竟学生才是学习的主人。图表 11.4 总结了教师和学生可以针对每种档案袋所做的各种决定的程度。

教师通常决定使用哪种档案袋。其余的决定要么是教师,要么是学生,要么两者共同做出。

图表 11.4

谁决定?

决定	项目	成长	成就	能力	成果
学习目标	教师或师生	教师或师生	教师或师生	教师	学生或师生
条目的数量和类型	学生或师生	教师或师生	教师或师生	教师或师生	学生
作品筛选	学生或师生	学生或师生	学生或师生	学生或师生	学生
注解类型	教师或师生	教师或师生	教师或师生	教师或师生	学生或师生
反思类型	教师或师生	教师或师生	教师或师生	教师或师生	教师或师生
受众	教师或学生	教师或师生	教师或师生	教师或师生	教师或师生

作品样例的注解

如果一份档案袋的内容仅仅包含了学生的一些作业,那么不论是由谁收集的,它都不能有效地发挥交流,或促进学生学习的作用。对学生、家长和教师来说,这会是一种很尴尬的经历:在讨论会上,学生打开了文件夹,然后说"这是我的社会研究作业"。但我们除了翻阅一下这些作业、项目和测试之外,别无其他用处。学生需要更多的思考,才能让故事栩栩如生,并成为提高学业成就的催化剂。

作品样例的注解是学生或教师针对选入档案袋中的每个证据所做的评论。一般来说,他们在一定程度上将作品与预期的学习相联系。创作这些评论有助于档案袋的创建者,明确他们为什么选择了每一件作品,以及它表明了什么。它们也帮助档案袋的创建者,知道要注意什么;如果对所纳入的每一件作品,进行某种形式的解释,那么受众很可能不会将学习与之联系起来。如果学生在筛选他们的作品时,准备了这样的注解,那么到了要和其他人分享他们的档案袋时,紧张感和其他干扰将不会导致他们忘记这个具体的条目,是如何展示其学习的。

一种非结构的注解形式是"停顿和思考"注解。学生以开放的方式用作业样例来反思他们正在学习的内容,例如:

- 为什么学习对他们很重要;
- 他们作为学习者注意到的一些东西;
- 他们从做作业中学到的一个关键点。

注解还可以采用每件作品所代表的学习目标的陈述形式,以及对这个作品如何展示成就的解释。("我能概括故事。我已经涵盖了最重要的事件和主要人物。我遗漏了细节。我把事情安排得井井有条,并使用了自己的话。")

另一种注解形式是,学生根据既定的标准进行自我评价。对成长档案袋和成就档案袋来说,学生指出符合标准中语句的作品的特点,并概括出质量的水平、优势和有待改进的地方。对能力档案袋来说,学生说明为什么一件特定的作品构成了能力(熟练程度)的证明,并展示了它如何达到既定的标准。("这件作品是_____标准中_____水平的例子,因为_____。")

通常注解写在封面页上。示例11.1显示了档案袋封面页的两个版本。

学生的自我反思

档案袋也为学生提供了自我反思的机会。让学生反思档案袋作为一个整体,对他们意味着什么,是非常吸引人的。但是,如果我们止步于此,我们就会在获得短暂的学习进步之后停滞不前。

自我反思与学生对每件作品的自我评价有些不同。通过自我反思,学生可以重新审视自己的经历,回顾一系列的证据,陈述自己学到了什么,他们是如何学会的,哪些是有效的,以及哪些是无效的(Chappuis, 2009, p.159)。虽然成功的自我反思起初看起来是偶然的,但如果我们允许学生把自己当作学习者,并为他们提供机会,让他们更深地了解学习对他们的意义,我们就可以培养他们超出目标范围的学习能力。当他们筛选并注解完作品时,他们就已经获得了对自身的洞察力。因为洞察力需要时间来思考以及反思一些事情,而这正是档案袋过程的这一部分所提供的。

如果学生在开放式学习之前没有进行反思性思考,那么作为学习者"我是谁",就需要准备好花一点时间来练习。图表11.5提供了激发自我反思的一些提示。请选择一项,或创建你自己的自我反思,解释任务,提供示范并让学生讨论,然后给他们时间来尝试。让志愿者分享他们的自我反思,并问他们这样做教会了他们什么。等他们知道了这种思考的要求后,自我反思会成为一项很好的家庭作业,特别是学生在写作前、写作中和写作后,与他们的父母讨论自己的想法时。

11.1 档案袋条目封面页 —— 示例

（表格 A）

日期：_____ 所选作品的标题：_____
所选作品强调的学习目标：

所选作品说明了我学习的什么内容：

我为什么选择这件作品：

（表格 B）

日期：_____ 作业名称：_____
这显示了我擅长/已经学会了/知道如何做什么内容：

这显示了我需要努力的内容：

Source: Reprinted from *Seven Strategies of Assessment for Learning* (pp. 246 & 247), by J. Chappuis, 2009, Upper Saddle River, NJ: Pearson Education. Reprinted by permission.

图表 11.5

激发学生自我反思的提示问题

反思……	提示
成长	我已经变得更擅长_____。我过去常常_____,但现在我_____。 我通过_____已经发展出了对_____更好的理解。 作为一名学习者,什么对我有帮助? 作为一名学习者,我从中学到了什么? 作为一名学习者,什么阻碍了我? 作为一名学习者,什么事情对我来说有困难? 过去比较有困难的事情,但现在变得更容易了?这是如何发生的/我做了什么使它发生的? 我的下一个问题是什么? 这是我学习的"之前"和"之后"的证明。
项目	在实施这个项目时作为一名学习者,我对自己有哪些了解? 我发展了什么技能?我希望通过这个项目发展什么技能? 我最喜欢/最不喜欢这个项目的什么内容?为什么? 完成这个项目后,我对_____的看法有何改变? 实施这个项目对我在_____上的兴趣有什么重大影响?
成就	我学会了什么?我是如何学会的? 我掌握了哪些学习目标? 我(在这门学科中/在这些学习目标上)的优势是什么? 我还需要做些什么? 我还没有掌握的学习目标是什么? 对于我所做的,我会改变什么?
能力	做_____教会我作为一名学习者:_____。 我的证据表明我已经掌握了哪些内容?它是如何表明的?
成果	我最自豪/开心的事情是什么? 我最喜欢做什么? 我的档案袋对我进行了哪些描述? 整合这个档案袋对我的兴趣、态度以及对_____(内容或过程)的看法有什么重大影响?

Source:Adapted from *Seven Strategies of Assessment for Learning*(pp. 159 – 166),by J. Chappuis,2009,Upper Saddle River,NJ:Pearson Education,Adapted by permission.

设定目标

建立"我能做到"的学习思维模式的一个好策略:让学生向自己和其他人展示他们正在完成的目标。在设定目标的一种形式中,学生对每一件作品的注解,包含需要努力的领域或学习目标,以及基于作品优点和弱点的分析。在另一种形式中,学生在回顾了整个档案袋后设定目标。

对学业成就有最大影响的目标是非常具体的——它们能辨别预期的学习、描述现状,并列出行动的计划。图表 11.6 提供了一套创建具体而有挑战性的目标话语,这些目标最有可能促进深入的学习。(有关自我评价、自我反思和设定目标的更深入的研究,请见 Chappuis,2009,Chapter 4 and 7。)

图表 11.6

创建具体而有挑战性的目标

创建具体而有挑战性的目标
具体而有挑战性的目标包括以下关键要素:
关于预期的目标的清晰表述:"我需要变得更擅长什么?"
- 现状描述:"相对于我的目标,我现在在哪里?"
- 行动计划:"我会如何做这个?"
  — 我的行动:"我会采取什么步骤?"
  — 帮助:"我能与谁合作? 我需要什么材料?"
  — 期限:"我什么时候能完成我的目标?"
- 完成的证据:"我将使用什么,作为'之前'和'之后'的证明?"

Source: Reprinted from *Seven Strategies of Assessment for Learning* (p. 124), by J. Chappuis, 2009, Upper Saddle River, NJ: Pearson Education. Reprinted by permission.

分享的受众

我们通过思考档案袋所讲述的故事来判定它的受众。谁会对这个故事感兴趣?档案袋分享的受众包括父母、其他学生、教师、校长、中心办公室工作人员、社区成员、祖父母、朋友、商业机构、评审委员会以及潜在的雇主。并且,学生参与的会议通常依靠档案袋来突出重点和扩大讨论。

档案袋的受众也可以是它的创造者。在收集完你自己的课堂评价档案袋后,你可能是唯一一个看过它的人。如果是这样的话,这么做是不是在浪费时间? 我们并不这么认为。因为,对大多数学生而言,和一位感兴趣的受众分享他们的作品,可以促进额外的学习,并作为学习者深入地了解他们自己,同时也增加了继续学习的动机。如何计划并实施基于档案袋的对话,请见第 12 章的指南。

成功使用档案袋评价的关键因素

我们提供了一些有效实施档案袋的提示问题和建议,它们包括四个指向成功的关键因素:确保证据的准确性、持续地追踪证据、预先投入时间,以及确保档案袋的经历对学生而言具有安全性。

1. 确保证据的准确性

作为思考和交流的工具,档案袋必须和它的内容一样好。每个档案袋必须提供可靠的证据。每个条目也要和所给的作业一样清楚:基本的作业必须提供预期的学习目标的准确证据，否则证据就是无用的。并且，在与其他人分享档案袋之前，最好先验证一下你和学生的想法。

2. 持续地追踪证据

持续地追踪证据已经成为了不止一位教师的个人滑铁卢。下面的指南会帮助你建立一个系统，以避免上千页报告从文件夹和牛奶箱里漏出来的噩梦。这里，成功的一个关键是，找到一个符合你天生的（或学习的）组织风格的系统。

- 辨别你将保存的作品类型。它们会包括实体作品本身、不适合储存的文章或项目的照片、录像带、录音带、电脑硬盘或光盘上的作品，或其他东西吗？
- 组织作品。你选择怎么做取决于你要收集的作品类型。可以选择存放的地方包括笔记本、资料夹、风琴文件夹、文件柜中的悬挂式文件夹、视界清晰的活页夹（clear-view binder）、将11×17规格的纸对折形成的文件夹（特别是作为成长档案袋——作品可以黏在每面纸上，并附带上翻式注解）、带分类的活页夹，以及储存电脑光盘的信封式活页夹。
- 储存收集品。以选择诸如杂志文件盒、麦片盒、洗衣粉盒、塑料定期筐或文件柜抽屉（附带在中学阶段定期组织的合集，以及在小学阶段按圆桌小组、排或学科组织的合集）等。如果选择在计算机程序中储存作品，记住软件只是保存作品的地方。计算机程序不会自动生成高质量的档案袋；你仍然需要做出本章列出的所有决定。
- 在整个过程中做好时间规划。在学生收集作品时，定期为他们筛选，标注好日期（这至关重要）和注解作品做好时间规划。不要等到要分享或发布档案袋时，才做这些事。

3. 预先投入时间

在前面抓紧时间是为了在后面节省时间。教授学生档案袋的目的和过程、筛选个人条目并注解它们的标准，以及自我思考的策略。尽快将责任转交给学生。在我们看来，如果教师们在之前就做了所有的工作，那么后面在整理档案袋中就会节约很多时间。

4. 确保经历更安全

尽管在表面上没有显现出来，但创建并分享档案袋可能是一种冒险的行为：我们要求学生公开展示他们完成了什么内容，以及他们作为学习者是什么样的人。对学生来说，风险包括如下内容：

- 其他人的作品会比我的好。
- 我的作品会比其他任何人的好。
- 我的作品会比我的朋友们的好。
- 我看起来会是一无是处。

- 我会沾沾自喜。

根据你自己的经验，你可以在上面的风险中添加更多的内容。并且我们可以通过自己示范的内容和允许的内容，通过我们如何对待每一位学生，以及通过我们如何允许每一位学生对待其他学生，来降低学生面对的风险因素。因此，请为你的学生设置规范，使他们在整个档案袋过程中感到舒服。

总结

档案袋有了两种功能：一是提高学生对复杂学习目标的交流能力；二是促进学生的学习。

所有有关档案袋的决定，无论是选择内容，还是确定参与的学生数量，都取决于档案袋的目的。本章我们探讨了五种类型档案袋——成长档案袋、项目档案袋、成就档案袋、能力档案袋和成果档案袋，以及这些目的对档案袋设计决定的影响。同时，我们在四个方面提出了建议，以使成功能够最大化：确保结果的准确性、持续地追踪证据、预先投入时间，以及确保经历更安全。

本章中，我们鼓励你让学生参与准备，并保存档案袋。因为对教师来说，档案袋仅仅作为成绩的备用证据，那实在会浪费他们太多的精力。因此，不论你有哪种档案袋，为了让档案袋作为一个学习和交流的工具，并值得投入时间去做它，必须包括三个要素：

- 让学生参与筛选内容
- 让学生对筛选出的内容进行评论——为什么挑选它们以及它们代表了什么
- 让学生对所学到的内容进行自我反思

档案袋是达到目的的手段，而不是目的本身。它们提供了一条直接的路径，让学生对自己的学习有更深入的思考，并更长久地保留它。它们使学生能够为自己的学习负责任，也是进行自我反思所需的批判性思维的媒介。此外，它们可以促进与其他人，就复杂的学业成就进行更丰富的对话。并且，如果学生也充当参与者，那就更好了。

活动

本章末提供的活动是为了帮助你掌握本章的学习目标。它们的设计是为了加深你对本章内容的理解,并为合作学习提供讨论的话题,以及指导你实施本章节中所教的练习活动。

完成每个活动所需的表格和材料可参见光盘中的可编辑文档。光盘中的文档以这个符号 为标志。

第 11 章的学习目标

在本章的最后,你会知道如何做以下内容:
1. 筛选最适合你的情境所需要的档案袋类型。
2. 确定学习目标,作为档案袋的重点。
3. 让学生参与选择要放入档案袋中的作品。
4. 让学生对条目进行注解,并反思档案袋中的内容。
5. 计划分享的可选项。
6. 管理这个过程,并最大程度地减少混乱。

活动 11.1　坚持写反思日志
活动 11.2　尝试给学生新的档案袋可选项
活动 11.3　修改现存的学生档案袋系统
活动 11.4　建立一个个人档案袋
活动 11.5　回顾你自己的课堂评价档案袋
活动 11.6　反思你自己的学习
活动 11.7　筛选档案袋作品
活动 11.8　反思你一段时间以来的学习

活动 11.1

坚持写反思日志

在阅读第 11 章时,坚持记录你的想法、问题和尝试实施的任何活动。

反思日记表

活动 11.2

尝试给学生新的档案袋选项

独立工作,或是与一名同伴或一个团队合作开展这个活动。

1. 回顾"档案袋类型:关注目的"一节。决定你课堂上要建立的一种档案袋。
2. 决定学生保存档案袋的时间期限。
3. 确定学生会在创建档案袋时做出什么决定。可参考图表 11.4 的建议。
4. 回顾"档案袋内容:关注学习目标"一节。确定档案袋中要表现的学习目标范围,或与学生一起确定学习目标。
5. 你自己或和学生一起辨别将放入档案袋中的作品或作品种类。注意"档案袋内容:关注学习目标"一节所述的抽样因素。
6. 为个人作品的注解制定计划。学生会在每份作业上做出哪种评论?
7. 在过程中或在结束时,考虑将学生设定目标作为档案袋过程的一部分。
8. 为学生安排一次机会,让他们从整体上回顾和反思档案袋的内容。
9. 确定学生将使用什么形式来反思整个档案袋。
10. 决定学生如何、与谁以及何时分享他们的档案袋。
11. 尝试这个过程,并记录优势和需要改进的地方。
12. 与一名同伴或你的团队讨论你尝试的内容,它是如何起作用的,以及你注意到的结果。

◎ 档案袋计划表

活动 11.3

修改一个现存的学生档案袋系统

如果你已经有一个合适的档案袋系统,独立工作,或是与一名同伴或一个团队合作开展这个活动。

1. 回顾"档案袋的类型:关注目的"一节。确定你已经收集了哪种类型的档案袋。如果它包含多种目的,确定它对你来说是否有效,或是你想要缩小焦点或将它分别放入在两个或更多不同类型的档案袋里。
2. 检查档案袋中需要的内容。
   - 档案袋关注的学习目标内容是否清晰?
   - 需要的作品是否与档案袋的目的一致? 它们是否都能发挥作用,讲述档案袋想要讲述的故事?

- 对成长、成就和能力档案袋而言,所有的作品是否都在筛选前或筛选时被审查过了?
- 抽样问题是否得到了足够的重视?
- 是否有足够的机会让学生拥有内容?
- 个人作品的样例是否注解了有用的信息?
- 是否给学生提供了机会以反思整个档案袋?
- 如果恰当的话,学生设定的目标是否已经合并?
- 每个学生是否都有可行的机会,能与他人谈论自己的档案袋?

3. 根据"成功使用档案袋评价的关键因素"一节的四条建议,审查你的档案袋过程。
4. 根据步骤1、步骤2、步骤3中的建议对你的工作做出一些修改。如果你正对多个方面进行修改,你可以使用活动11.2中的档案袋计划表。

◎ 档案袋审核表

活动 11.4

创建个人档案袋

独自完成该活动。
1. 筛选焦点的范围。它可能是你专业活动的一部分或你工作之外的内容。
2. 回顾"档案袋的类型:关注目的"部分。确定你档案袋的目的——你想让档案袋讲述的故事。
3. 回顾"档案袋的内容:关注学习目标"一节。确定你自己个人的学习范围(你的"学习目标")并体现在档案袋中。
4. 辨别要放入档案袋中的作品或作品类型。如有需要,注意"档案袋的内容:关注学习目标"一节所述的抽样因素。
5. 计划每个作品的注解。哪种评论会对每样作品最有帮助?
6. 随着时间推移或从你已经创造的作品中收集你的档案袋。
7. 回顾并反思你的整个档案袋内容。
8. 决定你可能如何以及与谁分享你的档案袋。
9. 与一名同伴或你的团队讨论,在保存档案袋的过程中,哪些方面有助于你的学习。

◎ 个人档案袋决策表

活动 11.5

回顾你自己的课堂评价档案袋

使用你自己的成长档案袋,独立工作,或是与一名同伴合作完成该活动。

1. 回顾"档案袋的类型:关注目的"一节。你的档案袋目的是否清晰?如果不,你需要做什么来改进它?
2. 回顾"档案袋的内容:关注学习目标"部分。是否清晰地辨别了每件作品体现的学习目标?如果没有,辨别每件作品所阐述的学习目标,或将作品移入可能用于不同目的的另一个文件夹。
3. 作品是否代表了充足的样例容量以满足你的档案袋目的吗?如果没有,考虑通过完成与学习目标相关的活动来增加更多的作品。
4. 每件单独的作品都附带着有用信息的注释吗?如果没有,考虑使用档案袋条目封面页(或它的变体)来详细说明这件作品,如何阐述了学习目标(见示例 11.1)。
5. 根据这些问题的建议做出调整。
6. 回顾"学生的自我反思"部分。筛选(或创建)一个思考方法,并反思整个档案袋的内容。
7. 与一名同伴或你的团队讨论在保存档案袋的过程中,是哪些内容促进了你的学习。

◎ 个人档案袋回顾表

活动 11.6

思考你自己的学习

回顾第 11 章的学习目标,选择一个或更多能代表你新的学习或最让你印象深刻的目标。如果你正独立工作,写一段能够反映你当前理解的简短反思。如果你正与一名同伴或一个团队合作,可以和他们讨论你写下的内容,或以此引发小组会议中的讨论。

◎ 反思第 11 章的学习

活动 11.7

选择档案袋作品

本章中的任何活动都可作为档案袋的条目。选择任何你已经完成的活动或创造的作品,以展示你在第 11 章中学习目标上的能力。

1. 筛选最适合你的情境所需要的档案袋类型。
2. 确定学习目标,并作为档案袋的重点。
3. 让学生参与选择要放入档案袋中的作品。
4. 让学生对条目进行注解,并反思档案袋中的内容。
5. 计划分享的可选项。
6. 管理这个过程并最大程度地减少混乱。

如果你正坚持写反思日记,可能想将第 11 章的条目纳入你的档案袋中。

 第 11 章档案袋条目封面页

活动 11.8

反思你一段时间以来的学习

一旦你在本书中收集了一系列能代表你学习成果的作品后,请选择以下的一个或多个反思方法。你也可以使用每个相关章节的学习目标作为反思的基础。

1. 使用或调整本章中所给关于成长的反思建议,通过展示你的作品集来反思你自己的成长。
2. 使用或调整本章中所给关于成长的反思建议,通过展示你的作品集来反思你学生的成长。
3. 使用或改变本章中所给关于学习计划的反思建议,用本书来反思你自己的学习。
4. 使用或改变本章中所给关于自我反思的建议,用本书来反思你作品中的方方面面。

 无

第 12 章

关于学生和学生参与的讨论会

学生参与的讨论会不仅来源于促进学习的评价实践，而且更进一步扩大了它的范围。它们为学生提供了机会，使学生能够了解自己的学习需求，并与他人分享他们的学习进度。

无论是在促进学习的评价情境中，还是在关于学习的评价情境中，讨论会都可以被用来交流学生的学习。所有的讨论会都包括分享信息，从本质上说，这些讨论会是形成性的，还是总结性的，主要取决于它们是发生在学习期间，还是在学习之后。当讨论会的目的是为了得到或给予反馈，并帮助学生设立目标，或是与同事或家长一起，为学生创建一个个别化项目，或为学生提供其他的学习干预时，这类讨论会的本质就是形成性的。而当讨论会的目的是，为了分享学生当前的学业成就水平——关于曾经发生过的学习时，讨论会的本质就是总结性的。然而，由于这类讨论会往往也会形成一个行动计划，所以它们也可以成为形成性的。总之，总结性评价的目的是告知结果，而形成性评价的目的是采取行动。

为了了解讨论会的类型，根据其目的，我们可以将它们分成以下几类：提供反馈、设定目标、交流进步、展示能力和计划干预。图表 12.2 总结了如何将主题、参与者以及地点整合在一起，创造出不同类型的讨论会，以满足不同的信息和学习的需要。

这一章中我们将介绍各种类型的讨论会，以及如何成功地实施它来促进和报告学习。

第 12 章学习目标

学完本章后，你将了解到如何做以下内容：

- 选择能满足你的学生和家长需要的讨论会类型。
- 准备、举办以及听取每种讨论会的汇报。
- 组织不需要你参加的讨论会。

图表 12.1

优质课堂评价的关键要素

关键要素1：明确的目的
谁将使用这些信息？
他们将如何使用这些信息？
他们需要什么样的信息？
并且需要详细到什么程度？

关键要素2：清晰的目标
学习目标对教师而言清晰吗？
哪种学业成就将被评价？
这些学习目标是教学的重点吗？

关键要素3：合理的设计
评价方法和学习目标匹配吗？
选取的样本能恰当地代表学习吗？
题目、任务和评分量规质量很高吗？
评价能够控制偏差吗？

关键要素4：有效的交流
评价的结果能够被用来指导教学吗？
形成性评价能被用作有效的反馈吗？
学业成就能追踪到学习目标并根据标准报告结果吗？
成绩能准确地交流学业成就吗？

关键要素5：学生的参与
评价能满足学生的信息需求吗？
学生清楚学习目标吗？
学生会利用评价得来的信息进行自我评价以及设定目标吗？
学生追踪和交流他们的学习进度吗？

反馈型讨论会

在反馈型讨论会中，学生会收到别人关于他们作业优缺点的一些建议。讨论会的主要目的是，提供一些信息来帮助他们进一步改进自己的作业。另外一种目的是，模仿我们希望他们在自我评价时所做的思考。反馈型讨论会的参与者一般包括两类人——学生和回应者。我们通常认为教师是给予反馈的人，但是通过讨论匿名作业这样的练习，学生也能够对他人的作业提出有价值的意见。例如，当学生在写作小组中进行讨论时，其目的是为每一个成员提供一些形成性反馈。在任何情况下，学生都可以与一名同伴或一个小组的同学进行讨论。

图表 12.2

讨论会的类型

目的	主题	焦点	参与者	地点
反馈	优势和需要改进的领域	• 单个作品样本或少的作品样本	• 两名学生 • 一个小组的学生 • 学生和教师 • 学生和家长	学校或家
目标设定	长期或短期的学业成就目标	• 单个作品样本或多种作品样本 • 成长档案袋 • 成就档案袋	• 学生和家长 • 两名学生 • 学生和教师	学校或家
进步	一段时间内的成长	• 两件或更多的作品样本("之前—之后") • 成长档案袋 • 项目档案袋	• 学生、教师和家长 • 学生和家长或对学生有重大影响的成人 • 学生和教师 • 两名或更多的学生	学校或家
进步	学业成就水平	• 成就档案袋 • 成绩报告单 • 其他教师和学生保存的记录	• 学生、教师和家长 • 学生、教师和家长 • 学生和家长或对学生有重大影响的成人 • 教师和家长	学校或家
展示	描述能力或对所选学习目标的掌握程度	• 能力档案袋 • 项目档案袋 • 成果档案袋	• 学生、教师和家长 • 学生和家长或对学生有重大影响的成人 • 学生、教师、对学生有重大影响的成人、社区成员	学校
干预	关注的领域	• 反映一个问题或解决一个问题的大量证据	• 教师和家长 • 教师和学生 • 教师、家长和学生 • 教师和对学生有重大影响的成人 • 教师、同事、家长和学生	学校

反馈型讨论会通常在学校中进行,但是学生也可以在家中与父母举行反馈型讨论会。在学校,可以安排这些讨论会,以便所有学生都能在同一时间收到,或提供反馈建议,或者鼓励学生在需要时或在指定的时间范围内,与合作伙伴一起来安排讨论会(如一个项目会议)。很多教师发现,让学生选择是从他们自己,还是从同伴那里获得反馈,都是很有效的。

成功的关键

首先,要记住第 2 章介绍的有效反馈的特征(Chappuis,2009):
- 直接关注预期的学习,指出优点并提供具体的信息来指导改进的方面。
- 在学习过程中提供反馈。
- 只有当学生的作业展示了他们对内容的部分理解时,才为他们提供反馈。
- 不要替学生做全部的工作。
- 根据学生在给定时间内可以采取行动的建议数量来提供纠正信息。

在反馈型讨论会之前,确保学生明白讨论聚焦的学习目标(促进学习的评价的策略 1),并为学生提供一些评价作品的练习,这些作业代表的是他们将要掌握的学习目标(促进学习的评价的策略 2)。你也可以让学生提前思考他们作业的优缺点,为参加反馈型讨论会做好准备,这样做可以节省一些时间。学生可以利用图表 12.3 中的表格来记录他们事先的思考,也可以来记录他们从你或同龄人那里得到的反馈。

图表 12.3

反馈型讨论会表

名字:_____ 日期:_____
任务:_____ 反馈的重点:_____

我的观点
我的优势是_____

我认为我需要改进的地方是_____

反馈
优势:_____

需改进的地方:_____

我的计划
现在我要做的是:_____

关注时间问题。无论学生是以两两一对、团队形式,还是与教师一起的方式举行讨论会,都需要考虑时间问题。显然,对于教师而言,无论何时,学生彼此之间想要提供有效的信息,都要遵循省时原则。然后你的任务是管理时间,以此来保证每个想要或需要时间的人都有机会得到反馈。当学生需要进行发散式的教学,以便根据反馈采取行动时,最重要的时间问题,可能就会出现在"学生—教师"讨论会上。这类讨论会离开反馈的领域,进入个别辅导的领域,从而花费比预期或实际更多的时间。如果你需要限制反馈型讨论会的时间时,那么首先要将那些学生没有明白,或无法据以行动的反馈记下来,而不是在每一次的讨论会上,都毫无目的地重复教学。其次,根据记住的那些需要计划大规模或微型教学。另一个省时的做法是,只为那些需要或想要的学生安排师生讨论会,并允许其他学生可以互相讨论并反馈意见。

帮助家长理解反馈的角色。你是否曾经在学生作业的字里行间中,发现家长帮忙的痕迹,甚至共同完成的情况?家长可以从理解有效反馈的特征中获益。我们应该鼓励他们利用反馈来帮助孩子们学习,而不是直接代替他们来完成作业。并且我们应该让父母知道,当孩子们做不到他们期望的事情时,如果想要提供帮助的话,可以给他们进行解释,但是如果替孩子们做了,这样只会掩盖问题,并对他们的理解水平得出不正确的结论,从而最终导致她将不会再有机会学习它(更多的反馈和反馈型会议的可选项,请参见 Chappuis, 2009, 第 3 章)。

目标设定型讨论会

正如我们在书中看到的,学生可以基于单个作业或一系列证据来设定目标。目标设定型讨论会的主要目的是,在内容标准的框架下指导他们制定下一步的学习目标。讨论会本身可以是正式的,也可以是非正式的。你可以安排一个时间,让所有学生来参加目标设定型讨论会。他们也可以在家里和父母一起,在学校与你或同伴一起来举行这个讨论会。当学生达到他们学习中某一峰值点时,它也可以是他们学习过程的一部分;或学生可以设定短期目标或长期目标。同时设定目标也可以作为其他类型讨论会——反馈型、进步型以及干预型讨论会的一部分。

在设定具体以及具有挑战性的目标问题上,并不是每个学生都需要一对一的指导。一旦他们清楚这个预期的学习,也知道了他们现在的水平与这个学习之间的关系,那么你就可以使这个过程模式化,并帮助厘清他们在每一步应该做些什么。如此,很多学生就可以按照自己的方式进行学习。其他人则可以从个别化的指导中有很大收获。并且,学生可以互相讨论,当然也可以与他们父母进行讨论。或他们可能需要你帮助他们,尤其是在行动计划方面。

成功的关键

在讨论会之前,学生(如果需要的话,也可以是教师)应该选择一件或几件作业。这些作业应该能清楚地说明,预期达到的水平与目前水平之间的关系。这就要求学生明确他们要达到的学习目标,并清楚他们自己的作业所表明的学业成就水平。正如第11章所描述的那样,学生可能选择单个的作品,或是从工作文件或成长档案袋中选择几个样例。

在讨论会期间，学生和教师（或其他讨论者）可以按下面的步骤进行：
1. 明确学习目标。
2. 确定当前水平。
3. 将学习目标转化为学生自己的目标。
4. 制定计划。

示例 12.1 展示了一个小学版和一个中学版的目标框架。在讨论会期间，学生可以利用这个目标框架记录他们的目标。

12.1 示例　目标框架

低年级学生

名字：玛利亚-特里萨·冈萨雷斯　　　日期：10 月 7 日

我将要学习：当数字以 0 结尾时的乘法运算

我"之前"的情况——我选择这个目标的证据：在 10 月 6 日的数学测验中做错了相关问题。

我接下来的计划：今晚、星期一晚上和星期二晚上在家里做一些练习。

我需要的这些材料是：练习题中的问题

我会寻求的帮助：巴顿小姐的解释＋检查我的作业。如果我不会的话，向妈妈寻求帮助。

我准备在这一天展示我的学习成果：10 月 14 日

我"之后"的情况——我将展示的学习成果：在测验中做对题。

高年级学生

名字：约翰·尤里维约茨　　　日期：2 月 20 日

学习目标：解释免疫系统是如何工作的
当前的学业成就水平：不明白一个嗜中性粒细胞如何与传染病菌进行抗争。
证据：2 月 19 日关于传染病的测验
我需要学习：解释嗜中性粒细胞的三个阶段：趋化性、吞噬作用和细胞凋亡。
行动计划：学习书上的病菌和免疫系统内容；练习画出一个嗜中性粒细胞的生命周期，并对所有的阶段进行解释。
需要的帮助——什么和谁：书＋我
时间安排：2 月 26 号之前
实现我的目标的证据：2 月 26 号的测试

1. 明确学习目标。 要求学生解释他的学习目标——他正在朝着什么方向而努力，并且这种解释不是根据学习成绩，而是根据已学习过的内容。在这项学习计划结束的时候，他将知道什么或能够做什么？如果学生很难做到这一点，那么可以根据需要，以问题或提示的形式来帮助他们。

2. 确定当前水平。 学生应该回顾的是一系列证据，而不仅仅是分数或成绩。仅仅回顾分数只会让我们更加困惑,或产生太过笼统的认识,比如"我将在数学方面表现得更好"。我们需要学生能够很具体地明确自己的优势和需要改进的地方。案例12.1说明了需要具体的程度。如果需要的话,可以以问题和提示的形式为他们提供帮助。

3. 将学习目标转化为学生自己的目标。一般来说,学生并不需要实现所有的学习目标,他们只需要实现其中的一部分目标即可。所以,在这一步上,要求学生明确他们真正需要学习或练习的地方。案例12.1再一次说明了所需要的具体细节。

4. 制定计划。这个计划可以回答这样一个问题:"我如何实现自己的目标?"它可以使学生的行动具体化。这就要求复习一些之前学过的东西,或是重新创造一个成果或表现,直到它达到了某一质量水平,或是学习一些学生在教学中遗漏的内容。这个计划也可能包括学生需要的帮助、目标实现的时间安排,以及一些反映学生目标实现程度的证据。

选择一个行动计划。即使学生自己能够明确什么是他们需要努力的,但是在如何做得更好这一方面,他们仍需要一些建议。例如,大卫复习了他之前的三份实验报告之后,明确他自己需要提高实验假设的写作能力,但他可能不知道该如何做。在这种情况下,他的教师可以和他一起商讨,可获得什么样的资源和机会。

注意那些计划里只包含"完成我的家庭作业"这一项内容的学生。将完成家庭作业作为一个行动计划,是有些复杂的,主要是因为如果学生只做练习作业,确实可以解决很多学习问题。所有学生都应该完成他们的家庭作业,当他们形成这个习惯后,他们的学业成就水平,就完全有可能得到提高。然而,在大多数情况下,一个大概的行动计划"完成我的家庭作业",是不够精确的,以及可能根本不是什么解决方法。我们需要超越常规作业的具体行动,并且它可以在学校里或家中完成。当学生制定了他们的行动计划,如果有的话,他们需要明白家庭作业,在实现他们具体目标的过程中所扮演的角色。

寻找帮助。如果每个学生都需要帮助,而且他们都需要从你——教师那里得到帮助的话,那么这个过程按照你的方式进行就可以了。玛利亚·特里萨(见示例12.1)已经知道了她的目标是什么,但需要帮助学习数学运算规则时,她确实需要帮助。她可能需要来自你的帮助,或许不需要。教室里的其他人,也可以教她以0结尾的数字的乘法运算的数学规则吗?若你帮助学生明白,他们不只可以从你那里得到帮助,也可以从别人那里得到帮助的话,无疑会减轻你的工作负担,并且也会让这个过程会变得更好实行。

制定时间期限。要求学生为自己设置一个时间期限,或将时间具体化。这会帮助他制定一个可以实施的计划,以及激励他们开始工作。它也可以让他决定或知道,他将什么时候展示自己的目标实现程度。

收集"之前"和"之后"的证据。当我们看到自己朝着渴望的结果取得真正的进步时,制定的目标最能让人感到满意。学生的部分动机点,以及让他们有兴趣重新参与进去的关键,就是真实、确凿的进步证据。有一个可以让学生追踪到他们从哪里开始,以及他们已经完成了什么的系统,可以增加整个过程的真实性。为学生建立一个收集"之前"和"之后"证据的程序,有助于发展这样一种认识:"我可以制定目标,并且可以实现它"。如果学生没有文件夹或档案袋来追踪他们的目标和证据,那么你可以建立一个简单的系统,比如一个"目标"文件夹或目标框架,把它标在马尼拉信封的外面,并把诸如起始点、指向目标的进步证据和目标实现的证据等塞在信封里面。

确保学生的主体地位。 为了使这个过程有利于教学,你可以在整个过程中让学生尽可能做一些谈话和小测验。记住,学生需要明白三件事:预期的学习目标是什么、关于预期的学习目标她现在所处的位置,以及要缩小这个差距她需要做些什么。如果需要的话,你还可以用一些问题或提示进行干预,但是绝不能代替学生来完成这些任务。谁设定了这些目标,谁将承担责任。如果这是你的目标,学生肯定不会愿意做很多工作。

进步型讨论会

进步型讨论会关注的是,学生一段时间内的成长或学业成就水平。它可以在上学期间、放学后或在家中举行。学生、家长和教师都可以参与其中。或不需要教师的参与,学生自己就可以举行。第 11 章所描述的几个档案袋,如项目档案袋、成长档案袋和成就档案袋,都可以作为进步型讨论会的基础,你也可以利用"之前"和"之后"的证据,以及来自目标设定型讨论会的其他作品,作为进步型讨论会的讨论主题之一。

关注一段时间内的进步

这是一个简单、范围较窄、目标明确的讨论会主题,一般是由两个人共同完成的。尤其对于学习有困难的学生来说,让他们看到自己曾在短时间内实现的短期目标,无疑可以让他们有很大收获。讨论会可以在家里与家长或其他成人一起进行,也可以在学校里与其他学生、与你或与学校中的其他职员共同完成。并且,你可以详细列出受众,或你可以让学生自己选择想要分享的人。总之,无论是项目档案袋,还是成长档案袋,都可以为讨论提供证据。

关注学业成就水平

这类进步型讨论会关注的是一名学生当前的学习水平。并且,这种讨论会一般发生在家长和教师之间,被安排在期末评分的时候,通常利用成绩单来详细地说明信息。当学生出席时,这些讨论会被称为"学生参与"或"学生主导"的讨论会。由于它们在激发和维持学生的动机方面有很高的效率,我们相信进步型讨论会,可以并且应该让学生参与。

当然这种讨论会不局限于期末评分:每次只要你想分享关于学生学习状况的信息,你就可以举行进步型讨论会。在这些讨论会期间,第 11 章描述的任何档案袋都可以使用。然而,成长、项目以及/或成就档案袋,都是最常用来支持讨论会的档案袋。并且,如果学生有设定目标和实现目标的证据,你可能也想将其包含进来。

确定参与者

讨论会的参与者可以根据主题和信息需求进行调整。并且,讨论会的结构大致可以采取以下两种形式之一:双方讨论会或三方讨论会。在双方讨论会中,学生可以与另外一名学生、家长、教师,或对其有重大影响的一名成年人中的任意一人开会。而在三方讨论会中,参与者包括学生、教师以及家长或对其有重大影响的成年人。对于许多家长和学生来说,在讨论学生学习的时候,让学生参与进来是一个别出心裁的想法。有时候要求在最初时做一些准备,这样可以使学生参与的双方讨论会,或三方讨论会举行得更加顺利。

帮助学生做好准备

当讨论会的重点是展示一段时间内的进步时,通过指导学生选择作品作为改进的证据,以帮助他们做好准备。将作品和工作文件夹随时放在手边很方便,因为它对于学生组装作品样例非常有用,可以清楚地说明他们学习"之前"和"之后"的状况。(第11章提到更多关于成长档案袋和工作文件夹的信息。)学生也应该准备好解释学习目标或目标群,大概地说一下什么是他们想要提高的,以及总结一下什么是他们现在可以做到,但之前是做不到的。

图表 12.4 展示了一个表格。当你或学生在准备和举行一场"展示成长"讨论会的时候,都可以用它。

当讨论会的重点是,对学生当前的学业成就水平提供一个总体评价的时候,可以通过确保学生,对学习目标和能够表明他们所学知识的作品样例,有一个清晰的认识,从而帮助学生做好准备。他们必须能讨论其优势、需要改进的地方或面临的挑战,以及他们为自己设定的目标。并且,他们还需要时间与其他人在教室里,一起排练一下讨论会。

图表 12.4

进步型讨论会表

姓名	日期
学习目标	
我开始的证据	
我现在在哪里的证据	
我所做的改进	
我现在能做到,但以前做不到的事	
关于我的作业要注意什么	

讨论会日期:
开始和结束时间:
参与者:
参与者的建议:

帮助家长和其他参与者做好准备

当讨论会有家长或对学生有重大影响的其他参与者参与的时候,我们建议你可以与学生一起安排讨论会日程。如果他们能做到的话,让学生给家长或其他参与者写邀请函。不管是邀请还是单独的交流,你需要告知家长和其他参与者,我们的期望以及他们的角色。有些教师会提前发送作品样例,并让家长进行重点讨论,以便让他们为会议做好准备。

当采用三方讨论会的形式时,尤其是当它代替了传统的家长会时,作为你需要向家长解释的一部分,我们建议你为他们安排一次额外的没有学生参与的会面,用来讨论在三方讨论会上,他们可能没有提及的一些问题。

举行一次双方讨论会

你可以在一天中,同时安排几个双方讨论会。如果需要的话,你的角色主要是为家长解释信息。在讨论会开始之前,学生会向你介绍他们的父母。然后他们会进入到讨论区(例如,为这个目的而安排的课桌或椅子)。首先,学生开始与他们的父母分享会议的日程安排。然后,学生向他们解释学习目标,同时展示能表明他们这段时间以来,取得进步的作业、样例、成就水平和实现目标的证据——无论讨论会的主题是什么。家长仔细倾听,问些不明白的问题,然后对学生的学习和作业发表评论。学生可能已经为他们之后的作业设立了目标,并制作了行动方案。因此,他们可以在当时讨论这些目标与方案,或是作为讨论会的一部分,由学生与家长共同完成它们。

举行一次三方讨论会

三方讨论会和双方讨论会有些类似。首先,学生向你介绍他们的父母,然后通过分享议程开始会议。两者不同之处在于:你是参与者,每次你只能安排一次讨论会。学生介绍一下学习目标,然后如同之前描述的那样进行讨论会。家长的角色也差不多。如果需要的话,你作为教师要帮助学生澄清他们的评论。必要时,额外帮助他们描述一下优势,以及需要提高的地方。我们建议在每次讨论会结束的时候,你能总结一下学生的优势,以及对班级的积极贡献。

后续工作

厘清我们所有涉及者的感受是极其重要的。汇报会议情况很简单,你只需要完成以下几项任务:要求学生完成讨论会评价表,如图表 12.5 所示,阅读其他参与者的评论,并与全班同学一起讨论答案。

你也会想在讨论会上为家长和其他参与人员提供一些机会,让他们分享一下自己对讨论会经历的建议。让所有参与人员,包括学生,完成一份讨论会评价表(见图表 12.5)。

你或许需要处理一下学生或家长不积极的表现。这种情况下,你或许想要安排一下后续的讨论会。不过这种情况是很少见的。

图表 12.5

讨论会评价表

名　　字：	日　　期：
我从这次讨论会中学到了什么	
我喜欢它的什么	
关于讨论会，我想改变什么	
其他的评论	

展示型讨论会

这种讨论会的目的主要是，展示对预期的学习目标的掌握程度或能力水平。正如第 11 章所描述的那样，有时候也可以用来分享成果档案袋。参与者可以包括学生和其他的一些人：另一名学生、家长、教师、其他对学生有重大影响的成人，或学校中的其他同事。一般而言，这些讨论会在学校中举行。在关注能力或掌握程度的正式的展示型讨论会中，学生可以与一些成人交谈，这些成人可以是家长和社区成员中有重大影响的成人。

帮助学生做好准备

当讨论会的目的是展示能力或掌握程度时，通过确保学生清楚地了解学习目标和能证明这些能力，或掌握程度的作业样例，以帮助学生做好准备。他们必须能讨论其优势、需要改进的地方或面临的挑战，以及他们为自己设定的目标。并且，他们需要时间与其他人，在教室里一起排练一下讨论会。

举行展示型讨论会

学生的角色是，与参与者分享日程安排、解释作为学业成就重点的学习目标，以及展示并讨论那些作业的样例，怎样表明了具体的学习目标的能力水平。同时，学生也需要回答参与者的任何问题。在展示型讨论会上，参与人员需要认真倾听，提出问题并对作业做出评价。如果需要的话，你的角色是做好促进者、鼓励者和澄清者。

后续工作

如同之前的讨论会形式，进行后续工作是他们获得成功的关键。我们要求所有参与人员，包括学生，完成一个讨论会评价表（见图表 12.5）。这样你就可以得到一些关于哪些完成得较好，以及哪些完成得不好的信息，然后确认你需要处理的问题，以及收集关于下次你可能要做什么的一些想法。和学生、家长以及其他任何一个参与人员，一起总结这些评论，并与他们进行交流。同时，让学生有机会以小组的形式汇报经验。

干预型讨论会

只要学生遇到困难，你就可以与他人计划干预来帮助他们。作为一位教师，你也可以约见家长，与家长共同讨论学生的行为表现、学习习惯或学业成果等方面的问题，并制定一个改进的计划。当学生的学习明显高于或低于预期时，你可以向其他教师和专家寻求帮助，以便调整教学内容，或将他们安置在其他特殊的项目中。一般而言，学生不会参与这些讨论会。尽管在有些情况下，尤其是家长和教师共同讨论一个问题的时候，学生的视角以及他们的参与，可以帮助你想出新的解决方法。

确保这类讨论会高效的关键在于你保存记录的质量。这种情况要求你对学业成就、学习习惯、努力程度、参与度等方面，分别进行记录，如同要求你明确学生，关于某方面需要掌握的学习内容的优缺点，这类数据一样。你有了这些数据，就可以找准问题，并且参与找出合适的解决方法。如果没有这些，你或许就无法得到可靠的数据。这些数据恰恰能够帮你确定最正确的行动方案。

总结

在大多数情况下，关于学生的讨论会可以让学生参加，这会使所有涉及者受益。他们可以参与其中甚至主导它们，但必须在全年中做好恰当的准备。为了准确、详细地评价他们的作业，学生必须全面地参与到他们的学习和评价中；并且，他们必须准备好讨论预期的学习目标是什么，他们现在和预期的学习目标的差距，以及作为学习者，接下来他们可能要做些什么。

在本章中，我们已经看到讨论会在促进学习的评价和关于学习的评价上的功能：讨论会的目的是，提供反馈、设定目标、计划干预、分享进步以及交流成果。对每一种类型的讨论会中应该包括谁，什么样的准备将会使所有涉及者获得最大的成功，以及需要采取什么样的后续行动，我们已经对这些方面提供了一些建议。另外，我们也说明了在双方、三方以及展示型讨论会中会发生的事情。

我们鼓励你从现有的讨讨会类型中仔细选择，以满足自己和家长的信息需要，但最重要的是，要考虑如何让学生参与讨论会，以承担学习的责任，并展示他们的学习成就。

活动

本章末提供的活动是为了帮助你掌握本章的学习目标。它们的设计是为了加深你对本章内容的理解,并为合作学习提供讨论的话题,以及指导你实施本章节中所教的练习活动。

完成每个活动所需的表格和材料可参见光盘中的可编辑文档。光盘中的文档以这个符号 ◎ 为标志。

第12章的学习目标

在本章的最后,你会知道如何做以下内容:
1. 选择能满足你的学生和他们家长需要的讨论会类型。
2. 准备、举办和听取每种讨论会的汇报。
3. 组织不需要你参加的讨论会。

活动 12.1　坚持写反思日记
活动 12.2　举办和听取一次反馈型讨论会汇报
活动 12.3　举办和听取一次目标设定型讨论会汇报
活动 12.4　组织一次学生主导的讨论会
活动 12.5　反思你自己的学习
活动 12.6　选择档案袋作品
活动 12.7　筹办一次分享博览会

活动 12.1

坚持写反思日记

在阅读第12章时,坚持记录你的想法、问题和尝试实施的任何活动。

◎ 反思日记表

活动 12.2

举行和听取一次反馈型讨论会的汇报

阅读"反馈型讨论会"一节后,独立工作,或是与一名同伴或你的团队合体完成这个活动。

1. 选择一个你有描述性量规的学习目标。(参考第 7 章"选择、修改或开发量规"一节,获取有关一个合适的量规的更多信息)
2. 如果学生的作品需要修改的话,那么将反馈的重点缩小到一个容易掌握的标准上。
3. 确保学生对量规和促进学习的评价的策略 1 和策略 2 有一定的经验。(请参阅第 7 章,"在课堂上使用量规作为教学工具的 7 条策略",以获取关于如何做到这一点的更多信息。)
4. 选择两三名学生一起讨论,他们的作品能展示出他们至少对学习目标有了一定的理解和掌握。为每名学生复印一份如同图表 12.3 的反馈型讨论会表或"星星和梯子表"的表格。
5. 在反馈型讨论会之前,要求学生关注于其中的一个标准,并且找出那些描述他们认为自己的优点和不足的量规中的短语。让他们把自己的想法写在你选好的表格中。
6. 一次只与一名学生会面。首先让他们分享他们的自我评价,然后再分享你的反馈。如果合适的话,指出学生忽视的优势,并增加或修改他们还需要努力改进的地方。并且,让学生自己完成反馈型讨论会的表格,然后当他们填写表格中"我的计划"部分的时候,要考虑到他们自己的想法以及你提供的反馈。他们可以在你的指导下完成这个工作,也可以在你的判断基础上自己进行。很多教师发现,如果先让学生分析自己的作品,这些讨论会一般在三分钟以内或花费更少的时间,就可以顺利地结束。
7. 将图表 12.5 所展示的讨论会评价表作为指南,在一两天之后与每个学生一起听取反馈型讨论会的汇报。
8. 如果你正与一名同伴或一个团队合作,那么在反馈型讨论会上分享你的经验。图表 12.5 所展示的讨论会评价表可以作为指南。

Source: Adapted from *Seven Strategies of Assessment for Learning* (pp. 82-83) by J. Chappuis, 2009, Upper Saddle River, NJ: Pearson Education. Adapted by permission.

◎ 反馈型讨论会表   ◎ 讨论会评价表

◎ 星星和梯子表

活动 12.3

举行和听取目标设定型讨论会的汇报

阅读"目标设定型讨论会"一节后,独立工作,或是与一名同伴或你的团队合作完成这个活动。

1. 选择一个学生中等掌握程度的学习目标。
2. 确定有两三个学生参加目标设定型讨论会。并且,这些学生都应该部分掌握了这个学习目标。
3. 选择或让学生选择一个或几个作业,以清楚地表明相对于理想的水平当前的水平状况。
4. 使用、修改或制定如示例 12.1 中所述的目标框架,并为每个学生复印一份。
5. 与每个学生单独进行这样的讨论会,并遵循在目标设定小节"成功的关键",所讨论的四个步骤。让每名学生自己完成表格,除非他们至今还没有写,在这种情况下,你需要为他们制定目标。
6. 图表 12.5 所展示的讨论会评价表可以作为指南。在一两天之后询问学生目标制定讨论会的情况。
7. 如果你正与一名同伴或一个团队合作,那么在目标设定型讨论会上分享你的经验。图表 12.5 所展示的讨论会评价表可以作为指南。

◎ 目标框架　　◎ 讨论会评价表

活动 12.4

组织一次学生主导的讨论会

阅读"目标设定型讨论会"一节后,独立工作,或是与一名同伴或你的团队合作完成这个活动。

1. 决定你想要关注的是一段时间内的进步程度,还是学业成就水平。
2. 明确谁将是参与者,并确定是采用双向讨论会,还是三方讨论会形式。为讨论安排一个日期或日期范围,并制定时间或时间期限。
3. 让学生按照第 12 章相应部分的说明进行准备,并考虑使用如图表 12.4 中所示的表格。
4. 确定在参与讨论会之前,家长或其他成人需要做好哪些准备。准备事项包括:安排日程、让学生写邀请函,告知他们题为"帮助家长或其他参与者做好准备"的一节中,描述的其他相关信息。
5. 让学生举行讨论会。

6. 使用图表 12.5 所展示的讨论会评价表询问学生和家长讨论会的情况。
7. 如果你正与一个同伴或一个团队合作,那么在目标设定讨论会上分享你的经验。图表 12.5 所展示的讨论会评价表可以作为指南。

◎ 学生主导的讨论会计划表　　　　◎ 讨论会评价表

◎ 成长型讨论会表

活动 12.5

反思你自己的学习

　　回顾第 12 章的学习目标,选择一个或更多能代表你新的学习或最让你印象深刻的目标。如果你正独立工作,写一段能够反映你当前理解的简短反思。如果你正与一名同伴或一个团队合作,可以和他们讨论你写下的内容,或以此引发小组会议中的讨论。

◎ 反思第 12 章的学习

活动 12.6

选择档案袋作品

　　本章中的任何活动都可以作为档案袋的条目。选择任何你已经完成的活动或创造的作品,以展示你在第 12 章中学习目标上的能力。
1. 选择能满足你的学生和家长需要的讨论会类型。
2. 选择、举行和听取每种讨论会的汇报。
3. 组织不需要你参加的讨论会。

如果你正坚持写反思日记,可能想将第 12 章的条目纳入你的档案袋中。

◎ 第 12 章档案袋条目封面页

活动 12.7

举办一次分享博览会

你的学习团队可以计划一次"分享会",以使其他人知道你在学习本书的整个过程中在课堂和小组会议中所做的一切。想成功地举办这次活动,关键取决于你是否有一个课堂评价档案袋,并完成了活动 11.5——"回顾你自己的课堂评价档案袋"。你们的受众可以是其他团队,或是那些没有参与到这个学习中的同事。这里解释一下这两个方法:

方法 1:与其他团队分享

1. 与你的团队开会,计划你们要分享的内容是什么。每一个学习团队的成员,都要把他们的档案袋带到会议上来,并且花几分钟解释一下其中的作品和这些作品反映了什么。
2. 从你的学习团队所有成员的档案袋中,选择一些作品去与他人分享,也可以准备一次展示。展示要包括核心观点或每件作品反映的观点、一些必需的简短的解释性信息、作品本身、对活动 11.5 的反思和名字,以及附上作品提交者的个人信息。通常,团队会召开一次会来分享和选择作品,然后再召开另一次会议为展示它们做准备。
3. 找一个好的场所来举办你的"分享博览会",并让每个小组在房间周围布置好。
4. 在展示区上安排一名成员为大家做简短的介绍,并回答大家的问题。剩下的成员可以去其他展示区上看一看。你们也可以轮流安排人值守你们的展览区。这样所有人都有机会去看看别人做了些什么。

方法 2:与那些没有参加学习团队的同事分享

1. 与你的团队开会,计划你们要分享的内容是什么。每一个学习团队的成员,都要把他们的档案袋带到会议上来,并且花几分钟解释一下其中的作品和这些作品反映了什么。
2. 然后你们每个人选择自己的一件作品与他人分享,并且团队成员一起决定分享的方法。这里有两个办法:
   - 如果是在大组会议,比如全体职工会议上,你们每个人都可以简短地描述你的作品所阐明的核心思想,并简要说明你是如何使用它的,你注意到学生身上发生了什么变化。如果合适的话,你可以让听众加入一个简短的活动,模拟你让学生做过的事情。
   - 你也可以在小规模的小组会议,比如部门会议中,做同样的事情。
   - 你们每个人都可以创建一个类似于方法 1 中所描述的展示区,并将其设置在诸如自助餐厅或图书馆之类的房间中。当团队成员轮流在展示区值守时,每人都可以给他们一个简短的解释。
3. 无论选择以上哪一种分享方法,请务必包含对一个或更多核心思想的描述,并反思它对学生和学习的影响。

Source: Adapted from *Seven Strategies of Assessment for Learning Study Guide* (p. 143) by J. Chappuis, 2009, Upper Saddle River, NJ: Pearson Education. Adapted by permission.

无

参考文献

Akron Global Polymer Academy. 2011. P‒16 science education, best teaching practices: Wait time. Retrieved January 2011 from htpp://www.agpa.uakron.edu/p16/btp.php?id=wait-time.

Ames, C. 1992. Classrooms: Goals, structures, and student motivation. *Journal of Educational Psychology*, 84(3), 261‒271.

Arter, J. A., & K. U. Busick. 2001. *Practice with student-involved classroom assessment*. Portland, OR: Assessment Training Institute.

Arter, J. A., & J. Chappuis. 2006. *Creating and recognizing quality rubrics*. Upper Saddle River, NJ: Pearson Education.

Black, P., C. Harrison, C. Lee, B. Marshall, & D. Wiliam. 2002. *Working inside the black box: Assessment for learning in the classroom*. London: King's College Press.

Black, P., & D. Wiliam. 1998a. Assessment and classroom learning. *Assessment in Education*, 5(1), 7‒74.

Black, P., & D. Wiliam. 1998b. Inside the black box: Raising standards through classroom assessment. *Phi Delta Kappan*, 80(2): 139‒148.

Brookhart, S. M. 2004. *Grading*. Upper Saddle River, NJ: Pearson Education.

Butler, R. 1988. Enhancing and undermining intrinsic motivation: The effects of task-involving and ego-involving evaluation on interest and performance. *British Journal of Educational Psychology*, 58: 1‒14.

Butler, R., & O. Neuman. 1995. Effects of task and ego-achieving goals on help-seeking behaviours and attitudes. *Journal of Educational Psychology*, 87(2), 261‒271.

Chappuis, J. 2009. *Seven strategies of assessment for learning*. Upper Saddle River, NJ: Pearson Education.

Chappuis, J., & S. Chappuis. 2002. *Understanding school assessment: A parent and community guide to helping students learn*. Upper Saddle River, NJ: Pearson Education.

Chappuis, S., C. Commodore, & R. Stiggins. 2010. *Assessment balance and quality: An action guide for school leaders,* 3rd ed. Upper Saddle River, NJ: Pearson Education.

Chappuis, S., R. Stiggins, J. Arter, & J. Chappuis. 2004. *Assessment for learning: An action guide for school leaders.* Upper Saddle River, NJ: Pearson Education.

Cizek, G. J., R. E. Rachor, & S. F. Fitzgerald. 1996. Teachers' assessment practices: Preparation, isolation, and the kitchen sink. *Educational Assessment,* 3 (2), 159 – 179.

Common Core State Standards Initiative. 2010a. *Common core state standards for English language arts & literacy in history/social studies, science, and technical subjects.* Washington, DC: Council of Chief State School Officers & National Governors Association. Retrieved January 2011 from htpp://www.corestandards.org/assets/CCSSI_ELA%20Standards.pdf.

Common Core State Standards Initiative. 2010b. *Common core state standards for English language arts & literacy in history/social studies, science, and technical subjects. Appendix B: Text exemplars and sample performance tasks.* Washington, DC: Council of Chief State School Officers & National Governors Association. Retrieved January 2011 from htpp://www.corestandards.org/assets/Appendix_B.pdf.

Common Core State Standards Initiative. 2010c. *Common core state standards for mathematics* Washington, DC: Council of Chief State School Officers & National Governors Association. Retrieved January 2011 from http://www.corestandards.org/assets/CCSSI_Math%20Standards.pdf.

Council for Economic Education. 2010. *Voluntary national content standards in economics,* 2nd ed. New York: Author. Retrieved January 2011 from http://www.councilforeconed.org/ea/standards/standards.pdf.

Davies, A., & R. J. Stiggins. 1996. *Student-involved conferences: A professional development DVD.* Upper Saddle River, NJ: Pearson Education. Copyright 2007 Pearson Education.

Dewey, J. 1933. Quoted in C. M. Wang & G. Ong. Questioning techniques for active learning. *Ideas on Teaching,* 1 (Feb. 2003), n. p. Retrieved 25 February 2011 from http://www.cdtl.nus.edu.sg/Ideas/iot2.htm.

Guskey, T. R. (ed.). 1996. *Communicating student learning.* Alexandria, VA: Association for Supervision and Curriculum Development.

Guskey, T. R. 2002. *How's my kid doing?: A parent's guide to grades, marks, and report cards.* San Francisco: Jossey-Bass.

Guskey, T. R., & J. *Bailey*. 2001. *Developing grading and reporting systems for student learning*. Thousand Oaks, CA: Corwin.

Harlen, W., & M. *James*. 1997. Assessment and learning: Differences and relationships between formative and summative assessment. *Assessment in Education: Principles, Policy, & Practice*, 4(3), 365–379.

Hattie, J., & H. *Timperley*. 2007. The power of feedback. *Review of Educational Research*. Retrieved October 9, 2007 from http://rer.sagepub.com/content/77/1/81.full.pdf+html.

Johnston, P. H. 2004. *Choice words: How our language affects children's learning*. York, ME: Stenhouse.

Kendall, J., & R. *Marzano*. 1997. *Content knowledge: A compendium of standards and benchmarks for K–12 education*, 2nd ed. Aurora, CO: Mid-continent Regional Educational Laboratory.

Klauer, K. J., & G. D. *Phye*. 2008. Inductive reasoning: A training approach. *Review of Educational Research*, 78(1): 85–123.

Knight, J. E. 1990. Coding journal entries. *Journal of Reading*, 34(1): 42–47.

Marzano, R., D. *Pickering*, & J. *McTighe*. 1993. *Assessing student outcomes: Performance assessment using the dimensions of learning model*. Aurora, CO: Mid-continent Regional Educational Laboratory.

Munk, D. D., & W. D. *Bursuck*. 2003. Grading students with disabilities. *Educational Leadership*, 61(2): 38–43.

Murray, D. 2004. *A writer teaches writing*, 2nd ed., rev. Boston, MA: Thomson/Heinle.

NCS Pearson. 2007–2011. Power Teacher 2.3 [computer software]. Minneapolis, MN: NCS Pearson.

New Oxford American Dictionary. 2001. Boston: Oxford University Press.

O'Connor, K. 2002. *How to grade for learning: Linking grades to standards*, 2nd ed. Arlington Heights, IL: Skylight.

O'Connor, K. 2011. *A repair kit for grading: 15 fixes for broken grades*, 2nd ed. Upper Saddle River, NJ: Pearson Education.

Rowe, M. B. 1972. Wait-time and rewards as instructional variables: Their influence on language, logic, and fate control. Paper presented at the annual meeting of the National Association for Research in Science Teaching, Chicago, April ERIC ED-061103.

Rowe, M. B. 1987. Wait time: Slowing down may be a way of speeding up. *American Educator*, 11(1): 38–43, 47.

Sadler, D. R. 1989. Formative assessment and the design of instructional systems. *Instructional Science*, 18: 119–144.

Sadler, D. R. 1998. Formative assessment: Revisiting the territory. *Assessment in Education*, 5(1), 77–84.

Schmoker, M. 2002. The real causes of higher achievement. *SEDLetter*, 14(2). Retrieved 12 May 2004 from http://www.sedl.org/pubs/sedletter/v14n02/1.html.

Schmoker, M., & R. Marzano. 1999. Realizing the promise of standards-based education. *Educational Leadership*, 56(6): 17–21. Retrieved 14 May 2004 from http://www.ascd.org/publications/ed_lead/199903/schmoker.html.

Schunk, D. H. 1996. Goal and self-evaluative influences during children's cognitive skill learning. *American Educational Research Journal*, 33, 359–382.

Shepard, L. A. 2001. The role of classroom assessment in teaching and learning. In V. Richardson (ed.), *Handbook of research on teaching*, 4th ed. (pp. 1066–1101). Washington, DC: American Educational Research Association.

Shepard, L. A. 2008. Formative assessment: Caveat emptor. In C. Dwyer (ed.), *The future of assessment: Shaping teaching and learning* (pp. 279–303). New York: Lawrence Erlbaum Associates.

Shutes, R., & S. Peterson. 1994. Seven reasons why a textbook is not a curriculum. *NASSP Bulletin*, 78(565): 11–20.

Stiggins, R. J., & J. Chappuis. 2011. *Student involved assessment for learning*, 6th ed. Upper Saddle River, NJ: Pearson Education.

White, B. Y., & J. R. Frederiksen. 1998. Inquiry, modeling, and metacognition: Making science accessible to all students. *Cognition and Instruction*, 16(1), 3–118.

Wiggins, G., & J. McTighe. 1998. *Understanding by design*. Alexandria, VA: Association for Supervision and Curriculum Development.